전환기의 한국 건축과
4.3그룹

전환기의 한국 건축과 4.3그룹

초판 1쇄 펴낸날 2014년 12월 10일
지은이 배형민, 전봉희, 우동선, 백진, 송하엽, 최원준, 김현섭, 이종우, 박정현
펴낸이 이상희
펴낸곳 도서출판 집
디자인 땡스북스 스튜디오

출판등록 2013년 5월 7일 2013-000132호
주소 서울 마포구 동교로 47-15 402호
전화 02-6052-7013
팩스 02-6499-3049
이메일 zippub@naver.com

ISBN 979-11-952334-3-4 03610

- 잘못 만들어진 책은 바꿔드립니다.
- 책값은 뒤표지에 쓰여 있습니다.
- 이 도서의 국립중앙도서관 출판시도서목록(CIP)은 서지정보유통지원시스템 홈페이지(http://seoji.nl.go.kr)와 국가자료공동목록시스템(http://www.nl.go.kr/kolisnet)에서 이용하실 수 있습니다.(CIP제어번호: CIP2014034840)

이 도서는 2013년 한국문화예술위원회 시각예술비평연구활성화지원사업의 지원을 받아 출간되었습니다.

전환기의 한국 건축과 4.3그룹

배형민
전봉희
우동선
백진
송하엽
최원준
김현섭
이종우
박정현
지음

집

차례

II. 4.3그룹의 활동자료(1990~1994)

4.3
group

책을 내며

시간이 흘러간다고 역사가 절로 만들어지지 않는다. 역사를 만들 때 역사가 있는 것이다. 한국의 현대건축은 해방 이후 역사와 비평의 부재 속에서 형성되고 성장해 왔다. 건물은 많이 지어졌지만 그 많은 것들이 건축인지 아닌지 조차 몰랐던 것은 건물을 짓는 행위와 함께해야 하는 지성의 실천이 턱없이 부족했기 때문이다. 1980년대에 건축 잡지들이 자리를 잡은 이후에도 대부분의 건축가들은 자신의 작업에 대해 말하는 것을 꺼리고 두려워했다. 건축가라 부를 수 있는 이도 적고, 활동 기간이 지극히 짧은 상황 속에서 한국 현대건축의 역사를 말한다는 것이 불가능했고 비평이 존재할 수 있는 학문적 기반이 취약했다. 이러한 상황의 중요한 전환점을 제공해 준 것이 1990년대 초 4.3그룹의 활동이었다. 4.3그룹은 회원의 작업을 발표하고 서로 비판하는 자리를 만들었으며, 전시회와 책자를 통해 자신의 작업에 대해 말하고 글 쓰는 것을 사명으로 생각했다. 이들의 활동 기간이 짧았지만 건축가는 스스로 건축에 대해서 이야기할 수 있어야 한다는 생각이 한국 건축에 널리 자리 잡기 시작한 계기라 할 수 있다. 4.3그룹의 활동을 20년 뒤로 한 지금, 이들의 활동에 관한 자료를 정리하고 이를 재해석하는 과정에서 건축 학자들의 소모임이 결성되었다. 1990년대 초 4.3그룹의 활동, 그리고 이를 주제로 한 2010년대 초 현대건축연구회의 연구저술 활동, 이들 사이에 형성되는 담론의 고리들이 바로 한국 현대건축의 역사를 만드는 작은 줄기이자 단편들이라 생각한다.

한국 현대건축의 역사를 조금씩 만들어 가는 이러한 작업은 목천건축아카이브의 후원이 있어 가능했다. 목천건축아카이브는 2011년 초 4.3그룹 아카이브 사업을 발족시켜 크게 세 종류의 프로젝트를 진행했다. 우선 4.3그룹의 구성원이었던 곽재환, 김병윤, 김인철, 도창환(도각), 동정근, 민현식, 방철린, 백문기, 승효상, 우경국, 이성관, 이종상, 조성룡, 그리고 세미나와 기행을 통해 당시 이들과 활동을 공유한 김광현과의 인터뷰를 근간으로 구술채록 사업을 했다. 구술채록 사업은 이 책과 짝이 되는 《4.3그룹 구술집》(도서출판 마티)으로 출간되었다. 두 번째, 목천건축아카이브는 4.3그룹과 직접적으로 관련되었던 사료를 발굴하고 정리했다. 많은 원 자료들이 분실되었지만 김인철이 녹화했던 크리틱 세미나의 테이프, 우경국의 여행 일지와 세미나 노트 등의 재발견은 대단히 고무적이었다. 또한 4.3그룹 활동의 정점이라 할 수 있는 〈이 시대, 우리의 건축〉 전에 대한 기록이 미비한 상황에서 재발굴된 사진과 건축가와의 확인 과정을 거쳐 전시 설치 작품을 상세하게 다시 그릴 수 있었던 것이 큰 수확이었다. 이런 모든 자료들이 정리되어 이 책의 II부에 수록되어 있다. 세 번째, 4.3그룹과 이들이 활동했던 당시의 한국 건축을 재조명하는 비평서를 출간하는 것을 목표로 김현섭, 박정현, 배형민, 백진, 송하엽, 우동선, 이종우, 전봉희, 최원준, 9명의 건축 역사 및 이론 학자들이 공부 모임을 만들었다. 연구 작업의 중간성과는 2012년 12월 6일 '전환기 한국 건축과 4.3그룹'이란 심포지엄에서 발표되었다. 또한 2014년 문화예술위원회 비평활성화 사업의 후원으로 심포지엄에서 발표되었던 논문들을 발전시켜 이 책에 수록할 수 있게 되었다.

현대건축연구회는 목천건축아카이브의 후원과 4.3그룹에 관련된 학술 심포지엄을 계기로 형성된 건축학자들의 모임이다. 자율을 기본 원칙으로 회원제나 정해진 운영 규칙이 없는 유연한 모임이다. 2012년 4.3그룹 연구와 심포지엄에 함께 했던 아홉 학자 외에 현재 정만영, 김영철, 조재모, 김인성, 이동훈, 조현정, 박혜인이 합류해 목천건축아카이브의 후원으로 한국 건축의 앤솔로지를 편집하는 프로젝트를 진행하고 있는 중이다.

이러한 모든 과정에서 많은 분들의 큰 도움을 받았다. 우선 이 책의 출간을 후원했던 문화예술위원회 비평활성화사업의 여러 관계자들의 노고에 감사를 드린다. 목천건축아카이브를 이끌고 있는 김미현 국장, 그리고 목천건축아카이브의 여러 사업을 세밀하게 돌보는 김태형 연구원, 이 책에 정성을 기울여 편집한 도서출판 집의 이상희 대표에게 진심으로 고마움을 전하고 싶다. 마지막으로, 그리고 누구보다도 목천건축아카이브와 현대건축연구회를 후원하시는 김정식회장님에게 가장 깊은 감사의 마음을 전하고자 한다. 목천건축아카이브와 현대건축연구회가 큰 국가기관과 대규모 연구사업에 비하면 아주 작은 조직들이지만 정량적인 크기로 헤아릴 수 없는 깊은 뜻과 넓은 지평을 갖고 있다고 생각한다.

2014년 11월

목천건축아카이브와 현대건축연구회를 대표하여

배형민

I.

4.gr

전환기의 한국 건축과
4.3그룹

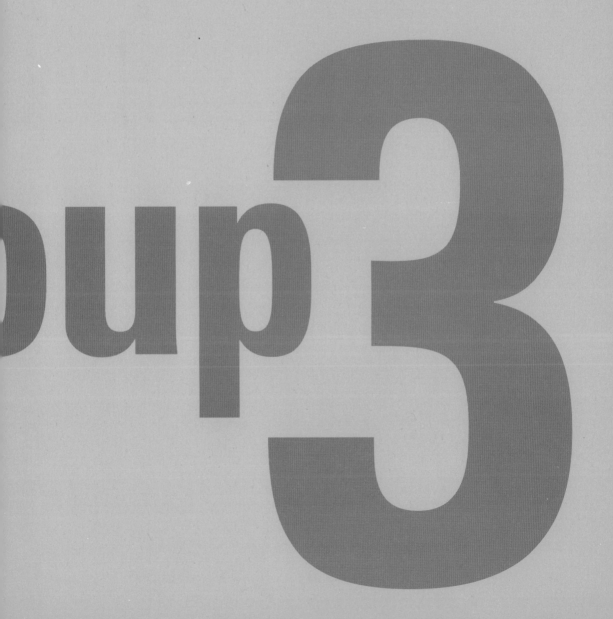

oup3

시대와 4.3그룹

세기말과 시대정신

우동선

한국예술종합학교 미술원 건축과 교수.
일본 도쿄대학 건축사연구실에서 박사학위를 취득했고, 미국 유시 버클리에서 방문학자를 역임했다. 옮긴 책으로 «건축사학사»(1997), «서양 근·현대 건축의 역사»(2003), «연전연패»(2004), «아키텍트»(2011) 등이 있고, 공 · 편저한 책으로는 «한국 건축답사수첩»(2006), «궁궐의 눈물, 백 년의 침묵»(2009), «한국 건축개념사전»(2013), «그림일기 정기용의 건축드로잉»(2013), «Constructing the Colonized Land»(2014) 등이 있다. 구술채록서로는 «장기인»(2004), «엄덕문»(2004), «이광노»(2005), «송민구»(2007), «김정식»(2013), «안영배»(2013)가 간행되었고, «윤승중», «4.3그룹», «김태수»가 간행될 예정이다.

4.3그룹이 자기 시대를 인식하는 시각과 자신의 위치를 설정하는 방식

이 세계와 시대, 또 자기를 비추는 4.3그룹의 시각과 방식은 '세기말' 인식에서 생겨나는 것이라고 볼 수 있다. 4.3그룹은 1990년에 결성 당시부터 세기말을 들고 나왔다. 그래서 그들은 '세기말에서 세기말을 바라본다'는 표현을 성립시켰다. 그러나 "세기말이라는 단어가 꼭 20세기말이라는 시간적 의미 때문에 거론되는 것은 아니"었다.[1] 4.3그룹의 세기말 인식은 《이 시대 우리의 건축》(1992)의 〈발문〉에서 단적으로 확인할 수 있다. 4.3그룹은 근대건축에 대한 재학습을 진행한 바가 있고, 세기말 유럽을 기행했다. 그룹의 구성원들은 유럽의 견문을 〈특집: 세기말·세기초 건축〉이라는 제목으로 《공간》 1992년 10월호에 기고했다. 그들은 세기말에 대한 "시대 인식의 한 계기를 마련하고자 1992년 1년에 걸쳐 19세기말 건축 연구와 기행을 한 바가 있고 그것이 4.3그룹의 전시회까지 이어졌"다는 것이다.[2] 한편 세기말과 관련해 4.3그룹의 역사 인식에서 특히 주목하는 것은 '시대정신'이다. 4.3그룹은 동인지의 제목을 《이 시대 우리의 건축》(1992), 《echoes of an era / volume #0》(1994)라고 정할 만큼, 시대를 민감하게 의식하고 있었다. 그들은 시대정신을 내세운 〈예술과 시대정신〉, 〈시대정신과 건축〉, 〈건축의 시대정신〉과 같은 제목의 특강을 연이어 청해서 들었다. 우리는 4.3그룹의 구성원들이 쓴 글들에서 시대를 논하는 구절들을 산견할 수 있다. 중요한 것은, '세기말' 인식이나 '시대정신'이 모두 근대 건축가들의 근대적인 정신과 상통하는 것이라는 점이다. 이 연구는 세기말과 시대정신을 핵심어로 삼아서, 4.3그룹이 세계와 시대와 근대건축을 바라보는 시각과 또 이를 통해서 자신들의 위치를 설정하는 방식을 살펴볼 것이다.[3]

'세기말에서 세기말을 바라본다'는 시대정신

4.3그룹은 자신들이 처한 20세기말을 커다란 위기로 보았고, 이와 동시에 유럽 19세기말의 움직임을 특히 주목했다.

1
민현식·승효상, 승효상의 말〈대담: 다시 '이 시대, 우리의 건축': 신도리코 기숙사×수졸당〉, 《플러스》 1993년 7월호, 153쪽

2
민현식·승효상, 앞의 대담, 153쪽, 민현식의 말. 인용하면서 "작년"을 "1992년"으로 바꾸었다.

3
이 연구는 지난 2011년 7월부터 같은 해 12월까지 진행한 4.3그룹 구술채록을 토대로 했다.

4
4.3그룹, 〈발문〉, 《이 시대 우리의 건축》, 안그라픽스, 1992

5
민현식·승효상, 앞의 대담, 153쪽, 승효상의 말

6
민현식,〈귀머거리들아 들어라 –비인의 세체션운동과 아돌프 로스에게서 배우는 것〉, 《공간》 1992년 10월호, 34쪽

(가) 21세기를 눈앞에 둔 오늘날, 우리는 미래에 대한 희망을 서서히 상실해 가고 있다. 또한 우리는 여러 가지 세기말적 징후가 이 세기를 주도하여 온 모더니즘에 대하여 심각하게 도전하고 있음을 여기저기에서 느끼고 있으며, 동시에 분열과 반역과 혼돈의 시대적 소용돌이 속에서 19세기말 한국의 지성인들이 겪었던 것과 유사한 의식의 혼란에 새로이 맞서고 있다.[4]

(나) '세기말적 위기'라고 하면 어느 한 시대의 의식이 중심을 잃고 흔들리는 시기라고 지칭하는 것으로 간주합니다. 이 시대의 의식이 중심을 잡고 모든 문화 활동의 양상이 정상 궤도를 달린다면, 발상의 전환이니, 의식 개혁이니 하는 이야기가 있을 수 없지요. 그런 의미에서도 지금은 확실히 세기말입니다.[5]

《이 시대 우리의 건축》의 발문은 (가)와 같이 세기말적 징후를 강조했다. (가)에서 4.3 그룹은 자신들의 위기가 19세기말의 한국과 유사하다고 보았다. 그런데 그 위기는 모더니즘을 위협하는 것이었다. (나)에서 승효상은 세기말적 위기는 의식이 중심을 잃고 있는 시기이며, 1993년을 세기말이라고 지적했다.

4.3그룹은 그 위기 상황에 대한 대처 방식을 유럽의 19세기말과 20세기 초에서 찾았다.

(다) 세기말적 혼돈의 시대에 나타나는 현상·증후들은 지극히 부정적이기는 하나 또 다른 관점으로 새로운 시대를 향한 새로운 정신의 태동을 뜻하는 역설적 희망의 때이기도 하다. 결론적으로 로마제국의 말기 현상은 기독교라는 새로운 정신으로 극복되었고, 19세기 말기 증후는 모더니즘으로 극복되었기 때문이다.[6]

(라) 이들 위대한 지식인, 예술가들의 모더니즘 정신은 19세기말의

세기말적 증후에서 구원의 길을 열어주었고 이 정신은 지난 세기를 이끌어왔다. 그리고 지금 또 다른 세기말에 이 위대한 모더니즘 정신은 또다시 크게 위협받고 있으며 우리의 조건은 그들보다 더욱 암울하다. 그 암울한 조건이 바로 우리는 "왜 건축을 하는가"라는 건축에 대한 본원적인 질문을 한동안 잊고 있었기 때문이 아닐까? 이 질문은 '건축이 무엇인가'라는 원색적인 질문으로 이러한 이의를 제기하는 것은 우리의 건축이 건축의 본원에서 많이 떨어지고 있다는 우려와 자책과 함께 지금 이 시점에서 다시 한 번 우리와 우리의 건축을 반성해보고자 함이다."[7]

7
민현식, 〈또 다른 세기말에 서서〉, 《건축사》 1996년 4월호; 《건축사지 통권 500호 기념 특집별책 建築, 建築士, 建築史》, 대한건축사협회, 2011, 386~387쪽

(다)에서 민현식은 세기말에서 역설적 희망을 보았으며, 모더니즘이 19세기말 증후를 극복한 동력이 되었다고 지적했다. (라)에서 그는 모더니즘 정신은 19세기말적 증후에서 구원의 길을 열었다고 하였다. (가), (다), (라)에서 세기말과 모더니즘은 도전과 위협, 극복과 구원의 관계에 놓인다.

이러한 세기말 진단이 한편으로는 개항 이후에 전개된 한국 근현대건축의 움직임을 부정적으로 평가하고 있었다는 것을 지적할 수 있다. 이는 4.3그룹이 한국의 근대화 과정과 개항이래의 한국 근현대건축을 바람직하지 못한 것으로, 혹은 참고할 만한 것이 못되는 것으로 인식했음을 의미한다.

(마) 지난 30여년, 멀게는 개항이후 지난 100년 우리가 노심초사 추구해온 近代化란 오로지 〈서구선진사회〉를 절대적 모델로 삼은 복사일 따름이었다. 소위 서구선진사회의 주도적 지식인들이 방만하게 펼쳐놓고 있는 화려한 논의들을, 그리고 그러한 논의들이 결과한 현실에서의 성패들을 그 갈래와 뿌리를 제대로 점검해 보지도 않은 상태에서 거의 그대로 받아들여 이곳의 현실에 적용한 무모한 시도와 실패를 부끄럼 없이 거듭해 오고 있다. 맹목적인

8
민현식, 〈지혜의 시대, 우리의 건축〉, 《echoes of an era / volume #0》, 1994

9
민현식, 〈또 다른 세기말에 서서〉, 앞의 책, 387쪽

근대추종과 그것과 궤를 같이 하는 로맨틱한 서구부정 사이에서 끊임없이 흔들리고 있는 것이다. 이러한 작태는 건축에 있어 가장 중증이다. 우리의 전시대 혹은 근대이전의 도시와 건축이 현대적 요구를 수용하기에는 너무 부적합했기 때문일 것이기도 하고, 단순히 센티멘탈한 이국취향이기도 했다.[8]

한국의 근대화가 서구선진사회의 그것을 복사한 것이라는 (마)와 같은 민현식의 인식은, 한국의 건축이 서구의 건축을 충실히 모방한 것이라는 (바)의 인식으로 이어진다.

(바) '잘 살아보세, 우리도 한번 (서구 선진사회와 같이) 잘 살아 보세'라는 노래 (중략) 가사에 암시되어 있듯이 그 개발 또는 근대화의 모델은 바로 서구화였고, 우리 사회의 전분야가 그러했듯이 정도의 차이는 있을망정 우리의 건축은 서구의 건축을 충실히 모방하는 것이었으며, 선진사회의 건축사조는 아무 거리낌 없이 직역하여 우리의 건축사조로 삼았다. 따라서 외국건축가, 서구건축가 또는 그것을 또 다른 양상으로 모방한 일본건축가에 의한 건축이 선진의 이름아래 아무런 의심 없이 지상의 건축으로 인정되어 왔다.[9]

이러한 인식은, 한국에서는 근대건축이 정립하지 못했기 때문에 현대건축을 수용할 수 없다고 하는 (사)와 같은 김인철의 주장이나, 한국이 근대건축에 충실하지 못했다는 (아)와 같은 이종상의 주장과 통하는 것으로 보인다.

(사) 근대건축이 채 정립되지 않은 상태에서 현대건축을 수용해야하는 제2기의 혼란기를 다시 맞게 되고 정보전달의 신속함으로 인해 해외의 건축문화가 수시로 우리의 열등감을 자극시키는 경우를

10
김인철, 〈전통의 여과〉, 《김인철 건축작품집, 1989》, 도서출판 건축과 환경, 1989, 51~54쪽

11
이종상, 〈1992 서울〉, 《이 시대 우리의 건축》, 1992

12
이종건, 《해방의 건축》, 발언, 1993, 137쪽에서 재인용. 지그프리트 기디온과 민현식의 글은 각기 다음에서 인용한 것이라고 한다. Noberg-Schultz, *Architecture; Meaning and Place*, NY; Rizzoli, 1988, p.23 ; 민현식, "우리의 리얼리티 앞에 서서", 《플러스》 1995년 10월호, 78~79쪽

속절없이 겪어야 되는 지경에 빠지게 된다.[10]

(아) 60년대 한국 건축의 1세대에 근대건축을 충분히 소화하지 못한 상태에서 70년대의 급속한 도시화 과정 속에서 서구의 상업주의와 새로운 건축사조의 흉내 내기가 현대 한국 건축의 혼란의 한 원인이 되지 않았을까? 다시 말한다면 우리의 문제는 근대 건축의 보편성과 기술의 기본을 습득하지 못하고서 무분별한 외래사조를 따르면서 자기 건축을 포장하고 고민하는 척 하는데 있다. 근대건축은 비인간적이므로 실패했다는 주장은 소위 국제주의 양식의 건축과 모더니즘을 동일시하는 시각이다.[11]

이상의 인용에서 4.3그룹은, 포스트모더니즘이 횡행하고 있는, 자기 시대를 세기말로 인식하고 있었고, 포스트모더니즘과 맞서기 위해서는 모더니즘에 더욱 충실해야 한다고 보았음을 알 수 있다. 세기말이라는 위기는 역설적으로 새로운 기회이기도 했다. 그들은 한국에서 모더니즘 건축을, 곧 진정한 의미에서의 "근대건축"을 개척해야 한다는 소명을 의식하고 있었기 때문이다. 그 소명은 근대건축을 원점에서부터 다시 시작해야 달성할 수 있는 것이었다. 지그프리트 기디온(Sigfried Giedion)이 "우리는 마치 이전에 아무 일도 없었던 것처럼 원점에서 출발해야 한다"고 했던 것처럼, 민현식은 "지금 우리는 (중략) 백지상태 위에서 우리의 언어, 우리의 예술, 우리의 도시와 건축을 만들어 내야 한다"고 주장했다.[12] 그 원점이란 두말할 것도 없이 세기말이었다.

(자) 한 세기 전, 19세기말 유럽의 예술인들의 시대의 자각에 대한 기억과 그들에 대한 추적은 나에게 큰 위안이 되었으며, 아돌프 로스가 겪었던 고뇌에 동의하고자 한다. 이제 나는 이 시대의 세기말적

13
승효상, 〈時·代·精·神-빈자의 미학〉, 《이 시대 우리의 건축》

14
목천건축아카이브, 〈승효상 구술채록〉, 2011년 11월 10일, 이로재. ( )는 필자의 추정 보완

편린에 대립하려 하는 것이다.[13]

그래서 19세기말 유럽 예술인들의 궤적은 (자)와 같이 승효상에게 큰 위안을 주었던 것이다. 이미 1980~81년에 비엔나를 경험한 바 있는 승효상은 다시 비엔나로 가게 된 이유를 묻는 내게 이렇게 답했다. "이게 여러 가지 상황 파악하고, 아, 아돌프 로스를 처음부터 다시, 다시 공부할 필요가 다시 있어서… 다시 비엔나로 가자고 (했다)."[14] 그가 아돌프 로스를 주목하는 이유는 (차)와 같이 비엔나의 공허가 서울의 공허와 같았기 때문이었다.

(차) 이런 위기를 극복해 내는 데는, 그러한 세기말적 위기를 겪은 선각자들의 경험이 좋은 참고가 될 수 있을 것입니다. 그러한 의미에서 새로운 시대에 새로운 문화 창조를 주도할 이념인 시대정신을 찾고자 한, 19세기말 비엔나를 중심으로 한 세제션 운동, 그리고 특별히 아돌프 로스라는 한 건축가의 지성을 주목할 필요가 있습니다. 그가 비난한 도시의 공허는, 지금 이 땅, 우리 서울이라는 도시의 공허와 다를 바가 없고, 그가 죄악시한 장식은 우리 시대

사진
주변의 다른 건물들과 달리 장식을 절제한 로스하우스와 로스하우스 설명회 개최 공고 포스터

15
민현식, 승효상, 앞의 글, 153쪽, 승효상의 말

16
프랭크 휘트포드, 김미정 옮김, 《에곤 실레》, 시공사, 1999, 13쪽

17
이 표는 승효상, 〈시대정신의 기행-4.3그룹 하계 건축기행 리포트-〉, 《공간》1992년 10월호, 18~19쪽과 김광현의 강의록을 토대로 작성했다.

18
김광현, 〈Art and Craft Movement 'Art Nouveau' Wiener Sezession〉, 근대건축 세미나 I, 1992. 5. 2.; 김광현, 〈Adolf Loos: 文化의 危機·裝飾·古典·空間計劃〉, 근대건축 세미나 II, 1992. 5. 30.

19
김광현, 〈Adolf Loos: 文化의 危機·裝飾·古典·空間計劃〉

졸부들의 치장과 너무도 흡사합니다.[15]

아돌프 로스가 비난한 도시의 공허란, 그가 당시의 비엔나를 '포촘킨의 도시'라고 비난한 것을 말하는 것이다.[16] 아돌프 로스, 포톰킨 시티에 관한 언급은 다른 글에서도 발견되고, 이에 관한 고찰은 별고를 요한다.

이러한 세기말 인식을 배경으로 4.3그룹은 〈표 1〉[17]과 같이 1992년 5월에서 7월에 김광현에게 네 차례의 근대 건축 세미나를 청해들었다. 김광현은 세미나 때마다 대여섯 페이지 분량의 강의록을 준비했다.

회차	월일	장소	주제
1회	5월 2일	인토건축	미술공예운동, 아르누보, 비엔나 제체시온
2회	5월 30일	원도시건축	아돌프 로스: 문화의 위기·장식·고전·공간계획
3회	6월 20일	한울건축	네덜란드 건축과 데스테일 (바이센호프 지들룽)
4회	7월 18일	TSC	러시아 구성주의와 해체건축

〈표 1〉 김광현의 근대건축 세미나

4회의 강의록은 근대건축의 동향을 충실히 요약하고 있는데, 김광현은 유럽 근대건축에 빗대어 적소에서 한국 현대에 대한 문제 제기를 시도했다. 예를 들어서, 비엔나 제체시온에서는 제체시온 관의 설명 말미에, "근대건축을 다시 생각해야 하는 오늘의 건축에 있어서 '제체션관(館)'은 우리의 과제에 무슨 의미를 가질 수 있겠는가?"[18] 라고 한다든지, 아돌프 로스의 공간계획(라움플란)의 설명 말미에, "포스트모더니즘이 만들어낸 도시는 로스의 말을 빌면 '포촘킨의 도시'일 뿐이다. 그러므로 나는 이렇게 생각한다. 근대건축에 철저하고 그것의 형식과 내용에 철저한 자만이 포스트모더니스트이거나 해체건축가가 될 수 있으며, 형식(언어)을 매개로 하지 않는 한, 差延도 없고 불완정성도 없으며 문화의 비평성도 없다고. 그러므로 다시 르코르뷔제와 아돌프 로스…"[19] 라고 적는다든지 했던 것이다.

위의 짧은 인용에서도 알 수 있는 것은, 김광현이 근대건축에 철저한 이후에야 비로소 포스트모더니스트가 될 수 있다고 보고 있다는 점이다.

이를 위해서 아돌프 로스와 르코르뷔지에에 대한 연구를 강조하고 있다는 점이다.[20] 김광현의 근대건축관(觀)은 4.3그룹의 회원들에게 공감을 얻었던 것으로 보이는데, 이후 회원들의 여러 글에서 "포촘킨의 도시"라든가 아돌프 로스에 대한 강조를 볼 수 있기 때문이다.

4.3그룹은 1992년 8월 1일에서 16일까지, "세기말의 유럽 근대건축 기행"을 다녀왔다. 그들은 세기말 유럽 근대건축에서 본 것과 느낀 것을 《공간》 1992년 10월호에 실린 〈특집 세기말·세기초 건축〉에 수록했다. 이 특집의 문제제기를 편집자는 이렇게 적었다.

(카) 세기말, 관습과 구태에 빠진 시대를, 어떠한 정신이 구하였으며, 그러한 모습은 지금에 어떠한 의미를 가질 수 있는가. 19세기에서 20세기로 진전되는 건축의 변모와 원인과 그 내용 즉, 근대건축의 발아과정을 체득함으로써 역사의 중요한 분기점이 되는 당당한 건축을 만든 이들의 역사의식을 찾고, 그들의 시대정신을 탐색해본다.[21]

이 기행의 주제는 세심하게도 〈Modern Architecture Since 1892〉라고 정했다. 1892년은 빅토르 오르타(Victor Horta)가 타셀 하우스를 설계한 연도였다. 그렇지만 이들이 1892년을 찾아내어 강조한 것은, 기행을 1992년에 진행하였기 때문이었다. 20세기말의 일부 한국 건축가들은 100년의 시차를 넘어서 19세기말 유럽 근대건축에 매료하였다. 특집의 서두를 〈시대정신의 기행〉이라고 명명한 승효상은, "왜 선배들로부터 세기말 건축의 가치에 대해서 전해 듣지 못했는가"하는 문제제기로 글을 시작했다.

(타) 나는 이 건축기행의 기획을 책임 맡아 처음부터 끝까지 준비하고 진행하는 동안, 그리고 현장 곳곳을 확인하며 불멸의 건축가들과 만나는 동안 줄곧, 왜 나는 우리의 선배건축가들에게 이러한

20
김광현이 근대건축에 가장 철저한 건축가로 아돌프 로스와 르코르뷔지에를 들고, 그들에 대한 학습이 근대를 완성하기 위한 효율적인 방법이라고 보았던 점은, 1990년대 한국 현대건축의 지형을 논하는데 중요한 참조점이 될 것이다. 이 여행 중에 김광현은 아돌프 로스의 묘지를 찾으러 가기도 했지만, 찾지 못했다. 김광현, 〈아돌프 로스의 묘를 찾아간 이유〉, 《플러스》1992년 10월호, 52~53쪽

21
편집자 주, 〈특집: 세기말·세기초 건축〉, 《공간》 1992년 10월호, 17쪽

주옥같은 얘기들을 한 번도 들어보지 못했으며, 이들의 이 같은 보물에 대한 감동을 한 번도 전달받지 못했는가에 대한 불만 찬 의문을 가졌다.[22]

(타)는 4.3그룹이 선배세대에게 갖는 불만을 드러내고 있다. 김인철은 "그때 4.3그룹이 만들어졌던 게, 그 기성세대의 리그에 대한 반발 같은 거였단 말이에요"[23] 라고 말한 바가 있다. 이러한 불만이나 반발은 '분리 의식'이나 '고아 의식'과 연결되는 것으로 보인다. 김광현은 "이 분리파의 分離라는 말은, 곧 과거의 양식을 모방한 허식에 가득 찬 세기말의 상황과 단절한다는 뜻을 가진 것"이었다고 했다.[24] 근대가 갖는 중요한 의식은 바로 '분리 의식'이나 '고아 의식'이라고 할 수 있다.[25] 승효상은 이 글의 말미에서 비엔나와 한국을 연결하면서 (파)와 같은 격정을 토로했다.

(파) 벤츄리의, 츄미의, 안도 다다오의 껍데기만 붙들고, 이 땅을 유린하는 이들을 경멸하는 건축가 그는 과연 무엇을 붙들고 이 땅을 즉시하는가. 오르타의 주택들, 올브리히의 세쎄션관, 바그너의 교회, 로스의 로스하우스처럼 역사의 중요한 분기점이 되는 당당한 건축을 만든 그들의 역사의식은 무엇이며, 그들의 시대정신은 어떻게 이루어졌나. 홀라인의 지금에 만든 미술관은 어떻게 저토록 당당히 역사와 대립하며 그것과 조화하는가. 그러한 그의 정신은 어디에서 비롯되나.

(파)에서 당시의 위기가 로버트 벤투리(Robert Venturi), 베르나르 추미(Bernard Tschumi), 안도 다다오(Ando Tadao)와 같은 건축가를 추종하는 데 있음과 고금의 비엔나 건축가들의 시대정신을 높이 평가하고 있음을 알 수 있다.

이 특집은 〈표 2〉[26] 와 같이 승효상, 김광현, 민현식, 동정근, 김병윤, 조성룡, 김인철, 우경국, 방철린이 집필했다.[27] 주제와 내용을 보면 각자의 관심

22 승효상, 〈시대정신의 기행 -4.3그룹 하계 건축기행 리포트〉, 《공간》 1992년 10월호, 18쪽

23 목천건축아카이브, 〈김인철 구술채록〉, 2011년 8월 3일, 아르키움

24 김광현, 〈세기말과 세기초의 건축 -장식과 침묵〉, 《공간》 1992년 10월호, 31쪽

25 '고아 의식'으로 근대의 인물을 논한 모노그래프로는 다음과 같은 것들이 있다. 김윤식, 《이광수와 그의 시대》1, 2, 솔, 개정증보판, 1999; 전인권, 《박정희 평전》, 이학사, 2006

26 〈특집 세기말·세기초 건축〉, 《공간》 1992년 10월호

27 기행의 참가자는 조성룡(단장), 김인철, 안상수, 우경국, 임정의, 동정근, 송광섭, 김병윤, 한명철, 김광현, 최수영, 성인수, 박순규, 방철린, 도창환, 이상림, 민현식, 박기준, 승효상이었다.

과 개성이 드러나고 있어서 퍽 흥미롭다.

필자	제목	항수
승효상	시대정신의 기행 –4.3그룹 하계 건축기행 리포트	18~27
김광현	세기말과 세기초의 건축 –장식과 침묵	28~33
민현식	귀머거리들아 들어라 –비인의 세쎄션 운동과 아돌프 로스에게서 배우는 것-	34~35
동정근	오토 바그너(Otto Wagner)의 근대화 의지	36~39
김병윤	연속을 위한 저항 –아돌프 로스의 건축을 중심으로	40~43
조성룡	독일공작연맹의 실험주택 전람회	44~49
김인철	다름슈타트의 예술인촌	50~55
우경국	Frankfurt의 문화시설	56~61
방철린	런던에서 본 신작 2제	62~65

〈표 2〉〈특집: 세기말·세기초 건축〉

(하) 지금 또다시 모더니즘이 심각히 도전받고 있으며 그래서 무척이나 혼돈된 상태인 20세기말에 비인의 세쎄션 운동가들과 아돌프 로스를 꺼내어 그들의 아우성과 깨어있음을 듣는 것은 그래서 큰 뜻이 있다.[28]

(거) 대대적인 규모의 보수공사가 1981년부터 7년간에 이루어져서 20년대의 투명한 〈시대정신〉을 엿보게 된 것은 얼마나 다행한 일인가? 내후년 분당신도시에 〈한국의 주택〉으로 선보일 전람회를 우리가 앞두고 있기 때문에 더욱 그러하다.[29]

(너) 우리도 이제는 우리의 역사를 냉철히 파악하고 우리의 진정한 문제가 무엇인지를 알아야 할 것이다. 지금까지 국내의 각종 건축전문지에 나타난 이 시대를 보는 보편적 시각은 상업주의 속성에 편승한 저급건축, 불확실성 시대, 건축가의 가치관 부재, 모든 것을 과수용하는 저급문화시대, 방향성의 상실, 자유방임시대,

28 민현식, 〈귀머거리들아 들어라 -비인의 세쎄션운동과 아돌프 로스에게서 배우는 것〉, 35쪽

29 조성룡, 〈독일공작연맹의 실험주택 전람회〉, 《공간》 1992년 10월호, 49쪽

30
우경국, 〈Frankfurt의 문화시설〉, 《공간》 1992년 10월호, 49쪽

31
목천건축아카이브, 〈동정근, 이종상 구술채록〉, 2011년 8월 3일, 목천건축문화재단

사회의 무관심, 역사인식의 부재, 문화의 부재, 물심의 불협화음, 우리의 나쁜 관성이 나쁜 환경을 구축, 자본주의 속성에 의해 본질을 빼앗긴 시대, 도시성의 상실과 도시건축의 전무 등 수없이 많은 비평이 가해지고 있으면서도 실제로 건축가들은 침묵하고 있다. 따라서 우리는 이제라도 이 시대를 이끌어갈 수 있는 새로운 건축 운동의 정신을 창출해내야 할 것이다.[30]

(하), (거), (너)는 민현식, 조성룡, 우경국이 각기 이 기행에서 얻은 의미와 각오를 각 글의 말미에 적은 것들이다. (하)는 당시의 위기를 모더니즘에 대한 도전으로 보았고, (거)는 바이센호프 지들룽에 1920년대의 "투명한 시대정신"이 응축되어 있다고 보았고, 이를 분당신도시 전시회로 연결하고 있었다. (너)는 한국의 상황을 여러 핵심어로 나열한 뒤에 "이 시대를 이끌어갈 수 있는 새로운 건축 운동의 정신을 창출해내야" 한다고 다짐하고 있다.

세기말은 4.3그룹이 자신들이 처한 현재를 파악하는 방식이었다. 그들은 세기말의 위기를 극복한 유럽의 근대건축에서 시대정신을 구하고 있었다. 동정근에 따르면, "시대정신이라는 게 근대건축 초기에 나온 화두"였고 "우리 시대를 우리가 알아야겠다고 생각을 했"기 때문이다.[31] 그래서 4.3그룹 회원들은 제체시온 관에 새긴 "Der Zeit ihre Kunst, der Kunst ihre Freiheit (To Every Age its Art, to Art its Freedom)"을 보고 기뻐했다. 또 그 글귀가 쓰인 티셔츠를 사서 입고 흐뭇해했다.

(더) 비엔나에 가서도 거기 보면, 올브리히가 한 제체시온 관 있잖아요. 그 위에 보면 '우리 시대 우리의 예술' 뭐 이래 가지고 뭐 쓴 거, 이제 번안한 거죠. '우리 시대 우리의 건축'이 그거. 올브히리가 지은 제체시온 관의 독일 말을 바꾸면 '우리 시대의 우리 예술'인가 아마 그럴 거예요 그게. (중략) 그것을 빗대가지고 우리의 건축 우리의 뭔가, 이렇게 '우리 시대 우리의 건축'인가를 만들었는데, 그때

32
목천건축아카이브,
〈김광현 구술채록〉,
2011년 10월 18일,
서울대학교 건축학과

가가지고 티셔츠를 하나씩 다 사 입었어요. 제일 먼저 사 입은 사람이 민 선생일 거야 아마. 어디 아트 숍에 가가지고 'Der Zeit ihre Kunst'인가 그거를 이렇게 붙이고, '우리 시대 우리의 건축' 이러고 그걸 대변했는데, 다들 티셔츠를 입고 마치 술 마실 때도 그거 보고 "아 이거라니까, 이거, 이레 쿤스트" 뭐 이래가지고 얘기를 하면서, 상당히 그걸 주도했던 분들이 몇 분 계시지만, 그런 것들이 기억이 나고 그래요.[32]

(러) 그 운동들을 빗대어, 4.3은 도대체 무슨 운동인가? 그런 논의가 있었어요. 그래 가지고 이 시대 우리들의 건축이라는 제목도 거기서 나온 거고. (중략) 그렇다고 해서 14명을 통합하는 하나의 뭔가

사진
"Der Zeit ihre Kunst,
der Kunst ihre Freiheit"가
새겨 있는 제체시온관
윗부분

33
목천건축아카이브,
〈민현식 구술채록〉,
2011년 7월 26일, 기오헌

34
4.3그룹 건축 전시회 팸플릿

35
4.3그룹 건축 전시회 팸플릿

36
목천건축아카이브,
〈이성관 구술채록〉,
2011년 9월 21일, 한울건축

> 무브먼트를 만드는 것은 전부 다 반대했고. 말도 안 된다. 그럴 필요도 없고. 그래서 이 시대 우리의 건축이란 말이 이 시대를 보는 각각의 시각. 이런 얘기를 했던 것 같고, 했고! 했던 것 같은 게 아니라, 전시회를 묶을 수 있는 하나의 제목을 정하지 못하니까 이 시대를 보는 각각의 건축을 보여 주는 것으로 하자.[33]

이렇게 근대건축의 운동들에 대한 탐구는 자연스레 4.3그룹의 위상에 대한 논의로, 4.3그룹 전시회로 이어졌고, 전시회의 제목을 "이 시대 우리의 건축"(1992)으로 정하게 했다. 전시회 보다 조금 앞서서 4.3그룹은 시대정신을 주제로 〈표 3〉[34] 과 같이 세 번의 세미나를 가졌다.

회차	강사	주제	장소	일시
21회	유홍준	예술과 시대정신	예공건축	1992년 9월 26일
22회	소흥렬	시대정신과 건축	T.S.C	1992년 10월 17일
23회	김광현	건축의 시대정신	T.S.C	1992년 11월 7일

〈표 3〉 시대정신을 주제로 한 4.3그룹의 세미나

4.3그룹 전시회 팸플릿은 "여기에 전시하는 건축가 14인이 서로 다른 목소리로 이 시대에 대립하고자 한다"[35] 는 선언을 담고 있다. 4.3그룹의 두 번째 책자 역시 제목을 《echoes of an era / volume #0》으로 해 '시대'를 말하고 있다. 이 영어 제목은 이성관이 작명했다고 한다.[36] 4.3그룹은 시종일관 '시대'를 말하고자 했다.

다시 세기말이라는 시대정신, 그룹과 개인

이상에서 세기말과 시대정신을 핵심어로 4.3그룹의 근대건축 세미나, 세기말과 세기초 건축 기행, 두 권의 동인지 등을 살펴보았다. 이를 통해서 4.3그룹이 동시대의 상황을 세기말의 위기라고 파악하고, 유럽 근대건축에서 시대정신을 구하고 있음을 확인할 수 있었다. 이들이 세기말의 위기라고 파악한 것은 포스트모더니즘의 대두와 1990년대의 사회·경제 상황 등을 말하는 것이며, 그들의 시대정신이란 더욱 모더니즘에 충실해야 한다는 것이라고 볼 수 있다. 4.3그룹은 제체시온 관에 새긴 글귀를 토대로 '이 시대, 우리의 건축'이란 화두를 번안해 냈고, 이를 전시회의 제목으로 삼았다. 두 번째 책자 역시 《echoes of an era / volume #0》라고 하여 역시 '시대'를 전면에 내세웠다. 이렇게 세기말과 시대정신을 통해서 4.3그룹은 자신들의 과제와 주제를 설정하는 데까지는 그룹으로 활동했지만, 시대정신을 토대로 작업하는 일은 각자의 몫이었다. 시각을 달리하면, 각기 개성이 다른 4.3그룹 회원들의 공통점은 비슷한 연령대라는 점 이외에는 찾기가 어려웠을 것이기 때문에, 4.3그룹 회원들을 묶을 수 있는 주요한 개념은 "이 시대", "우리 시대"였다고도 할 수 있을 것이다.

그런데, "이 시대", "우리 시대"는 모든 시대의 사람들에게 공통하는 개념일 것이지만, 그것이 자기 작업의 주요한 근거가 되기 시작한 것은 근대에 들어서부터라고 한다. 예를 들어서, '우리 시대'는 제체시온 관에서도 볼 수 있고, 또 요제프 호프만(Josef Hoffmann)과 콜로먼 모저(Koloman Moser)가 빈 공방을 만들면서 그 목적이 '우리 시대'의 일용품과 공예품을 만드는 장인의 작업소를 세우는 것이라고 한데서도 찾을 수 있다.[37] 에곤 실레(Egon Schiele)는 1909년에 "우리 모두는 이 시대의 사람들로서 나아갈 길을 발견했다. (중략) 예술은 항상 동일한 것이다. 새로운 예술이란 존재하지 않는다. 새로운 예술가들이 존재하는 것이다"[38]라고 말했다. 그런 점에서 4.3그룹의 회원들이 말한 세기말과 시대정신은, 근대인으로서의 자기 선언이었고, 건축가로서의 문제의식인 셈이었다. 이들은 인간 삶에 대한 근본적 질문을 세기말과 시대정신으로 묻고 있었다. 그렇지만 회원 개개인이 세기말과 시대정신을 얼마나 인식하고 있었고, 또 그 인식을 작업에 반영하고 있었는가는 또 다른 문제이다. 이에 대한 정밀한 고찰은 다음 연구의 과제가 될 것이다.[39] 이 연구의 한계는 거칠게 가위질한 곳이나 중언부언한 곳, 또 미처 살피지

37 장루이 가유맹, 박은영 옮김, 《에곤 실레》, 시공사, 2010, 22쪽

38 장루이 가유맹, 박은영 옮김, 앞의 책, 130쪽

39 시대정신을 두드러지게 내세운 서적으로는 다음과 같은 것들이 있다. 승효상, 《빈자의 미학》, 미건사, 1996; 민현식, 《땅의 공간-땅의 형상을 추상화하는 작업》, 미건사, 1998; 승효상, 《지혜의 도시, 지혜의 건축》, (주)서울포럼, 1999; 민현식, 《건축에게 시대를 묻다》, 돌베개, 2006

못한 곳 등이 있을 것이라는 점이다. 그럼에도 불구하고 이 연구가 제시하는 '세기말과 시대정신'이 4.3그룹을 살피는 데 효과적인 회로가 될 수 있기를 기대한다.

정체성과
시대의 우울

박정현

도서출판 마티 편집장.
서울시립대학교 건축학과에서 박사과정을 수료했다.
AURI 인문학논문 대상을, 《와이드AR》 비평상을 수상했다.
"만프레도 타푸리의 두 가지 문맥" 등의 글을 발표했으며,
서울시립대, 단국대, 홍익대 등에 출강했다. 《한국일보》 등에
칼럼을 기고하고 있으며, "80년대 한국 현대건축의 담론 구성"에
관한 학위논문을 준비중이다.

1
이 작품집 전체는 가독성을 고려하지 않는다. 아니 독해를 방해한다. 이 점에 대해서, 그리고 발문의 내용에 대해서는 아래에서 다룰 것이다. 이 발문은 전시회 팸플릿에도 사용되었다.

2
본문 가운데 읽기를 방해하는 글은 거울 이미지를 사용한 이일훈의 텍스트이다. 이일훈의 예외는 유일하게 시선을 차단한 전신상 사진에서도 되풀이된다.

1

독특한 책에서 시작하자. 더 정확히는 책의 (내용이 아닌) 형식에서 출발하자. 건축가 열네 명의 전시회를 위한 이 책 표지에는 "4.3 Group"이라고만 표기되어 있다. 전시회 영문 제목 "echoes of an era"와 국문 제목 "이 시대 우리의 건축"이 적힌 약표제지와 표제지를 넘기고 나면, 전시회 전체의 발문이 두 쪽에 펼쳐져 있다. 200자 원고지 여섯 매가 채 되지 않는 이 짧은 글은 4.3그룹 열네 명의 건축가가 파악한 시대 상황을 압축적으로 드러낸다. 하지만 이 두 쪽은 독해를 방해하는 장치로 가득하다.[1] 표제지의 제목보다 큰 고딕 서체, 흑백 반전이 된 글과 바탕, 상·하·좌·우 여백과 행간을 완전히 없애 버려 겹쳐 놓인 글 등의 디자인은 책 전체를 통틀어 유일한 공통 발언을 쉽게 읽지 못하도록 한다(308~309쪽 참조). 발문에 이어 김광현의 에세이 〈'규방(閨房)의 건축(建築)'을 벗어나기 위해〉가 등장한다. 앞의 발문만큼은 아니지만 이 글 역시 독해를 이끌기보다 훼방 놓는 건 마찬가지이다. 디자인은 발문과는 반대 방식이다. 작은 서체에 긴 행을 끊어 엇갈리게 배치해 행간을 두 배로 만든 뒤, 단락 없이 흐르는 텍스트는 내용을 따라가기 힘들게 한다. 독자들은 글에 빠져들기보다는 같은 행을 두 번 읽거나 이어지는 행을 놓치고 다른 행을 읽기 일쑤다.

4.3그룹을 하나의 단체로 묶고 설명하는 성격의 발문과 에세이가 끝나고 나면 건축가 개개인의 작업 소개가 이어진다. 앞부분의 파격과 달리 이 부분은 상투적이다. 가나다 순으로 배치한 건축가 순서뿐 아니라 타이포그래피 처리도 평범한 수준이다.[2] 공통의 발언, 그룹으로서의 평가와는 달리 개개인의 작품과 텍스트는 잘 읽히기를 기대한 구성인 것이다. 그룹으로 묶여 있지만 뭉뚱그려 단체로 파악되지 않고, 개인의 정체성을 드러내 보이려는 그들의 욕망은 건축가 개개인을 소개하는 방식에서 단적으로 드러난다. 각 꼭지는 카메라(독자)를 뚜렷하게 응시하는 건축가의 전신상 사진으로 시작하고 이 전신상의 뒷모습에 해당하는 사진으로 끝난다. 놀랍게도 A4 230쪽 가량에 달하는 이 책에는 전체를 관장하는 쪽수가 없으며, 각 꼭

3
배형민, 《감각의 단면》, 동녘, 2007, 44쪽 이하

지는 개별적으로 쪽수가 매겨진다. 앞모습-작품 소개-뒷모습으로 이어지는 구성에서 그들의 글과 건축은 문자 그대로 그들의 '속'이며, 이 속살의 '동일성(identity)'은 다른 이들과 결코 혼동될 수 없는 겉모습에 의해 유지된다.

4.3그룹이 공통된 하나의 이념이나 가치, 방향을 설정하고 일사분란하게 움직인 단체가 아니라, 같은 고민을 공유하되 서로의 차이를 확인하며 스스로를 연마하는 데 주력한 스터디 모임이었음은 그들 스스로 처음부터 밝힌 사실이다. 전시회 도록의 구성은 이를 강조하며 재확인하는 장치였다. 20 여년이 지난 지금처럼 기억은 희미해지고 도록만 남더라도 오해의 소지를 없애기 위해서 미리 준비한 듯 말이다. 자신의 이름을 걸고 건축을 시작하려는 한 사람의 건축가가 자신만의 '정체성(identity)'을 확보하려는 욕망은 당연한 것이다. 특히나 건축을 자율적이고 전문적인 고유한 직능으로 인식하지 못했던 1980년대의 사회적 풍토에서 이들의 욕망은 더욱 복합적이었다. 건축이 정치나 사회와 관계 맺는 방식 그리고 건축을 정의하는 방식에서 선배 세대와는 다른 길을 찾고 싶어 했으며, 동시에 같이 길을 떠난 동료와는 뚜렷이 구별되고 싶어 했다. 말하자면 그들은 건축의 보편성(universal)과 단독성(singularity)이 공존하는 길을 찾았다.

2

한국 현대건축에서 건축가의 정체성에 관한 물음은 낯설지 않다. 배형민은 김수근과 승효상의 정체성 차이를 자신의 모습을 공적으로 드러내는 방식인 초상 사진을 매개로 설명한 바 있다. 그에 따르면 1967년 부여박물관 왜색 논쟁 이후 최순우의 사사를 받은 김수근은 외부 대상(한국 예술)과 즉각적인 동일시를 추구한다. 이를 통해 (한국) 건축가 김수근이라는 자신의 정체성을 세울 수 있었다는 것이다.[3] 이에 반해 승효상은 외부 대상이나 자신의 작품과 스스로를 동일시할 수 없었다. 간단히 없앨 수 없는 주체와 대상 사이의 간극은, "표면이자 물질이며, 글이며 형태이다. 보여 주기도, 감추기도 하는 이중의 공간인 것이다. 그것은 현대적 공공 영역의 가능성을 열어 주

4
같은 책, 72쪽

5
Lorenzo Chiesa, *Subjectivity and Otherness: A Philosophical Reading of Lacan*, Cambridge MA: MIT Press, 2007, p. 19.

6
한국 현대건축사에서 타자로서 일본은 매혹적이지만 억압해야 할 대상으로 등장한다.

는 공간이기도 하며, 길을 잃고 있어야 할 곳이 아닌 곳에서 헤매게 할 수도 있는 두려움의 공간이기도 하다."[4] 하나의 정체성으로 고착되지 않는 이 영역이 한국 현대건축의 가능성의 조건이라는 설명이다. 그렇다면 이 두 가지 정체성의 간극은 어디에서 유래하는 것일까? 개인적인 성향의 차이일까? 세대의 차이일까? 4.3그룹 건축가들이 처한 입장과 위치를 역사적 문맥에서, 그리고 담론적 구성의 문맥에서 조망하려고 시도한다면, 정체성에 대한 물음은 피할 수 없다. 4.3그룹의 활동이 곧 정체성을 찾아나선 여정이었기 때문이다.

김수근의 경우로 돌아가자. 자신의 건축은 일본 양식도 백제 양식도 아닌 "김수근의 양식"이라고 말한 부여박물관의 김수근에서 최순우를 만나 한국적인 것을 찾아낸 공간사옥의 김수근으로 변모했다는 한국 현대건축의 서사는 상상적 동일시에서 상징적 동일시로의 이행에 상응한다. 김수근의 정체성을 두 계기로 나누어서 살펴볼 수 있다는 뜻이다. 라캉(Jacques Lacan)의 주체 개념에 따르면, 상상적 동일성은 자아가 자신의 외부에 있는 타자에서 자신의 모습을 찾음으로써 주체로 서는 단계를 말한다.[5] 상상적이라고 말하는 까닭은 이 동일성이 근본적으로 허구이기 때문이며, 외부의 이미지에서 자신을 찾는 것이므로 소외되어 있는 동일시이기 때문이다. 1967년의 김수근은 어떤 타자에서 자신의 모습을 찾았을까? 이 물음에 대한 답은 이제 쉽게 짐작하듯 단게 겐조(丹下健三)나 요시무라 준조(吉村順三)일 것이다. 그러나 이 타자는 당시의 시대 분위기에서 김수근 스스로 억압해야만 하는 이름, 기표였다.[6] 이런 동일시는 타자에게서 "이상적 자아(ideal ego)"를 찾는 것이므로 자연스러운 일이고, 라캉의 거울 단계에 대한 통속적인 이해처럼 유아기에 국한해서 일어나는 일도 아니다. 우리는 누구나 이 단계를 거치며 동일성을 지닌 주체가 된다. 주체가 된다고 해서 이 단계가 완전히 없어지는 것도 아니다. 자아를 지젝(Slavoj Žižek)과 사이드(Edward Said) 같은 외부의 이상적 이미지에 투사하지 않고 글을 쓰는 비평가가 얼마나 있겠는가? 그러므로 관건은 상상적 동일시 자체가 아니라 개인의 상상 속에서 이루어지는 이 동일시가 상호인정을 토대로 하는 상징적 망 속에 편입되는 순간이다. 부여박물관 논쟁 이후의 김수근의 갱신을 타자와의 동일시라는 소외를 보편적 체계 속에서 극복하는 과정으로 읽을 수 있는 것이다.[7] 최순우가 석굴암 관음상을 보고 작가가 한국인임을, 그리고 이로써 본인이 한국인임을 확인한 것, 김수근이 조선시대 문인상에서 자신을 읽는 것은 주체가 대상과 합일하는 것이기도 하지만, 타자의 부름에 응답함으로써 비로소 주체가 되는 과정이기도 하다. 석굴암 관음상과 문인상이 건네는 호명에 응답함으로써 한국인이 되는 것, 더 정확히 말하면 정체성을 인정받는 것이다.[8]

"집단과 개인을 중재할 수 있는 한국적 미학의 역사도, 건축의 역사도 없었"던[9] 1980년대 말까지, 이 둘 사이에서 요동하는 감각적인 것을 고정시켜 주는 것은 다름 아닌 "한국성"이라는 기표였다. 무엇이 한국성인지에 대해 어느 누구도 확실히 답할 수 없었지만 건축의 의미, 개인의 정체성을 분명히 해 주는 기표였던 것이다.[10]

7
1957년경의 라캉에게 정신분석을 통한 치유는 "보편적 언어 속에서 개별적 소외를 능동적으로 극복하는 것"이었다(Lacan, *Ecrits: A Selection*, London: Tavistock, 1977, p. 81).

8
이런 독해는 당연히 라캉이 말한 대타자와의 상징적 동일시와 알튀세르가 말한 이데올로기적 호명과 주체화 과정의 접점을 경유한다. 이 접점에 관해서는, 또 포스트모더니즘을 둘러싼 이슈에서 하버마스-푸코의 논쟁보다 라캉-알튀세르의 논쟁이 더 급진적이며 근본적이라는 주장은 Slavoj Žižek, *The Sublime Object of Ideology*, London: Verso, 1989 참조

9
배형민, 앞의 책, 72쪽

10
의미의 정박지로서 이 기표는 국가, 민족, 때로는 민중 등의 이름으로 변주된다.

3

> 21세기를 눈앞에 둔 오늘날, 우리는 미래에 대한 희망을 서서히 상실해 가고 있다. 또한 우리는 여러 가지의 세기말적 징후가 이 세기를 주도하여 온 모더니즘에 대하여 심각하게 도전하고 있음을 여기저기에서 느끼고 있으며, 동시에 분열과 반역과 혼돈의 시대적 소용돌이 속에서 19세기말 한국의 지성인들이 겪었던 것과 유사한 의식의 혼란에 새로이 맞서고 있다.
> 〈발문〉, 《이 시대 우리의 건축》, 안그라픽스, 1992

건축가들의 수사를 있는 그대로 진지하게 믿는 것은 위험한 일이지만, 위 인용문은 앞에서 언급한 독해를 방해하는 장치로 가득한 발문의 한 대목으로 세기말의 결핍감과 불안감으로 가득하다. 이 글이 발표된 때는 1992년이다. 2000년이 되면 1999년까지만 인식하는 컴퓨터가 혼란을 일으킬 것이라

11
《매일경제신문》,
1993년 5월 12일자 2면

는 밀레니엄 바이러스 소동으로 전지구가 떠들썩하던 세기말은 아직 8년이 나 남아 있었고, 구제금융 사태로 30년 이상 이어져 온 한국의 개발경제 거품이 꺼지기까지도 5년을 더 기다려야 했다. 그렇다면 1992년에 감돈 세기말의 기운은 무엇일까? 이 글이 실린 4.3그룹 작품집은 김영삼이 대통령으로 선출된 제14대 대통령 선거(1992년 12월 18일) 8일 전에 발간되었고, 전시회는 이틀 뒤인 1992년 12월 12일에 개막해 같은 달 24일까지 이어졌다. 얼마 남지 않은 1992년을 뒤로 하고 1993년으로 넘어가면 한국 사회는 유례없는 희망으로 들썩인다. 집권 초기 강력한 개혁 정책을 이끈 대통령에 대한 지지율이 90퍼센트에 육박하던 시절이었다.[11] 군사정권과 민주화 운동 세력의 대립 구도가 지배한 1980년대와는 완전히 다른 상황이었다. 또 386세대가 정치 전면에 부상하면서 우파와 좌파의 진영 논리가 오히려 굳건해진 1990년대 말 이후의 상황과도 달랐다. 최근의 복고 열풍이 보여 주듯 1990년대 초·중반은 대중문화 황금시대, 거품이 터지기 전 마지막 광채를 발휘하던 호시절이었다.

압축적 근대화를 거친 한국 사회는 매해가 역동적인 이행의 순간이지만, 우리가 특히 예민하게 짚어야 하는 변곡점은 1987년 그리고 1992년과 1993년 사이이다. 이 시기는 "80년대 말 90년대 초"라고 뭉뚱그려 말하기 힘들 만큼 급변의 시기였다. 1990년 4월 3일 첫 모임을 가진 4.3그룹은 1992년 말에 전시회를 가진 후 활동이 예전 같지 못하다가 1994년 10월 두 번째 책을 발간하고 사실상 해산하는데, 이는 결코 우연이 아니다. 또 4.3그룹과 1990년대 건축을 논할 때면 빠지지 않고 언급되는 첫 번째 작품집과 달리 두 번째 책은 거의 회자되지 못하는데 이 역시 어쩌면 당연한 일이다. 1960년대 이후 한국 건축계를 양분해왔다고 해도 좋을 김수근과 김중업의 잇단 타계(각각 86년과 88년)와 한국 사회의 변혁과 그에 따른 건축시장의 변동에 맞서야 했던 1980년대 말 1990년대 초와 1994년은 이미 상업주의와 대중문화 중심으로 담론의 구도가 완전히 재편되었기 때문이다. 한 마디로 1994년은 그들이 애초에 절감한 문제 설정이 더 이상 유효하지 않은 다른 세상이었다. 그러니 그들이 느낀 당혹스러움과 상실감을 살피려면 세기말로 가까이 나아가기보다는 그 이전으로 거슬러 올라가야 한다.

4

6월 항쟁의 열기로 사회 변혁의 움직임이 유례없이 폭발했던 1987년은, 여러 제도적 민주화를 이끌어냈을 뿐 아니라 정치, 경제, 문화 전반에 걸쳐 향후 한국사회의 구조를 형성한 기점으로 평가받는다.[12] 문학과 미술 등 다른 문화예술계와 달리 1980년대 동안 사회적 발언에 적극적이지 않았던 건축계에서도 사회 변혁에 동참하려는 시도들이 1987년에 생겨나기 시작했다. 그 중 가장 대표적인 단체가 1987년에 창립한 청년건축인협의회(이하 청건협)이다. 청건협은 1992년 기점을 사이에 두고 엇갈릴 뿐 아니라, 구성원의 세대나 이념적 지향성 면에서 청건협의 움직임은 4.3그룹과 여러모로 대조적이다. 민주화운동의 파고 속에서 태동한 청건협은 공교롭게도 4.3그룹이 첫 전시회를 한 1992년에 활동을 마감한다. 세대 순으론 반대이지만 4.3그룹이 청건협 다음에 등장하는 것도 담론의 구도에서 보면 자연스러운 일이다. 말하자면, 4.3그룹이 1990년대의 운동이라면 청건협은 1980년대의 산물이었으며, 4.3그룹이 방향 상실의 주체라면 청건협은 믿는 주체였다고 할 수 있다. 건축계 전반이 처한 문제에 관한 인식 자체는 대동소이할 수 있지만, 청건협은 4.3그룹은 가지지 못했던 대타자의 이름 아래에서 움직였다. 그들은 자신들이 무엇을 해야 하는지 알고 있었으며(적어도 안다고 믿었으며), 실제로 짧은 활동 기간에 비해 많은 일들을 추진했다. 하지만 1992년에 이르면 한국사회에서 그들의 기표였던 '마르크스주의'는 때늦게 도래한 이름이자 애도해 떠나보내야 할 대상이었다.[13] 청건협 초대 회장이었던 함인선은 1991년 무렵 지리멸렬한 이론 투쟁에 지쳐 운동의 대열에서 벗어났다고 술회하지만, 당시 한국사회의 담론 지형에서 이른바 운동권의 이론적 실효성은 급격히 사그라지고 있었다.[14]

급격한 개방과 동구권 붕괴에 따른 마르크스주의의 몰락이 빚은

12 김종엽, 〈분단체제와 87년체제〉, 《87년체제론》, 창비, 2009, 34쪽

13 한국 건축사를 다룬 저술 가운데 80년대 운동권의 시각을 가장 뚜렷하게 보여주는 김홍식의 《민족건축론》(한길사, 1987)도 이런 시각에서 조명해 볼 수 있을 것이다. 식민사관에 따른 건축사론을 극복하는 것을 목적으로 삼는 이 책이 출간된 해 역시 1987년이다.

14 함인선, 《건축은 반역이다》, 서울포럼, 1999, 44쪽

1992년 무렵의 정서는 단연 위기감, 불확실성에 따른 암중모색의 불안과 우울이었다. 시인 김중식은 "활처럼 긴장해도 겨냥할 표적이 없다"라고 적었다.[15] 운동권 출신 시인이 사회주의 붕괴 이후 느낀 '적의 부재'를 토로한 것이지만, 실제로 부재하는 것은 '적'이 아니라 "중심"이었다.[16] 자신의 행위의 당위와 의미를 의심하지 않아도 되도록 보장해 주는 주인 기표가 더 이상 존재하지 않는다는 자각, 아니 더 정확히는 완전해 보였던 주인 기표가 허구이자 텅 비어 있다는 사실을 깨닫게 되었을 때 느낀 상실감이다. 88년 서울올림픽이 끝나고 난 뒤부터 한국사회의 포스트모던화가 본격화되기 직전인 1992년 말까지 한국사회의 지식인들이 공유한 우울은 불확실함에 사로잡힌 주체의 근심이다.

새로운 불투명성과 불가해성(우리의 행위가 야기하는 최종 결과들의 불확실성)은 우리가 어떤 초월적인 힘(운명, 역사적 필연성, 시장)에 조종되는 꼭두각시라서 생겨난 것이 아니다. 반대로 그것은 '아무도 책임이 없으며' '그런 권력은 존재하지 않는다'는, 운명의 실을 조종하는 '타자의 타자'란 없다는 사실에 기인한다. 불투명성은 오늘날의 사회가 전적으로 반성적(재귀적 reflexive)이라는 사실, 의존할 만한 확고한 토대를 제공하는 어떠한 자연이나 전통도 없다는 사실에 기반해 있다.[17]

딛고 선 단단한 토대가 대기 중으로 흩어질 때, 취할 수 있는 한 가지 선택지는 시작점(beginning)으로의 회귀다. 물론, 이론적 근본주의가 아닌 다음에야 돌아갈 곳은 위기의 근본 원인인 예전의 근원과는 같을 수 없다. 1990년대 초 자신들의 시작점으로 돌아감으로써 방향 상실을 극복하려고 한 대표적인 예는 1992년 4월에 창간호를 낸 《문화과학》이다. 지금은 한국의 신좌파로 불리는 강내희, 심광현, 이성욱 등 《문화과학》의 창간 주축 멤버들은 관념론적으로 이해되거나 상부 구조의 일부로 치부된 문화를 유물론적으로 이해함으로써 당면한 위기를 돌파하려고 했다. 그들은 1960년대 말 마르크스주의의 위기를 마르크스로 돌아가 극복하려고 했던 알튀세르(Louis Pierre Althusser)를 호출한다. 위기를 인정하되 위기의 원인을 버리지 않

15
김중식, 〈이탈 이후〉, 《황금빛 모서리》, 문학과지성사, 1993, 40~41쪽

16
적의 부재라는 판단은 지나치게 이른 것이었다. 그들의 적이었던 자본주의(경우에 따라 미제국주의)는 여전히 그대로 있었기 때문이다. 그러므로 문제는 "중심"이다. 물론 이 시인에게 중심은 다름 아닌 80년대 현실 운동의 궁극적 지향점이었던 사회주의, 모든 행위와 활동의 이념적 좌표를 부여했던 마르크스주의이다. 우리는 여기서 적의 부재에 대해 묻기보다는 중심의 부재가 야기한 우울에 초점을 맞추어야 한다. 왜냐하면 적을 상실한 이들은 마르크스주의자들이나 운동권이 아니라 오히려 "역사의 종말"을 호기롭게 외쳤던 자유주의자들이기 때문이다. 그 대표적인 예로는 프랜시스 후쿠야마, 《역사의 종말》, 한마음사, 1992

17
Slavoj Žižek, *The Ticklish Subject*, London: Verso, 1999, p.336

고 구원하는 도식으로 이해된 알튀세르는 (한국과 서구의 시차 속에서) 아직 캐내야 할 것이 많은 '원석'이었다. 소련과 동구의 현실사회주의를 모델로 삼았던 1980년대 운동권에게 서구의 마르크스주의, 특히 구조주의의 세례를 받은 알튀세르는 금지된 대상이었기에, 이 호출은 일종의 복권이었다.[18] 1992년 11월에 발간된 2호에서 심광현은 알튀세르를 비트겐슈타인(Ludwig Wittgenstein)으로 보충하는 낯선 글에서 포스트모더니즘의 다원주의를 극복하는 방안을 모색한다.

> 정작 중요한 것은 모두에게 공통된 하나의 공통분모가 존재하지 않기 때문에 모든 것은 서로 무관하다는 귀결에 이르는 것이 아니라 오히려 '가족적 유사성'의 형태로 사태들이 상호 연관되어 있기 때문에 우리에게 역사 과정 전체가 불균등하지만 일정하게 법칙적 연관을 형성하면서 개방되어 있다는 사실을 확인할 수 있다는 점이다. (중략) '가족적 유사성'의 개념은 통약불가능성이나 무정부주의적 다원주의가 아니라 오히려 알튀세르가 이야기하는 '구조적 인과성'('과잉 결정')또는 '절합'의 개념에 보다 가깝다.[19]

심광현은 경제 결정론과 같은 환원주의는 더 이상 통용될 수 없으며 모든 것은 상대적이라는 포스트담론에 맞서는 논리로 가족적 유사성이나 과잉 결정을 제시한다. 닫힌 인과론, 반영론, 결정론으로부터 마르크스주의를 구출하는 이 논리에서 4.3그룹 건축가들이 모더니즘 건축을 대하는 태도를 이해하는 실마리를 찾을 수 있을 것이다. 부연하자면, 공통의 지반이자 의미의 궁극적인 준거점이 존재하지 않는다는 인식에서 새로운 '가능성'을 찾아가는 논리는 무척 흡사하다. 건축과 사회과학 사이의 차이, 이론적 정치적 입장의 상이함, 1990년대 중반 이후의 행보에서 나타난 차이 등에도 불구하고 말이다.[20]

18
《문화과학》은 범람하는 포스트 담론을 막아 줄 버팀목으로 알튀세르를 택했지만, 이는 동시에 푸코, 데리다, 들뢰즈 등의 급속한 유입을 이끄는 촉매이기도 했다. 창간호와 2호에 걸쳐, 잡지의 방향과 이론적 입장을 밝히고 나서, "욕망"과 "육체"를 특집으로 다룬 3호, 4호는 《문화과학》이 프랑스 이론의 주요 수입 거점이었음을 단적으로 보여준다.

19
심광현, 〈언어 비판과 철학의 새로운 실천-비트겐슈타인과 알튀세르〉, 《문화과학》 1992년 겨울호(2호), 63~64쪽

20
《문화과학》과 4.3그룹보다는 서울건축학교와 교류가 있었다. 《문화과학》의 필진들은 서울건축학교 인문학 강연에서 프랑스 이론을 소개하는 주요 통로였다.

21
목천건축아카이브,
〈승효상 구술채록〉,
2011년 11월 10일, 이로재

22
목천건축아카이브,
〈이성관 구술채록〉,
2011년 9월 21일, 한울건축

23
목천건축아카이브,
〈도창환 구술채록〉,
2011년 11월 16일,
목천건축문화재단

5

4.3그룹 건축가들은 예전과 달리 건축을 강제하는(억압하는) 외부의 힘은 사라졌지만 건축가 욕망대로 트레이싱지 위를 활주할 수는 없는 상황, 그렇다고 범람하기 시작하는 자본의 파도에 몸을 맡길 수는 없는 난처함을 토로한다. 첫 전시회의 제목 "이 시대 우리의 건축"에서도 드러나듯 이전 세대와는 다른 시대정신을 강조한 4.3그룹은 선배 건축가들과 다르다는 분명한 자의식을 갖고 있었다. 또 "선배한테 대들 수 있는 자유가 확실히 보장되어 있는" 모임이었고,[21] 권력과 연루된 기성세대 건축가들을 부정적으로 여기긴 했지만 적의를 노골적으로 드러내지는 않았다. 이는 "장유유서"를 중시하는 한국의 유교적 정서 때문일 수도 있고, 그들이 서구의 아방가르드들처럼 그다지 급진적이지 않았기 때문일 수도 있지만, 정작 그들에게 더 절박한 문제는 "적"이 아니라 "중심"이었기 때문이다.

> 우리의 선보다, 위를 부정하기보다는 외세의 침입에 관해서 나름대로 어떻게 해야 하는지 이럴 때 중심을 어떻게 해야 하는지가 오히려 더 컸어요. (…) 위쪽에 대해서는 반항적으로 뒤엎겠다, 이런 거는 크게 없었던 거 같거든요.[22]

포스트모더니즘과 해체주의 등 서구의 경향에 대한 반발이자, 이에 대응하기 위한 논리가 부재한다는 사실을 토로하고 있는 것이다. 물론 4.3그룹이 하나의 가치관에 따라 일사분란하게 대오를 형성한 모임이 아니었기에 포스트모더니즘과 해체주의에 대한 입장 역시 개인에 따라 차이가 있었다. 예를 들어 김병윤과 도창환은 모더니즘으로의 복귀에 회의적이었으며, '포스트'에 대해 비교적 우호적인 자세를 보였다. 가장 연배가 낮은 도창환은 "실은 저는 모더니즘하고는 좀 아닌 쪽입니다. 정확히는 넘어서는 쪽입니다"라고 분명히 선을 긋는다.[23] 김병윤은 공간의 침묵과 형태의 역동을 동시에 추구하면서 "근대주의의 모범이 무엇이라 해도 극단을 지향한 결과로 회귀할

24
김병윤, 〈건축적 탐구〉, 《이 시대 우리의 건축》, 안그라픽스, 1992, 김병윤 편, 세 번째 쪽

25
김광현, 〈'규방(閨房)의 건축(建築)'을 벗어나기 위해〉, 《이 시대 우리의 건축》

26
이일훈, 〈포스트 모더니즘, 그 時宜的 質問에 對한 身上陳述〉, 《공간》 1989년 5월호, 66쪽

의사는 없다"고 밝힌다.[24] 미묘하지만 중요한 이런 차이에도 불구하고, 4.3그룹에게 중심은 재발견한 모더니즘이었다.

4.3그룹이 모더니즘에 주목하게 된 데에 큰 영향을 미친 김광현은 1992년 전시회 작품집 서문에서 "지나치게 단순한 판단인지 모르나, 이들의 건축 언어는 기본적으로 모더니스트의 순수 언어"라고 평가한다.[25] 국가주의와 권위주의와 결합한 공공건축이든 강남개발에 편승한 상업주의 포스트모던 건축이든 이전 세대의 건축이 스스로의 존재 근거를 되묻지 않았다면(또는 않아도 괜찮았다면), 4.3그룹은 이 물음을 외면할 수 없었다. 건축·건축가의 자율성을 확보하려고 했던 그들에게는 돌파하지 않으면 안 되는 물음이었다. 모더니즘은 이 위기의 원인이자 해결책이었다. 그들은 포스트모더니즘과 해체라는 소란스러움을 야기한 모더니즘의 한계를 비판하면서도, 동시에 이를 극복하는 방편으로 모더니즘으로의 복귀를 선택했다. 1980년대에 유행한 포스트모더니즘은 굳건한 이론과 이념에 뿌리를 내리지 못한 형태모방일 뿐이기에 오히려 천착해야 할 것은 모더니즘과 근대건축이라는 인식은 도처에서 찾아볼 수 있다.

> 이 시점에서 논의해야 할 것은 포스트모던의 수용을 전제로 미리 설정된 가설 속에서 비판받아야 할 근대건축 이념의 피폐가 아니다. (…) 근대건축 이념과 실체를 옳게 자리매김하는 일일 것이다.[26]

이일훈은 한국 건축은 아직 근대건축의 이념을 제 것으로 온전히 체득하지 못했다고 여긴다. 1960년대 이래 세워진 수많은 건축물은 모더니즘의 물적 토대는 될지언정 결코 모더니즘의 정수에 가닿지 못했고, 지나가는 유행인 포스트모더니즘과 달리 분명한 이념을 지닌 모더니즘에는 진정성이 있다는 생각이다. 윤리적 색채마저 띄는 이런 입장은 4년의 시차를 넘어 아래의 발언과 공명한다.

27
김봉렬, 〈60년대 모더니즘의 현대적 의미〉, 《공간》 1993년 4월호, 27쪽

28
1990년대 초 한국사회에서 포스트모더니즘의 기수로 꼽히기도 했지만, 리오타르는 모더니즘과 포스트모더니즘이 중첩되어 있음을 일찌기 지적했다.(장 프랑수아 리오타르, 《포스트모던적 조건》, 이현복 옮김, 문예출판사, 1992).

> 아직 우리에게는 해체할 만한 건축이론도 이념도 없는 것이다. 해체할 대상이 없다는 것은 아직도 우리는 모더니즘의 테두리 안에 머물러 있다는 말이 되며 현재 필요한 것은 디컨스트럭션(de-construction)이 아니라 리컨스트럭션(re-construction), 즉 재구성 재구축의 자세인 것이다.[27]

김영삼 정부의 개혁 드라이브와 함께 모든 권위에 대한 반발이 화두였고 마침 (광의의) 해체가 위세를 떨치던 1993년 초, 해체를 반대하고 모더니즘을 옹호한 것이다. 단순히 온전한 모더니즘을 경험하지 못했기에 먼저 이를 완성한 뒤 해체와 탈구축을 해야 한다는 언명으로 들리기도 한다. 하지만 이를 간단히 보수적인 입장으로 치부해서는 안 된다. 왜냐하면 이런 독해는 모더니즘과 포스트모더니즘을 일직선적인 시간성의 논리로 파악하는 우를 범하기 쉽고, '진정한 모더니티'가 무엇인지를 규범적으로 정의하려는 본질주의의 미궁으로 빠지기 쉽기 때문이다. 20여 년이 지난 지금 우리는 근대와 탈근대가 선후의 관계가 아니라는 것을 알고 있다.[28] 1989년과 1993년 사이의 국면에서 모더니즘에 대한 옹호와 회귀는 부재하는 것의 상실감을 만회하기 위한 방편이었다. 근대건축이 미리 온전하게 주어진 뒤, 해체의 논리가 생겨나는 것은 아니다. 메스를 들이대는 행위가 곧 대상을 굳건히 정의하는 일이기도 하다. 데카르트(René Descartes)의 주체이론을 급진적으로 해체한 데리다(Jacques Derrida)가 누구보다도 탁월한 데카르트 주석가였듯이 말이다. 결국 당시에 부재한 것은 잔해이자 유산이었던 모더니즘을 가를 수 있는 메스였고, 흔들리는 역사의 지반을 굳건히 해 줄 지반이었다. 하지만 천 개의 고원이 펼쳐진 곳에서는 아르키메데스의 지렛대를 놓을 수 없는 법이다. 1993년은 근대건축의 이념과 이데올로기를 진지하게 물을 수 있었던 마지막 순간이었다. 4.3그룹 역시 자신이 기거할 하나의 고원을 찾을 나설 수밖에 없었던 것이다. 그들은 불가능한 것의 가능성을 타진한 마지막 세대였다. 4.3그룹이 1990년대 한국 건축의 분기점인 까닭이다.

4.3그룹의 모더니즘

김현섭

고려대학교 건축학과 교수.
고려대학교를 졸업하고 대한민국 정부장학생으로 영국 셰필드대학에서 근대건축사를 공부했으며, 동 대학에서 AHRC 박사후연구원으로 동서양 건축교류에 대해 연구했다. 일본 건설성 건축연구소와 핀란드 헬싱키대학 및 알바 알토 아카데미에서 객원연구원으로 일했고, 2008년부터 고려대학교에서 건축역사를 가르치고 있다. 지금까지 우리나라를 비롯해 영국, 핀란드, 이탈리아, 일본, 대만 등에서 근·현대건축에 관한 다양한 논문과 평론을 출판했으며, 현재는 2014~2015년도 하버드대학교 옌칭연구소의 방문학자로 선발되어 연구년을 보내고 있다.

4.3그룹 건축가들은 역사의 지형 가운데 어떻게 자리매김할 수 있을까? 한국의 현대 건축사라는 내적 시각에서뿐만 아니라 좀더 넓은 20세기 세계 건축사의 관점에서 말이다. 논란의 여지가 없지 않으나 이러한 작업에는 서양 건축의 주도적 흐름과 담론이 준거일 수밖에 없다. 이미 서양의 담론이 지배적 프레임을 형성한 이상 (최종 목표를 그것의 극복에 두더라도[1] 잠정적으로) 그 틀을 통해 한국 건축의 상황을 견주는 것은 불가피한, 그러나 유용한 방법이기 때문이다. 실제로 한국의 건축가들은 서양의 담론을 꾸준히 참조하고 이에 대응해 왔다. 이러한 역사적 자리매김을 위한 근거가 되는 것은 일차적으로 그들의 건축물이겠지만, 이 못지않게 중요한 것이 각자의 언설이다. 누차 강조돼 왔듯 이들이야말로 자기의 건축을 자기 '말'로 설명하려 했던 첫 세대이다.[2] 4.3그룹 건축가들은 여러 세미나에서의 상호 크리틱과 전시 및 출판을 통해 각자의 건축을 개념화하고 자신의 건축관을 피력했다. 개인의 상황과 역량에 따라 큰 차이가 있지만 여기에서 우리는 그들이 인식했던 세계 건축사, 특히 서양 모더니즘의 양상과 이에 대한 비판적 대응을 일정 정도 엿볼 수 있다. 본고는 이 지점에 착목한다. 즉, 그들의 모더니즘에 대한 천착, 인식, 대응을 고찰함으로써 그들이 과연 역사의 어느 위치에 자리하고 있는지를 간략하게나마 가늠해 보고자 하는 것이다. 이는 1990년대의 한국 건축을 세계사적 흐름과 소통시키기 위한 작은 걸음이 될 것이다.

1
이종건은 4.3그룹 건축가들의 [매우 단순히 동·서양을 구분하고 동양(한국)의 정신문명으로 서양의 물질문명을 극복한다는 식의] 탈식민적 시도에 내재된 식민성을 적확하게 비판한 바 있다. 그러나 그의 식민성 비판의 귀결점은 결국 한국 문화의 정확한 이해와 더불어 "서구 문화의 정체성을 다시 명료히 인식하는 작업"이었다. 이종건, 〈이론과 이념상의 식민화〉, 《건축역사연구》 1995년 12월호, 153~157쪽

2
김중업과 김수근, 혹은 김원과 김석철 등의 세대를 간과할 수는 없지만, 말을 통해 '본격적으로' 개념 설정을 시도했다는 측면에서 4.3그룹 세대를 주목할 수밖에 없다.

세기말의 아우성과 침묵의 역설

> 비틀어진 선, 튀어나온 예각, 시뻘겋고 시퍼런 색, 이질러진 볼륨, 산만한 재료, 현란한 빛, 악취, 굉음, 비명 … 나는, 1992년 바로 여기서, 포촘킨의 도시를 목도하고 있는 것이다. 한 세기 전, 19세기말 유럽의 예술인들의 시대의 자각에 대한 기억과 그들에 대한 추적은 나에게 큰 위안이 되었으며, 아돌프 로스가 겪었던 고뇌에

동의하고자 한다. 이제 나는 이 시대의 세기말적 편린에
대립하려하는 것이다.
_승효상, 〈빈자의 미학〉, 《이 시대 우리의 건축》, 1992

1990년대에 4.3그룹이 결성됐다는 사실은 여러 면에서 흥미로운데, 특히 '세기말'이라는 관점에서 그러하다. 그들은 자신들의 시대를 세기말로 규정했으며, 건축계 전반에서도 그러한 인식을 상당부분 공유한 듯하다(더 넓은 시각에서 보면 1990년대는 한 세기의 마지막일 뿐만 아니라 한 천년의 끝자락이기도 하다). 《공간》은 1990년 5월호와 8월호에 〈세기말과 세기초: 건축환경의 변화와 대응〉이라는 특집을 마련한 바 있고, 이후의 건축 담론에 '세기말'은 종종 등장하는 메뉴가 된다.[3] 세기말이라 함은 대표적으로 19세기말 유럽의 퇴폐적이고 향락적 분위기를 일컫지만 사실은 굳이 어느 특정 시점에 국한된 것만은 아니다. 수년 후의 민현식(1996)에 의해 명쾌히 서술됐듯, "세기말이라는 어휘는 직설적으로 한 세기의 말이라는 시간상의 공간을 뜻하지만, 그것보다는 한 시대를 지탱해 온 가치관이 이제 더 이상 현실을 감당할 수 없는 지경에 이르러 혼돈과 불안이 전 사회를 짓누르는 세기말적 풍조가 만연된 시대를 일컫는다."[4] 그러나 세기말의 풍조가 반드시 부정적인 것만은 아닐 것이다. 주지하듯 19세기 말의 비엔나는 그 혼돈과 불안의 분위기를 오히려 문화적 역량을 축적하고 발산하기 위한 에너지로 재배치했다.[5]

4.3그룹의 건축가들이 자신의 시대를 세기말로 규정한 데에는 몇 가지 중요한 이유가 있다. 대외적으로라면 1980년대 후반 아시안게임과 올림픽 이후 더욱 고무된 세계화의 진취적 분위기가 시장 개방에 대한 압력이 되어 우리 건축계의 미성숙에 대한 열등감을 자극했다. 그리고 김중업과 김수근이라는 두 거장이 떠나간 빈자리가 커다란 공백이었는데, 해외에서 밀려오는 포스트모더니즘과 해체주의의 흐름, 그리고 거대 자본과 권력이 잠식하는 대형 프로젝트나 도시 난개발로 인한 현란한 상업건축물의 자극적 몸짓은 이들의 정체성을 위협했던 것이다. 이런 상황 가운데 갓 독립한

3
일례로 4.3그룹 구성원이자 《공간》 편찬위원이었던 우경국은 그룹 결성 수개월 후 해당 매체에 발표한 글(〈建築의 理念, 無理念, 脫理念〉, 1990년 8월호)의 서두에서 당시가 "세기말과 세기초(21세기)의 갈림길에 놓여있음"을 강조했다. 또한 강혁은 《건축문화》 1993년 7월호에 〈세기말의 문화적 위기와 아돌프 로스〉라는 글을 출판하는데, 4.3그룹이(특히 승효상이, 1992년 전시회를 통해 공적으로) 제기한 세기말 인식에 대한 찬동의 화답으로도 읽힌다. 그의 글은 다음과 같은 단락으로 시작한다. "우리는 지금 또 하나의 거대한 종말 앞에 서있다. 지금은 분명한 시대가 종언을 고하고 새로운 시대가 도래하는 전환기(Turning Point)이다. 우리는 지나가버린 문명과 아직 도래하지 않은 문명 사이 경계에 서있다. 공교롭게도 세기 말에 우리는 문명의 교체기를 맞고 있는 것이다."

4
민현식, 〈또 다른 세기말에 서서〉, 《건축사》 1996년 4월호, 22~24쪽

5
세기말 비엔나의 정치와 문화적 상황에 대한 가장 대표적 저서로 다음이 있다. 칼 쇼르스케 지음, 김병화 옮김, 《세기말 비엔나》, 생각의 나무, 2006(Carl E. Schorske, *FIN-DE-SIECLE VIENNA: Politics and Culture*, Vintage, 1961)

6
《이 시대 우리의 건축》의 도창환 편이 보여 주는 '파동의 각'이라는 주제어 및 'performance hall' 계획안을 보라. 그리고 동정근 편이 담고 있는 우원디자인사옥(1991)은 서양의 해체주의 건축을 참조한 결과라 하겠다.

30~40대의 젊은 건축가들은, 전 세대의 선배 건축가들과 구별될 자신들만의 돌파구가 필요했다. 여기에는 필연적으로 그들의 존재를 확인하고 도드라지게 부각시킬 배경, 혹은 타자가 수반돼야 했다. 그것이 바로 그 '시대'이다. 그들은 그 시대를 세기말의 혼돈적 상황으로 '진하게' 채색한다. 그런데 그 세기말은 건축가 개인의 외적 조건만이 아니었다. 각 개인의 건축관의 불명확한 혼돈과 불안 역시 이들이 등을 돌려야 할 내적 세기말이었기 때문이다.

1992년의 4.3그룹 전시회에 맞춰 출간된 《이 시대 우리의 건축》에 처음 소개된 승효상의 〈빈자의 미학〉은 이 같은 상황을 가장 잘 드러낸다. 그는 현란한 아우성의 우리 도시를 포톰킨 도시와 동일시했고, 여기에 반동했던 100년 전의 아돌프 로스(Adolf Loos)에게 감정이입하며 침묵을 역설했다. (물론 도창환의 '예각'과 동정근의 해체주의적 사례와 같은 상이한 입장 역시 4.3그룹의 스펙트럼 안에 포함되기도 했지만)[6] 승효상과 유사한 입장을 동일한 전시에서의 다른 건축가들에게서도 발견할 수 있다. 예컨대 조성룡은 당시 개발이 한창이던 양재동의 소란스러움을 지적하며, 자신의 건축에 침묵을 대입한다.

> 요란스런 복장으로 마치 온 힘을 다해 고함지르고 있는 것 같아서 역겹다 못하여 안쓰럽다. … ['양재1'의] 직방체와 실린더의 일부가 조합된 기하학적 형태의 외벽과 콘크리트 표면은 아무런 치장이 없다. 주변의 소란스러움에 침묵하고 있다.
> _조성룡, 〈도시의 풍경〉, 《이 시대 우리의 건축》, 1992

아돌프 로스와 르코르뷔지에 그리고 루이스 칸

> 그러므로 나는 이렇게 생각한다. 근대건축에 철저하고 그것의 형식과 내용에 철저한 자만이 포스트모더니스트이거나 해체건축가가 될 수

있으며, 형식(언어)을 매개하지 않는 한, 差延도 없고 불완전성도 없으며 문화의 비평성도 없다고. 그러므로 다시 Le Corbusier와 Adolf Loos …

_김광현, 'Adolf Loos: 문화의 危機·裝飾·古典·空間計劃', 〈근대건축 세미나 II〉, 1992. 5. 30.

이미 암시된 바지만, "또 다른 세기말"에 대해 4.3그룹은 근대건축(modern architecture)에 대한 학습과 천착으로 대응했다고 말할 수 있다. 모더니즘을 제대로 경험하지 않은 채로 포스트모더니즘을 논하는 것, 해체할 대상이 없는데도 해체를 논하는 것은 그들에게 온당치 않았다. 따라서 그들은 다시 근본으로 돌아가길 원했고, 모더니즘(modernism)이 그 출발점이었다.[7] 건축에서 모더니즘(혹은 근대주의 운동)[8]의 범위에 대해서는 다소 상이한 견해가 존재한다. 게다가 건축의 모더니즘이 다른 영역의 그것과 가지는 의미의 차이를 생각하고 모더니즘과 모더니티(modernity) 사이의 간극 또한 고려한다면, 건축의 모더니즘을 한 마디로 규정하기는 쉽지 않다. 건축에서의 모더니티와 다른 문화 담론(예컨대 비판이론)의 모더니티가 갖는 차이에 대해 진지하게 고찰한 연구자로 힐데 하이넨(Hilde Heynen)을 꼽을 수 있다. 그녀는 건축의 모더니즘이 모더니티에 비판적으로 접근했다기보다 근대 사회가 품는 차이와 갈등을 무마하려는 "목가적" 입장을 취했다고 지적한다. 모더니티에는 "계획적(programmatic)" 개념과 "일시적(transitory)" 개념, "목가적(pastoral)" 개념과 "반목가적(counter-pastoral)" 개념 등의 양극적 층위가 존재하는데, 건축의 모더니즘은 이러한 모더니티의 경험 가운데 '계획적'이고 '목가적'인 입장에 근거해 "미래로의 지향성과 진보에 대한 열망"을 적극 표출하려는 움직임으로 나타났다.[9]

하지만 근대건축의 초기 역사가들이 인식한 모더니즘으로 그 의미를 좁힌다면(비록 그들이 형성한 단선적 역사관에 대한 현재적 비판을 감수해야 하지만),[10] 이는 19세기 말의 혼란을 뒤로 하고 새로운 시대정신(Zeitgeist)을 추구

7
승효상에 따르면 모더니즘을 공부하게 된 까닭은 모두가 공유할 수 있는 논리의 근간이 필요했기 때문이다. 목천건축아카이브, 〈승효상 구술채록〉, 2011년 11월 10일, 이로재

8
건축에서 '근대주의 운동(the modern movement)'이라는 말은 보통 모더니즘과 등가로 사용되는데, 니콜라우스 펩스너에 의해 널리 확산됐다고 볼 수 있다. Nikolaus Pevsner, *Pioneers of the Modern Movement: From William Morris to Walter Gropius*, Faber & Faber, London, 1936. 하지만 이 책 제목의 "Modern Movement"는 3판(1960년)부터 "Modern Design"으로 수정된다.

9
Hilde Heynen, *Architecture and Modernity*, MIT Press, Cambridge MA, 1999, pp. 2~14.

10
서양 근대건축의 역사기술론에 관한 대표적 연구로는 다음을 보라. Panayotis Tournikiotis, *The Historiography of Modern Architecture*, MIT Press, Cambridge MA, 1999; Anthony Vidler, *Histories of the Immediate Present: Inventing Architectural Modernism*, MIT Press, Cambridge MA, 2008. 한편, 만프레도 타푸리(*Theories and History of Architecture*, 1980)가 지그프리드 기디온이나 브루노 제비를 위시한 대부분의 근대건축사가들의 (목적을 가지고 역사를 미리 계획하는 도구적 입장인) '작동적(operative)' 사관을 비판했음은 주지의 사실이다.

했던 20세기 초의 다양한 진보적 실험의 흐름을 뜻한다 하겠다. 이 흐름 속의 실제 사례로 우리는 다양한 건물들을 떠올리게 되는데, 흔히들 발터 그로피우스(Walter Gropius)의 바우하우스 신교사(1925~26), 미스 반데어로에(Mies van der Rohe)의 바르셀로나 독일관(1928~29), 르코르뷔지에(Le Corbusier)의 빌라 사보아(1928~31) 등을 그 상징적 절정으로 간주해 왔다. 이 모더니즘의 시기는 레이너 밴험(Reyner Banham, *Theory and Design in the First Machine Age*, 1960)의 연구 대상을 따라 1900년대의 첫 30년으로, 혹은 세계사적 격변을 따라 양차대전 사이의 기간(1918~1939)으로 한정할 수도 있겠다. 그러나 넓게는 20세기 전반에 걸친 (혹은 그 후에도 지속되는) 근대건축을 폭넓게 지칭하기도 하는데, 4.3그룹이 빈번히 언급했던 '모더니즘'이 여기에 해당한다. 그럼에도 불구하고 그들에게는 모더니즘에 대해 명확한 규정이 있었다기보다 포스트모더니즘에 대한 역규정으로서 근대건축이 인식됐다고 볼 수 있다.

상당부분 체험과 직관에 근거했던 4.3그룹 건축가들의 모더니즘 인식에 이론적 토대를 마련해 준 이는 김광현이다(그러나 김광현은 '모더니즘'이라는 용어를 한정적으로만 사용했다. 그는 모더니즘을 포스트모더니즘과 대비할 때 주로 사용한 것으로 보이며, 더 포괄적으로 '근대건축'이라는 용어를 채택했는데, 이는 '현대건축'과 구별된다).[11] 그가 4.3그룹과 관계 맺게 된 것은 승효상을 통해서였다. 1992년 봄, 제3회 4.3그룹 건축기행(빈에서 런던까지, 1992년 8월 1일부터 16일)을 준비하던 승효상이 대학 동기이자 당시 서울시립대 교수였던 김광현에게 세기말의 유럽 근대건축에 관한 강연을 요청했고, 그는 이에 응답해 여행 전까지 네 차례에 걸쳐 수공예운동, 아르누보, 제체시온, 아돌프 로스, 데스테일, 구성주의 등을 강연했다. 민현식은 이를 "황홀한 강의"로 기억한다.[12] 당시 김광현의 입장은 두 번째 세미나(1992년 5월 30일)에서 명확히 드러나는데, 앞에 인용한 문구가 바로 그때의 강의록에서 발췌한 것이다. 여기에서 그는 4.3그룹의 구성원들에게 근대건축에 대한 철저한 학습을 요구했다. 그 이후에야 비로소 포스트모던이든 해체든 현대적 상황에 맞는 비판적 건축가로

11
"포스트모더니즘의 오류는 모더니즘을 反形式的인 것으로 단정하고 역사적 양식을 표면에 첨가하였다. 그러나 그것은 모더니즘의 단절일 뿐, 연장은 아니다." ('Adolf Loos: 문화의 危機·裝飾·古典·空間計劃', 〈근대건축 세미나 II〉, 1992. 5. 30.) "근대건축에서의 새로움은 근대건축에 대한 의식의 방향성에 있다. 즉, 근대건축에 대한 의식적인 비판이 없이는 현대건축의 새로움은 성립되지 않는다는 말이다" (〈'규방閨房의 건축建築'을 벗어나기 위해〉, 《이 시대 우리의 건축》, 4.3그룹, 1992).

12
목천건축아카이브, 〈민현식 구술채록〉, 2011년 7월 26일, 기오헌

바로 설 수 있기 때문이다. 아돌프 로스와 르코르뷔지에는 그 학습의 첫 관문이었다. 이들에 대한 학습은 4.3그룹, 특히 승효상의 요구[13] 와 당시 김광현의 관심사가 겹쳐진 것으로 볼 수 있으며, 변하지 않는 건축의 본질에 대한 탐구는 루이스 칸(Louis Kahn)에 대한 학습과 답사로도 이어진다. 제3회의 기행은 로스를 주인공으로 했다고 할 수 있고, 제2회 기행(1991년 7월 14일부터 25일)에서 승효상이 르코르뷔지에의 라투레트에서 보인 격정은 흥미로운 일화가 됐는데,[14] 네 번째 인도-방글라데시 기행(1994년 1월 18일부터 29일)은 르코르뷔지에와 칸에게 바쳐진 헌사라 하겠다. 인도 기행 이후 김광현은 두 거장이 그의 "건축적 사고의 원점"이었음을 밝힌다.[15]

"What was has always been. What is has always been, and What will be has always been." 칸의 노트에 적힌 이 유명한 문장은 김광현이 그에 대한 강의(1993년 5월 22일)에서 제시한 바이다. 김광현은 구약성경 〈전도서〉의 구절[16] 과 이 말이 동일한 맥락임을 지적하며, 루이스 칸이 보여 준 "건축의 본질과 그 영속성"을 강조한다. 이 같은 칸의 아이디어는 4.3그룹 건축가들에게도 크게 공명을 준 것으로 보인다. 예컨대, 1994년의 《Echoes of an era/volume #0》에 출판된 방철린의 텍스트는 위에 인용된 루이스 칸의 말을 표제어로 사용했고, 민현식의 〈지혜의 시대, 우리의 건축〉 역시 칸에 대한 이야기로 글을 마무리한다. 책의 제목이 된 "Volume Zero"라는 단어도 (김광현을 통해) 칸에게서 온 것으로 "기본적이어서 더 이상 환원할 수 없는 原點"을 의미한다.[17]

4.3그룹의 학습과 성찰을 고찰컨대, 너무도 당연한 이야기지만 이들은 서구 근대건축을 '선택적으로' 취했다고 할 수 있다. 로스에서 출발한 점이야 세기말에 대한 인식으로 인한 귀결이며, 르코르뷔지에와 칸의 탁월한 업적을 생각하면 두 거장에 대한 천착은 자연스런 일이다. 특히 이들의 작품이 진하게 발산하는 빛과 침묵의 메타포, 그리고 건축의 본질과 영속적 가치는 4.3그룹의 건축가들을 고무하기에 충분했던 것 같다. 그럼에도 불구하고 이들에게 관심을 모으게 된 데에는 몇 가지 추가적 상황 요인이 발견

13
비엔나의 로스에 대한 관심은 모더니즘의 학습을 위한 자연스런 선택이기도 했지만 승효상이 1980년대 그곳에서 체류했던 경험도 중요한 요인이었다. 그리고 그가 대학시절 르코르뷔지에의 라투레트를 여러 차례 베끼며 학습했다고 진술한 바는 승효상에 대한 르코르뷔지에의 영향력을 보여 준다. 목천건축아카이브, 〈승효상 구술채록〉, 2011년 11월 10일 이로재

14
라투레트의 공간을 깊이 음미코자했던 승효상은 사진촬영에만 열중했던 다른 멤버들에게 심한 면박을 줬고, 이후 그들의 관계가 다소 소원해졌다. 목천건축아카이브, 〈승효상 구술채록〉, 2011년 11월 10일 이로재

15
김광현, 〈아, 루이스 칸, 그리고 르 코르뷔제…〉, 《건축문화》 1994년 4월호, 180~184쪽

16
"What has been will be again, what has been done will be done again; there is nothing new under the sun." Ecclesiastes 1:9, NIV.

17
김광현, "LOUIS I. KAHN의 건축", 4.3그룹 세미나 강의록, 1993년 5월 22일

된다. 하나는, 전술했듯 두 거장에게 원점을 뒀던 김광현의 영향이다. 그리고 또 다른 이유는 우연적 편의성에도 있는 듯 하다. 지리적으로나 정서적인 면에서 '적당한' 친밀성과 간극을 갖는 나라(인도 및 방글라데시)에서 르코르뷔지에와 칸의 작품을 동시에 접할 수 있다는 사실은 대단한 매력이라 하지 않을 수 없다. 그런데 르코르뷔지에만을 두고 본다면, 찬디가르는 별도로 하더라도, 이들이 관심을 가진 르코르뷔지에는 빌라 사보아의 르코르뷔지에가 아닌 라투레트의 르코르뷔지에라는 사실을 주목할 필요가 있다(4.3그룹의 건축가들은 김광현의 출현 이전에 이미 프랑스의 르코르뷔지에를 답사하고 공부했다). 즉, 이들은 전기의 르코르뷔지에가 함의했던 기계미학이나 대량생산의 형식적 원리보다 후기 르코르뷔지에의 본원적 울림과 시적 긴장에 더 매료됐던 것이다. 승효상은 〈빈자의 미학〉에서 다음과 같이 적는다. "혹자는 la tourette의 공간미학에 대해, 그 크기의 비례, 재료의 소박, 광원의 위치, 공간의 모양 등등으로 분석하여 이야기한다. 나에게는 그러한 분석의 입장에서 이 공간을 논하는 것은 의미가 없다." 이러한 승효상의 입장은 김광현이 1980년대 후반 이래 계속해서, 4.3그룹과의 영향 관계와는 별개로, (르코르뷔지에와 칸을 포함한) 건축의 형태·형식에 대한 논고를 여럿 출판한 것과 상당한 대조를 보인다.[18] 그리고 빌라 사보아의 여전한 가치를 주장한 김광현과[19] 달리 이후의 승효상은 이 주택을 서양 근대건축의 부정적 모델로 적극 내세우고 있다.[20]

모더니즘과 비판적 모더니즘

> 근대건축은 비인간적이므로 실패했다는 주장은 소위 국제주의
> 양식의 건축과 모더니즘 건축을 동일시하는 시각이다.
> 재해석의 첫 대상은 모더니즘이다.
> 여기서 얻은 결론은 비판적 모더니즘이나 비판적 전통건축으로

18 1980년대 후반에서 1990년대 전반에 걸친 김광현의 연구 목록을 보라. 〈르 코르뷔제 작품의 기하학적 윤곽에 대한 형태분석〉(1985; 정만영 공동), 〈르 코르뷔제 건축형태의 요소와 변환에 관한 연구〉(1986; 김일훈 공동), 〈건축형태의 이론〉(1989), 〈루이스 칸 건축형태의 중심성에 관한 연구〉(1990), 〈근대건축의 형태생성과 자의성에 관한 연구〉(1991; 정만영 공동), 〈근대건축에서의 빛의 형식〉(1992), 〈르 코르뷔제 건축의 자기언급적 형식에 관한 연구〉(1993) 등.

19 김광현, 〈사브와 주택: 건축적 사고의 원동기〉, 《건축문화》 1995년 1월호, 150~153쪽

20 그는 여러 강의를 통해 한국 전통건축의 긍정적 사례와 서양건축의 부정적 사례를 대비시키며 우리 것의 가치를 주장한다. 예컨대 회재 이언적의 독락당과 다른 의미에서 서양의 빌라 로툰다나 빌라 사보아는 '혼자만 즐기기[獨樂]' 위한 독립적 오브제로서의 건축이다. 근래 이화여대에서 있었던 승효상의 강연에 대한 필자의 평론을 보라. 김현섭, 〈REVIEW: 동아시아의 건축, 지역성의 책무와 의식의 자유 사이에서, 이화여자대학교 제12회 김옥길 기념강좌: 건축의 지역성을 다시 생각한다, 2012. 9. 20〉 《ARCHITECT》 2012년 9/10월호, 28~30쪽

대응하여야겠다는 생각이었다.

_4.3그룹, 1992/1994

4.3그룹이 서양의 모더니즘, 혹은 근대건축을 선택적으로 취했다는 사실은 중요한 의미를 내포한다. 비록 서양건축 전반에 대한 이들의 인식과 수용에 한계가 있었고 개인의 편차도 상당했지만, 여기에서 세계의 주요 흐름에 대한 주체적 수용의 의지를 엿볼 수 있기 때문이다. 지극히 단순한 사실의 나열에도 해석이 수반된다고 할 때, 서양의 근대를 한 세기 건너 지구 반대편에 적용한다면 말해서 무엇 하랴. 이들은 발터 그로피우스의 표준화된 생산이나 미스 반데어로에가 제안한 강철과 유리의 고층건물은 논외로 했다. 이런 부류의 건축은 오히려 그들에게 극복해야 할 대상이었다. 4.3그룹의 건축가들은 이미 근대화 이후 빈약하나마 이른바 "한국적 모더니즘"을[21] 거친 토양에서 자라난 이들이다. 그리고 그들은 근대화의 결실을 누렸지만 그 폐해를 맛본 건축가들이기도 하다. 따라서 이들의 서양 근대건축 수용에는 당연히 여러 겹의 필터가 작동했다고 말할 수 있겠다.

위에 인용한 세 문장은 근대건축의 인식에 대한 매우 교과서적인 모범 답안으로 보인다. 그리고 논리구조 역시 삼단논법에 기댄 듯 완결적이다. 그러나 이 인용문은 각각 서로 다른 세 건축가의 문장을, 그들이 남긴 두 권의 공동 출판물인 《이 시대 우리의 건축》(1992)과 《echoes of an era / volume #0》(1994)에서 가져다 조합한 것이다. 첫 문장은 근대건축을 충분히 소화하지 못한 채 외래사조를 무분별하게 수입한 한국 현대건축의 혼란을 꼬집은 이종상의 말이고(〈1992.12 서울〉, 1992), 민현식의 둘째 문장은 "주체적 재해석"이 요구되는 기성 가치의 첫 번째 대상으로 모더니즘을 지목한 것이며(〈지혜의 시대, 우리의 건축〉, 1994), 마지막 문장은 우경국이 각종 독서와 학습을 통해 터득한 바를 자신의 건축 행로를 위한 결론으로 피력한 말이다(〈흐르는 회색 공간〉, 1994). 비록 각각이 나온 미시적 콘텍스트는 다르지만 큰 그림으로 볼 때 이 문장들은 4.3그룹이 공유했던 개념을 명쾌하게 요약해

21
박길룡(《한국 현대건축의 유전자》, 2005)은 1960년대 이래 지역성과 합리주의의 타협으로 도출된 우리 건축의 모습을 "한국적 모더니즘"이라 칭한 바 있다. 당대의 건축 개념과 실천의 박약함은 비판의 대상이지만 김중업과 김수근 등 전 세대가 갈무리한 결과를 잠정적으로 그렇게 지칭할 수 있다고 볼 때, 본고의 주제인 "4.3그룹의 모더니즘"이 바로 이 '한국적 모더니즘'의 연장선상에 있음은 거부할 수 없는 사실이다. 하지만 1990년대 4.3의 젊은이들은 의도적으로 전 세대와 결별하며, 다소간 (시간적인 그리고 지리적인) 거리를 두고 있는 우리의 전통이나 서구의 선례에서 참조점을 찾고자 했다.

준 말이라 하겠다. 여러 멤버들의 글이 보여 준 상당히 느슨하고 모호한, 그리고 종종 모순적인 텍스트의 콜라주와 대조적이지 않나!

요컨대 이들은 서양의 모더니즘을 비판적으로 수용하길 원했다. 비록 개개인의 텍스트가 보이는 근대건축의 인식에 대한 밀도의 차가 존재하지만, 이들을 거시적으로 총괄할 때 중심은 분명 그러했다. 그리고 그들의 비판적 필터에는 우리의 '무엇'이 차용됐다. 《이 시대 우리의 건축》을 참조한다면, 그 '무엇'은 마당의 비움(민현식)이기도 했고, 전통 마을의 군집성(방철린)이기도 했으며, 현대 도시의 풍경(조성룡)이기도 했다. 또한 여기에는 우리네 옛 감성이 절제되어 녹아든 "서정적 추상"(승효상)이 자리해야 했다. 하지만 그 같은 필터는 "왜곡된 민족주의"나 "감상적 한국성"으로 치달아서는 안 되며, 여전히 "세계적 보편성"을 내포해야만 한다. 이러한 입장은 앞서 언급된 민현식의 1994년도 글에 상술됐다.

> 오늘날 제3세계의 건축이 서구 건축을 포함한 전 세계 건축의 진정한 전위가 될 수 있는 소지가 바로 여기에 있다. … 오히려 초기 모더니즘의 순수함 또는 오랫동안 지속되어온 전통적 삶의 본원적 가치가 그나마 잔존하는 사회이다. … 이미 감상적 한국성을 깨끗이 떨쳐버린다. … 세계적 보편성을 획득하고 있는 것이다.
>
> _민현식, 〈지혜의 시대, 우리의 건축〉, 《echoes of an era / volume #0》, 1994

그는 "맹목적인 근대추종"과 "로맨틱한 서구부정" 모두를 경계하는 가운데 모더니즘을 주체적으로 재해석해야 함을 강변한다. 그것은 "다시 근원으로 돌아가는" 행위이자 "우리의 현실"에 뿌리 내리는 행위다. 이에 대한 대안적 사례로 북유럽, 포르투갈, 멕시코, 인도 등의 현대 건축가들에 눈을 돌리는데, 왜냐하면 거기서 오히려 "초기 모더니즘의 순수함"과 "전통적 삶의 본원적 가치"를 쉽게 발견할 수 있기 때문이라는 것이다. 다소 지리한 논지의 전개에도 불구하고 흥미롭게도 민현식이 주장하는 바는 조목조목, 심지어 "현대 문명의 중심지에서 벗어나 있는" 건축가들을 대안적으로 제시한 것까지, 케네스 프램튼(Kenneth Frampton)의 '비판적 지역주의(Critical Regionalism)'(1983/1992)를 연상시킨다.[22] 주지하듯, 프램튼의 이 개념은 보편적 세계 문명과 지역 문화의 가치를 모두 견지하려는 패러독스적 태도로서, 여러 비판이 제기되고 있음에도 불구하고,[23] 여전히 영향력 있게 작동되고 있는 아이디어이다. 우경국(1990년 8월)이 4.3그룹의 표출 이념으로 비판적 지역주의를 직접 언급한 것을 보면,[24] 이 개념도 구성원들 사이에 공유된 것으로 추정할 수 있다. 따라서 민현식을 통해 그 아이디어가 진술됨은 너무도 자연스런 상황이다. 민현식이 프램튼을 읽었으리라 짐작되지만, 그 여부가 그리 중요해 보이지는 않는다. 프램튼에 의해 세련됐다 뿐이지 기본 개념은 이미 오래 전부터 존재했던 것이기 때문이다[25] [프램튼 자신도 폴 리쾨르(Paul Ricoeur, 〈Universal Civilization and National Culture〉, 1961)에 기본적 아이디어를 기대고 있음과 그 용어 자체를 알렉스 초니스와 리안 르페브르(Alex Tzonis and Liane Lefaivre, 〈The Grid and the Pathway〉, 1981)에게서 차용했음을 명시한다]. 보다 중요한 점은 1990년대 초의 한국 건축가들도, 미약하나마 당시 세계적으로 진행되고 있던 반성적 모더니즘의 흐름과 함께 했다는 사실일 것이다. 문제는 이들이 이 같은 비판적 개념을 얼마만큼 '더 논리적으로' 결구해 아이디어의 날을 벼렸는지와 그것이 건축적으로도 얼마나 설득력 있게 형상화될 수 있었는지에 있다. 이 점에 대해서는 별도의 연구가 필요할 것으로 보인다.

결어

지금까지의 논의를 정리해 보자. 4.3그룹의 건축가들은 1990년대 초의 한국적 상황을 100년 전 유럽의 세기말과 동일시하며 모더니즘으로 회귀하는 경향을 보였다. 당시 유행하던 포스트모던이나 해체에 비판적으로 대처하기 위해서 우선 근대건축의 학습에 철저해야 한다는 김광현의 주문도 여기

22
Kenneth Frampton, "Towards a Critical Regionalism: Six Points for an Architecture of Resistance", in Hal Foster (ed), *The Anti-Aesthetic: Essays on Postmodern Culture*, Bay Press, Port Townsend, 1983; "Critical Regionalism: modern architecture and cultural identity", *Modern Architecture: A Critical History*, Thames & Hudson, London, 1992(3rd ed).

23
가장 본질적인 비판은 프램튼이 내세운 '저항(resistance)'의 개념으로 수렴될 수 있다. 프레드릭 제임슨은 정치적 저항성을 의도했던 비판적 지역주의 역시 교묘한 상품성을 획득하며 현대사회의 전 지구적 자본논리에 복속된다고 비판한다. Fredric Jameson, "The Constraints of Postmodernism", reprinted in Neil Leach (ed.), *Rethinking Architecture: a reader in cultural theory*, Routledge, London, 1997, pp. 247~255

24
"이 모임[4.3그룹]에서는 대체로 몇 개의 건축 이념이 표출되고 있는데 하나는 한국전통에 바탕을 둔 비판적 지역주의로서 …· [주4] 한국적 전통에 바탕을 둔 비판적 지역주의란 전통에 내재된 사상이나 형태를 과거적인 방법으로 재인용하는 것이 아니라 현재성에 기초하여 전통의 얼을 재창조하려는 이념을 말하는 것으로 비판적 지역주의란 용어는 〈K. Frampton의 현대 건축사〉에서의 용어를 인용한 것임." 우경국, 〈建築의 理念, 無理念, 脫理念〉, 《空間》 1990년 8월호, 39~45[45]쪽

25
예컨대, 서양문물이 유입되던 19세기 말 조선의 개화기에 우리(동양)의 정신적 가치를 지키며 서양의 도구를 받아들을 수 있다는 동도서기(東道西器)의 입장이 대두했음은 주지의 사실이다. 이는 중국의 중체서용(中體西用), 일본의 화혼양재(和魂洋才)와 맥을 같이하는 사상인데, 프램튼이 근거하고 있는 리쾨르의 글은 근대화(서구화) 속에 문화적 타협을 겪게 되는 제3세계의 딜레마를 다루고 있다.

26
김광현, 〈'규방(閨房)의 건축(建築)'을 벗어나기 위해〉; 김원, 〈4.3그룹 건축전시회를 보고〉, 《건축가》 1993년 2월호

27
주 1 참조

에 유효한 자극이었던 것으로 보이며, 그의 연속된 세미나 강연은 이들의 체험과 직관에 이론적 토대를 마련해 주었다. 아돌프 로스와 르코르뷔지에, 루이스 칸이 학습의 핵심 대상이 된 데에도 이 같은 배경이 자리한 것으로 볼 수 있다. 한편, 4.3의 건축가들은 서양의 모더니즘을 선택적으로 수용했음을 알 수 있다. 세기말의 로스와 별개로 (후기의) 르코르뷔지에와 칸을 주목한 까닭은 이들에게서 건축의 본질적 가치를 찾을 수 있었기 때문이며, 두 거장의 모더니즘이 인도-방글라데시와 맺은 관계가 서구 문명의 외곽에서 근대화의 공과를 겪었던 우리에게도 시사점을 줄 수 있었기 때문이다. 비록 개인에 따른 차이가 존재하지만 4.3그룹이 수용한 모더니즘에는 여러 겹의 비판적 필터가 작동했던 것이다. 몇몇 구성원들에게서, 특히 그들의 공동 출판물만 간주하면 1994년의 민현식에게서 모더니즘에 대한 주체적 재해석의 의지가 적극 발견되며, 그가 제3세계의 현실 속에서 지역적 가치와 세계적 보편성을 동시에 추구하려했던 점은 케네스 프램튼의 비판적 지역주의와 여러 면을 공유한다. 4.3그룹 건축가들 각자의 언설이 상당히 모호하고 느슨한 부분을 포함함에도 불구하고 이를 압축해 종합한다면, 이들의 건축적 개념에서 지역의 고유성에 뿌리 내린 비판적 모더니즘의 일면을 발견할 수 있다. 이 점이 4.3그룹 건축가들을 20세기 끝자락의 세계 건축사 가운데 위치시킬 수 있는 근거일 것이다.

그럼에도 불구하고 그들의 건축에 처음부터 내포했던 한계를 간과할 수 없다. 그것은 그들이 구사했던 초월적 "유토피아의 언어"가 테크놀로지와 역사에 대한 "비판적 이해"를 보다 철저히 담지 못했다는 사실과, 그러한 센티멘털리즘이 낡은 현실을 혁파하는 데에 그다지 유용하지 못했다는 사실에 있다.[26] 더불어 이종건(1995)이 제기했듯 그들의 "자발적 탈식민성의 시도"에 내재한 "식민성"의 그림자 역시 해결해야 할 과제였다.[27] 민현식이 언급한 "우리의 현실"에 대한 이해의 정도와 참여의 정도는 이들이 곧 각자 걷게 될 이후 행로의 스펙트럼이 된다. 이 같은 한계에 대한 직시는 4.3그룹의 건축에 대한 역사적 이해에 적절한 균형추 역할을 할 것이다.

동시대 4.3그룹 밖의 건축적 지평

송하엽

중앙대학교 건축학부 교수.
서울대학교 건축학과를 졸업하고 건축설계 실무 경험을 쌓았다. 이후 미시간대학교에서 건축학 석사과정을 마치고, 펜실베이니아 대학교에서 데이빗 레더배로우(David Leatherbarrow) 교수의 지도 아래 〈파사드 포셰: 창-벽의 기능적 표상(Facade-Poche: Performative Representation of Window-wall)〉이라는 논문으로 건축학 박사학위를 받았다. 필라델피아에서 건축가로 활동하며 펜실베이니아 대학교에서 스튜디오 강사로, 드렉셀 대학에서 디자인 크리틱으로 활동했다. 2009년부터 중앙대학교 건축학부 대안건축연구소(Alternative Architecture Lab.)를 운영하며 디자인과 건축 역사 및 이론을 가르치고, 디자인 작업을 병행하고 있다. 주요 디자인 작품으로는 'U_Growing Park'과 '바람 같은 돌'이 있으며, 역서로 《표면으로 읽는 건축(Surface Architecture)》(2009)이 있고 저서로 《랜드마크: 도시를 경쟁하다》(2014)가 있다.

1 4.3그룹의 건축 작업과 유사한 규모의 건축으로 한정함을 밝혀 둔다.

시작하며

김광현은 《이 시대 우리의 건축》에 게재한 글에서 4.3그룹의 작업은 언어의 유토피아에는 도달하지 못하고 유토피아적 언어를 이루며, 테크놀러지적으로 전혀 새로울 것이 없는 작업이라는 점과 그럼에도 사회에 의미 있는 작업을 제시한다고 밝혔다. 4.3그룹의 의미는 1990년대에 건축 사회에 대해서 해결해야 할 문제를 찾기 위해 자신들의 생각과 작업을 전시한 건축가들의 모임이 있었다는 것에 대한 자리매김이다. 다른 글에서 언급되는 "언어적 개념화"의 시작의 의미가 적지 않다고 할 수 있다. 결론적으로 "이 시대 우리의 건축"은 의지뿐만 아니라 현실을 의미하기도 한다.

4.3그룹이 활동하던 1990년대 초반의 한국 건축계에는 4.3그룹처럼 단체를 형성하지는 못했지만 그들과 비슷한 연배나 후배들의 독자적인 건축적 매니페스토와 건축 작업이 있었다. 이들은 건축적 메시지가 있는 독자적인 영역을 구축하며 1990년대 한국 건축 지평의 확장에 기여했다. 대표적인 건축가로는 조건영, 김영섭, 김준성, 고 정기용, 고 장세양이 있다. 또한 긍정적 자극이 되어 준 손학식도 있다. 이들의 글과 작업은 동시대 4.3그룹의 글과 건축에 수용적 태도를 보이거나 대응적 태도를 견지하며 건축 잡지를 통해 독자적 메시지를 전달했다. 4.3그룹의 노력이 구성원들의 작업 방향의 집중을 통해 전 세대의 건축적 스타일화와는 다른 건축적 지평을 연 계기가 되었다고 볼 때, 4.3그룹 밖의 건축가들에게도 변증법적인 촉매가 되었음은 자명하다. 20년이 지난 현재의 관점에서 4.3그룹의 담론과 더불어 동시대를 산 건축가들의 담론이 총체적으로 현재에 미치는 영향을 조명하는 것은 현재를 사는 건축가들의 투쟁의 대상을 보다 적확하게 마련하는 계기가 될 것이다.[1]

정돈된 혼성 건축: 손학식

1991년에 완공된 배병길의 갤러리 국제는 국내 건축가와 건축학도들에게 시각적인 의아함을 주며 포스트모더니즘을 언급할 때 단골손님으로 회자되었다. 또한 1990년대 초반에 물밀 듯이 들어오는 해외 사조의 대표성을 띠며 껴안기보다는 극복해야 할 대상으로 여겨졌다. 반면 1992년 봄에 완공된 재미건축가 손학식의 두손디자인 플라자는 건축가들에게 적잖은 충격을 주었다. 단정하며 파격적 요소를 담은 투명한 정면과 혼성적인 재료의 조합, 옥상부의 지붕과 같은 상징체와 차양 장치는 정돈된 정면에 자유로움을 더하며 근린생활시설에 지붕까지 있는 매력적인 유형을 제시했다. 손

© 김용관

사진
손학식, 두손디자인 플라자, 1992. 출처: 《건축과환경》 1992년 5월호

2 손학식, 〈두손디자인 프라자 빌딩〉, 《건축문화》 1992년 5월호, 108~117쪽

학식은 중립적으로 그러나 수준 높은 건축적 언어로 강남을 묘사한다.

> 강남은 신흥도시로서 참신하고 편리한 면은 있겠으나 역사적 시간의 중첩, 복합적인 데에서 오는 정취나 인간적인 면이 결여되어 있는 것도 사실이다. 건물의 조형적인 언어들의 표현, 건축의 재료, 상세들도 시간적으로 대단히 평면적임을 발견할 수 있다.[2]

손학식은 강남을 시간과 공간의 평면으로 인식하며, 이에 대한 대응으로 두손디자인 플라자를 친숙한 재료와 새로운 재료로 마감해 시간의 중첩을 이끌어내며, 본인의 한국(구조사)과 미국(프랭크 게리 사무실) 경력을 보여 주듯이 정돈된 혼성건축으로 새로운 지평을 열었다. 하나의 작품과 분석적 언어로 도시에 대한 사고의 깊이와 건축적 표현의 절제와 자유를 건축계에 선보이기 충분했다.

자율적 상품 건축: 조건영

대가에게 가르침을 받기보다 독자적으로 건축 공부를 하고, 1972년에 종로 5가에 상업은행을 설계하며 사무소를 운영하다가 1980년대 정치 상황으로 도미해 1980년대 말에 귀국했다. 조건영은 미국에서 느꼈던 다소 지루한 도시 일상을 한국에서 건축적으로 극복하는 데 초점을 맞췄다. 조건영은 1980년대 후반부터 우후죽순 생겨난 무분별한 건축물의 홍수에 대한 강한 비판의 글과 건축을 건축 잡지에 발표하며 1990년대 초·중반까지 두각을 나타냈다. 이와 함께 1993년에는 건축의 미래를 준비하는 모임(이하 건미준)을 시작하고, 한국민족예술단체총연합(이하 민예총)의 건축분과장을 맡으면서 문화로서의 건축에 대한 강좌 시리즈도 조직했다. 조건영은 건축 작품이 담고 있는 메시지를 넘어서는 사회운동의 성격으로 발전시켰다.

근린생활시설에 대한 논리에서 조건영은 집장수의 이윤 추구를 인정

3
조건영, 〈프랑스와즈 빌딩 계획안〉, 《건축과환경》 1991년 1월호

하며, 그것을 건축으로 표현하는 극단적인 방법을 택했다.

> 청담동에서의 충격을 만들어 내는 수단은 무엇일까. 나는 사유재산제하의 대지 형태, 건축법, 일조권, 최대의 볼륨, 최대의 광고 효과를 극대화 시키는데 솔직하였다. 그 땅이 가지고 있는 1990년 서울의 시대적 상황을 발가벗기는 일과 상황의 현실적 본질을 명료하게 표현하고자 했다.[3]

1991년, 청담동 프랑소와즈 빌딩 계획안에서, 조건영은 대중에게 충격을 주는 건축 행위로 그가 지향하는 "인간해방"을 이루고자 했다. 하지만 그의 구조적 명료성은 대중에게 충격을 주지 못했다. 그가 염두에 둔 대중은 건축의 형태, 기능, 기술을 이해할 수 있는, 즉 건축의 자율성을 이해할 수 있는 사람이다. 프랑소와즈 빌딩 계획안의 구조적인 실험이 그러하며, 동숭동의 JS빌딩에서는 트러스 구조가 그러하다. 오히려 대중적 충격은 후렛

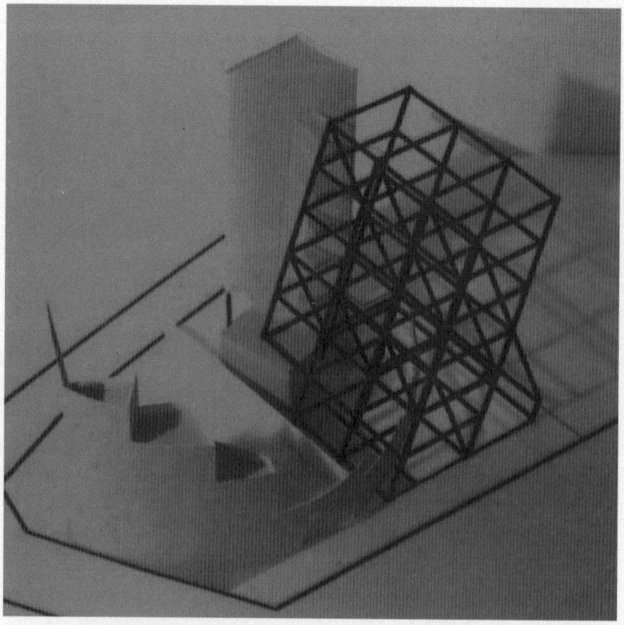

사진
조건영, 프랑소아즈 빌딩 계획안. 출처: 《건축과환경》 1991년 1월호

시네 사옥 마감의 상투성을 깨뜨리는 거친 시멘트 뿜칠, JS빌딩의 뿔과 같은 타워 상부의 콘크리트 장식 등 표현적인 부분에서 드러났다. 그가 주장한 상품성과 건축의 자율성을 겸비한 작품은 1994년의 창원의 X Plus 빌딩에서 명확히 드러났다. 용적률은 최대이면서, 그가 말하듯, 건축의 자세에서는 리베스킨트(Daniel Libeskind)의 남과 다름을 기본적으로 추구하고, 재료에서는 게리(Frank O. Gehry)의 실험 정신을 닮고, 구조에서는 부석사와 같은 군더더기 없는 구조를 염두하며, 건물의 기능은 이름의 X가 말하듯 미지의 도시 유기체로 살기를 바랐다. 조건영은 상업화되는 현실에 용적률 최대화를 수용하고, 그 안에서 최고의 상품 가치를 만들자는 주장을 하며, 구조적인 명료성과 별 뜻 없는 장식을 통해 마력을 더하는 근린생활시설의 지평을 열었다.

4 정기용, 〈흙건축, 잊혀진 정신〉, 《건축》, 1992년 5월호, 대한건축학회

공동체 지향 건축: 정기용

정기용은 1990년대 초반에 독립해 사무소를 시작했지만 뚜렷하게 완공된 건물은 없었다. 프랑스에서 경험한 다양한 건축적 진보에 대해서 소개하면서, 동시에 전근대사회의 공동체를 재현하고 싶은 열망을 다양한 글을 통해 발표했다. 귀국 후 《이집트 구르나 마을 이야기》(하싼 화티 지음)를 번역해 "건축가 없는 건축"의 의미와 "Small is Beautiful"의 의미를 되짚으며, 유럽에서 1970년대 오일 쇼크 후의 친환경적인 사회의식을 우리나라의 1970년대 새마을운동으로 잃어 버린 공동체에 대한 의미에 비유하며 건축 의식을 환기시켰다. 1992년에는 "흙건축, 잊혀진 정신"[4]을 통해 집의 원형과 공동체의 의미에 대해서 역설했다. 이 글은 이후에 실제로 흙 건축 시공의 초석이 되었다. 흙 건축을 공동체의 형성과 건축 재료, 시공 방법의 등식 관계를 만들기 위한 대안으로 생각하고, 건축이 기술과 무관하게 아카데믹화되거나 또는 의미와 무관하게 기술화 또는 도구화 되는 것에 대해서 색다른 제안을 했다.

5
정기용, 〈건축의 도구화: 1990년대의 한국의 건축과 사회〉, 《플러스》 1992년 10월호

건축의 자율성이란, 그것이 분석적 결과의 산물이 아니라 시대의 당위적 결과물인 것이다. 우리가 얻어야 할 교훈은 건축의 자율성이란 바탕 위에서 건축을 새로운 디자인의 신화로 만들어내는 것이 아니라 대중 앞에 우리들의 가장된 이념을 고백하는 것이다.[5]

2000년대의 건축 작업에서 정기용은 건축가의 '가장된 이념'을 가장 솔직하게 고백했다. 흙 건축에서 시작된 그의 공동체에 대한 생각은 대지에 대한 그의 총체적인 사고에서 건축 행위가 시작되는 것을 아래의 글과 같이

사진
정기용, 길동성당, 1991.
출처: 《건축과환경》 1991년 4월호

6
정기용,
〈미완의 모더니즘〉,
《건축문화》 1994년 9월호

7
장세양, 〈회빈 레스토랑〉,
《건축과환경》 1988년 6월호

고백한 것을 보면 알 수 있다.

> 나는 맥락주의자는 아니다. 오히려 나는 때로는 콘텍스트 밖에 위치하고자 할 때가 더 있는지도 모른다. … 땅과의 교감이란 건물의 용도가 불러일으키는 시대적 의미를 생각하게 하는 것이며, 그와 유사한 건물들에 대한 나의 판단이나 사고들을 검색하게 하는 것이고 그 다음에 그 주변의 상황과 대지의 관계를 숙독하게 하는 것이다. … 형태의 탄생이 설계가 많이 진행된 다음에야 이루어진 것만 보아도 알 수 있다.[6]

1990년대에 형성한 그의 공동체 지향적 건축은 그가 건축가로서 사회에 씨앗을 뿌리고 또한 가꾸어 가는 정원사와 같은 역할을 하며 끝없는 인간애로 건축의 시적, 그리고 사회적 역할의 지평을 개척했다.

학구적 공간 건축: 장세양

장세양은 공간에 남아 있으면서 4.3그룹의 태동을 곁에서 지켜보았다. 공간사무소의 수장이면서 동시에 《공간》의 발행인 역할을 하며 작은 작품, 큰 작품, 설계경기 출품, 공간의 권두언 쓰기 등 집중이 요구되는 작업을 많이 했다. 권두언에서 요구되는 중립적이며 포괄적인 담론을 담고, 새로운 시대에 어울리는 공간사무소의 소명을 표방했다.

장세양은 공간의 규모에 걸맞지 않은 프로젝트도 포기하지 않으면서 개인적인 작가성을 확보하려 한 듯하다. 1988년의 회빈 레스토랑은 김수근의 영향을 아직 완벽히 벗지 못한 조형을 보이나 작품 설명에서는 "인지성과 익명성(Cognition and Anonymity)"[7] 을 언급하며, 근대건축의 익명성과 반대되는 지역의 인지성을 강조하고 앞으로의 작품 방향을 암시했다. 그의 독자적 디자인 방향은 정릉 S씨댁에서 토목 사업을 하는 건축주의 기호에 맞게

콘크리트로 디테일한 입면 처리를 하면서 재료에 대해 진지하게 모범적으로 다루는 것을 시도했다. 대전의 두리 예식장에서도 정육면체와 원, 원통을 이용해 보편화된 예식장에서 벗어나 결혼식의 낭만을 구조적으로 표현했다.

1990년대 초, 《공간》의 권두언을 통해 한강 수변 개발, 우리생활에 맞는 건축 환경 추구 등을 내세웠다. 1994년 서울정도 600년, 1995년 해방 30주년을 맞이해 다핵도시, 사대문 안, 영종도, 한강, 강북, 가족공원 등의 개념을 제시하면서 국토환경에 대한 관심을 표방했다. 건축 교육에도 힘을 기울여, 여름에 공간 스튜디오를 개설하고 구 공간사옥 옆에 문화시설을 구상하는 작업을 하며, 추후에 공간 신사옥 건립을 위한 개념적 발판도 마련했다.

장세양을 보다 널리 알린 작품은 다름 아닌 공간 신사옥이다. 프레임이 없는 커튼월 입면은 이미 국내·외 건물에서 구사되었지만 장세양은 해외 제품을 쓰지 않고 국내 제작으로 단가를 맞추며, 공간사옥의 검정 벽돌과 대비되는 투명한 벽으로 공간 사옥에서 동쪽 창경궁으로의 시선을 막지 않

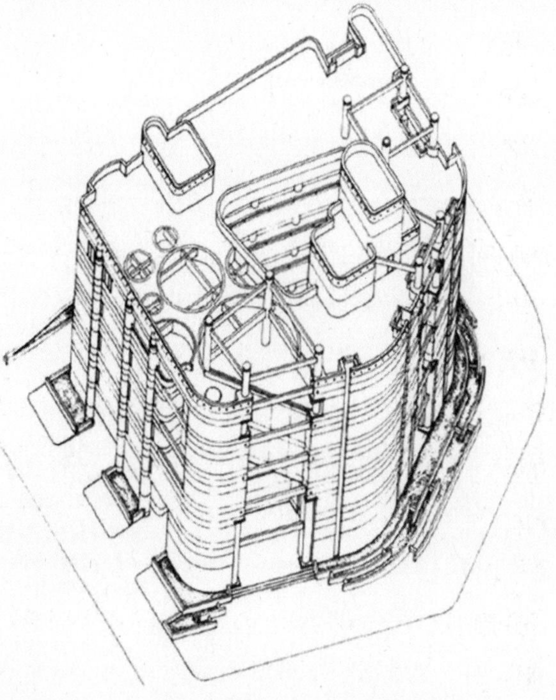

그림
장세양, 두리예식장, 1990

는 효과를 만든다. 이 건물을 두고 혹자들은 낮에는 차양을 드리워 오히려 불투명하고 밤에는 실내 불빛 때문에 스스로 밝아져 투명성과 불투명성의 역전 현상에 대해 비판하기도 하지만 신사옥은 공간의 김수근 시대와 장세양 이후의 시대를 표현하며 특징적인 사무소 단지를 창조했다. 다양한 사례를 스터디하고 모범적인 답을 제시한 건축 디자인이다. 장세양은 건축사사무소의 규모에 따른 업역이 불분명한 시대에, 여러 방향을 추구하는 학구적인 태도의 건축가로서 자리매김했다.

8
김영섭, "건축을 만드는 사람과 그 결과물을 사용하거나 보는 사람 사이의 이해와 교감, 즉 상통성(communicabilitas)이라는 것인데, 최근에 나는 재료의 통일성을 확보하는 일, 주조색의 반복적 사용을 통하여 이를 극복하려는 노력을 하고 있다.", 《건축과환경》 1991년 11월호

맥락적 현재 건축: 김영섭

김영섭은 미디어와 책, 그리고 여행에서 많은 건축적 영감을 얻는 전형적인 건축가의 태도를 견지하며 글과 대화를 통해 지식을 드러냈다. 그의 언술은 키워드와 같은 단어 나열과 다소 늘여서 말하는 습관이 결합되어 상당히 풍부하게, 때로는 난해하게 받아들여졌다. 1990년대 초기에 김영섭은 주택과 근린생활시설에서 대지 주변 맥락의 입면이나 공간보다 정돈되고 분화된 모습을 보여 주었다. 김영섭은 "나의 경도된 설계 취향은 건물 속에 내재되어 있는 많은 다양성과 공간의 분화, 비의 등이 단정한 질서라는 껍질 속에 담겨 있게 되는 것을 선택했다."고 스스로를 규정했다.

종교 작품 이외에 그가 일상건축에서 눈에 띄는 작품을 발표하기 시작한 1990년대 초의 연남동 주택에서는 건축가와 일반인 사이의 건축을 보는 눈의 간극을 줄이기 위해서 재료의 통일을 통한 상통성(communicabilitas)[8]을 강조하며 주변보다 정돈된 모습의 주택을 드러냈다. 서대신동 주택은 L자형의 평면에서 사선으로 공간을 꿰뚫는 벽을 이용해 기존의 주택이 표현하지 못한 공간 분화를 시도하며 벽과 주거 공간을 결합하고 외부에까지 사선 벽을 강조했다. 또한 외벽으로부터 건물 매스가 형성되는 전통건축과 같은 기법을 재현했다.

외벽 재료는 위화감을 느끼지 않도록 누구나 알기 쉬운 재료로

9
김영섭, 서대신동주택(91~92), 《건축과환경》 1992년 9월호

구성되어 있다. 즉 고압시멘트 벽돌 치장쌓기와 시멘트 몰탈 위에 수성페인트를 칠한 매우 평범한 것이다. 이 방법의 원전은 수원 화성의 공심돈 외벽에서 인용되었다. '집과 담'이 일체화되어 우리 한옥과 유사하게 부엌과 몇 개의 방들은 길가에 면해 있다.[9]

주택에서 추구하던 맥락에 따른 현실적 건축 방법은 역삼동 대나무집과 양재동 연우빌딩에서 극명하게 주변의 혼잡에 대응해 질서를 형성하고자 하는 방향으로 이어졌다. 연우빌딩에서는 이태리 코모에 있는 주세페 테라니(Giuseppe Terragni)의 정돈된 입면을 상상하며 말죽거리에 카사 델 파쇼의 입면을 재현시켰다. 실내에서는 대지의 고저 차에 의해 주차장과 병원을 잇는 계단실에 카사 델 파쇼와 같은 유리블록과 비얀코 대리석으로 실내공간을 풍부하게 하며, 예각의 계단 탑으로 공간 분화를 성공적으로 구사했다. 김영섭은 일상 건축에서 맥락에 대응해 현재의 최선책을 찾는 방법을 가장 적확하게 구사한 건축으로 하나의 전형을 이루었다. 다재다능한 건축가의 이고(Ego)를 진지하게 맥락에 따라 공간으로 분화해 도시에 반응하고 올려놓은 듯 한 건축 인상을 형성했다.

©김재경

사진
김영섭, 서대신동주택, 1992

현상학적 감성 건축: 김준성

혜성같이 등장한 김준성은 말 그대로 세계 건축계에서의 실무 경험을 한국에 전하는 해갈제와 같은 존재였다. 4.3그룹과 앞에서 열거한 건축가들에게서 느낄 수 없었던 세계적 수준의 재료 조합, 디테일링, 눈에 안 보이는 기술력 등을 그에게 기대했다. 손학식은 한국 건축계에 작품으로만 존재감을 알렸다면, 김준성은 건축 작업을 위해 돌아왔다는 사실만으로도 고무적이었다. 그의 강연은 청중을 메웠고, 모두들 그가 가져오는 슬라이드와 인용에 귀를 기울였다. 그가 수련한 알바루 시자(Alvaro Siza)와 스티븐 홀(Steven Holl)의 현상학적이며 진중한 모습을 그를 통해 한국에서 보고 싶은 것과 더불어 김준성이 한국에서 어떤 주제에 몰입해 작업할까 하는 기대가 그에게 관심을 쏟게 했다.

역삼동 주택(Tornado)에서는 현대 가족의 독립적인 생활과 적절한 연관성을 가져야 하는 윤리적인 필요와 더불어 중정형 주택의 중정을 과감한 회오리로 은유하고 콘크리트의 기술적인 신기로 경사 벽을 시공했다. 신세대 가족 윤리의 개념과 중정의 유형적 발전, 그리고 그 안에서 느껴지는 현

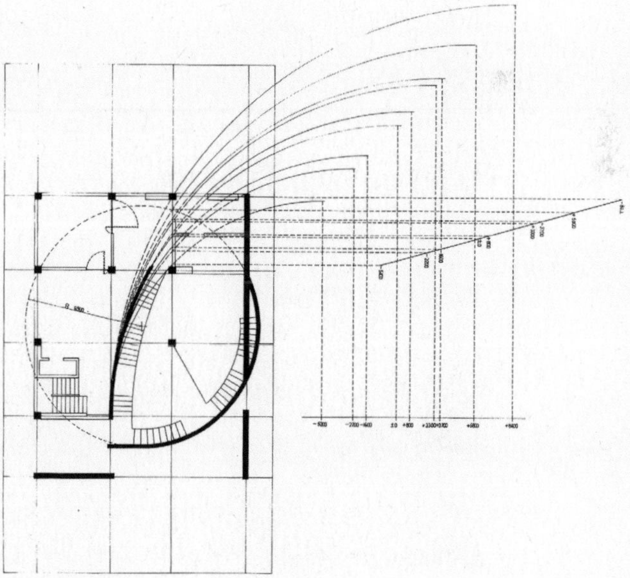

그림
김준성, 역삼동 주택, 1992

상학적인 감각과 감성들의 결합은 설계 개념, 유형, 기술, 현상의 조합으로 건축의 주제들이 효과적으로 구현되는 건축적 지평을 열었다. 그가 생각하는 방식, 그가 구현하는 방식, 그가 기술적으로 해결하는 방식은 건축계에 신선한 바람을 일으켰다 해도 과언이 아니었다.

건축 문화적 지평을 꿈꾸며

1990년대 초의 한국 건축문화는 시대적으로 건축 설계에 보다 진지하게 접근하는 아틀리에형 건축사무소에서 작업한 작은 규모의 건축 작품들이 주도하고 이들은 건축 잡지를 통해 소개되었다. 형태, 기능, 공간, 기술 등 건축의 주제들이 보다 본격적으로 탐구되었고 개발 시대에 대응을 하는 선언적인 담론으로 건축의 내부적인 자율성을 확보하려 한 시대라 할 수 있다. 4.3그룹 전시회는 문제의식을 느낀 건축가들의 민주적인 발기로 세대와 그룹 간의 단절을 낳았다. 또한 건축계가 보다 넓게 포괄하지 못하는 현상을 드러낸 것이기도 하다. 사회적 문제에 대한 건축적인 숙고의 시작으로 4.3그룹은 또 다른 건축가 그룹의 형성을 기대했을 것이다. 그들은 분명히 다른 건축적 지평에 자극 받았고 그들의 작업도 건강하고 다양한 지평 형성을 목적으로 했다.

4.3그룹 전시회 즈음 1992년을 전후해서 시대를 향한 작은 목소리들이 결합되어 시대를 꿰뚫는 물줄기를 형성하듯이 다양한 곳에서 건축가들의 노력은 시작되었다. 4.3그룹 이전에 시작된 공간 학생 여름 스튜디오, 민예총 건축분과의 강의 시리즈 등 제도권에서 벗어난 다양한 건축 교육이 시작되었고, 건축의 미래를 준비하는 모임과 도시건축포럼 등 건축계의 소리를 대변하려고 한 건축단체들이 생기기 시작했다. 이것은 경기대학교 건축전문대학원, 서울건축학교와 같은 건축 교육의 변화로 이어졌다.

이 글을 통해 짚어보고자 한 점은 개발시대에 염증을 느낀 건축가들의 대응의 여러 갈래가 보다 종합적으로 일어날 수 없었나하는 의구심이었다. '건물이 하나의 씨앗이 되어 도시의 곳곳을 바꿀 수 있는 가능성은 정말 요원한 것인가?' 하는 의문은 현재도 유효하다. 작은 건물을 완공하기 위해, 도시적으로 접근해 가이드라인으로, 지침이나 조례로 정리되어야 하는가에 대한 의문도 아직 풀리지 않았다. 그럼에도 불구하고 1990년대 초의 진단을 통해 배우는 것은 무얼까?

1990년대 건축적 지평의 탐색을 통해 얻는 교훈은, 앞으로의 사회에 대한 건축 목소리를 내는 방법 서설에 대한 의문이다. 1960년대, 일본의 메타볼리즘 전시회가 성공적이었던 이유는 아마도 세대 간을 통한 사회 문제의 공유 의식일 것이다. 건축은 의학처럼 사부님이 몰래 주는 비법과 비서가 존재하지는 않는다. 하지만 충분히 경험적인 학문이며 문제가 쉽게 바뀔 첨단 학문은 아니다. 그런즉슨, 21세기에 또 다른 4.3그룹이 탄생한다면, 무언가를 규정하는 혁명적인 태도보다는 동시대 여러 세대를 아우르는 건축적 지평들이 공유되는 세대를 융합한 건축적 충격을 줄 수 있는 목소리가 되기를 기대해 본다. 신구 건축가들의 작업이 구분되지 않는 건축문화적 지평을 꿈꾸며 동시대 4.3그룹 밖의 건축적 지평에 대하여 의미를 부여하고 싶다.

4.3그룹과 건축 교육

전봉희

서울대학교 건축학과 교수.
서울대학교 건축학과를 졸업하고, 동 대학원에서 석사 및 박사학위를 받았다. 목포대학교 건축공학과 교수를 거쳐 1997년부터 서울대학교 교수로 재직 중이다. 2002년 일본학술진흥회 초청 연구자, 2003~2004년 하버드대학교 옌칭연구소 비지팅 스칼라, 2010~2011년 버클리 대학 풀브라이트 비지팅 스칼라를 지냈다.
한국의 주거사와 목조건축을 중심으로 하는 동아시아 도시 건축 문화의 비교 연구를 주된 연구 주제로 삼고 있으며, 건축 아카이브의 구축과 한옥의 현대화 등에 노력을 기울이고 있다.
저서로 《한옥과 한국 주택의 역사》(2012), 《한국 근대 도면의 원점》(2012), 《일제강점기 건축 도면 해제》 시리즈 (2008년 이후), 《3칸×3칸》(2006), 《중국 북경가가 풍경》(2003), 《한국의 건축 문화재-전남 편》(2002) 등이 있다.

1
큰따옴표 안에 든 말은 4.3그룹 구성원들의 구술채록에서 인용했다.

0

4.3그룹의 1990년부터 1994년에 걸친 활동과 영향을 건축 교육이라는 측면에서 바라보는 것이 이 글의 목적이다. 2011년 한 해 동안 4.3그룹의 활동에 참여했던 건축가들의 구술채록을 진행하면서, 이들의 모임이 대외적으로는 건축계의 환경과 풍토를 개선하고 대내적으론 자신의 실력을 양성하겠다는 두 가지 방면의 의도로 시작했음을 알 수 있었다. 전문가 교육은 한편으로는 매우 개인적인 차원의 경험과 관련되지만 궁극적으론 전문직의 확대 재생산이라는 사회적인 차원의 제도를 다룬다는 점에서 양가적이다. 그렇기 때문에 건축 교육 분야는 건축계의 변혁을 이야기할 때 출발점이 되기도 하며 동시에 종착점이 되기도 한다. 더욱이 건축 교육에 대한 논의가 4.3그룹과 관련해 흥미를 끄는 것은, 결국 이에 대한 인식의 차이와 참여의 정도가 4.3그룹의 실질적인 분열과 해체로 이어졌다는 점이다. 기행과 전시는 같이 할 수 있어도 교육은 같이 할 수 없었던 것은 이념적 지향을 살피지 않고 문제 의식만을 공유한 채로 시작한 단체의 숙명이 아닐까.

1

4.3에 참여한 14명의 건축가들, 즉 1945년부터 1953년 사이에 태어나서, 1964년부터 1972년 사이에 대학에 입학한 건축가들은 1960년대의 후반과 1970년대의 초반에 걸쳐 건축 교육을 받았다. 이들은 "학교에서 배운 게 없다"[1]는 사실을 공공연하게 이야기하는 사람들이고, 또 열네 명의 구성원 중, 컬럼비아에서 많은 책을 읽었다는 이성관과 영국과 프랑스에서 각각 지적인 자극을 받았다는 김병윤, 도창환을 제외하곤 대학 졸업 이후에도 특별한 제도권 교육을 받은 적이 없다고 토로한다. 물론, 김중업, 김수근의 문하에서 건축을 배우고, 박학재와 원정수에게서 정신을 배웠다는 겸양 섞인 답도 있지만 궁극적으로 이들을 독학의 세대라고 부르는데 큰 이견은 없을 것이다.

이들은 1988년 서울 올림픽을 앞두고 외국의 유명 건축가와 대형 건축사무소 등 '외세가 침입'하기 시작하자 전래의 방식만으론 대응할 수 없다

2
한편, 4.3그룹의 주된 출신을 공간과 정림건축으로 보는 시각도 있다. 이 두 사무소가 1980년대 가장 활발하고 규모가 큰 사무소였다는 사실을 생각하면 이상한 일은 아니다.

는 사실을 현장에서 실감하기 시작한다. 이러한 위기감 속에 "이 시대 우리의 건축"에 대한 욕구가 4.3그룹을 만든 동인이 되었고, 여기에 급박함을 느끼지 못했던 일부 건축가들은 초청은 받았으나 제자리로 돌아갔다. 가령 김중업건축과 김수근의 공간에 근무했던 건축가들이 주축을 이루는 것은 올림픽 직전에 이 두 거장이 타계한 것과 관련 있어 보인다. 다른 구성원들 역시 개업을 한지 얼마 되지 않아 스스로의 길을 찾아야 하는 신진 독립 건축가들이었다.[2]

이들이 첫 번째 활동 형식인 세미나를 통해 자신들의 작품을 품평하는 자리를 갖는 것은 자기의 현재 실력을 테스트하는 과정이었다. 강홍빈, 김진애, 유홍준 등을 위시해서 김광현과 강혁에 이르기까지 다양한 학자들을 초빙해 강연을 듣는 자리에서는 놓쳐 버린 교육 과정을 속성으로 마무리하겠다는 고학생(苦學生)의 향학열을 느낄 수 있다. 흥미로운 것은 이 과정에서 그들이 중심적인 학습 테마를 '세기말의 근대'로 잡는 부분이다. 그 대표적인 기획이 김광현의 연속 세미나에 이은 비엔나-런던 기행이다. 백년의 시차를 무시하고 제대로 된 근대를 추체험하겠다는 태도는 어쩌면 20세기 한국의 지식인에게 공통적으로 보이는 대서구 열등감의 발로이기도 하고, 미지의 길 앞에 서 있는 스스로를 근대의 개척자와 동일시하는 엘리트적인 태도이기도 하다.

초기의 활동이 어떠했든 간에, 중기에 활발하게 진행된 이들의 활동은 전시회에서 정점을 이룬다. 전시회가 의미 있는 것은 대외적인 공개 행사였다는 점이고, 개인 학습의 종료를 의미하기 때문이다. 전시는 마치 시한에 맞추어 치러지는 졸업과 같아서 이제는 더 이상 공개적인 학습은 허락되지 않고 준비되었건 준비되지 않았건 구성원들은 다시 사회로 떠밀리는 신세가 된다. 실제로 이들의 학습에 가장 중심이 되었던 세미나와 기행이라는 두 가지 형식은 전시회를 기점으로 약화되어, 이후 "더 이상 진지한" 토론 세미나나 학습 기행은 이어지지 않는다. 마찬가지로 1994년에 나온 《echoes of an era / volume #0》는 작품을 수록한 작품집이 아니라 후일담을 모은 동

3
민현식의 경우 비어 있음 혹은 비어 있는 마당으로 언급하기도 하며, 이외에도 김인철의 '없음', 방철린의 '허' 등 비움과 비슷한 의미어들이 여러 건축가들에 의해 반복되어 사용되고 있다.

4
경기대의 건축 교육 실험에 대해서는, 이영범, 〈경기대 건축전문대학원의 건축 교육의 전문성, 그 시작과 끝은 어디인가〉, 《건축》 제49권 2호, 대한건축학회, 2005년 2월호 참조

5
우경국 메모

문회지와 같아서 힘이 떨어진다.

구성원들과의 구술채록을 보면, 학습 과정에서 '가장 많이 변한' 사람은 승효상과 김인철이라고 입을 모은다. 또 조성룡과 민현식, 우경국도 풍경이나 마당, 비움[3] 등의 졸업사를 준비했다고 하니 그럴듯한 졸업식을 치른 셈이다. 다른 구성원들도 스스로의 말을 찾아 졸업장을 대신하려고 했다.

2

1991년에 경기대학교에 건축디렉터 제도가 도입된다. 당시 "우연히 귀국한" 김준성이 서울에 정착하면서 주도한 것인데, 교내의 정진원 교수가 가세해 도창환과 김병윤을 매개로 4.3그룹에 속한 건축가들을 튜터로 초빙했다. 백문기, 이종상, 이일훈, 우경국 등이 그들이고, 또 4.3그룹에 소속하지 않았던 젊은 건축가들, 주로 해외파였던 임재용, 김헌태, 토마스 한, 김홍일 등이 경기대학교의 새로운 건축설계 교육에 참여했다. 당시 김준성의 교육 실험이 미친 영향은 파장이 컸다. 매일 8시간씩 건축설계를 하는 학생과 매일 2시간만 공부하는 학생이 있다고 하면 처음 1년간은 2천여 시간의 차이가 나지만, 5년이면 1만 시간, 10년이면 2만 시간의 차이가 난다. 과연 누가 2만 시간의 학습량의 차이를 메울 수 있겠는가는 아주 단순하고 명쾌한 논리로 건축 교육의 개선을 주문했다. 말하자면 지금 행해지고 있는 건축학 전문학위 과정에서와 같은 설계중심 교육의 도입을 주장한 것인데, 이와 같은 명백한 정량적 비교 앞에 다른 대안을 제시한다는 것조차 불가능했다.[4]

건축 교육에 대한 문제는 지금도 그렇지만 당시에도 건축가들의 모임에서 쉼 없이 등장하는 단골의 토론 주제였다. 실제로 1991년 3월 16일에 있었던 건축가들의 좌담에서도, 동정근, 우경국, 류춘수, 김원, 최관영, 이종상, 김정식 등이 참여해 신입생 선발 방식을 포함해, 설계 교수의 수와 필요한 자질, 설계교육 커리큘럼과 교양 교육 등 건축가 양성 교육의 전반에 대해 방향을 제시하고 있다.[5] 이때 지적된 사항들은 20년이 지난 지금 보더라도 별다른 이견을 내기 힘든 것들이다. 즉 문제에 대한 인식은 이미 건축계

에서 공유하고 있었다는 점을 확인할 수 있다.

1990년대 초는 마침 학계의 오랜 원로 그룹들이 은퇴를 하는 시기이기도 하다. 4.3그룹에 참여했던 건축가들은 대개 이즈음부터 건축 교육의 현장에 투입되기 시작한다. 서울대학교의 예를 들면, 1990년에 윤장섭, 1993년 이광노 교수가 정년퇴임하고, 1989년 김우성과 최관영이 건축설계 강사로 부임하는 것을 필두로, 김기석, 민현식, 이상준, 김병현, 황일인, 승효상, 김승회, 정기용, 최두남 등 실무 건축가의 참여가 1990년대에 이어진다. 4.3그룹에 참여했던 건축가들 역시 이 비슷한 시기에 학교 교육에 참여하게 되어, 동정근처럼 4.3그룹의 활동 기간 중 적을 학교로 옮긴 사람도 나오고, 시차는 있지만 김병윤과 민현식, 조성룡, 김인철도 결국 학교로 자리를 옮기게 된다.

대학 바깥의 장소에서도 이들을 중심으로 한 건축 교육 활동을 엿볼 수 있다. 1991년 여름 공간에서 주최한 하계 건축학교가 시초가 되겠지만, 4.3그룹의 활동이 거의 정지된 이후인 1995년에 시작해 1998년부터 본격적

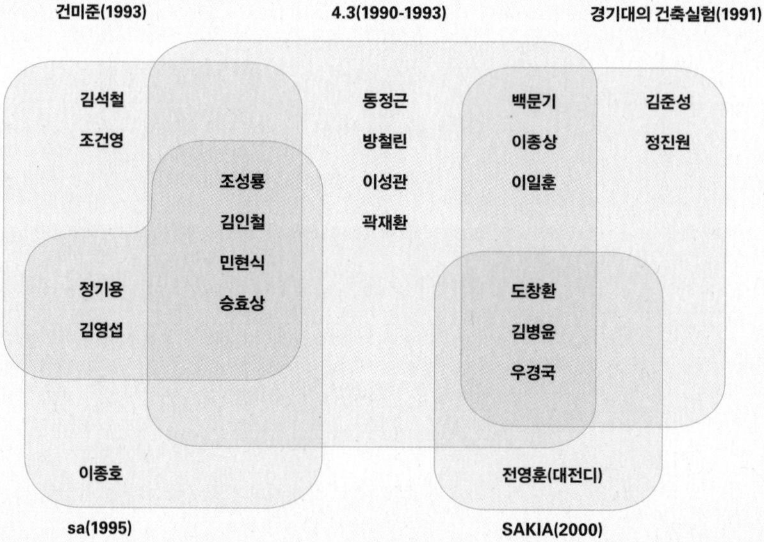

그림
4.3그룹과 이후에 등장하는 건축 그룹과의 관계

6
건미준의 활동에 대해서는, 양상현, 〈민주화와 건축 운동〉, 《건축문화》 2001년 6월호 참조

으로 시작한 sa(서울건축학교)와 2000년에 제1기를 모집한 한국 건축가협회의SAKIA(한국 건축가학교)는 제도권 밖에서 행해진 대안 교육 프로그램의 대표적인 예이다. sa는 조성룡을 비롯해 김영섭, 김인철, 민현식, 승효상, 이종호 등의 주도로 시작했는데, 김영섭, 이종호는 4.3그룹의 구성원은 아니었다. 이들은 이미 그 이전인 1993년에 결성한 건축의 미래를 준비하는 모임(건미준)에도 조건영, 김영섭 등과 함께 적극 참여했다.[6] 한편, SAKIA에는 1991년 경기대학에 참여했던 우경국, 도창환, 김병윤 등이 주도적으로 관여하고 전영훈, 정만영 등이 참여했다. 이처럼 2000년대 우리나라의 대표적인 두 대안 교육 프로그램의 활동 중심에 4.3룹의 구성원들이 자리하고 있는 점은 4.3그룹의 발걸음이 어디를 향하고 있는지를 보여 주고 있다는 점에서 주목할 만한 일이다. 또 여러 사람의 구술에서 확인되는 것처럼 4.3그룹의 구성원들이 '결정적으로 갈라지는' 계기가 건미준과 sa에의 참여 여부에 있고, 비록 참여 건축가는 아니었지만 4.3그룹의 이론가 역할을 담당했던 김광현 교수가 이들 그룹과 거리를 두게 된 것도 sa와 관련되어 있다고 하니 학습을 위한 모임으로 시작한 4.3그룹은 교육을 하는 자리에서 두셋으로 나뉘어 제도화된다.

3

건축 교육으로 야기된 분파는 과연 당파성으로 볼 수 있는가의 질문이 남는다. 그리고 이를 위해선 이들이 행했던 건축 교육의 내용을 살피지 않을 수 없다.

우선 1990년대 초 대학 건축 교육의 변화는 "과제를 제출하고 기말에 그 결과를 평가하는 형식에서 설계 과정에서의 일대일 크리틱을 강화하는 방향으로 바뀌고, 건축 현장에 있는 실무 건축가들이 대거 대학의 설계 교육에 투입되는 등"의 변화를 갖는다. 하지만 여전히 건축학과 건축공학의 내용을 종합적으로 가르치는 4년제의 실험대학 체제 내에서 실기 중심의 건축설계 교육의 획기적 개선을 기대하기 어려웠다. 건축설계 과목은 3학점

6시간의 일반 실험과목과 같은 취급을 받았기[7] 때문에 본격적인 실기교육을 위해선 교수의 희생적인 봉사를 담보할 수밖에 없는 처지였다.

이렇기 때문에 대안교육 프로그램은 방학을 이용해 일정 기간 집중적인 트레이닝을 쌓는 집중 강좌제도를 채택했다. 이러한 설계 캠프의 한 실험을 '공간아트 아카데미 91 하계 건축학교'에서 볼 수 있다.[8] 공간사에서 주최한 이 행사는 1991년 7월 31일부터 8월 4일까지 5일간 가회동을 대상으로 아홉 명의 튜터와 사십 명의 학생이 참가해 공간사옥에서 진행되었다. 튜터로 참여한 김광현, 김병윤, 도창환, 동정근, 민경식, 승효상, 우경국, 이상림, 조성룡 등 아홉 명 가운데 여섯 명이 4.3그룹에 속한 사람들이다.

sa의 교육은 전국의 각 도시를 순회하는 여름캠프가 특징적이다. 1998년부터 제주, 무주, 강경, 양구, 부산, 새만금, 목포, 통영, 순천, 서울(한강), DMZ 등 대상지를 달리하며 30여명의 튜터와 120명 내외의 학생들이 약 일주일의 일정으로 합숙을 하며 지역에 대한 공부와 함께 대상지에 적절한 프로그램을 구상해 설계 작업을 하고 사후에 전시회와 보고서 발간을 통해 건축계 일반에 소개했다. 말하자면 현지 밀착형의 스튜디오 형식이 되는데, 4.3그룹의 활동, 특히 그와 비슷한 시기에 '4.3 사람들이 다 합류'해 병행했던 한샘건축기행의 경험 등이 영향을 주었으리라 생각한다.[9]

한편 SAKIA는 2000년에 본격적으로 발족해 1994년 사실상 활동을 중단한 4.3그룹과의 연계가 희미하지만, 우경국과 도창환, 김병윤 등 역대 총괄교수들은 경기대학에서의 건축설계교육 경험을 공유하는 4.3그룹의 구성원들이다. sa와 비교하여 SAKIA의 건축가학교 운영 방식은 4주 내지 6주라는 비교적 장기간에 걸쳐 진행되기 때문에 교육 장소로서 시내 대학의 시설을 이용할 수밖에 없다. 때문에 대학에 재직하는 현직 교수의 참여가 상대적으로 높다는 점 그리고 한국 건축가협회와 협력해 그 부설학교의 지위를 갖는 등의 차이가 있으나, 인문학자를 포함한 다양한 이론 강의를 포함하며 매번 사회적으로 주목을 받을 만한 이슈와 대상지를 총괄교수가 조정하는 점 등에서는 서로 형식을 같이 한다. 또 두 과정 모두 참여하는 튜터들

7
해방후 대학의 건축교육은 1973년 실험대학 체제의 성립으로 큰 변화를 겪는다. 1973년에 마련된 실험대학 체제에서 졸업학점은 160학점에서 140학점으로 낮아지고, 건축 소묘와 같은 전공 선택과목의 축소로 이어졌다. 건축공학 분야의 경우, 1974년 서울대의 윤정섭, 연세대의 이경회, 고려대의 박윤성, 한양대의 김진일, 홍익대의 윤도근 교수 제씨가 참석해 교과목 체계를 만들었다(범산 이경회 교수 정년기념사업회 간, 《외길 사십년》, 2004년 9월, 70쪽).

8
강혁, 〈또다른 지도 그리기를 찾아서–서울건축학교의 '몸살 앓는 부산 읽기'〉, 《너울》, 2002년 9월호 참조

9
한국문화관광연구원; 김성홍, 〈90년대 말의 한국 건축계와 서울건축학교〉, 김성홍 도시건축연구실 sonomad 건축도시이야기(http://sonomad.tis-tory.com/m/post/view/id/14) 참조

의 희생을 담보로 하기 때문에 열정이 높은 젊은 건축가들이 주된 교수진이 되었다.

이처럼 sa와 SAKIA는 대학에서 적절하게 대응해 주지 못하는 건축과 학생들의 요구에 대응했다는 점에서 우리나라 건축계에 큰 자극을 주었고 많은 호응을 받을 수 있었다. 특히 잡지에서나 보던 이름 있는 건축가들을 직접 만날 수 있다는 점은 문화적으로 소외감을 가지고 있었던 학생들에게는 상급 학교로의 진학이나 취업에 필요한 도움이 될 수도 있었고, 한국의 건축계 사정에 적응하려고 하는 신입 건축가들에게는 자신들의 이름을 건축계에 알릴 수 있는 기회가 되기도 했다. "동숭동에서 젊은 건축가들을 면접한다"는 이야기는 이러한 배경에서 나온 것으로 보인다. 결과적으로 두 교육기관을 매개로 느슨한 건축가 집단이 형성되었다고 볼 수 있다. 이를 통해 사회적 명성이나 영향력을 얻었느냐에 대해선 의견이 갈리지만, 만일 그렇다고 하여도 이는 '그럴 자격이 있는' 일이었다. 특히 이들 두 집단에서 구체적으로 제기한 설계교육 내실화의 이슈가 2002년 단행된 제도권 학교의 전문가 교육체제로의 개편에 큰 영향을 주었다는 점을 부인할 수 없을 것이다.

사진
sa는 여름캠프의 결과물을 책으로 엮었다.

4

4.3그룹의 일부 구성원들이 가졌던 사회적 개혁 의지는 사회적 제도와 관행의 개선을 향한 범사회적인 차원의 것과 교육을 통한 건축 내부의 개혁이라는 두 가지 모습으로 드러났다. 4.3그룹의 구성원들은 이 지점에서 그 참여 정도에 따라 두 개 혹은 세 개의 그룹으로 나뉜다. 보다 직접적인 사회개혁 운동은 건미준을 거쳐 한국민족예술인총연합(민예총)이나 문화연대 등을 통해 진행되었고, 정기용은 이 두 단체에 깊이 관여했으며, 4.3그룹 사람들과는 sa를 통해 연결된다. 짧은 방황을 거쳐 4.3그룹의 구성원 중 많은 사람은 결국 교육을 통한 건축계 개혁으로 방향을 잡았고, 일부는 "무리지어 다니는 것이 싫어" 개인으로 돌아갔다. 또 sa와 SAKIA로 대변되는 교육을 통한 개혁과 역시 미세하게 나누자면 조금 더 기존의 제도를 이용하는 쪽과 아예 새로 판을 짜는 쪽으로 나눌 수 있다.

사람들을 중심으로 보면 이들의 갈래는 기존의 건축단체가 가졌듯 학연에 의한 것으로 보긴 힘들다. 학연에 의한 집단화는 최초 4.3그룹의 모임을 만들 때부터 거부해야 할 구악(舊惡)으로 금기시한 것이었다. 그렇다고 3공화국과 유신체제하에서 성장한 이들에게 선명한 이데올로기에 따른 구분이 있으리라고 기대할 수는 없다. 그렇다면 이들 각각의 작품이 가지는 차이에 대해선, 작품론을 다루는 다른 이들의 연구를 기다려야 하지만, 결국 개인적 성향에 의한 것으로 볼 수박에 없다. 물론 그 개인적인 취향이 "검은 옷을 입고 다니는" 것으로 희화할 것은 아니다. 4.3그룹에 참여한 2년여의 집중적인 교류 경험은 이들에게 서로를 탐색하고 신뢰 관계를 구축할 수 있는 충분한 시간을 주었을 것이다. 그래서 누군가 깃발을 들면 "무조건 도와주는" 사람들이 있고, 그 소그룹이 핵이 되어 운동성을 확보할 수 있었던 것이다. 기존의 건축단체들이 제대로 작동하지 않을 때 이 작은 그룹들은 스스로 중심이 되어 건축계의 지형 변화에 중심적인 역할을 했다.

그러므로 4.3그룹에 대한 평가는 그들의 활동이 집중되었던 1990년에서 1994년에 걸친 4년만을 대상으로 하면 안 된다. 또 참가자 개인의 건축적 성장 못지않게 4.3그룹에서 파생한 여러 건축가 집단의 사회적 활동이 우리 건축계에 미친 영향을 함께 고려해야만 비로소 4.3그룹에 대한 정당한 역사적 평가가 이루어질 수 있을 것이다.

나는 그 가장 큰 파급 효과가 교육 부문에 있었다고 생각하며, 동시에 교육 이슈를 선점함으로써 4.3그룹이 활동을 종료한 후에도 여전히 힘을 가질 수 있었다고 생각한다. 교육으로 시작해 교육으로 끝난 단체 4.3그룹은 말하자면 하나의 학교였다. 이제 남은 것은 학연인가 학풍인가?

4.3 그룹과 언어

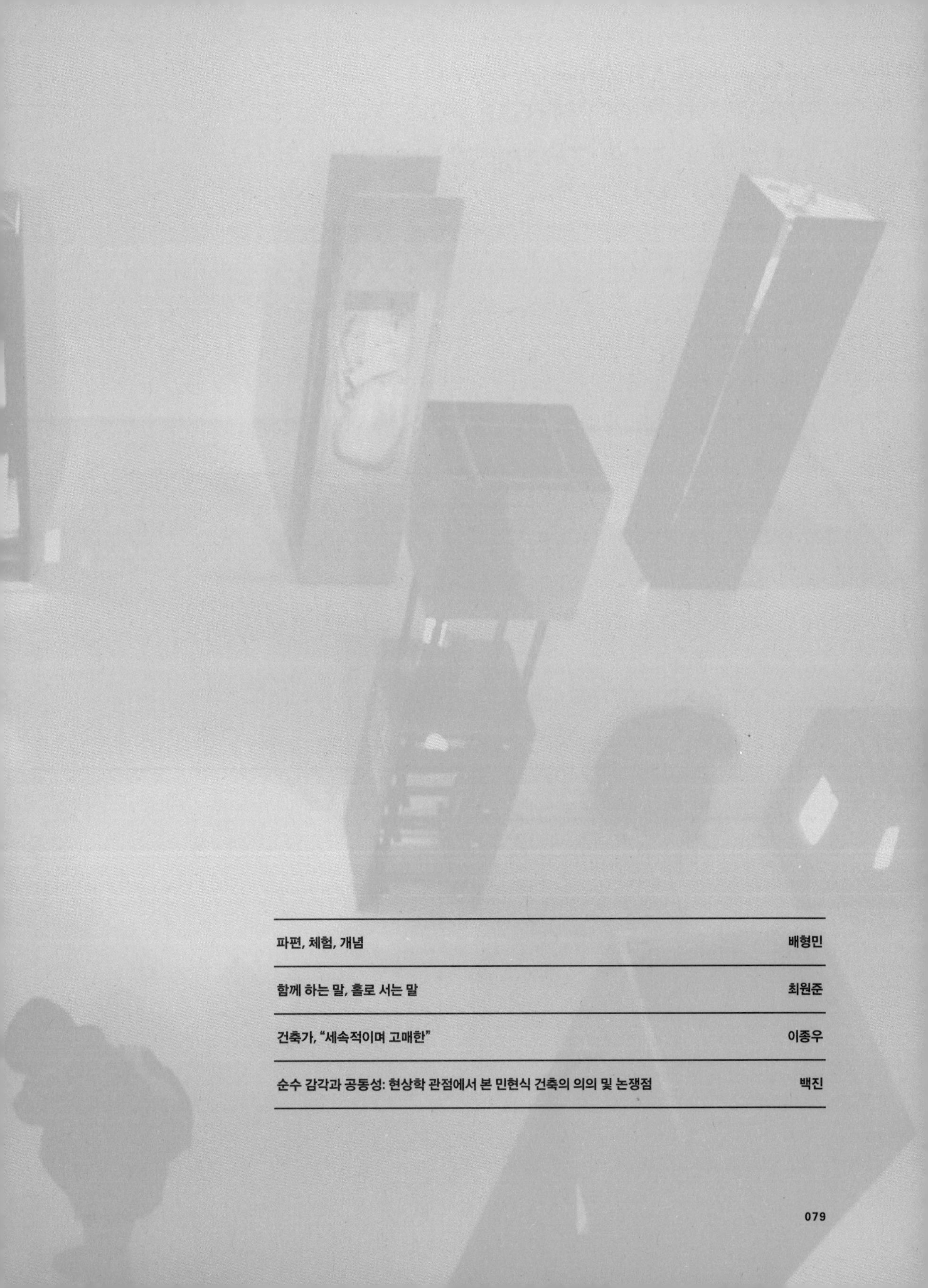

파편, 체험, 개념

4.3그룹의 담론 구도에 관하여

배형민

서울시립대학교 건축학부 교수.
MIT에서 박사학위를 받았으며 두 차례 풀브라이트 스콜라였다.
첫 저서 *The Portfolio and the Diagram*(MIT Press, 2002 / 번역본 《포트폴리오와 다이어그램》, 박정현 옮김, 동녘, 2013)는 세계 유수대학에서 교재로 사용되고 있다. 대표 저서로 《한국 건축개념사전》(2013),《감각의 단면-승효상의 건축》(2007) 등이 있다. 2008년과 2014년 두 차례 베니스 비엔날레 한국관의 큐레이터였으며, 2014년에는 최고영예의 황금사자상을 수상했다. 2012년 베니스 비엔날레 본관 전시의 작가로 참여했으며, 베를린 아에데스 갤러리, 이스탄불 토파네 아미레 갤러리, 런던 한국 젊은 건축가전, 삼성미술관 플라토의 초대 큐레이터, 제4회 광주 디자인 비엔날레 수석 큐레이터를 지냈다. 목천건축아카이브의 위원장 그리고 아시아문화전당의 협력 감독으로 활동 중이다.

R. 상호작용

나는 대상 그 자체의 속성에 대해서 말하지 않는다. 다만, 대상과 관자(觀者)의 상호작용이라는 맥락에서 그 의미를 찾을 뿐이다.

(중략)

T. 객관과 주관

사물은 불변하는 어떤 실체를 갖고 있는가 변화하고 있는 현상 그 자체가 실체인가 이러한 물음은 항상 가치를 규정하고 본질을 찾고자 하는 길에서, 만나게 되는 명제이다. 이와 같은 사고에서, 변화하고 있는 그 자체가 실체라고 하는 관점은 궁극적으로 건축을 바라보는 시각에서 모든 요소들이 공간에 독립적으로 존재하는 객체(客體)로서 대상화되어 파악할 수 있는 것이 아니라 이미 대상이 [된] 실체가 계속하여 변하고 있으므로 해서 매순간 변화하는 사물에 주관이 참여를 하고 그 참여를 통한 경험과 인식으로서의 주체(主體)적인 파악으로 사물을 대하는 태도를 갖게 한다.

_곽재환, 〈RELATION〉, 《echoes of an era / volume #0》, 1994

4.3그룹의 활동은 한국 건축 담론사의 중요한 기점을 제공했다. 1980년대 말의 청년건축가협의회, 1990년대 초 건축의 미래를 준비하는 모임(건미준) 등 사회제도 개혁의 기치를 내건 건축 운동이 시대 변화의 가늠자이기도 했지만 구체적인 건축 작업을 동반한 모임은 4.3그룹이었다. 새로운 건축을 주장했고 새로운 건축 담론을 표방했던 4.3그룹의 건축가들은 1970년대와 1980년대의 건축 담론을 부분적으로 이어 가기도 했지만 크게 세 가지 측면에서 새로운 지평을 열었다.

첫째, 4.3그룹의 담론은 이전 세대를 지배했던 파편의 담론을 이어 갔지만 이들이 제기했던 단편들은 전통건축의 직설적인 파편에 한정되지 않

1
민현식, 《이 시대 우리의 건축》, 1992. 민현식 편, 두 번째 쪽

왔다. 해외여행이 자유로워져 건축 답사가 활발해졌고 잡지와 책을 통해 해외 정보가 바로 전달되기 시작하면서 경험과 인식의 대상들이 확장되었던 것이다. 넓어진 건축 환경과 정보량을 반영하듯 서양과 동양, 옛것과 지금의 것, 그림, 조각, 사진 등 다양하고 산만한 대상들이 이들의 참조체로 등장했다. 이 단편들이 건축가의 작업에 직설적으로 사용된 것은 아니었지만 자신의 작업을 설명하기 위해 제시되었다. 이런 양상은 민현식, 방철린, 승효상의 담론에서 두드러지게 나타났지만 김병윤, 조성룡, 동정근의 글에서도 나타났다. 4.3그룹이 자신의 건축을 설명하는데 이전 건축가와 다른 것은 "인용"에 있다. 민현식은 4.3그룹 전시회 도록에 자신의 작품들에 "적용된 원칙, 이미지, 수집된 논의, 표제" 등을 나열했다. 그가 사용한 이미지들은 동서고금을 망라해 그가 "발췌, 인용"한 것들이었다.[1] 민현식은 소쇄원, 부석사, 독락당, 베니스, 그리고 외국의 현대건축과 미술에서는 루이스 칸(Louis I. Kahn),

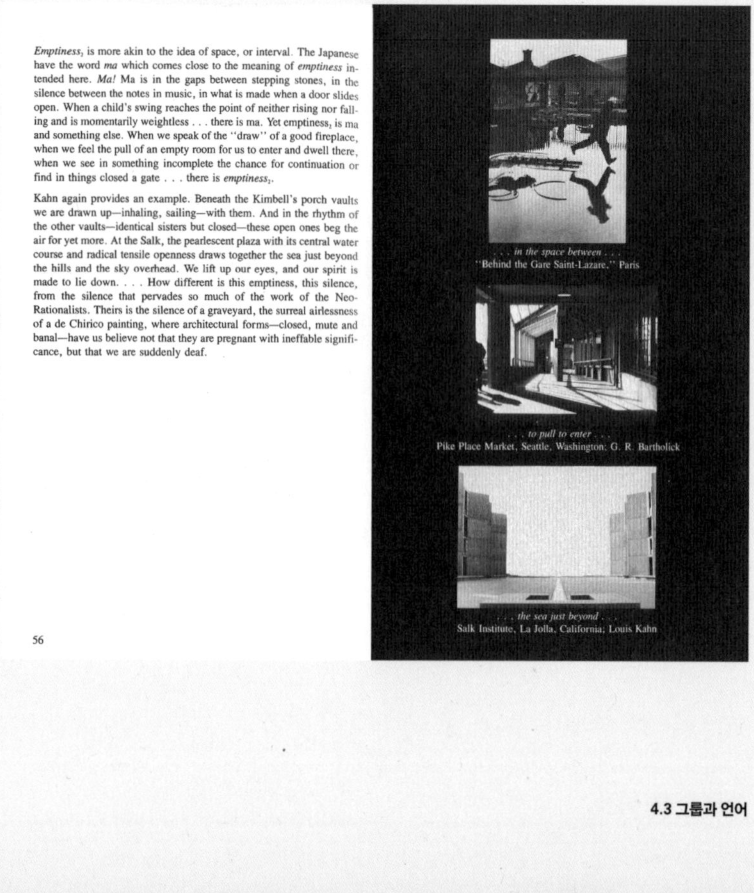
Emptiness$_2$ is more akin to the idea of space, or interval. The Japanese have the word *ma* which comes close to the meaning of *emptiness* intended here. *Ma!* Ma is in the gaps between stepping stones, in the silence between the notes in music, in what is made when a door slides open. When a child's swing reaches the point of neither rising nor falling and is momentarily weightless . . . there is ma. Yet emptiness$_2$ is ma and something else. When we speak of the "draw" of a good fireplace, when we feel the pull of an empty room for us to enter and dwell there, when we see in something incomplete the chance for continuation or find in things closed a gate . . . there is *emptiness*$_2$.

Kahn again provides an example. Beneath the Kimbell's porch vaults we are drawn up—inhaling, sailing—with them. And in the rhythm of the other vaults—identical sisters but closed—these open ones beg the air for yet more. At the Salk, the pearlescent plaza with its central water course and radical tensile openness draws together the sea just beyond the hills and the sky overhead. We lift up our eyes, and our spirit is made to lie down. . . . How different is this emptiness, this silence, from the silence that pervades so much of the work of the Neo-Rationalists. Theirs is the silence of a graveyard, the surreal airlessness of a de Chirico painting, where architectural forms—closed, mute and banal—have us believe not that they are pregnant with ineffable significance, but that we are suddenly deaf.

56

. . . in the space between . . .
"Behind the Gare Saint-Lazare," Paris

. . . to pull to enter . . .
Pike Place Market, Seattle, Washington; G. R. Bartholick

. . . the sea just beyond . . .
Salk Institute, La Jolla, California; Louis Kahn

사진
마이클 베네딕트, 《리얼리티의 건축을 향하여(For an Architecture of Reality)》(1987), 본문

2
김봉렬, 《한국의 건축, 전통건축 편》, 공간사, 1985, 3쪽

루이스 바라간(Louis Barragan), 크리스토(Christo)의 작품을 인용하고 문필가로는 이탈로 칼비노(Italo Calvino), 와딩턴(Waddington), 존 버거(John Berger), 마이클 베네딕트(Michael Benedikt) 등을 자주 인용했다. 방철린은 송광사, 대흥사, 영산암, 봉정사, 선암사, 남간정사와 같은 한국 건축, 그리고 바로크 화가 조르주 드라투르(Georges de La Tour)의 그림과 함께 자신의 건축관을 피력했다. "빈자의 미학"을 내세웠던 승효상은 김시습, 자코메티(Alberto Giacometti), 김환기, 추사에 관련된 이미지와 글을 일정한 포맷 속에 편집했다. 이들은 텍스트와 이미지의 단편을 통해 건축의 결과물보다는 그 발상의 원류와 체험의 단편을 보여 주고자 했으며, 이를 통해 산만한 파편에 현재적 의미를 불어넣으려고 했다. 단편들을 통해 자신의 건축을 보고, 자신의 건축을 통해 과거의 단편을 다시 독해했다.

둘째, 4.3그룹의 건축가들은 자신들의 주체 의식을 강렬하게 내세웠다. 자기 사무실을 운영해야 한다는 것이 4.3그룹의 구성원이 되기 위한 기본 조건이었다는 것도 이러한 주체 의식의 발현으로 보아야 할 것이다. 주체 의식을 통해 한편으로 커져 가는 건축 시장을 지배하는 기업형 사무실과 관료적인 사회 조직과 스스로 차별화할 수 있었다. 다른 한편, 어려운 민주화 과정을 거쳐 얻은 새로운 자유에 대응할 수 있었다. 1970년대와 1980년대의 경우 건축가들은 자신의 건축을 관찰자의 입장에서 이야기했다. 김수근과 김중업과 같은 거장들도 자신의 건축관을 피력할 경우에도 시대적인 상황과 결부시키지 않았다. 이에 반해 4.3그룹은 건축관을 스스로 전면에 내세웠고, 그 시대적 당위성을 주장했다. 이러한 주체 의식의 기반에는 새롭게 전개되고 있는 개인의 체험과 이에 대한 의식이 깔려 있었다. 직접적인 체험의 중요성은 이미 1980년대에 자리 잡았던 중요한 한국 건축의 주제였다. 1980년대에 소장 학자로서 한국 건축에 대한 답사 책자를 펴냈던 김봉렬도 "건축사학의 연구에 선행되어야 할 작업이 실물 답사"라는 확신을 갖고 있었다. 김봉렬의 《한국의 건축》은 1984년 "한국 전통건축의 체험"이란 제목으로 《공간》에 연재된 글을 엮은 책이다.[2] 대상이 독락당이든, 라투레트 수도

3
우경국, 〈흐르는 회색 공간〉, 《echoes of an era / volume#0》, 우경국 편 세 번째 쪽

원이든, 〈베를린 천사의 시〉라는 영화든 직접 체험, 여기서의 느낌과 감동이 바로 객체적인 단편과 주체 의식을 연결하는 고리였다. 4.3그룹이 함께 다녀온 여행을 통해 우경국은 "실제로 보고 느끼고 몸으로 체험하면서 작가들의 이론과 실체를 체험하였다"고 한다. 그리고 이러한 체험은 "그 동안 책을 통해 알고 있던 내용을 얼마나 왜곡되어 있으며 타인(평론가)의 생각에 세뇌되어 있었음을 알게 되었다."[3]

셋째, 강렬하게 부각한 주체의 자의식과 넓어진 객체의 세계를 잇는 언어의 세계, 또는 매체의 세계가 4.3그룹의 담론에서 제기되었다. 1960년대 이후 건축 출판물과 건축 전시회들이 대부분 건축가 자신의 작품 사진, 완성된 건물의 도면, 그리고 작품에 대한 변으로 구성되어 있었던 것에 반해 4.3그룹의 글, 그리고 1992년 말에 열렸던 〈이 시대 우리의 건축〉 전시회의 설치와 전시 카탈로그는 언어와 매체에 대한 새로운 의식을 선보였다. 4.3그룹은 특히 분석적인 건축 드로잉을 적극적으로 내세웠고 전시 설치 방식을 평면적인 패널과 스케일 모형이란 통념적인 틀에서 탈피시키고자 했다. '작가정신'이 화두였던 당시, 확장된 세계가 제공하는 많은 정보와 이미지들, 말은 주체와 객체를 새롭게 대면할 수 있는 기제로 작용했다.

1990년대 초, 4.3그룹의 활동을 통해 이렇게 객체(파편), 주체(체험), 그리고 언어(매체)가 각각 새로운 방식으로 제기되었다. 이런 건축 담론의 세 가지 양상은 서로 대면하며, 많은 경우 갈등 구조 속에서 서로의 성격을 규정했다. 당대에서부터 지금까지도 4.3그룹에 대한 비판, 그리고 4.3그룹 내부에서의 자아비판은 객체, 주체, 언어 간의 갈등 구도에 기대어 진행되어 왔다고 할 수 있다. 이러한 갈등은 전형적으로 체험과 매체 사이에서 등장했다. 통념적으로 매체는 일관된 체계로 구성되어 있다면 이러한 체계는 체험의 대상이 아니라고 생각한다. 4.3그룹의 드로잉이 예전 세대와 차별화되었던 가장 큰 특징으로 엑소노메트릭을 적극적으로 사용했다는 점을 들 수 있다. 승효상의 경우, 이러한 드로잉 기법의 선택에는 구체적인 정치적 미학적 입장이 있다고 주장했다.

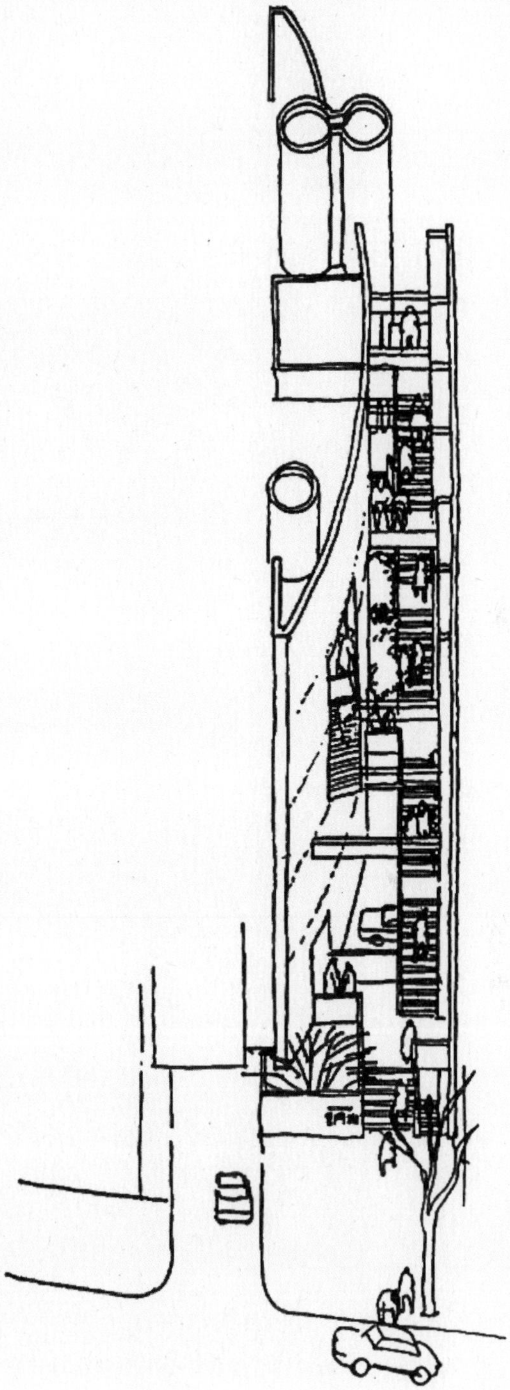

그림

승효상, 이문 291(1992) 외부

계단실 엑소노메트릭

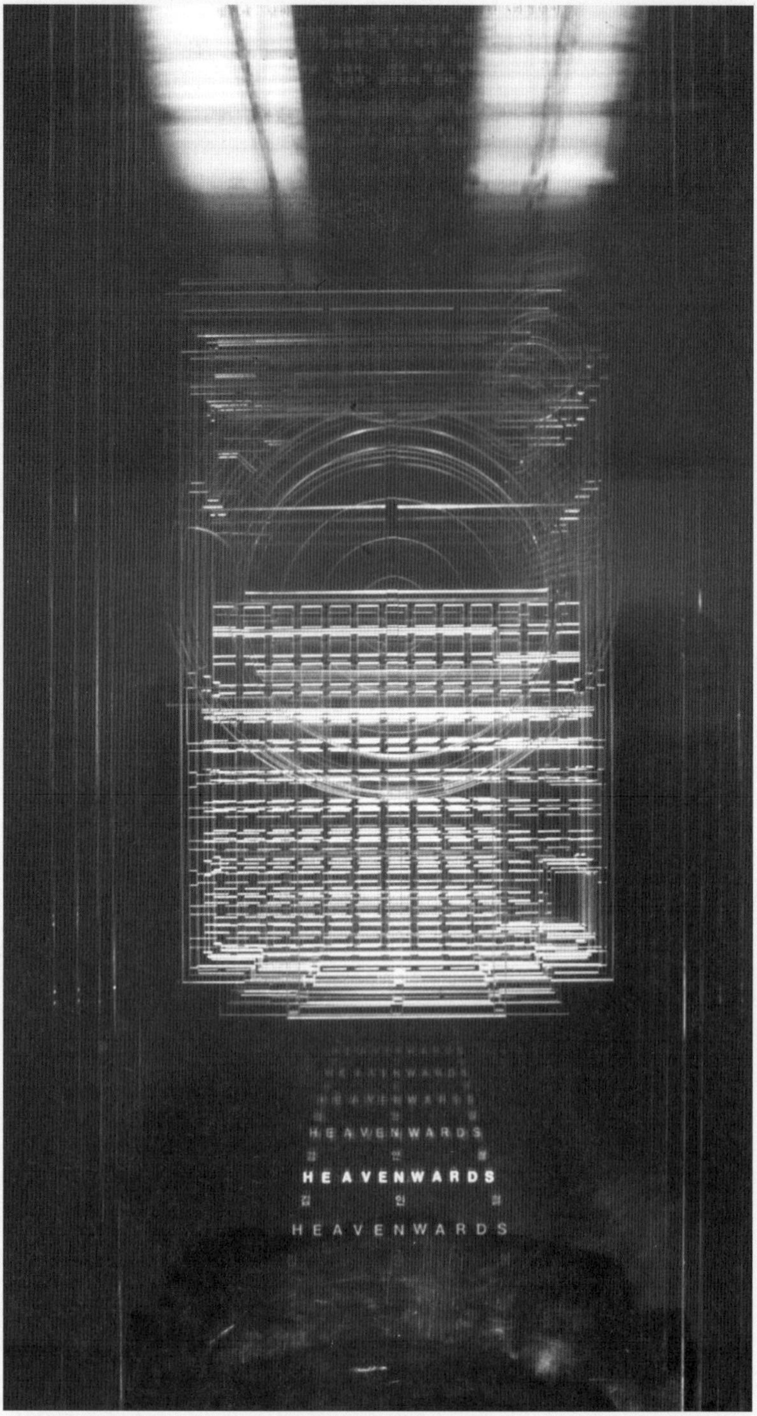

사진
김인철의 전시설치물 부분,
〈이 시대 우리의 건축〉(1992)

4
승효상, 〈현대의 유적〉, 《echoes of an era / volume #0》, 승효상 편 네 번째 쪽

> 구호와 선전을 필요로 하는 사회는 여전히 전체주의적, 독재적 사회이거나, 저급한 의식을 가진 사회이다. 그런 사회에서의 건축은 항상 투시도적이다. 투시도에서 나타나는 배경은 주로 짙푸른 하늘이며, 광활한 평원이어서 주변의 정황은 무시될수록 좋고, 오로지 선동적인 기념비적 건축이 위압적으로 솟아오르게 표현된다. 거기에는 선동과 감격이 있을 뿐이며 그 속에서의 삶은 왜소하거나 제거되기 십상이다. 반면 조감도에서 그려지는 것은 건축 자체뿐이 아니라 그 건축이 디디는 땅을 그려야 하고 도로를 그려야 하며 이웃이 표현되고 그들끼리의 관계가 나타나야 한다.
> 시점을 높이면 높일수록, 표현되어야 하는 관계들이 더욱 넓어지고 많아지며, 그 스스로의 모습 자체는 어떻게 생겼든 그리 중요하지 않다. 즉 그려져야 하는 것이, 껍질의 모습이 아니라 그 속과 그 밖의 삶의 형태인 것이며, 공동체의 모습인 것이다. 우리가 문민의 사회라면, 이제는 투시도적 그림이 요구되어지는 사회가 아니다. 우리의 사고는 조감도적으로 바뀌어야 하며, 투시도는 우리에게 허상과 환상만을 불러일으킬 뿐임을 간과해서는 안 된다.[4]

여기서 특기할 점은 1990년대 초 승효상이 즐겨 사용했던 엑소노메트릭을 건축가 본인은 '조감도'로 봤다는 것이다. 엑소노메트릭이 관찰 시점을 배제한 기하학적 체계에 기반을 두었다면 조감도는 관찰자의 시점을 전제로 한 시각적 체험 양식이다. 매체를 체험의 양식으로 접근하려는 태도는 4.3그룹 담론의 중요한 특징이었다. 이러한 의식을 잘 보여 주는 예로 〈이 시대 우리의 건축〉에 출품했던 김인철의 도록 드로잉과 전시회 설치물이 있다. 김인철은 전시 도록의 경우 책의 평면적인 논리에 따라 한 페이지에 하나의 건축 평면을 게재한 반면 전시 설치 기둥은 공간적인 체험의 가능성에 기대어 여러 개의 평면을 유리에 새겨 겹쳐 설치했다. 전시 설치물이 개념적인 독해의 대상이 아니라 그 자체가 하나의 건축적인 체험을 제공해야 한다는

취지에 맞추어 무거운 노출콘크리트 기단에 15개의 평면 드로잉이 중첩되는 투명한 유리면을 세웠다. 15개의 평면도를 다시 한 페이지에 모아 이를 원근법에 따라 겹친 깊이 있는 공간으로 재구성하기도 했다. 평면도는 보는 이의 머릿속에서 재구성해야 하는 개념도라는 통념에 반해 건축 도면을 감각적인 체험의 대상으로 만든 것이다. 같은 평면 매체 양식이지만 이질적인 독해 방식을 병치시키려는 시도도 볼 수 있다. 백문기의 경우 건물의 평면을 상형문자로 재구성하거나 게슈탈트의 형상과 배경(figure and ground)으로 분석해 보는 시도를 했다. 이 글의 서두에 인용한 〈RELATION〉이라는 곽재환의 에세이도 언어, 그림, 감각, 그리고 의미의 관계에 대한 탐구로 볼 수 있다. 주체와 객체의 관계에 대한 고민이 평면적인 선에서 출발해 의미 있는 기호 형상(만다라)에 대한 입체적인 감각으로 끌어가려고 한다는 것을 볼 수 있다.

이렇게 4.3그룹의 담론은 언어를 감각의 일부로 보려는 실험으로 볼 수 있다. 그러나 1990년대 초 4.3그룹의 작업에 대한 당대의 반응은 담론을 개념에 대응시키는 입장이 주를 이루었다. 언어와 체험의 주체로서 건축가를 설정한다면 언어와 체험의 대상이 존재하느냐는 질문인 것이다. 김광현의 주장에 의하면 이 말들은 이미 만들어진 것에 대한 일종의 언어적 희구일 뿐 말이 새롭게 설정하는 새로운 대상이 아니라는 것이다. 그래서 그는 이 말들을 언어의 유토피아라고 불렀던 것이다. 김광현에 의하면 "조용히 얻는 것", "본연성", "절대와 초월", "고요함과 정점" 등 전시회에 제시된 이와 같은 많은 개념어들이 "추상적인 형태에 담고 있는 의미들이며, 물리적인 형태를 만들어 내기 위한 통사적인 개념어들이 아니"라는 점에서 "유토피아의 언어"라고 규정했다. "이 시대의 모순으로부터 탈출하기 위해 설정된 언어", 즉 "일종의 유토피아 상태"라고 설명하고 있다. 김광현에 의하면 이러한 언어는 현재를 탈출하기 위한, 거짓된 초월을 위한 장치일 수 있다는 것이다. 그는 그런 임의적인 말들이 4.3그룹 건축가들의 성패를 가늠하는 척도가 될 수는 없다고 주장하면서 그 대신 "언어의 유토피아"를 제안했다. 이는 "자괴와 충돌"을 야기할 수 있는 구체적 건축, 내재적인 비판의 힘을 스스로 지니

5
김병윤, 〈브릿지〉, 《건축과환경》 1993년 1월호, 59쪽

6
김인철, 〈모호한 어긋남〉, 《플러스》 1992월 5월호, 128쪽

고 있는 건축을 뜻할 수도 있다. 즉, 김광현은 이러한 말들이 건축 내부의 "이론"이어야 한다고 생각했던 것이다. 문제는 "건축을 순수하게 외부의 산물로 여기거나, 아니면 작가의 내면적인 세계만으로 국한해 두려는 데 있다"고 지적했다.

4.3그룹의 건축가들도 이러한 문제의 틀 속에서 자신의 작업을 바라보기도 했다. "공간은 침묵이기를 바랬고 모순되게 형태는 역동성을 지니기를 바랬다"[5] 는 김병윤의 자아비판은 침묵이라는 말과 건축의 실제 형태가 갖는 괴리에 대한 인식으로 이해할 수 있다. 자신의 작업과 언어를 포함한 매체를 엮어 가는 과정은 지난했고 건축가 자신들도 이 사실을 토로했다. 인용을 적극적으로 시도했던 민현식, 승효상과 달리 김인철은 당시에 다음과 같이 회의를 했다.

> 책도 들여다보고 답사도 해보지만 어디에도 내가 챙길 수 있는 그 무엇이 보이지 않는다. 그럴듯한 이야기는 남들이 다해버렸고 그럴듯한 형태는 이미 다지어져 있다. … 입속에 맴돌고 있는 단어들은 '대충', '적당', '우연', '모호', '순리'같은 것들이다.[6]

말과 건축, 말과 체험 사이의 어려운 관계에 대한 회의는 민현식에서도 발견한다. 당시 누구보다도 지식인으로서 건축가의 위치를 확인하고 싶었던 민현식도 말에 대해 회의적인 태도를 갖고 있었다. 《echoes of an era / volume #0》에 실린 그의 에세이 〈지혜의 시대, 우리의 건축〉은 다음의 구절로 시작했다.

> 어쩔 수 없이 우리의 공부, 지식습득의 대부분은 책(text)에 의존할 수밖에 없다. 그 수많은 정보를 어떻게 일일이 직접체험으로 얻을 수 있겠는가. … 실체와 직접 만나서 괜스리 방향을 잃고 혼란스러워지는 것 보다 오히려 책의 도식적 권위, 그 권위가 일반인

7
민현식, 〈지혜의 시대, 우리의 건축〉, 《echoes of an era / volume #0》, 민현식 편 첫 번째 쪽

8
민현식, 〈벽-실체에 대한 직접적인 미적 경험〉, 《공간》, 1994년 1월호, 68쪽

9
승효상, 《비움의 구축》, 동녘, 2005, 192쪽

> 뿐 아니라 소위 전문가를 자처하는 일부지식인들 조차 해석(interpretation)을 실체보다 더 관심있어 하고 그것이 체험을 대행해 주리라고 믿는다. 그러한 태도는 우리가 모르는 사이 책은 실체보다 더 큰 권위를 얻게 되고 「그 책(text)이 서술하고 있는 듯이 보이는 현실」도 창조할 수 있다고 까지 믿어 버린다. 그것은 인식의 혁명적 전환이 있기 전까지 진리로 행세하게 될 터이다.[7]

위에 발췌한 글을 본다면 민현식의 입장이 10년 전 한국의 건축을 "서책과 원색 잡지의 사진술에 압도당한 위성문화권의 콤플렉스"에 사로잡혀 있다는 김석철의 입장과 크게 다를 바가 없는 것처럼 보일 수 있다. 여기서 유의해야 할 것은 이 두 건축가에게 "책"은 서구적인 지식과 권위를 상징하고 있다는 점이다. 체험에 의한 앎이 아니라 책으로 오도된 이해가 바로 책으로서 서구사회라는 것이다. 당시 책과 사진을 통해 쏟아져 들어오는 외래의 자극들에 의존하지 말고 건축의 문제와 정면으로 맞서라고 주문했던 김석철과 마찬가지로 민현식은 "실체에 대한 직접적인 미적 경험"에 대해 고민하고 있었다.[8] 그러나 민현식은 김석철과 한 가지 매우 다른 점이 있다. 민현식은 직접적인 체험을 중요시 했지만 비평과 건축 담론을 배척하지 않고 오히려 언어적인 텍스트의 생산에 적극적이었다. "스스로를 말이 앞서는 건축가라고 생각합니다. 그것은 스스로가 한 말에 자신을 속박하기 위해서입니다."라고 선언했던 승효상과 마찬가지로 민현식은 말을 창작의 동력원으로 취했다.[9] 이는 어쩌면 김광현이 요구했던 "자괴와 충돌"을 불러일으키는 과정일 수도 있다. 그러나 김광현의 경우 자괴와 충돌이 스스로 정해 놓은 "근대"라는 가늠자에 의해 규정되는 것이기에 1990년 초반을 지나 한국의 현대건축에 대해 언급을 자제했던 것으로 보인다.

4.3그룹의 건축가들은 1990년대를 거치면서 마당, 벽, 땅, 길 등 구체적인 언어의 대상, 그리고 대상의 언어를 설정함으로써 건축 담론을 열어 갔다. 최근에 박길룡은 이 현상을 새로운 "개념의 시장"이라고 부른 바 있다.

10
박길룡, 〈현대건축〉, 《한국 건축사연구》, 발언, 2003, 462쪽

11
박길룡, 《한국현대건축의 유전자》, 공간사, 2005, 281쪽

새로운 건축 세대를 규정하려고 했던 당시의 건축 저널리즘이 "건축가들이 개별적으로 믿고 있는 가치와 방법"을 추궁했던 것이라고 당시의 상황을 묘사했다.[10]

> 건축이 형태를 벗어나고 나면 공간이 남고, 그 공간을 개념으로 수습한다. 비록 형태소는 남지만, 그것들은 단편이기 때문에 개념으로 접착되지 않으면 하나의 사실로 구축되지 못한다. 작업은 건축의 기반을 도시와 땅에 분명히 할수록 주변을 숙고하여야 하였고, 사회 문화의 실체를 이루고, 사용자와 생활이라는 컨텐츠에 눈을 돌린다. 그런 뜻에서 그들의 작업은 아직 사실주의이다.[11]

박길룡의 통찰을 달리 표현한다면 단편은 언어를 수반할 때 비로소 리얼리티가 생긴다는 것이다. 리얼리티가 고정된 규범이 아니라 역사적인 현장에서 발현되는 것이라면 필자도 박길룡의 해석에 동의할 수 있다. 건축의 단편적인 시원들이 주관적인 체험에 예속되는 동시에 건축 작업의 원동력이 된다. 건축가는 자유롭고 임의적으로 단편을 자신의 건축으로 만들지만, 동시에 그의 건축이 부담해야 할 가능자가 된다. 이제 건축의 체험은 개념에서부터 자유로울 수 없는 상황이 되었다. 주관화와 객관화의 과정은 이렇게 파편, 체험, 언어의 순환 고리를 만든다.

이 순환 고리의 문제는 감각에 대한 인식이 제거되어 있었다는 것이다. 언어와 체험은 모두 감각의 대상이 아니라는 전제가 숨어 있었지만 이러한 전제는 전혀 거론되지 않았다. 감각은 기피의 대상이었고 오히려 개념을 통해 이 고리를 연결시키려고 했다. 4.3 그룹과 1990년대의 담론을 넘어서고자 한다면 파편은 물론, 체험과 언어도 감각의 세계에 함께 연루되어 있음을 대면할 때 가능한 것이다.

함께 하는 말, 홀로 서는 말

최원준

숭실대학교 건축학부 교수.
서울대학교 건축학과를 졸업하고 동 대학원에서 석사와 박사학위(건축역사 및 이론 전공)를 받았다. 건축가 승효상의 이로재에서 실무를 익혔으며, 뉴욕 컬럼비아대학교 건축·계획·보전대학원에서 박사 후 연구를 진행했다. 공저로 《젊은 건축가상 2013》(2013), 《한국 건축개념사전》(2013), 《Convergent Flux》(2012), 국역 또는 영역한 책으로 《Forest of Light》(2013, 공역), 《Landscript》(2009, 공역), 《Stone Cloud》(2008), 《표면으로 읽는 건축》(2009, 공역), 《Structuring Emptiness》(2005), 《Land, Place and Architecture》(1998) 등이 있다. 현재 목천건축아카이브에서 한국 근현대건축의 아카이브를 구축하는 작업에 참여하고 있다.

1
김원, 〈40대, 30대 건축가 지금 무엇을 생각하고 있는가〉 대담, 《공간》 1990년 10월호, 69쪽

2
우경국, 〈40, 30대 건축가 지금 무엇을 생각하고 있는가〉 중 "건축가의 그룹 활동의 의미," 《공간》 1990년 9월호, 47~53쪽

> 앞으로 우리시대에는 [김수근과 같은 한 스타플레이어라는 존재가] 어려운 일이 아닐까 보고, 사회가 그런 것을 허용하지도 않고 또 사람들이 선두주자에 대해서 열광하는 시대도 아니지요. … 여러 명이 모여서 선언서를 만들고 서명운동을 하는 방식이 아니라 바람직하기는 각자가 나름대로의 자기 목소리를 가지면서도 그 나름대로 다양한 방법론으로서 좋은 것들을 만들어낸다는 공통의 목적을 갖고 있을 때, 폭이 넓고 깊이가 있으면서도 한 방향으로 흐르는 대세를 결정하는 게 될 것입니다.[1]

1990년 10월, 20세기의 마지막 십년을 맞이하여 김원이 읽은 한국 건축계이다. 당대를 혼돈의 시대로 규정하며 집단적 활동을 통해 통합된 흐름을 만들어야 한다는 목소리도 공존했지만, 오늘의 시점에서 돌아볼 때 김원의 판단이 적확했던 것으로 보인다.

이러한 시대적 상황에 정확히 대응했던 것이 4.3그룹이었다. 1990년 초 그룹 결성에 주요한 역할을 했던 우경국은 당시 "실제 작품 활동을 하고 있는 작가 위주"의 30~40대 중견 건축가들이 "자기 발전 및 건축문화의 새터를 만들기 위하여" 학연과 지연을 초월해 구성한 "일종의 스터디 그룹"으로 4.3그룹을 정의했다. 이어 "한국 건축이 내포하고 있는 문제와 위기의식을 인식하고 이를 극복하기 위한 자신들의 어휘와 공통의 에너지를 찾고 있는 그룹"이라 부언했는데,[2] 집단으로서의 목표는 "건축문화의 새터" 구축, "공통의 에너지" 모색과 같이 아직 명확한 실체가 없는 반면, "자기 발전"은 "자신들의 어휘"를 찾는다는 구체성을 지니고 있는 점에 주목하자.

1990년대로의 진입기는 80년대에 걸쳐 다방면에서 농축된 변화의 움직임들이 응집해 우리 사회의 일대 전환을 이끌어낸 시기였다. 민주화운동의 결실로 군부독제 체제가 청산되고 올림픽 개최와 해외여행 자유화로 국제교류가 활성화되면서 사유와 가치의 체계가 분화되었으며, 수년간 지속된 높은 경제 성장률은 두터운 중산층을 형성하면서 본격적인 대중문화의

3
〈특집: 미국의 탈근대건축 우리에게 무엇인가〉 《건축과환경》 1985년 12월호, 21~79쪽. 특히 건축대전이나 학생 졸업전에 대한 영향이 논의되었다.

4
목구회 등 과거의 건축 모임도 초기에 회원 근작에 대한 비평을 진행하기는 했지만 학연을 기반으로 한 모임에서 냉철한 비판을 기대하기는 힘들었으며 1990년대에 이르러서는 친목 도모를 위한 회동으로 그 역할이 축소되었던 터였다.

장을 여는 기반을 마련했다. 건축적으로는 국가주도형 대형 프로젝트에서 민간건축주의 중소규모 프로젝트로 시장의 중심이 이동하고, 전통에 대한 논의가 여전히 유효한 가운데 해외 양식의 유입으로 건축적 가치의 혼란을 겪던 터였다. 서구의 대표적 흐름이던 포스트모더니즘은 각종 잡지를 통해 전달되어 1980년대 중반에 이미 학생들에게까지 영향을 미쳤지만, 그 유희성은 당대 사회 분위기와 어울리지 않는 것이었을 뿐더러 모더니즘을 제대로 경험하지 못한 우리의 현실과는 거리가 있는 것이었다.[3] 건축적 실천의 근간을 이루는 가치와 기준이 흔들리는 상황에서, 건축가들이 자신의 건축을 스스로 정박시킬 수 있는 건축관을 확립하는 것은 내면적으로 시급한 문제였다. 아울러 독자생존의 건축시장에서 자신을 차별화시켜 줄 수 있는 독창적 아이디어와 디자인 어휘를 마련하고, 확산된 대중문화와 매체의 영역에서 이를 말과 글을 통해 널리 소통하는 것도 중요했다. 《공간》의 〈작품노트〉와 〈건축가-비평가 인터뷰〉 시리즈, 《건축과환경》의 〈작가와 비평〉 시리즈는 이미 건축가들에게 건축론을 피력하고 작품에 대해 적극적으로 발언하라고 압박해 오고 있었다. 이러한 상황에서 14인의 건축가로 구성된 4.3그룹의 첫 활동이, 1990년 6월 조성룡의 청담동주택을 시작으로 2년 뒤 이성관의 전쟁기념관까지, 각자의 작품과 건축론에 대한 열네 차례의 상호 크리틱이었다는 점은 필연이었다.[4]

이 글은 사회와 건축계의 변화를 배경으로 4.3그룹이 구축한 '말의 영역'이 지녔던 특성을 조명하고자 한다. 그들의 현실인식은 무엇이었으며 이를 기반으로 어떤 내용과 형식의 건축적 말하기를 구사했는지, 나아가 말의 영역이 그들, 그리고 이후 건축가들의 건축적 실천에서 어떤 의미와 위상을 지니게 되었는지 살펴보고자 한다. 그러나 이를 하나의 특성으로 규정하고자 하는 것은 아니다. 먼저 전제되어야 하는 것은 구성원들의 독자성이다.

이합집단(異合集團)

애초 모임의 목적이나 궁극적인 결과물을 볼 때, 4.3그룹을 단일한 특성으로 규정하는 것은 대상의 속성에 반한다. 그룹의 대표적인 대외활동이었던 1992년 12월의 전시회 〈이 시대 우리의 건축〉과 동명의 작품집 출간에서 이 점이 극명하게 나타난다. 모임 결성 후 2년이 조금 넘는 기간 동안 작품 크리틱을 통해 각자의 건축적 사고의 타당성을 검증하고, 초청강연과 해외답사를 통해 모더니즘에 대한 이론적 지식과 직접 체험의 세계를 넓힌 4.3그룹은, 그간의 내부적 활동의 성과를 외부에 발언할 목적으로 전시회와 출간을 계획했다. 그런데 공통의 주제와 명분을 모색해 보자는 초기 준비 과정의 모색은 실패로 돌아가고,[5] 결국 "이 시대 우리의 건축"이라는 보편적 주제의 제목으로 각자의 차이를 드러내는 것으로 방향이 조정되었다. 비록 전시장을 찾은 많은 관람객은 "우리의 건축의 향방에 대한 가늠을 어떻게 하는지에 대한 한 목소리, 적어도 공통된 톤"[6]을 듣기를 기대했고, 또 전시회 제목이 그러한 기대를 부추겼지만, 4.3그룹은 "전시회의 주제[가] 14개"[7]임을 말하고자 했다. "우리"는 '하나의 집단'으로 읽혔으나 실제로는 '다수의 구성원'이었던 것이다.

당시로서 혁신적이었다고 평가받는 전시회와 작품집의 형식은 바로 이러한 독립성의 구축에 초점을 맞추었다. 전시회에서는 600×600×2400mm라는 통일된 규격의 전시대에 각자의 작업이 제시되었으며, 작품집의 경우 각 건축가 이름과 전면사진을 담은 첫 페이지, 이력과 후면사진으로 구성된 페이지 사이에 14페이지라는 동일한 지면이 14명의 건축가에게 할애되었다.[8] 공통된 형식은 서로의 알맹이가 지닌 차이를 강조하기 위한 장치였다. '말의 영역'인 작품집에서 각자 할당받은 지면에, 건축가들은 자신의 건축관을 주제어와 함께 피력하고, 선별된 설계 작품을 소개했다.

5
우경국의 노트

6
김진애, 〈4.3그룹전: 침묵에서 공명으로〉, 《플러스》 1993년 1월호, 165쪽

7
민현식, 〈4.3그룹 전시회 1차 심포지움〉, 《건축과환경》 1993년 1월호, 112쪽

8
소개 작품을 각 층의 천장도, 평면도로 제시한 김인철이 유일한 예외로, 건물의 규모에 맞게 16페이지로 조정되었다.

말의 내용, 형식, 그리고 전략

4.3그룹의 건축가들에게 '말의 영역'이 낯선 것은 아니었다. 1980년대에 수적으로 증가한 건축 잡지들의 지면을 통해 그룹 구성원 대부분은 자신의 작품 소개로, 다른 건축가에 대한 인터뷰나 작품 비평으로, 혹은 시론으로 활발하게 글을 발표해 오던 터였다. 하지만 《이 시대 우리의 건축》의 발언은 자신의 건축론을 중심으로 했으며, 특히 독자적인 개념어를 통해 이를 설명하고자 했다는 측면에서 달랐다. 물론 일찍이 김수근이 건축론으로 "궁극공간", "네거티비즘" 등의 개념어를 제시하기도 했지만, 이는 극히 예외적인 사례였고 "네거티비즘"의 경우 국내가 아닌 국제 건축계에 발화된 것이었다.[9] 반면 1990년대 초에는 한국에서 활동하는 다수의 건축가가 제대로 건축을 하기 위해서는 발언을 해야 한다는 절박함이 있었다. "건축가가 자기 건축관을 한 마디, 혹은 몇 마디의 단어로 압축시켜 표현할 수 있는 훈련이 필요하다"[10]는 당시 승효상의 말에서 보듯, 젊은 건축가들에게 주제어의 설정은 대단히 의식적이며 구체적인 목표였다. 이러한 배경 하에 진행된 작품 크리틱은 함께 모인 자리에서 의견의 피드백이 이루어지는 토론 형식으로 진행되었기에 일방적인 발언에 그치는 잡지보다 훨씬 생산적인 환경을 제공했고, 이를 통해 〈귀.탈(歸.脫)〉, 〈파동의 각〉, 〈관계항〉, 〈빈자의 미학〉, 〈성.속.도(聖.俗.道)〉, 〈풍경〉 등 4.3그룹 구성원들이 《이 시대 우리의 건축》에 제시한, 그리고 몇몇 경우는 꽤 오랜 기간 지속될, 건축철학과 키워드들이 형성되었다.

작품집에 제시된 구성원들의 건축론은 내용적으로 크게 건축과 도시의 현실적 문제를 다룬 경우와 사변을 통해 건축의 본질을 탐구한 경우로 나눌 수 있다. 조성룡과 이종상 정도가 전자에 해당되기에 후자가 압도적으로 많았으며, 전시회와 작품집에 대한 비평을 보면 대부분의 초점이 이들에게 맞추어졌음을 알 수 있다. "로맨티시즘이나 센티멘탈리즘", "과장된 관념의 설정"[11], "혼돈과 맹목으로 가려진 이성의 태만을 감성으로, 직관으로 넘어설 수 있을지도 모른다는 희망"[12] 등 전시회의 내용에 대해서는 호의적이지 못한 반응이 많았던 것이다. 그러나 이러한 비판을 4.3그룹 건축가 모

9
김수근, 〈건축의 네거티비즘(Negativism in Architecture)〉, 국제건축가협회 총회 연설, 일본 도쿄, 1980년

10
승효상, 〈작품노트: 성북동 주택 3제〉 《공간》 1991년 12월호, 122쪽

11
김원, 〈4.3그룹 건축전시회를 보고〉, 《건축가》 1993년 2월호, 48쪽

12
김경수, 〈동면기 건축계에 던진 불꽃놀이: 4.3모임 한마당〉, 《건축가》 1993년 2월호, 49쪽

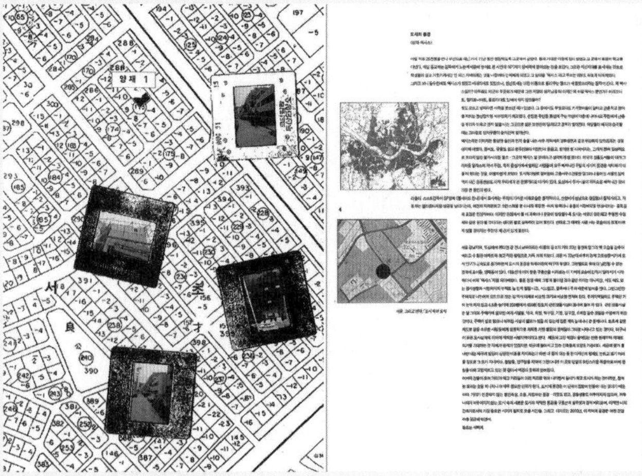

01

02

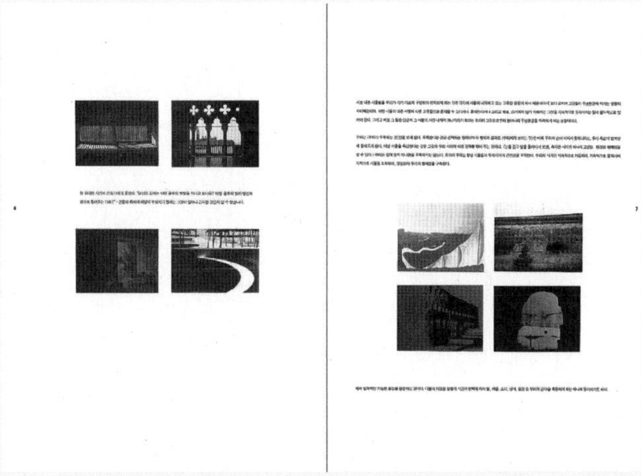

03

사진

01 《이 시대 우리의 건축》, 조성룡 편 3~4쪽

02 《이 시대 우리의 건축》, 우경국 편 2~3쪽

03 《이 시대 우리의 건축》, 민현식 편 6~7쪽

13
김중업, 〈출발점에서의 조용한 명상〉, 《공간》 1967년 3월호, 22~23쪽. 김중업 특집 기획에서 그가 유일하게 기고한 글이다.

14
곽재환, 〈4.3그룹 전시회 2차 심포지엄〉, 《건축과환경》 1993년 1월호, 114쪽

15
대표적으로 Umberto Eco, "Function and Sign: Semiotics of Architecture"(1973)가 있다. Neil Leach ed., *Rethinking Architecture: A Reader in Cultural Theory* (Routledge, 1997, pp. 173~193)에 수록

두에게 적용하는 것은 무리가 있다. 전술한 바와 같이 도시적 현실을 적극적으로 대한 이도 있거니와, 본질에 대한 탐구에서 접근한 경우에도 그 소통 방식에 차이가 있기 때문이다.

먼저 곽재환, 김인철, 도창환(도각), 백문기, 우경국, 이일훈의 글은 건축의 본질에 대한 사유에서 어떠한 체계화된 외부 참조점도 갖지 않고 순수하게 추상적 기술로 이루어져 있다. 이는 일찍이 김중업의 글[13]에서 보이던 특성이기도 하며(곽재환, 이일훈은 김중업 문하에서 건축 실무를 한 바 있다), 프랑스 현대철학과의 깊은 유대로 전개되던 당시 서구 건축계의 자극도 일면 있었던 것으로 보인다. 이러한 입장에 대하여 곽재환은 현실이 "명징한 정신, 이성"만이 아닌 "엄청난 무의식과 인식하지 못하는 상당한 부분들"로 채워져 있기에 "한가지 이론의 틀로써 제 자신을, 현실을 바라보는 것은 지극히 위험"하다고 설명했으나,[14] 문제는 이를 건축론으로 타인과 소통하는 것이 어렵거나 불가능하다는 점이었다. 건축과 기호학의 접목을 시도했던 1970년대의 연구들이 흔히 도달했던 결론과 같이 건축, 특히 구상적 장식이 사라진 후 순수추상의 형태로 이루어진 건축은 내부적으로 그 요소들이 하나의 체계를 형성할 수는 있어도 진정한 언어로서 소통하기 위해서는 건축 밖에 위치한 또 다른 체계와의 연계가 필요하다.[15] 그런데 건축에 시와 같은 또 하나의 추상적 언어를 중첩시키는 것은, 의도하지 않은 수많은 해석을 이끌어낼 수는 있을지언정 분명한 의사를 명확하게 전달한다는 소통의 측면에서는 대단히 한계가 컸다.

다른 한편으로 건축의 근본에 대한 질문을 외부 참조점을 통해 소통하고자 한 이들이 있었다. 이들의 글에는 역사적·예술적 인용이 등장했다. 김병윤, 동정근의 경우 매우 단편적인 발췌가 보인다면, 방철린, 이성관, 특히 민현식과 승효상은 더욱 적극적으로 인용을 사용했다. 두 사람의 건축론은 동서고금의 수많은 역사, 건축, 예술, 문학의 인용으로 가득 차 있는데, 이에 대해 배형민은 체계적 역사와 이론의 부재 속에 개인적 체험이나 전통건축의 파편에 의존해 온 우리의 건축담론이 보다 넓은 폭의 단편들을 갖게 되

었다고 평가했다.[16] 《이 시대 우리의 건축》에서 자신에게 할당된 페이지 중 대부분의 건축가들은 건축론에 한두 페이지를 할애했지만, 승효상은 넷, 민현식은 무려 여덟 페이지를 투자했고, 이미지와 텍스트의 정교한 평행전개가 돋보였다. 이러한 전략은 르코르뷔지에의 《건축을 향하여》에서 지그프리드 기디온의 《공간, 시간, 건축》[17] 까지, 더 가까이는 존 버거의 《다른 방식으로 보기(Ways of Seeing)》에서 마이클 베네딕트의 《현실의 건축을 위하여(For an Architecture of Reality)》까지 서구의 건축 서적에서 효과적으로 사용되어 오던 전략이었으나 우리의 건축담론에서는 신선한 것이었다. 민현식과 승효상의 인용 방식에는 중요한 차이가 있기도 한데, 승효상은 〈빈자의 미학〉에서 제목과 취지가 명확하게 기재된 이미지를 글과 병치시켜 텍스트와 사진 사이의 분명한 상관관계를 꾀한 반면, 전체 표제가 생략된 민현식의 건축론은 인용한 사진과 글의 출처를 밝히지 않았다. 이는 인용문과 직접 저술한 글 사이의 경계를 자연스럽게 흐리는 효과를 가져와, 후기구조주의자들이 그랬듯이, 작가의 독창적 주체라는 가정에 의문을 던졌다. 또한 던져진 말과 사진은 종종 단속적이었지만 그들의 관계를 독자가 스스로 유추하지 못할 정도로 불친절하지는 않았기에 보다 적극적인 독해를 유도했다. 작가가 설정한 일정한 틀 내에서 열린 해석을 가능하게 한 것이다.

전시회 제목처럼 '이 시대'가 그들에게 공통된 사고의 틀을 제공했다면, 이러한 차이는 건축가들마다 시대에 대한 인식이 달랐음을 의미할 것이다. 그들이 당시에 지녔던 문제의식들은 구체적으로 어떻게 달랐으며, 이는 소통 전략의 차이와 어떤 연관이 있을까. 당시 건축 잡지를 통해 내면의 이야기들을 보다 상세히 들어볼 수 있었던 승효상과 도창환의 예를 통해 살펴보자.

승효상은 1990년 7월 《공간》에 소개된 김경수와의 대담에서 건축가로서의 항성에 대해 논한 바 있다.

> [나의] 설계방법이 블랙박스보다는 유리 박스적 프로세스를 취하고 있는 것은 분명합니다. … 대지는 지구상에 하나밖에 없는 것이고

16 배형민, 〈파편과 체험의 언어〉, 《건축, 도시, 조경의 지식 지형》, 나무도시, 2011, 42~77쪽. 반면 앞서 언급한 도창환, 이일훈 등의 경우는 역으로 개인적 체험마저 사라진 순수한 사변으로 글이 구성되었다.

17 민현식이 학생들에게 가장 적극적으로 추천하던 책이었다.

18
승효상, 〈Space Interview: 건축가 승효상〉, 《공간》 1990년 7월호, 100쪽

19
목천건축아카이브, 〈김인철 구술채록〉, 2011년 8월 3일, 아르키움

> 하나밖에 없는 시간과 건축주를 위해서 세워지는 건물이 논리가 없고, 타당성이 없다면 도덕이전에 선박의 개념이 아닐까 합니다. … 어떤 조건이든지 형태를 만드는데 자신이 있는 입장에서 건축을 하게 되면 논리성을 당연히 추구하게 된다고 봅니다. 그 다음 형태는 그 사람, 그 지역에 맞는 형태가 돼야 하는데 그 형태가 다른 곳에서 똑같이 있다고 하면 작가가 일관성이 있는 것이 아니고 형태가 일관성을 가진 것[입니다].[18]

자신의 어휘와 일관성은 모든 작가가 초시대적으로 도모하는 바겠지만, 특히 다원주의적 문화시장이 도래한 시점에서 홀로 서야했던 젊은 건축가들에게 중요한 문제였고 김인철 등이 당시 자신의 중심 이슈로 회고하는 대상이기도 하다.[19] 아직 그러한 일관성이 무엇인지, 어떻게 확보할 수 있을 것인지 언급되진 않지만, 분명한 것은 건축 형태의 일관성이 아니라 작가의 일관성, 즉 조형언어가 아닌 건축 개념 혹은 건축론 차원의 항성 확보였고, 그것은 논리를 통해 구축되어야 한다는 것이었다.

다른 한편으로는 건축을 둘러싼 당대 사회에 대한 문제의식이 존재했다. 1992년 2월 《건축과환경》 〈작가와 계획안〉 초대 건축가였던 도창환은 다음과 같은 현실인식으로 논의를 시작했다.

> 건축은 예술이며, 문화라고 의식화 교육을 시켰던 훌륭한 선배 건축가들과 고 김수근 선생님의 휘호아래 자랐던, 또 파리의 건축물 속에서 좋은 환경의 창출이라는 목적을 지녔던 그간의 기간들이 막 피어나려고 애써보는 이 시점에서 처참하게 무너져 내린다. … '불량 레미콘 사건'으로 야기된 시공성 문제나 7,000세대 아파트 현상설계를 위한 한달 간의 계획기간이나, 또 학교건물을 위한 프로토타입의 강요와 더불어 하나의 학교설계 도면을 세 가지 도면으로 카피하고자하는 관청의 자세 등이 이러한 좌절을

덧붙이고 있다.[20]

이처럼 도창환에게 당시의 주요한 이슈는 건축계를 둘러싼 외부가 안고 있는 문제점들이었다. 그런데 이러한 현실 인식에 기반해 그가 《이 시대 우리의 건축》에서 제시한 건축 개념은 〈파동의 각〉이었다. "물질의 심연 속에서 자리하는 물성을 이해함으로써 건축을 탐하려는 입장은 내연과 외연과의 간극을 좁혀 건축의 보편적 관계를 보다 더 포괄적으로 해독코저하는 소박한 열망에서이다"로 시작하는 이 글은 대단히 추상적, 집약적, 수사학적인 표현의 연속으로 이해하기가 쉽지 않다. 대신 앞에서 언급한 《건축과환경》의 대담, 즉 글과 달리 실시간 구술로 진행된 발언을 통해 그의 생각에 보다 접근할 수 있다.

> 역사의 흐름이나 질서에는 틀이 있고, 그 틀 속에서 건축을 발견해야 보다 더 진실한 건축을 할 수 있습니다. 제가 갖고 있는 나름대로의 틀은 학창시절에 연극과 탈춤을 하면서 얻은 것인데, 지금은 정신적으로 여러 가지 생각들이 많이 오버랩되어 있습니다. 저는 변증법적 사고 같은 것을 상당히 좋아했습니다. … 제 취향은 대칭성이 갖고 있는, 굳이 말로 할 수 없는, '절대미'라고 할 수 있고, 그런 것과 전혀 상반된 요소를 다 갖고 있다고 볼 수 있거든요.[21]

이렇듯 작가로서 그의 건축관은 개인의 체험과 철학적 사유를 통해 설명되고 있다. 《공간》 1990년 10월호의 설문에서 밝힌 것처럼 도창환에게 "작가적 의식"은 건축가에게 "도덕적 양심의 문제"[22]일 정도로 큰 가치를 지니며 궁극적으로 한국의 척박한 건축적 현실을 해쳐나갈 기제였으나, 4.3그룹 전시회와 작품집에 제시된 "파동의 각"이라는 함축된 주제어가 보여 주듯 소통이 쉽지 않은 추상적 개념으로 채워져 있었다.

한편 승효상이 《이 시대 우리의 건축》에서 제시한 주제어는 "빈자의

20
도창환, 〈비속화된 건축의 언저리〉, 《건축과환경》 1992년 2월호, 109쪽

21
도창환, 〈리얼리티의 서정적 표현: 건축가 도각의 계획안 6제〉, 《건축과환경》 1992년 2월호, 109쪽

22
도창환, 〈40대, 30대 건축가 지금 무엇을 생각하고 있는가〉 설문, 《공간》 1990년 10월호, 67쪽. 그는 현 단계에서 건축인 공통의 과제로 논의되어야 할 테마로 "작가적 의식"을 언급했다.

23
승효상, 《이 시대 우리의 건축》 안그라픽스, 1992, 승효상 편 두 번째 쪽

24
승효상, 《빈자의 미학》(1996); 배형민, 《감각의 단면》(동녘, 2007)에 재수록, 503쪽

25
승효상, 〈4.3그룹 전시회 2차 심포지엄〉, 《건축과환경》 1993년 1월호, 116~117쪽

미학"이었다. 2년 전 《공간》의 인터뷰가 대부분 작가로서의 의식, 자유, 항성에 대한 논의였다면, 《이 시대 우리의 건축》의 글은 당대의 건축 환경을 "포촘킨의 도시"라 비판하며 외부현실에 대한 인식을 전면에 등장시켰다.[23] "빈자의 미학"이라는 개념과, 작가로서의 항성 확보와, 4.3그룹 전시회와 출간의 키워드였던 "시대정신"이 갖는 상관관계는 1996년 출판된 저서 《빈자의 미학》에 나타났다.

> 어느 건축가의 작업을… 합목적성과 장소와 관계없이 일관 짓게 하는 것은 그 건축가가 가진 역사의식에서 비롯한 작의이다. 따라서 이 건축가의 항성이라고 일컫는, 시대를 관조한 작의가 투영된 건축의 사상적 배경, 이를 이 건축의 시대성이라고 하자…. 건축가의 그 시대에 대한 물음은 바로자기 자신에 대한 물음이며 자기 존재에 대한 확인이 된다.[24]

그에게 작가의식은 건축가의 독창적이고 자율적인 내면의 사유를 통해 확보될 수 있는 것이 아니라, 구체적으로 프로그램, 대지와 장소에 대한 해석을 넘어 시대에 대한 이해와 의견을 통해 확보되는 항성에 의해 구축되는 것이었다. 여기에 4.3그룹 이벤트의 주제어였던 "시대정신"과의 연계점이 있다. 승효상의 경우 "시대정신이라고 하는 것은 한 시대의 문화를 주도적으로 리드를 해나가는 하나의 이념이고 그것은 개인의 문제라기보다는 글로벌해야"[25] 되기에 내면적 설정으로 끝나는 것이 아니라 반드시 소통되어야 하는 것이었다. 따라서 그는 자신의 시대정신, 즉 "빈자의 미학"을 설명하면서 역사적 지식의 단편, 과거 작품, 문학과 같이 독자가 공유할 수 있는 근거들을 이용했다. 궁극적으로 추구하는 가치는 대단히 추상적이었으나, 건축과 예술의 구체적 파편을 통해 그 의미를 전달하고 공감을 이끌어 낼 수 있었던 것이다.

여기서 논하는 것은 각 건축가의 건축론 그 자체가 아니라 그것이 전

26
당시 승효상은 작품을 설명하는 데에도 논리적 틀을 사용했는데, 《이 시대 우리의 건축》에서 이문 291과 학동 수졸당을 도시, 주제, 공간, 기능, 요소 등 5개 항목으로 분류해 제시했다. 그의 건축적 사고를 구성하는 항목들을 명확히 드러내고자 한 이 틀은 《공간》 1994년 4월호에서 영동제일병원을 소개하는 데에도 등장했으나, 일면 지나치게 도식적이어서 이후에는 사용되지 않았다.

27
김광현, 〈4.3그룹 전시회 1차 심포지엄〉, 《건축과환경》 1993년 1월호, 112쪽

달되는 형식이다. 4.3그룹의 건축가들이 시대에 대응하는 "작가의식"을 공유하고 있었다는 점은 분명하다. 다만 작가의식의 개념, 혹은 그것을 확보하는 방식에 있어 인식의 차이가 있었으며, 이는 건축론과 그 소통방식의 차이로 이어졌다. 문제의식의 차원에서 본다면, 승효상은 글머리에서 언급한 4.3그룹의 목표 중 개인의 "자기발전"을 꾀하고 있었으며, 도창환은 "건축문화의 새터"를 만들어야 한다는, 보다 사회적인 목표의 도모를 제언했다. 작가로서의 항성 확보라는 승효상의 문제의식은 개인적인 목표를 넘어 시대정신이라는 가치로 확장되었고 구체성을 띤 담론은 공론을 유도했다. 이 과정을 잇는 형식으로 제시된 것은 객관적 추론, 즉 논리였다.[26] 반면 직능을 둘러싼 사회적 이슈로부터 출발한 도창환의 문제의식은 예술가로서의 작가의식으로 대응되었으며, 이는 개인적이고 개념적인 언어로 서술되어 함께 소통하기는 어려운 것이었다. 다만 글의 전반적인 분위기를 통해 건축에 대한 사회적 인식, 즉 건축을 기술 혹은 사업으로 이해하는 세태로부터 자신의 입지를 격리시킬 수는 있었지만, 사회적 관계들을 통해 작업할 수밖에 없는 건축가가 그 초절의 위치에서 운신의 폭을 넓힐 수 있는지는 여전히 남는 의문이었다.

전시회의 1차 심포지엄을 정리하면서 김광현은 "[4.3멤버들]의 말씀 중에서 나타나는 한 가지 경향을 짚는다면, 표현하신 의미가 상당히 초월적이라는 점"으로, "그것이 작가개인에게는 유용할지 모르지만, 이 시대 우리 건축이라는 현실을 설명하는 데는 한계"가 있다고 평가한 바 있다.[27] 하지만 추구하는 가치가 초월적, 추상적인 것 자체가 문제가 아니라, 이를 소통할 수 있는 논리적이고 전략적인 수사의 잦은 부재가 문제였다.

말과 디자인의 간극

건축이 일차적으로 환경의 물리적 구축에 관여하기에, 건축의 말은 필연적으로 물리적 계획과의 관계가 주목을 받는다. 작품집 《이 시대 우리의 건

축》은 각 건축가별로 그의 건축론과 설계 작품을 함께 소개하고 있다는 점에서, 말과 디자인의 관계를 이미 설정하고 있다. 설계 작품에 대한 소개는 다시 각종 시각자료와 해설로 이루어져 있기에, 궁극적으로 건축론과 작품 해설이라는 두 가지 '말의 영역'이 존재하고 있는 셈이다. 건축론과 작품 해설의 연계는, 건축가의 보편적 생각이 특정한 프로젝트에서 어떻게 적용되는지를 보여 주는 단면이라 가정할 수 있다.

앞서 《이 시대 우리의 건축》에 게재된 승효상의 건축론이 글과 이미지의 병렬 배치를 통해 전개되었음을 살펴보았다. 흥미로운 것은 사진의 내러티브가 여전히 진행되는 와중에, 건축론인 "빈자의 미학"을 맺고 설계 작품인 이문 291과 수졸당에 대한 해설을 연속시켰다는 점이다. 건축론과 작품 소개의 영역을 서로 중첩시킴으로써, 말과 디자인을 배타적 영역으로 나누기보다는 밀접하게 연결시키고자 했던 것이다. 둘의 보다 긴밀한 형식적·내용적 연계를 계획한 것은 이일훈이었다. 바로 뒤에 살펴 볼 민현식도 그랬지만, 이일훈은 이전에 잡지에 게재했던 건축 작품을 《이 시대 우리의 건축》에 다시 등장시켰다. 그러나 작품을 다룬 방식은 전혀 달랐다. 《건축과환경》 1992년 6월호에 운율재를 소개하면서 건축주와의 에피소드, 좋은 집에 대한 생각 등 완공된 후의 개인적 술회를 드러냈던 반면, 《이 시대 우리의 건축》에서는 같은 건물을 〈聖·俗·道〉라는 전혀 다른 프레임으로 묶어 자비의 침묵 수도원[聖], 건축에세이[道] 사이의 "속(俗)"으로 제시했다. 반년 전에 출간된 잡지에서는 실제 완공된 사진까지 게재되었지만, 《이 시대 우리의 건축》에는 철저하게 모형 사진만 제시되었으며, 도면도 실제 지어진 것과 다른 계획안으로 대체되었다. 설명적인 엑소노매트릭 분해도는 공간의 켜를 드러낸 투시도로 대체되어 있다. "聖·俗·道"라는 주제어, 관념에서 빗겨 나는 작품의 디자인적·텍스트적 디테일들이 여지없이 제거되면서, 지어진 리얼리티는 개념으로 환원되었다. 이를 통해 작품과 건축론은 "聖·俗·道"라는 키워드로 형식적으로 통합되어 있을 뿐 아니라, 내용적으로도 완전하게 일체화되어 있는 것이다.

28
민현식, 《이 시대 우리의 건축》 안그라픽스, 1992, 민현식 편 두 번째 쪽

29
목천건축아카이브, 〈민현식 구술채록〉, 2011년 7월 26일, 기오헌

이와는 다른 접근을 민현식에게서 찾을 수 있다. 그는 글과 사진으로 구성된 여덟 페이지의 에세이 뒤에 설계 작품으로서 국립국악학교, 신도리코 기숙사, 분당 집합주택 "마당 깊은 집"을 소개했는데, 건축론과 작품의 연계에 대해서는 "서두에 기술되는 발췌, 인용된 이미지들은 각 집들을 해명하는데 이해를 돕기 위함"[28] 이라는 짧은 언급만 제시했다. 더욱이 국립국악학교의 경우 텍스트를 《건축문화》 1992년 4월호에 실린 글을 수정 없이 그대로 옮겼다는 점이 눈에 띈다. 1992년 하반기 《이 시대 우리의 건축》을 저술하며 정리한 건축관에, 1988년에 계획된 국립국악학교의 디자인과 글을 굳이 일체화시킬 필요가 없다고 느낀 것이다. 이는 일면 그가 4.3그룹으로 활동하기 이전과 이후의 건축철학이 연속성을 갖기에 가능한 것이었지만, 보편적인 건축관과 특수한 설계 작품 사이의 간극을 굳이 메우려하지는 않았다는 것을 의미한다.

사실 작품 크리틱, 초대강연, 해외답사 등 4.3그룹의 주요 활동은 기본적으로 말과 디자인의 관계에 있어 파편화된 훈련의 과정이었다. 제일 먼저 진행했던 작품 크리틱의 경우 기본 원칙은 계획안이 아닌 완공된 작품을 대상으로 하며 그 현장에서 토론을 진행한다는 것이었는데, 이는 기본적으로 디자인 이후의 말을 실험대에 올렸다는 의미이다. 한편 특강을 비롯한 사전 학습 후 진행한 해외답사는 말을 먼저 습득하고, 건물을 이후에 확인하는 과정이었다. 당시 건축 학습의 주요대상이자 비엔나 답사의 핵심이었던 아돌프 로스의 예를 든다면, 김광현의 근대건축사 강의의 일환으로 로스의 사상과 건축에 대한 교육이 사전에 이루어졌으며, 몇 달 후 비엔나 현지에서 그의 작품을 직접 체험하는 순으로 진행되었다. 이러한 경험에 대해 민현식은 "[로스하우스에 관계된 이야기], '허공에 말했다(Spoken into the Void)'[로스의 설교], 진짜 [로스하우스의] 건축 공간에 들어가서 받은 감동, 이 세 개가 저한테는 굉장히 달라요. 따로 따로 놀아요."[29] 라고 회고했다.

"따로 노는" 영역들은, 흔히 설계와 이론의 괴리로 문제시하는 내용적인 차원이 아니라, 디자인과 그 물리적 구축, 그리고 이에 대한 체험과는 별

도로 말과 글이 구성하는 담론의 장이 독립적으로 확립된다는 기율 상의 문제다. 선행한 시대에 건축가들이 건축 잡지에 작품을 소개하면서 게재했던 글은 대부분 계획안과 설계 과정에 대한 기술이었다. 건축물의 공간과 프로그램 소개, 설계 과정의 에피소드, 건축주와의 협의나 시공 과정에서

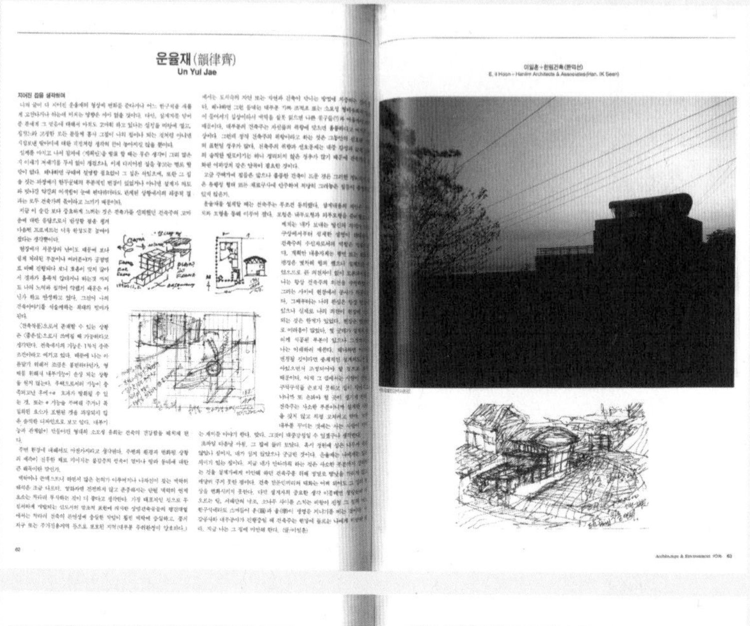

사진
《건축과환경》 1992년 6월호에 게재된 이일훈의 운율재, 62~63쪽, 66~67쪽

의도와 다르게 바뀐 점에 대한 아쉬움을 단편적으로 담고 있는 그러한 글은, 조형 언어를 단순히 문자 언어로 중언하거나, 디자인을 현실화하는 과정에서 발생한 균열들을 신변잡기와 변명으로 메우는 역할에 머물렀다. 말이 철저하게 디자인에 귀속되어 만들어 내는 견고한 덩어리에는 아무런 틈이

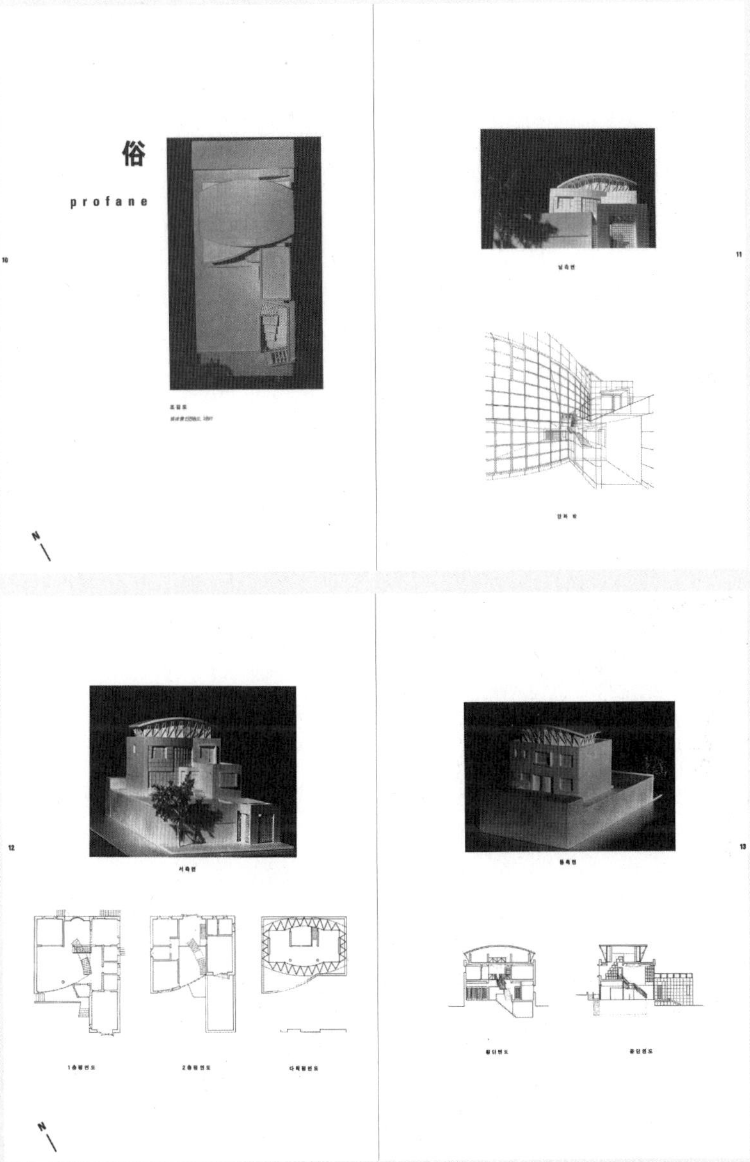

사진

《이 시대 우리의 건축》

이일훈 편에 소개된 운율재,

10~11쪽, 12~13쪽

30
곽재환, 김병윤, 김인철, 동정근, 민현식, 백문기, 승효상, 이성관, 이일훈, 조성룡은 글로, 방철린, 우경국, 이종상은 구체적인 설계 작품으로 발언했다.

없기에, 제3자가 밖에서 완전하게 자의적인 해석을 할 수는 있되 그 내부에 들어가 비평을 전개하는 것이 불가능하다. 반면 말의 영역이 홀로 선다는 것은 디자인에 종속되지 않는 자율적인 담론의 세계가 구축된다는 것이며, 문자 언어를 통해 구체적으로 전달되는 사고의 체계와 추상적인 조형 언어 사이에서 보다 다층화된 논의의 공간을 확보하는 것을 의미한다. 근대이후 건축의 대중적 향유는 이미 직접 체험의 단계를 넘어 다양한 매체를 통한 전달의 방식으로 이루어져 왔고, 우리 사회도 건축 잡지의 증식과 대중문화의 발달로 건축의 매체가 두께를 더하던 상황에서, 자립한 말과 글의 영역은 그 자체의 목소리로, 혹은 말과 조형, 사고와 디자인 사이의 지속적인 상호작용을 통한 독해를 유도해 건축이 사회적으로 소통되는 폭을 넓히는 것이었다.

이러한 영역의 독립이 1992년 출판에서 부분적으로 나타나기 시작했다면, 두 번째이자 마지막 출간물인 1994년의 《echoes of an era / vol #0》에서는 보다 본격적으로 드러났다고 할 수 있다. 건축가마다 건축론과 설계 작품 섹션이 모두 공존했던 전편과 달리, 《echoes of an era / vol #0》에서 각자의 발언은 글 '또는' 설계 작품으로 이루어졌다.[30] 글이든 설계든, 건축적 실천으로서 동등한 위상을 지니게 된 것이다.

현재의 시작

4.3그룹의 활동은 구성원들에게 변화된 사회·문화적 환경과 시장을 맞아 하나의 목소리를 찾기보다는 서로의 차이를 발견해 가는 과정이었다. 각자의 작품을 놓고 진행한 초기의 크리틱 세미나를 통해 차이들은 언어로 구체화되어 갔고, 그 결과 1992년의 집단적 생산물을 "이 시대 우리의 건축"이라는 보편적 주제로 묶어야 할 만큼 그룹 내부에는 구성원들 저마다의 다양한 건축적 이상과 디자인 및 말하기의 방법론이 존재하게 되었다. 많은 이들이 지적한 바와 같이 그들이 종종 "비움", "없음", "허"와 같은 비슷한 개념

을 제시했다 하더라도, 흥미로운 것은 이를 말로 풀어내는 방식, 그리고 디자인과 엮는 방식이 서로 달랐다는 점이다. 그 이후의 활동은 토론이 아닌 간헐적인 해외답사와 이를 위한 사전 강의가 주를 이루었고, 1994년의 《echoes of an era / volume #0》는 전편의 형식미와 같은 조직력이 사라진 상태에서 13개(도창환은 기고하지 않았다)의 지극히 다른 글 혹은 설계 작품을 담았다. 각자의 목소리에 대한 확신이 생겼을 때, 모임도 사라졌다.[31]

각자가 제시한 주제어와 건축론은 보다 다중화되어 가는 건축 시장에서 그들이 홀로 설 수 있는 기반을 마련해 주었고, 말은 디자인으로부터 독립해 자율적인 담론의 영역을 만들었다. 건축을 구성하는 매체와 의미의 층위들을 증폭시킴으로써 건축을 인문적·예술적·사회적으로 향유할 수 있는 공간을 확장한 것이다. 말의 레이어는 때로는 건축을 기술과 부동산 가치로만 인식하는 사회의 일반 의식으로부터 거리를 두기 위한 아우라로 기능하기도 했고(벤야민의 비유를 조금 더 연장하자면 일부 건축가의 입장은 환자의 몸을 열고 들어가는 외과의사가 아니라 밖에서 주문을 거는 마법사에 가까운 것이었다),[32] 때로는 디자인의 근저에 설정된 사회적 이상의 확성이기도 했으며, 때로는 건축가의 논리 속으로 들어가 그 모순을 발견하거나 디자인과의 상이함을 논할 수 있는 공론의 장을 여는 수단이기도 했다. 오늘날 건축이 세상에 존재하는 방식이, 양식이 아닌 그 정의의 차원에서 다원화되었다고 할 때, 건축을 사회적 현실에 대한 물리적 혹은 제도적 개입으로 실천하는 입장에서, 예술적 의지의 구현으로 보는 입장에서, 혹은 물리적 속성을 초월한 담론의 장으로 접근하는 시점에서, 이러한 말의 전략들은 모두 유효한 것이다. 이처럼 건축이 산업사회의 문화시장에서 의미를 갖고 소통할 수 있는 다양한 내용과 형식의 갈래들을 분기한 것이, 4.3그룹이 우리 현대건축의 흐름에서 지닌 의미라 할 수 있다.

31
《echoes of an era / volume #0》의 서문에서 김광현은 구성원들의 차이에 대해 언급하면서, "어떻게 해서라도 묶으려 하지 말고, 반대로 다른 점들을 갈라 서로 확인하는 일이 있어야겠다"고 제의했다. 이러한 차이를 발견하는 일은 볼륨제로와 같이 각자의 주장을 나열하는 것이 아니라 "서로 토론"을 통해서 가능함을 이야기했으나 이루어지지는 않았다. 볼륨제로는 구성원들의 논의를 지속해 가겠다는 서두의 선언과 달리, 결국 그룹의 소멸을 예고하는 기록이 되었다.

32
발터 벤야민 지음, 최성만 옮김, 〈기술복제시대의 예술작품〉, 《기술복제시대의 예술작품 / 사진의 작은 역사 외》, 길, 2014

건축가, "세속적이며 고매한"

4.3그룹의 문화적 담론의 현실적 조건

이종우

한양대학교 건축학과 및 동대학원 졸업. 프랑스 파리 에스트대학교(Université Paris-Est)에서 장 루이 코엔(Jean-Louis Cohen) 교수의 지도아래 프랑스 1960, 70년대 건축문화의 변화에 관한 연구로 박사학위 취득. 한국예술종합학교, 숭실대학교 등에 출강하고 있으며, 한국연구재단의 지원을 받아 한양대학교에서 박사 후 국내 연수 수행 중이다. 2012년 프랑스 건축 잡지의 사회·문화적 역할에 관한 논문으로 한국 건축역사학회 송현논문상을 수상했다.

1940년대 중반에서 50년대 초반에 태어난 열네 명의 실무 건축가들이 모여 세미나를 진행했다. 건축가 자신의 건축론 구축은 4.3그룹 결성의 직접적인 이유였으며, 초반기 활동의 중심이 되었다. 본고는 1990년 6월 5일에 시작되어 1992년 6월 20일에 일단락된 열네 차례에 걸친 크리틱 세미나를 통해 개진되었으며 건축 잡지의 공간으로 확장된 이들의 담론의 성격을 파악하는 것을 목표로 한다.

그동안 4.3그룹에 대한 평가는 당시 한국 건축계에 토론의 장을 만들었다는 긍정적 평가에도 불구하고 그들의 담론이 자폐적 혹은 현실도피적 태도를 취했다는 비판을 기조로 하고 있다. 두 가지 예를 살펴보면, 4.3그룹의 활동을 가까이에서 지켜봐 왔던 김광현은 1992년 12월에 열린 4.3그룹 전시회의 좌담회에서, 그들의 "비상", "초월", "초공간" 등의 단어 사용에 주목하며 이들의 담론이 상당히 "초월적"이며, 이러한 이유로 "이 시대의 우리 건축이라는 현실을 설명하는데 한계"가 된다고 진단했다.[1] 또한, 이정근은 4.3그룹 전시회를 주제로 한 1993년 2월의 글에서 "현실을 정확히 투시하지 못하고 딴청을 부린다거나 현실 세계의 표피적인 현상에 안주하는 것은 바로 4.3그룹전 심포지엄에서 논의된 자폐증을 보여 주는 것이다"라며 강도 높게 비판을 가했다.[2] 이러한 비판은 "건축행위는 원초적으로 사회구성원이 자연의 일부를 그들의 의도에 따라 그들의 삶을 지탱하여줄 인공물로 변환시키는 것"과 같은 건축에 대한 한정적 정의를 바탕으로 한다고 생각된다.

본고는 기존의 입장과 평가에 대한 재고에서 출발하며, "4.3그룹이 개진한 담론이 진정으로 비현실적이었는가?"라는 질문을 던지고자 한다. 그리고 더 나아가서 1990년대 4.3그룹의 활동이 또 다른 현실 영역의 등장과 여기에 대한 적극적인 대응을 압축적으로 보여 준다는 관점을 발전시켜 보려고 한다. 궁극적으로 4.3그룹의 작가주의적 담론, 또는 실용적 프로그램보다 초월적 주제를 강조하는 건축 담론이 얼마나 건축계의 현실적 문제들과 얽혀 있는가를 보임으로써, 이들이 당시 한국 건축의 '현실의 확장'의 과정을 압축적으로 드러낼 수 있음을 조심스럽게 제안하고자 한다.

1
김광현, 〈4.3그룹 전시회 1차 심포지움〉, 《건축과환경》1993년 1월호, 112쪽

2
이정근, 〈시대정신이라는 이름의 지푸라기〉, 《건축사》 1993년 2월호, 55쪽

3
원도시건축연구소, 〈'작품론을 읽고' 건축에 대한 변명〉, 《건축과환경》, 1984년 9호, 88쪽 ; 배형민, 〈파편과 체험의 언어. 1980년대 이후 한국 건축 담론〉, 《건축, 도시, 조경의 지식지형》, 나무도시, 2011, 47~48쪽

경제 논리의 실현으로서의 건축 설계 vs 작가주의 건축

크리틱 세미나 및 잡지 기고를 통해 발전된 4.3그룹의 입장을 이해하는데 중요한 정황으로 고려해야 할 것은 당시 대형설계사무소와 아틀리에 형 건축연구소 간의 양분된 체제와 대립 구도이다. 이 두 체제 간의 대립 구도는 건축에 대한 두 가지 상반된 입장으로 연장된다.

먼저 대형설계사무소로 상징되는 건축 집단은 건축 설계를 사회 일반의 필요의 해결로서, 경제적 논리의 실천으로 보았다. 이러한 입장은 1980년대 이르러 초고층 건물, 건설 기술의 발전, 쇼핑센터, 병원 등 특수한 대규모 건축 유형의 발전 속에서, 다량의, 그리고 대규모의 프로젝트를 수행하는 대규모 종합설계사무소의 발전 속에서 더욱 강화되었다. 이러한 실용주의적 입장을 표명하는 이들은 그 이상의 의미, 특히 '작가'와 '예술 작품' 등의 의미를 설계 행위에 부여하는 것을 직접적으로 비판하는 데 이른다. 일례로 삼화도시건축을 설립한 김우성은 《건축문화》 1985년 6월호에 게재한 〈건축 설계는 작품활동이어야만 하는가〉라는 칼럼에서 건축가들에게 설계 행위를 "작품활동"이 아니라 "사회활동"으로 간주할 것을 주문하며 작가주의적 입장을 비판한 바 있다. 더욱 흥미로운 예로, 새로 창간된 《건축과환경》이 야심차게 기획한 〈창작과 비평〉 란의 첫 특집에서 평론의 대상이 되었던 원도시건축연구소의 '반작가주의적' 입장을 들 수 있다. 배형민이 지적했듯이, 이들은 건축가 작업의 자율적인 성격에 대해 소극적 입장을 피력했으며, 더 나아가 자신들의 건축 활동을 '창작'으로서 평가하려는 《건축과환경》의 입장에 대해 당혹감을 표출했다.[3] 실용주의적 입장의 건축가들이 작가주의적 건축을 비판하며 내놓은 주요한 논거 중 하나는, 작가주의 입장이 경제적 논리를 도외시한다는 점이다. 《건축문화》 1984년 12월호에 게재된 "건축 경제의 접근"을 주제로 한 좌담회에서 권태문은 "건축인의 자질을 키우는 건 순수한 건축 형태 등을 통해 자기 의도를 표출시키는 데에만 국한되었을 뿐 그 작품이 어떻게 사용되고, 유지 관리되고, 감가상각 등 그것들의 건축주에게 얼마나 큰 영향을 주는가에 대해서는 얘기하기조차 기피해 온 것이

4
《건축문화》의 경우 연재물인 〈동시대건축의 비평〉, 〈창작 24시–설계에 산다〉와 100호 특집 〈자신의 건축을 말하다〉 등이 대표적인 예이다.

5
김원, 《건축과환경》, 1993년 1월호, 119쪽

사실"이라고 주장한다.

이와 반대편에서, '작가주의' 혹은 '건축의 순수성'의 전통을 계승하고 발전시키던, 그리고 특히 소규모 아틀리에 형 사무소(혹은 건축연구소)를 운영하던 건축가들이 있었으며, 건축설계에서 건축주의 요구와 경제적 논리 등을 넘어서는 자율적 영역이 있음을 강조했다.

건축 잡지의 활성화 : 현실의 확장

1980년대 이후 작가주의적 담론, 혹은 건축의 자율성을 강조하는 담론이 활성화된 배경을 살펴보려면, 당시 매체 환경의 변화를 빼놓을 수 없다. 1980년대 이르러 건축 전문지의 증가 및 활성화와 이를 통한 건축가의 발언 기회가 확대되었으며, 특히 '작품'과 '작가'의 관점에서 건축가들에게 발언 기회를 제공하는 기획들은 현실적·경제적 관계의 굴레를 벗어난 자율성을 주장할 수 있는 가능성을 열어 주었는데, 이는 4.3그룹 크리틱 세미나의 시작과 내용적 특성을 이해하기 위한 중요한 배경이 된다.[4] 즉, 1980년대 이후 건축 비평문화의 발전과 이와 결부된 건축의 '문화적' 수용 방식의 발전은 당시 건축가에게는 또 다른 '현실'의 등장을 의미했으며, 이전 건축가 세대가 처한 '현실'과 4.3그룹으로 대표되는 신세대 건축가들이 대면한 현실이 같지 않았음을 보여 준다. 김원이 4.3그룹의 언술적 태도에 대해, "결국 건축이라는 것이 지적인 관념의 유희가 아닌 바에는 벌거벗고 길에 서서 폭풍에 시달려야 하는 현실이기 때문에 건축가들이 로맨티시즘이나 센티멘탈리즘에 빠져서는 안 된다는 얘기입니다."[5]라고 공격을 가했다면, 4.3그룹 건축가 세대들은 건축 매체의 활성화로 본격화된 다중화된 공간이라는 현실 속에서, 여기에 대응하고 이것을 활용해야 했다.

4.3그룹 크리틱 세미나: "세속적이면서 고매한"

아틀리에 형 사무소의 운영을 구성원 선정의 주요 기준으로 삼은 4.3그룹의 구성원들은 그들의 초기 주요 활동이었던 내부 크리틱 세미나 및 건축 잡지와 같은 매체에서의 언술 활동을 통해 건축 설계에서의 '개념' 또는 '건축에서의 주제'를 주요 화두로 다루었다. 이들의 건축적 담론은 당시에 한국 건축계에 자리 잡고 있던 건축의 자율적인 성격과 가치를 주장하는 건축가 집단의 입장을 대변한다.

그런데 4.3그룹의 작업과 건축 담론을 관찰하면서 즉각적으로 드러나는 사실은, 위에서 설정한 현실적인 '대형건축사사무소'와 이상적·작가주의적인 '소규모 아틀리에' 간의 대립이라는 단순한 도식에 비해 현실의 상황에서는 이 두 영역이 복잡하게 얽혀 있다는 것이다. 다시 말해 4.3그룹 구성원들의 건축 작업은 현실도피적이었다기보다 당시 '소규모 아틀리에'를 운영하기 시작하며 경제 논리가 지배적인 건축 시장에서 고유한 영역을 만들어 가던 건축가들로서, 건축주가 요구하는 경제적·기능적 조건을 만족시키는 건축 작업 '속에서' 이들로부터 자율적인 개념을 발전시키려고 했다.

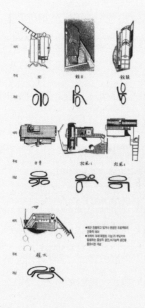

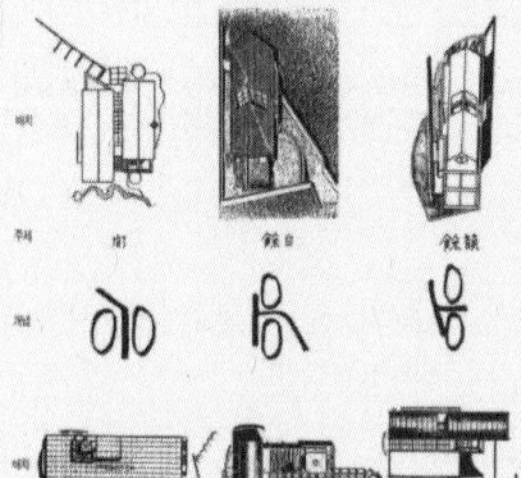

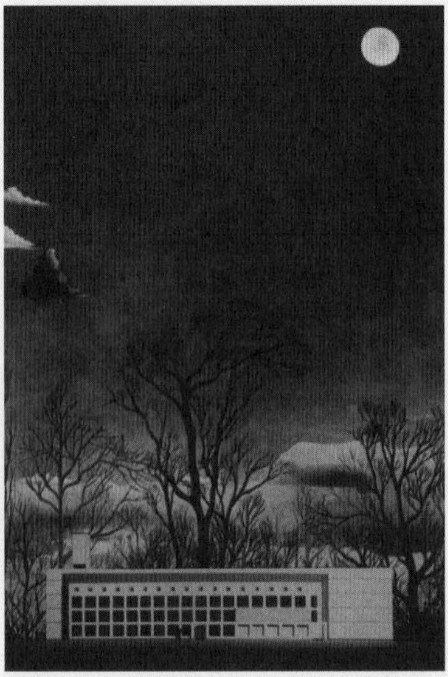

사진
왼쪽: 우경국, 〈비논리적 합리주의를 기대하며〉, 《건축문화》1992년 1월호, 175쪽 ©우경국

오른쪽: 민현식, 〈신도리코기숙사〉, 《건축문화》 1991년 12월호, 158쪽 ©민현식

6
정인하, 〈현실의 발견〉, 《건축, 도시, 조경의 지식지형》, 20쪽 참조

7
우경국, 〈비논리적 합리주의를 기대하며〉, 《건축문화》, 1992년 1월호, 174쪽

8
동정근, 〈젊은 건축가의 위상〉, 《건축문화》, 1990년 9월호, 61쪽

이러한 상황 속에서, 4.3그룹 크리틱 세미나는 두 세계 사이의 어렵고 거친 공존을 시험하고 검증받는 무대였던 것으로 보인다. 그들이 맡은 주요 프로젝트들의 상당수가 1980년대 이후 당시 건축 시장으로 성장한 도시 부르주아들이 발주하는 소규모 상업건물과 주택이었다는 점은 문제를 더욱 심화시켰는데, 실제로 크리틱 세미나의 소재가 되었던 이들이 설계한 건물들은 방철린의 대덕과학문화센터와 민현식의 국립국악고등학교, 그리고 이성관의 전쟁기념관을 제외하면, 소규모 상업건물이나 주택에 해당되었다.[6] 특히, 민현식, 곽재환, 동정근, 김병윤, 우경국 등이 발제한 세미나에서 '개념' 혹은 '주제'의 강조가 두드러졌으며, 두 세계의 공존에 대한 적절성과 적합성에 대한 열띤 토론이 벌어졌다.

하지만 이들이 자신의 설계 작업 속에 개념적 내용을 담는 것에 대해 공통된 입장을 가진 것은 아니었다. 그 중 두 입장을 비교해 보면, 우경국이 "궁극적으로 주변의 상황이 어떠하든 자신의 순수한 어휘를 찾아내어 각자의 길을 가야한다"면서 '작가주의적' 입장을 강하게 피력한 반면[7] 동정근은 주어진 현실과 건축가의 의도 사이에 일방적이고 배타적인 것이 아닌 매우 역동적인 관계를 설정했다. 그에게 "건축적 표현은 습관적인 형식 속에 부딪치는 현실의 저항에도 불구하고 표현된다기보다 바로 그 저항에 힘을 입어 (무거운 비행기가 공기 저항에 의해 날아가듯이) 완성되는 것"[8] 이었다. 그러나 이러한 다양성 속에서 공통적으로 파악되는 것은 두 세계의 대립성에 대한 이들의 인식이며, 그럼에도 이 두 세계를 공존시키려는 노력이다.

당시 세미나에 초청받아 여러 차례 참여한 김진애는 바로 이러한 두 세계의 어려운 공존에 대해 의문을 던진다.

> 건축가가 굉장히 세속적인 건물들을 많이 하지 않습니까. 그런데 정신은 참 고매하단 말이죠. 고매함을 상당히 추구하고 싶고 그러는데, 나오는 개념이 뭐냐면 여백이라든가(…) 그런걸 추구하는 것 자체는 좋은데, 과연 그런것을 이 기능에, 이 건물에, 저는 상당히

적극적인 건물이라고 생각이 드는데, 여기에 그걸 갖다가 추구할 수가 있느냐, 하는 그런 의문하고…

_김진애, 〈민현식 크리티 세미나〉, 1992년 5월 30일, 원도시건축

김진애가 이러한 의문을 던진 데에는, 건축가들이 작업의 대상으로 삼은 상업성이 강한 건물의 설계에서 초월적 "개념"을 추구하는 것은 부적절하다는 입장이 깔려 있다. 반면에, 우리는 같은 질문, 즉 "왜 이런 '세속적'인 작업 속에서 이들은 '고매함'을 추구하였는가?"라는 질문을 던지면서, 이 두 영역 간에 무엇인가 긴밀한 관계가 있지 않았겠느냐는 가정을 해 본다. 그리고 4.3그룹 구성원들이 설계 작업에서 "개념"과 그것의 자율성을 강조했다는 사실을 "도피"나 "초월" 등의 개념에 의지하지 않고, 그들의 건축 활동을 둘러싼 "현실"과의 관계 속에서 이해하는 한 가지 방법으로, 그들이 가지고 있었던 당시의 입장이나 이후의 회고 속에서 경제적 이익과 "개념적" 건축 간의 대립 구도가 설정되었음에 주목한다.

기본적으로 건축 설계에서 개념 작업은 단순한 문제 해결식 설계 작업에 비해 더 많은 시간과 노력을 요구한다는 점에서 비경제적일 수밖에 없다. 그러나 4.3그룹의 구성원들은 비경제성이 자신들의 건축 작업이 초래한 부정적인 결과가 아니라 자발적인 선택이었음을 강조한다. 곽재환은 2011년 10월 구술채록에서 다음과 같이 회고한다. "그 당시는 일은 있었어요. 사회 전반적으로 일은 있었는데 자기가 어떤 태도, 어떤 지향을 찾느냐에 따라서, 추구하느냐에 따라서 일이 많을 수도 있고 없을 수도 있고 그랬던 거 같아요. (…) 유혹이 많았지요." 또한, 백문기는 2011년 11월의 구술채록에서 4.3그룹 구성원들이 "장사꾼"과 대립되는 건축가의 모습을 표방했던 입장이 그들에게 자부심을 갖게 해 주었던 만큼, 경제적 이윤의 추구에 있어서 "족쇄"로 작용했음을 회고했다.

위와 같은 대립 구도에 대한 인식과 입장은 4.3그룹 구성원들에게만 그치는 것은 아니었다. 한 예로, 《건축문화》가 창간과 함께 기획한 연재 〈창

9
〈'창작24시-설계에 산다' 주식회사 우일건축연구소 편〉, 《건축문화》, 1982년 4월호, 48쪽

10
〈[人+間 (인+간)] 빈자의 미학 추구하는 건축가 승효상〉, 《부산일보》 2012년 8월 18일자

작 24시-설계에 산다〉의 1982년 4월호 특집에서 대형설계사무소로 분류될 수 있는 우일건축연구소를 다루는데, 경제 논리와 건축 창작 간의 대립 구도가 사무소 소개의 기본 구조였다. 다음과 특집의 부제목이 모든 내용을 함축한다. "순수건축의 밑거름이 되고자 수입보다는 이상을 위해 모였다."[9]

4.3그룹 구성원 가운데, 당시에 두 영역 간의 대립 구도를 가장 명시적으로 드러내고 자신의 건축적 담론의 기반으로 삼았던 것은 승효상이었다. 《건축문화》가 1992년 1월호 특집으로 기획한 〈한국현대건축의 반성과 발전〉에서 승효상은 "한국의 건축 건축가 그리고 나"라는 글을 기고하면서 한국 건축을 다른 문화 예술분야와 비교하며 비판하는데, 여기에서의 요지는 건축 설계가 경제적 논리에 좌우되고 있다는 점이다.

> 그들은 여전히, 건축가와 건축사의 구분도 못하고 (…) 건축을 예술적 부분이 조금 있는 기술로 생각하며 아직도 설계비 계산은 평당으로 하고 싶어 하고, (…) 건축과 건물의 구분은 더더군다나 하지 못한다. (…) 한국의 건축은 여전히 문화의 저편에 머물러있다.

더욱 흥미로운 것은, 그가 최근에 자신의 성장 과정이 이후의 건축관 형성의 배경이 되었음을 회고하며 "나는 기독교 집안에서 자랐기 때문에 물신주의에 대한 저항이 있었다. 가난하지만 아름다운 풍경이 내 건축이 추구하는 바다. '빈자의 미학'을 추구하게 된 것이다."라고 밝힌 부분이다.[10]

승효상의 이러한 입장은 건축 시장에서의 그의 '순수 건축' 영역 마련의 시도가 명시적인 반(反)경제적인 입장을 바탕으로 한다는 것이다.

"뒤집힌 경제의 세계"

4.3그룹의 구성원들이 보이는 건축관의 상이성에도 불구하고, 개념적 건축의 조건으로서의 반경제성은, 명시적 혹은 암묵적으로, 이들의 건축적 입장

11
P. Bourdieu, *Les regles de l'art. Genese et structure du champ litteraire*, ed. du Seuil, 1998, pp. 139~145. 부르디외에 따르면, 순수문학의 영역은 "뒤집힌 경제의 세계인데, 예술가들은 경제 영역에서 (적어도 단기간 적으로는) 패배함으로써만, 상징 영역에서 성공할 수 있다."

의 저변에 깔린 공통된 인식이었다고 판단된다. 즉 경제적 조건에 기반을 두면서도 그것을 부정하는 태도를 취한다는 역설적인 입장을 이들이 취했다고 볼 수 있다. 이를 어떻게 설명할 수 있을까 ?

4.3그룹이 만들고자 했던, 그리고 주장했던 것은 경제적·상업적 요구로 점철된 설계 업무 속에 이러한 논리들과 상반되는 자율적인 개념적 영역의 존재인데, 이러한 대립 구도와 모순적 상황은 프랑스 사회학자 부르디외(Pierre Bourdieu)가 19세기 순수문학의 출현 속에서 발견한 "뒤집힌 경제의 세계(un monde economique a l'envers)" 와 맥을 같이 한다. 부르디외는 19세기 문인들의 순수문학, 혹은 예술을 위한 예술이라는 주장이 단기적인 경제적 이윤 획득에 대한 명시적인 적대감과, 이와 결부되어 당시 주요 문학 장르의 고객이었던 부르주아 계층의 요구의 거부를 기반으로 함에 주목했다. 즉 상징적 가치와 경제적 구조 간의 관계를 고찰하면서, 19세기 순수문학의 출현을 "경제적으로 지배를 당하지만 상징적으로는 지배하는" 뒤집힌 경제의 세계의 등장으로 설명했다.[11]

실용적 측면을 지닐 수밖에 없는 건축 분야의 특수성으로 인해, 19세기 프랑스에서 '순수문학'의 등장에서처럼, 작가들을 대상(고객)으로 하는 제한된 시장의 순수문학과, 일반 대중을 대상(고객)으로 하는 대중문학의 대립 구도가 만들어질 수는 없었다. 그러나 4.3그룹 건축가들의, 경제적 이익에 반하는 자율적 개념의 강조가 단순한 현실도피에서 비롯된 것이 아니라 보다 확장된 의미에서의 경제적 논리와 문화적 현실 간의 대립 구도 속에서의 위치 잡기로 해석될 수 있다는 점에서 공통점을 갖는다.

경제영역에서 상징영역으로의 중심 이동은, 이들이 설정한 건축의 '고객', 혹은 건축 활동의 평가자가 더 이상 건축주에만 국한되는 것이 아니라, 자신들의 동료들에까지 확장되었기 때문에 가능했다. 그리고 이 두 번째 부류의 '고객'에게, 자신들의 작업이 갖는 가치로 제시되는 것은 경제성, 효율성이 아니라 오히려 이것에 반하는 것으로서의 자율적인 개념의 존재 그 자체였다.

나가며

본 글에서 발전된 주장에 대해 "왜 4.3그룹 구성원들의 순수한 입장을 경제적·현실적 이익과 관련시키고 폄하하려 하는가?"라는 비판과 질문을 던질 수도 있겠다. 그러나 초월적, 혹은 현실도피적이라는 평가가 갖는 설명으로서의 한계를 넘어서, 4.3그룹의 건축 담론을 역사적 이해의 대상으로서 바라보고자 하는 것이 우리의 기본 취지라고 강조하고 싶다. 건축(물) 자체가 담고 있는 내용에 있어서의 사회성의 유·무만을 따지는 것만으로는, 그리고 건축가의 담론 속에서 사회문제에 대한 직접적인 입장 표명을 찾는 것만으로는 건축(가)의 현실성을 평가할 수 없다. 그럴 경우, 건축이 사회와 관계하는 또 다른 방식들을 놓칠 수 있기 때문이다. 4.3그룹의 활동 속에서 개진된 담론과 이것을 둘러싸고 벌어진 당시의 논의들은 1980년대 중반 이후 한국의 건축이 제품(건물)의 생산과 즉각적 이익의 창출이라는 일차적 의미에서의 산업을 넘어서서 '문화'를 포괄하는 넓은 의미에서의 경제의 영역 안에 자리 잡아 가는 과정을 보여 주는 단적인 예라고 할 수 있다. 이는 이 시기의 특정 집단에 국한되는 문제가 아니라 '현실'의 한가운데에서 스스로의 영역과 경계를 만들기 위해 힘겹게 싸워나가는 건축의 모습을 압축적으로 보여 주는 예이기도 하다.

순수 감각과 공동성

현상학 관점에서 본 민현식 건축의 의의 및 논쟁점

백진

서울대학교 건축학과 교수.
서울대학교에서 건축학을 전공하고, 동 대학원을 졸업했다.
미국으로 건너가 예일 대학교에서 건축학 석사학위를,
펜실베이니아 대학교에서 건축학 박사학위를 받았다.
펜실베이니아 주립대와 동경대 등에서 교편을 잡았다.
지은 책으로 《풍경류행》(2013), *Nothingness: Tadao Ando's Christian Sacred Space*(2009)가 있고, 해외 저널에 다수의 글을 발표했다. 현재 *Climate, Ethics and Architecture: Tetsuro Watsuji's Cultural Climatology*(Rotledge, 2016)를 집필중이다.

1
승효상, 〈시대정신: 빈자의 미학〉, 《건축과환경》 1993년 1월호, 86쪽

2
Michael Benedikt, *For an Architecture of Reality*, New York: Lumen Books, 1987, p.4

3
민현식, 〈마당깊은 집〉, 《건축과환경》 1993년 1월호, 77쪽

4
민현식, 앞의 글, 77쪽

4.3그룹의 작품 활동의 한 동기는 "비틀어진 선, 튀어나온 예각, 시뻘겋고 시퍼런 색, 이질러진 볼륨, 산만한 재료, 현란한 빛, 악취, 광음, 비명…"[1] 등이 난무하는 환경 속에서 어떻게 새로운 의미 체계를 확립해 나갈 수 있는가에 대한 고민이었다. 어느 작가는 이에 대한 대안으로 '공허'의 공포를 알아야 한다고 설파하고, 또 "빈자의 미학"이라는 이름으로 선비정신을 이야기하기도 했다. 필자가 이 글에서 주목하는 민현식의 경우는 마이클 베네딕트의 "직접 경험(Direct aesthetic experience)"[2] 이라는 아이디어를 받아들이며, 불순하고 타락한 의미가 개입하기 이전의 "순수 감각" 또는 "순수 경험"의 세계를 주장했다. 그에게는 "형태 … 보다는 주변과의 반응(바람, 빛 등)"[3] 을 드러내고, "햇빛과 바람과 조우하면서 엮어내는 순간순간의 상황과 느낌"[4] 이 중요했다. 이를 실현하는 건축은 "비움", "침묵", "절제", "자제", "쓸모없음" 등의 윤리적 의미를 갖는 건축이라고 이해되었다.

그런데 민현식이 주장한 "느낌"의 세계, 즉 "순수 감각" 또는 "순수 경험"의 세계는 어떤 세계를 의미하는 걸까? 그가 차용하는 베네딕트의 "직접 경험"은 부분적으로는 미국의 윌리엄 제임스(William James)라는 경험론 계통의 철학자가 주장한 직접 경험을 기반으로 하고 있다. 또 건축 경험의 "진실성(authenticity)"을 논하는 대목은 마르틴 하이데거(Martin Heidegger)의 현상학의 영향이 명확히 드러난다. 베네딕트에게 영향을 준 것은 서구의 지적 전통만은 아니었다. 일본의 선불교, 그리고 간(間)에 관한 담론과 함께, 일본의 현상학적 전통인 교토학파의 영향이 엿보인다. 특히 일본 근대 철학의 아버지인 니시다 기타로(西田幾多郎)의 "직접 경험"이라는 용어는 베네딕트가 쓴 "직접 경험"과 많은 부분 일치한다. 이러한 사실들을 종합해 보면, 베네딕트의 직접 경험은 지각과 자각, 신체, 상황성, 일상, 초월론적 세계 등을 다루는 동·서양의 현상학적 전통 위에 서 있다는 것을 알 수 있다. 이를 바탕으로 추론하면 민현식의 건축사고 역시 그가 인정하든 인정하지 않든 현상학적 세계관에 기반을 두고 있다는 이야기가 된다. 필자는 이런 근거로 니시다와 하이데거 등의 철학에 바탕을 둔 현상학적 관점에서 민현식이 이야기

하는 "느낌의 세계", 즉 순수 감각이나 순수 경험은 무엇이고, 그것이 지향한 의미체계란 어떤 것인지를 살펴보고자 한다.

민현식에게 순수 감각은 바람과 빛 등 고정된 형상이 없는 원초적인 자연 요소를 재발견하고, 또 이들 사이의 조응이 만들어 내는 감각적 풍요를 지각하는 것이었다. 이는 두 가지 의미를 지닌다. 첫째는 이지러진 볼륨과 시퍼런 색이 난무하는 환경을 비판하고 본질로 돌아가고자 하는 태도가 깔려 있다는 점이다. 이 본질로 돌아가고자 하는 태도는 건축에서 역사적으로 많이 나타난 태도이다. 즉 문화 전반, 또는 좁게는 건축에 어떤 위기 상황이 도래했다는 진단이 내려질 때, 근본으로 회귀하고자 하는 움직임은 항상 있어 왔다. 로지에(Marc-Antonie Laugier)의 원시 오두막이 좋은 예이다. 바로크의 이지러진 볼륨과 알록달록 덧붙여진 곡선 몰딩이 난무하자, 이런 환경을 정화하고자 하는 의도로 원시 오두막이라는 본질로 돌아간다. 비트루비우스(Vitruvius)가 적은 가상의(fictive)—허구(fictitious)라고 할 수는 없지만, 그렇다고 고고학적으로 증명할 수 있는 것도 아니기에—이야기를 바탕으로 로지에는 고전건축의 정수에 해당하는 건축 형태만을 구분해 내고, 또 그 형태가 자연으로부터 온 것이라는 권위를 부여한다. 알도 판아이크(Aldo van Eyck)도 모더니즘이 기계화되고, 계량화되고, 생산성 위주로 건축 활동을 전개하고 있다고 비판하며, 이를 어떻게 해결할 것인가를 고민한다. 그는 서구 사회를 잠시 떠나 아프리카의 북부에 있는 도건족의 마을을 방문하고, 원주민들의 때 묻지 않은 삶의 모습을 탐구했다.

민현식의 경우는 본질로의 회귀를 추구한다는 점에서는 이러한 역사적 패턴과 유사하다. 또 로지에나 판아이크처럼 기본적으로 반형태적이다(로지에는 바로크적 형태에 대해, 판아이크는 모더니즘의 무미건조한 추상적 형태에 대하여). 하지만, 방법론에서 민현식은 달랐다. 로지에처럼 어떤 기원적인 형태로 돌아가는 것은 아니었고, 또 판아이크처럼 문명이 아직 땟물을 씌우지 않은 원시 사회로 돌아가 그곳의 삶을 탐구하는 것도 아니었다.

민현식이 지향하는 본질의 세계란 정화된 감각의 세계를 의미했다.

즉 시각이 자극적인 형태와 색깔에 중독이 되어 고통 받을 때, 이런 시각을 정화하고, 시각을 넘어서서 촉각이나 후각, 청각 등의 감각을 통해 인지되는 세상에 몸을 다시 열 것을 이야기했다. 즉 형식화, 개념화를 통해 인식의 세계로 넘어오기 이전의 감각의 세계에 주목한 것이다. 현상학적 전통을 따르면, 내가 무언가를 본다는 것, 또 무언가를 느낀다는 것은 나와 세계가 하나의 몸으로 엮인 육화(肉化)된 상태에 있다는 것을 의미한다. 주체와 객체가 분리된 세계가 아니라, 주체와 객체와 일체화된, 주·객 분리 이전의 교감 상태를 의미한다. 이런 육화된 상태는 니시다에 의하면 개념적 세계의 하위에 존재하는 세계가 아니라, 실은 반대로 그 기저에 있는 것이다. 즉 세계와 나 사이에 존재하는 이 육적인 엮임과 피륙으로부터 주체와 객체의 분리가 일어나고, 개념화를 시도하는 주체와 질료를 제공하는 바깥세상으로 나뉘게 되는 것이다.

그런데, 하이데거나 니시다 모두에게 중요한 사실은 이런 육화의 상태는 개인의 의지적인 지향성의 결과가 아니라는 점이다. 즉 '나'는 주체로 존재하기 전에 먼저 어떤 상황 안에 놓여 있다. 이 육화의 상태는 이 상황 안에 놓인 '나'라는 존재가 보는 것이고, 만지는 것이고 듣는 것이다. 이러하기에 겉으로는 능동적으로 보이지만, 이면에는 상황이 나를 보게 하고, 만지게 하고, 듣게 하는 나의 수동성이 자리하고 있다. 즉 표피에 보이는 주체의 지향성은 언뜻 보면 내가 능동적인 개체라는 증거인 것 같지만, 실은 상황이, 즉 세계가 '나'를 보게 하는 것이다. 여기에 지각의 능동성과 수동성 사이의 변증법이 있다. 보는 것과 보이는 것 사이의 변증법이 있다. 내가 보는 만큼 실은 나는 보여지고 있는 것이다. 역으로 내가 보여지는 만큼 나는 보는 것이다. 니시다는 이런 상황성을 '나'가 있기 때문에 경험이 있는 것이 아니고, 상황이 먼저 있기 때문에 경험이 존재하고 그리고 나서 '나'가 있는 것이라고 표현한다. 더 나아가 니시다는 이런 지각 현상을 자기초월적인 지각으로 승화시킨다. 즉 세상이 나를 보게 할 때 내가 보게 되는 과정 속에는 '나'라는 자기를 비우는 자각적 과정이 내포되어 있다. 그에게는 자기를 무

5
민현식, 앞의 글, 74쪽

6
민현식, 앞의 글, 74쪽

(無)로 해 바라보는 것, 이것이 지각의 가장 차원 높은 주객합일의 경지인 것이다.

민현식이 주장하는 느낌의 세계로의 회귀는 이지러진 형태가 난무하는 환경 속에서 이를 부정하고, 감각을 통해 기저에 있는 나와 세상의 관계를 새롭게 재발견하는 것이다. 그리고 개념화하는 습관에서 벗어나 변화 자체와 지각을 통해 호흡하는 것이다. 민현식은 다음과 같이 기술한다.

> 우리는 이 집이 항상 새로운 경이에 차 있음을 안다. 매일매일 다른 빛의 질에 따라 어느날 푸른 빛은 그날만의 푸른 빛이며, 다른 날 그 푸른 빛은 또 다른 그날만의 푸른 빛이다. 아무것도 고정되는 것은 없다.[5]

그에게 건축이란 이런 고정되지 않은 변화의 세계에 등장하는 고정된 상수로서, 고정되어 있기에 이를 통해 감각적 변화를 드러내는 매개체이다. 즉 빛이나 바람을 다시 발견하는 일은 그냥 가만히 있으면 자연적으로 일어나는 현상이 아니라, 건축이 창조적으로 개입할 때 가능하다. 그가 벽의 역할에 대해서 기술하는 것을 보면 이를 잘 알 수 있다.

> 벽의 일차적인 기능은 공간을 한정하는 것이다. 더불어 이것은 상황과 시간의 변화에 따라 빛, 색깔, 소리, 냄새, 질감 등 우리의 감각을 측정하게 하는 하나의 장치이기도 하다.[6]

이 인용부에서 일단 전반부의 "벽의 일차적인 기능은 공간을 한정하는 것이다."를 잠깐 논의에서 제하면 민현식에게 벽의 의의는 그것이 갖는 조형이나 기호학적인 지표에 있는 것이 아니고, 어떻게 빛이나 바람을 우리의 지각세계로 끌어다 주느냐 하는 데에 있는 것이다. 이지러진 형태를 부정한 이유는 그 형태가 자기 자신을 드러낼 뿐, 자신이 매개체가 되어 눈에는 쉽게 보

7
민현식, 앞의 글, 74쪽

이지 않는 빛이나 바람을 지각의 세계로 끌어내는 데에는 관심이 없기 때문이다. 반대로 민현식의 벽은 자신을 드러내는 것이 아니라, 빛이나 바람이 보이도록, 만져지도록, 들리도록 만들어 준다. 빛이 벽에 부딪쳐서 산란되고, 바람이 벽에 부딪쳐서 스치는 소리를 낼 때에 빛과 바람은 육화되어 나의 몸과 만날 수 있게 된다. 나의 몸과 피륙을 형성하는 일체를 이루는 것이다. 이지러진 형태가 조각적인 기능을 수행하고, 기호적인 형태가 의미론적인 기능을 수행한다면, 이러한 벽은 느끼기 어려운 자연요소를 육화해 지각의 세계로 편입시키는 기능을 수행하는 것이다.

그런데 민현식은 빛과 바람을 지각하는 감각적 경험을 개인의 주목의 결과로 이해한다. 즉 '나'라는 존재가 지향성의 주체로서, 지향성의 발원점으로 작동하고, 그 결과 빛이 보이고, 바람이 느껴지고, 소리가 귀에 들어오는 것이다. 이에 대해 다음과 같이 적고 있다.

> 우리는 우리가 주목하는 것만을 보게 된다. 주목한다는 것은 선택하는 행위이며 결과로 우리에게 보이는 것은 비록 우리의 손이 미치지 못하더라도, 우리 촉감의 범위 안에 들어오게 된다. 어떤 사물을 촉감한다는 것은 그것과 우리 사이에 어떤 관계를 맺어주는 것이다. 눈을 감고 방을 돌아다녀 보면, 촉각은 시각의 하나의 고정된, 한정된 형태임을 알 수 있다. 우리는 절대 단지 하나만을 주목하지는 않는다. 오히려 우리는 항상 사물들과 우리 사이의 관련성을 주목한다. 우리의 지각은 지속적으로 가동되어, 지속적으로 움직이며 지적으로 사물을 포착하여 끊임없이 우리의 현재성을 구축한다.[7]

이 글에서 민현식은 감각 경험에 대한 여러 가지 사실들을 발견하고 있다. 하나는 여러 감각들끼리 조응하는 연계성에 관한 발견이다. 철학에서는 메를로 퐁티(Maurice Merleau-Ponty), 미술에서는 폴 세잔(Paul Cézanne), 건축에서는 리처드 노이트라(Richard Joseph Neutra) 등이 지적한 감각 현상들끼리의 공명이나 공존을 발견하는 것이다. 촉각과 청각, 시각이 따로 따로 분리되는 것이 아니라, 서로 떼어 낼 수 없는 것임을 확인하고 있는 것이다.

또 한편으로 민현식은 감각이 관찰자의 주목의 결과임을 발견한다. 이 부분은 이 글의 주제와 관련해 중요한 대목이다. 그러면 민현식이 이런 주장을 하게 되는 과정을 살펴보자. 이 글에서 보면 민현식은 눈을 감고 방을 돌아다니며 의도적으로 감각에 대한 실험을 하고 있다는 사실을 알 수 있다. 즉 그는 잠시 과학자와 같은 태도로 세상을 경험하고 있다. 일상의 자연스런 삶의 태도를 지닌 것이 아니라, 삶에서 잠시 벗어나 마치 실험실에 있는 과학도와 같이 극도로 반성적인 태도로 감각 경험이 어떤 것인지 탐구하고 있는 것이다.

왜 이 사실이 중요할까? 앞서 니시다와 하이데거는 감각 경험이란 자기의지적인 지향성의 결과가 아니라, 오히려 어떤 상황 속에 놓인 '나'의 수동성의 결과라고 주장했다. 이 '상황성'은 인간이 "세계 내 존재(Da-Sein)"라는 말의 근본적인 의미이다. 이 수동성을 단순히 배알도 없고, 자아도 없고 자존감이 없는 인간의 굴종으로 생각해서는 안 된다. 이 수동성의 이면에는 '자기 비움', 즉 자아(自我)를 무화(無化)하는 가장 상위 형태의 능동성이 자리 잡고 있기 때문이다. 즉 본다거나, 느낀다거나, 듣는다거나 하는 육적인 피륙을 통해 세상과 내가 엮이는 것은 이 수동성과 능동성 사이의, 즉 세계와 나 사이의 변증법적인 운동의 결과인 것이다. 내가 지향하기 전에 세계가 나를 향해 지향하는 것이다. 우리가 상황 속에 놓인다는 것은 일상의 삶의 지평에서 평범하게 살아가는 것을 의미한다. 과학자처럼 일상의 지평을 떠나 실험실이라는 인공적이고 부자연스러운 공간에서 현상을 객관적으로, 반성적으로 바라보는 것이 아니라, 기투와 믿음으로 살아가는 것을 의미한다. 예를 들면 우리는 일상의 삶을 살아가면서 한 번도 내가 선 이 대지가 나락으로 꺼지리라고 생각하지 않는다. 우리는 믿고 서 있고, 믿으니 잊어버리는 것이다. 이런 세상에 대한 기투와 믿음이 내가 비반성적 또는, 좀 더 정확히 표현하면, 전반성적으로(pre-reflectively) 일상을 살아갈 수 있도록 하는 것이다.

이런 관점에서 보면 민현식은 한 가지 오류를 범하고 있다. 즉 과학자처럼 반성적으로 감각세계를 이해하는 것과 우리의 일상에서 감각이 발현되는 방식과의 차이를 놓치고 있다는 점이다. 다시 말하면, 일상의 삶의 지평에서 민현식이 주장하는 것처럼 빛 자체, 바람 자체, 또는 그것들의 만남이 이루어 내는 감각적 풍요 자체에 주목하는 경우는 거의 발생하지 않는다. 이는 일상의 삶에서는 감각이 사라지고 무의미해진다는 것이 아니고, 감각이 나타나는 방식이 다르다는 것이다. 그것은 어떤 상황 속에서 나타난다. 우리가 어떤 감각에 주목하게 되는 이유는 '나'라는 존재가 주목하겠다는 의지를 보였기 때문이 아니라, 주목하게 하는 상황 속에 '나'가 놓여 있었기 때문인 것이다. 물론 건축가는 일상의 삶속에서도 '감각'자체에 종종 집중할 수 있다. 그러나 이는 마치 과학자가 극소의 세계에 관심을 갖도록 끊임없이 훈련받은 것처럼, 건축가는 감각의 세계에 민감하도록 끊임없이 교육 받고 훈련받은 결과인 것이다.

감각과 상황에 대한 문제를 조금 더 구체적으로 알아보자. 하이데거는 일상생활의 지평에서 어느 누구도 감각을 감각 그 자체로 순수하게 경험하지 않는다는 것을 다음과 같이 이야기한다.

> 우리가 찾고 있는 사물의 사물다움을 곰곰이 생각해 본다면 이 두 번째 사물 개념도 첫 번째 사물 개념만큼이나 문제 덩어리임을 알게 된다. 이 개념이 말해주는 것과는 달리, 본래 사물이 나타날 때 우리는 결코 처음부터 저 쇄도하는 감각들, 예컨대 음향이나 소음들을 받아들이는 것은 아니다. 오히려 우리는 굴뚝 가운데서 바람이 우는 소리를, 쌍발 비행기가 내는 모터 소리를, 그리고 폴크스바겐과는 직접적으로 구별되는 메르체데스 벤츠의 소리를 듣는다. 그 어떤 감각들보다 우리에게 훨씬 가까운 것은 사물들

8
마르틴 하이데거 지음, 오병남·민형원 옮김, 《예술작품의 근원》, 예전사, 1996, 26~27쪽

> 자체다. 우리는 집안에서 바깥의 대문 두드리는 소리를 듣는 것이지, 결코 음향자체나 단순한 소음을 듣는 것은 아니다. 오히려 순수한 소음을 듣기 위해서라면 사물로부터 떨어져서, 즉 귀를 사물로부터 떨어뜨려 놓고 추상적으로 들어야 한다.[8]

우리는 순수 소리를 듣는 것이 아니라, 구체적 의미로 가득 찬 소리를 듣는 것이다. 예를 들면 누군가가 화가 나서 문을 휑하고 닫는 소리를 듣는 것이지, 어떤 특정한 과학적 파장을 가진 소리 자체를 듣는 것이 아니다. 소리 자체로 듣는 것은 일상의 지평을 떠나 추상화된 태도로 지각하는 것이다. 이는 실험실에서 듣는 소리이다. 세상에 파묻힌 것이 아니라, 세상과 떨어져서, 즉 상황에서 빠져나와서 객관이라는 지평에 서서 반성적인 태도로 세상을 바라보는 것이다. 미학적인 경험도 마찬가지다. 감각 자체에 집중하는 미적 경험은 과학자가 소리 자체에 집중하는 것과 마찬가지라고 하이데거는 주장한다. 즉 과학적인 경험과 미학적인 경험은 겉보기엔 다른 것 같지만, 실은 동일한 유인데, 이는 둘 다 일상을 떠난 추상적인 경험 방식이기 때문이다. 하이데거의 요점은 감각이 그 자체로 자립적으로 서는 것이 아니라 구체적인 어떤 상황의 선재성(상황이 있고 경험이 있다) 안에서 이미 의미를 띠고 다가온다는 것이다.

민현식이 주장하는 것처럼 내가 바람에 주목하는 이유는 그냥 '나'라는 주체가 의도적으로 공기의 움직임에 주목하기 때문이 아니다. 느끼는 '나'보다도 더위와 습기로 나를 엄습하는 어느 여름날이 먼저 있다. 그런 날 답답한 나의 가슴을 확 씻어 주는 산들바람으로 '나'는 느끼는 것이지, 바람 자체 또는 공기의 움직임 자체로 결코 경험하지 않는다는 것이다. 즉, 아래의 도식에서 풍경 1이 존재하기 전에 풍경 2가 존재하는 것이고, 풍경 2가 존재하기 전에 풍경 3이 존재하는 것이다. 또 풍경 3이 존재하기 전에 풍경 4가 존재하는 것이다. 풍경 1은 풍경 4, 3, 2를 순차적으로 반성을 해 획득되는 가장 추상적인 지평이고, 반대로 풍경 4는 가장 구체적인 일상의 삶의

지평이다.

감각의 틀로서의 건축 --- 바람자체	------	풍경 1
산들바람	------	풍경 2
한여름의 산들바람	------	풍경 3
답답한 나의 가슴을 확 씻어 주는 한여름의 산들바람	------	풍경 4

그렇다면 민현식의 감각에 대한 집중은 어떤 의의를 지니는 것일까? 풍경 4가 풍경 1의 바탕이 되는 것을 깨닫지 못하고 풍경 1 자체가 자립할 수 있는 것처럼 생각하기에 민현식의 의미 체계는 잘못된 것인가? 즉 허구인가? 그렇지는 않다. 하이데거도 과학자나 미학자의 태도가 존재한다는 것을 인정하고 있다. 실은 하이데거 자신도 일면 과학자나 미학자와 유사하다. 즉 철학을 통해 반성적으로 삶을 바라보며 사유하고 개념을 만들어 내는 자이기 때문이다. 다만 차이가 있다. 과학자는 일상의 삶을 바라보는 것이 아니지만, 하이데거는 일상의 삶을 바라보았다. 하이데거가 과학을 비판했던 이유가 있다면 이는 과학 자체의 사고방식(추상화, 계량화, 정량화, 개념화 등)을 부정하기 위한 것이 아니었다. 다만 일상의 삶의 지평을 보지 못하고, 또 극단적 추상화의 세계에서 얻어진 결과들을 일상의 삶의 지평으로 재위치시켜 그 의의를 파악하는 노력을 게을리하는 과학적 태도를 비판한 것이다. 즉 실험 결과가 내포하는 가능성 그 자체만을 보는 것이 아니라, 그것이 어떻게 일상의 삶의 지평에서 의의를 갖는지 숙고하기를 원했던 것이다. "순수 가능성(pure possibility)"과 "상황적 가능성(situated possibility)"을 구분하고, 순수 가능성이 상황적 가능성의 세계로 변형되는 과정을 거쳐야 한다고 주장한 것이다. 하이데거의 요지를 달리 표현하면 추상화와 구체화, 이 양 방향 사이의 변증법적 운동을 같이 보아야 한다는 것이다.

같은 이야기를 민현식의 경우에도 적용할 수 있다. 그가 감각 자체에 집중하는 것은 미학적으로 세상을 바라보도록 훈련받은 건축가이기 때문이다. 민현식은 하이데거와 반대의 방향에서 빛이나 바람, 또 그들이 어우러

9
민현식, 앞의 글, 77쪽

져 만들어 내는 감각 현상에 집중하고 있다. 문제는 그것이 위의 도식에서 풍경 4의 차원까지 오르지 못하면, 감각 자체의 향유에 머무르고 끝난다는 것이다. 아무리 순수해도 그것은 건축가의 유희로 끝날 뿐이다. 다시 말하면 감각을 통한 빛과 바람의 재발견이 일상에서 의미 있는 수준으로 올라와야 된다는 것이다. 그리고 실은 이 단계가 궁극적으로 민현식이 추구하던 의미 회복의 완성이라고 본다. 최상위의 의미는 이지러진 형태가 난무하고, 시뻘건 색상이 자극적인 그런 환경 속에서 아무리 초라해 보여도 건축적 창조를 통해 일상을 살아가는 사람의 답답한 가슴을 씻어 주는 바람을 잡아내는 것이었다.

민현식이 감각과 일상의 삶 사이의 관계를 명확히 전개한 적은 없다. 하지만 그가 이 둘을 잇고 싶어 했다는 암시는 곳곳에 나타나 있다. 순수 감각을 이야기하면서 그는 문득문득 사람들이 모이는 길을 이야기하고 마당을 이야기한다. 순수 감각과 함께 사람들이 모이는 일상의 공간이 어떻게 연결되는지는 불분명하지만, 나름대로 둘을 동시에 포용해 내는 의미 체계를 꿈꾸었던 것으로 보인다. 그는 이렇게 적는다.

> 길을 걸으며 밝고 어두움, 열리고 닫힌 공간을 만나고 그 여정에서 이웃을 만나고, 때때로 홀로 빛과 바람, 하늘을 만난다. … 조용하고 명료하며 투명한 깊은 마당은 쏟아지는 빛과 지나가는 바람이 적절히 조율되어 팽팽한 긴장감을 잃지 않는다. … 다양한 벽, 길, 마당을 마련함으로써 이웃과 함께, 가족과 함께 사는 그리고 홀로 사색하는 의미를, 잃어가는 삶의 의미를 회복하려 함이다.[9]

여기서 문제는 "마당은 쏟아지는 빛과 지나가는 바람이 적절히 조율되어 팽팽한 긴장감을 잃지 않는다"와 같은 표현을 어떻게 이해할 것인가이다. 그가 만약 빛과 바람이 만들어 내는 멋들어진 풍경을 의미한다면 이는 지극히 미학적으로 자신의 감각적 세계에 대한 관심을 마당으로까지 확대한 것이 된다. 일상의 삶에서 마당을 쓰는 사람들은 빛이 아름답기 때문에 모이는 것이 아니다. 아직도 겨울 기운이 남은 초봄에 따스한 직사광선이 그리워서 모여드는 것이다. 하이데거의 사고방식을 빌면, 이런 빛은 인간의 삶에 파고들어 일상을 지탱하는 윤리적 빛이고, 이런 윤리적 빛은 아름다운 빛이다. 그 반대가 아니다. 바람도 마찬가지다. 감각적 향유를 위해 바람 자체를 느끼려고 마당에 모여 드는 이들은 없다. 어느 무덥고 찌는 여름날이 사람들의 가슴을 답답하게 할 때, 산들바람을 쏘이러 마당에 모여 드는 것이다. 이를 바탕으로 의미의 체계를 다시 정리해 보면 아래와 같다.

감각의 틀로서의 건축 ---	바람자체	------	풍경 1
	산들바람	------	풍경 2
	한여름의 산들바람	------	풍경 3
	답답한 나의 가슴을 확 씻어 주는 한여름의 산들바람	------	풍경 4
마당, 길 ---	나와 남의 답답한 가슴을 씻어 내는 한여름의 산들바람	------	풍경 5

이 마지막 풍경, 즉 풍경 5는 이전의 풍경들, 즉 풍경 4, 3, 2, 1과는 다른 특별함이 있다. 이는 이 풍경이 처음으로 한 개인의 감각적 경험을 넘어서는 공동체의 경험을 다루고 있기 때문이다. '나'만 등장하던 풍경에 '나'와 '남'이 등장하는 것이다. 이 풍경의 전제 조건은 덥고 습한 풍토적 상황을 '나' 혼자만 그렇게 느끼는 것이 아니라, 남들도 동일하게 그렇게 느낀다는 점이다. 즉 같은 상황성 속에서 '나'만 수동적으로 그 분위기 안에 젖어들게 되는 것이 아니라, '남'도 같이 젖어들게 되는 것이다. 그러기에 누가 먼저랄 것도 없이 마당으로 모여 드는 것이다. 상황성이란 실은 '나'만의 상황성이 아니라, 근본적으로 '우리'의 상황성인 것이다. 어떤 상황 안에 내가 혼자 있느냐 아니면 남과 같이 있느냐를 따지는 것이 아니다. 누군가와 같이 있을 때 우리는 같은 분위기에, 덥고 습함, 같이 물들게 된다는 사실을 의미하는 것이다.

10
Martin Heidegger, "Building Dwelling Thinking," in *Martin Heidegger Basic Writings*, ed. David Farrell Krell, New York: HarperCollins Publishers, 1993, pp. 358~359

11
Watsuji, *T. A Climate: A Philosophical Study*; Ministry of Education Printing Bureau: Tokyo, Japan, 1961; pp. 4~40, pp. 135~202. Watsuji, *T. Watsuji Tetsuro's Rinrigaku: Ethics in Japan*; State University of New York Press: Albany, NY, USA, 1996; p. 9, p. 107.

이런 상황성의 속성은 일상의 삶 속에서 당연한 이야기이지만. 아침에 우리는 동의를 구하지도 않고 '날이 참 덥네요'라고 인사한다. 감각과 공동체를 이어 주는 공동 감각에 대한 중요한 의의를 담고 있다. 현존재의 초월적 구조, 즉 "탈자태(Ek-sistere; out-standing)"를 설명하면서 하이데거는 지향성이 작동하는 원리를, 여기에 이 몸을 가지고 선 '나'와 바깥의 대상에 이미 다가가 합일을 이루고 있는 '나', 이 두 '나' 사이의 변증법적 관계로 설명한다.[10] 즉 지향성이란 바깥에 오는 외계의 자극에 대한 기계적 반응이 아니라, 자아의 자기초월적 구조에 바탕을 둔 바깥과의 합일, 즉 바깥이 갖는 상황적 특질에 물이 드는 것이다. 이 자아의 이중 구조, 즉 '나는 여기 있지만 동시에 저기에도 있다(I am here, and I am there)'는 주체와 객체로 나누는 세계관을 효과적으로 비판한다. 서구 근대의 개인주의를 비판하였던 와쓰지 테쓰로(和辻哲郎)라는 일본의 철학자는 개인주의를 넘어설 근거를 이 자아의 이중 구조에서 찾았다. "탈자태"는 '나'에서 '우리'로 넘어가고, 개인에서 관계로 넘어가는 기반이 되는 것이다.[11] 내가 나를 초월해 후덥지근한 날씨에 물든 것처럼, 이 사람도 저 사람도 자아를 초월해 후덥지근한 날씨에 물이 들어 있는 것이다. 상황이나 분위기, 풍경, 풍토와의 지향적 관계는 '나'를 여기 있으면서도 '바깥'에 서게 한다. 그런데 이 '바깥'에 서 있는 것은 '나'만이 아니라 '우리들'인 것이다. "탈자태"는 그렇기에 자아의 이중 구조이기에 앞서, 공동 감각으로 묶인 '우리'의 선재성을 이야기하는 개념인 것이다. '나'가 있기 전에 '우리'가 있다는 것은 사람과 사람 사이의 관계가 먼저 있다는 이야기이다. 자아가 먼저가 아니고, 관계가 먼저이다. 이 관계 자체가 '나'와 '너'로 추상화되어 자아로 파편화된 세계를 이루는 것이다.

이것의 건축적 의미는 무엇일까? 질문을 하나 던져 보자. 바람은 그냥 생기는 걸까? 허허벌판에 서면 먼 산에서부터 발원해 평원을 쓸어오는 자연적으로 생성된 공기의 휘몰아침이 있다. 하지만 민현식이 이야기하던 공동주택에 자리 잡은 마당에서의 바람은 다르다. 마당에서 바람이 생성되는 것은 자연적인 조건들도 부합해야 하지만, 더 중요한 사실은 인간관계가 잘 조율되어야 한다는 점이다. 이 집의 이쪽 창문과 저 집의 저쪽 창문을 열고, 집 안에 있는 가변형 스크린 벽들을 열어젖히고, 뒷문과 앞문을 열어젖혀야 막혔던 바람이 집 뒤로부터 불어 들어와 실내를 가로지른 뒤 마당으로 나가고, 다시 반대편 집으로 들어가 한 바퀴 돌다가 단지 바깥으로 나간다. 방 안에 꼭꼭 숨어 에어컨을 켜고 있던 사람들이, 프라이버시와 산들바람의 축복 사이에서 갈등하면서 이리저리 건축 요소들을 조직해 나가는 것은 바로 인간관계의 조율이다. 이렇게 바람이 마당을 넘나들 때, 사람들은 그 바람을 쏘이러 마당으로 모여 들고, 그중에 민현식과 같은 '건축가', 즉 감각 전문가는 일상의 순진무구함에서 이탈해 바람 자체가 주는 감미로운 감각을 즐기기도 하는 것이다. 아래의 도식을 다시 보자. 풍경 5를 이야기하기 전에 이제는 사람과 사람 사이의 관계 자체, 즉 풍경 6을 이야기하지 않으면 안 된다는 사실을 알 수 있다. 풍경 6이 없으면, 풍경 5가 없고, 순차적으로 추상화의 과정을 거쳐 내려가다 보면 결국에는 풍경 1도 없다. 다시 말하면 풍경 6, 즉 인간관계가 우선이 되지 않으면 풍경 1, 즉 마당에서 바람 자체를 즐기는 감각적 경험은 존재하지 않는 것이다.

감각의 틀로서의 건축	---	바람자체	------	풍경 1
		산들바람	------	풍경 2
		한여름의 산들바람	------	풍경 3
		답답한 나의 가슴을 확 씻어 주는 한여름의 산들바람	------	풍경 4
마당, 길	---	나와 남의 답답한 가슴을 씻어 내는 한여름의 산들바람	------	풍경 5
		사람과 사람 사이의 관계	------	풍경 6

민현식이 순수한 감각의 세계에 주목한 이유는 이지러진 볼륨과 시뻘건 색깔의 형태들이 난무하는 환경 가운데서 근원으로 돌아가고자 하는 회귀 본능이었다. 그런데 이 감각의 세계는 실은 진정한 근원은 아닌 것이다. 그것은 시작일 뿐이고, 이 감각세계가 구체적 일상의 삶과 연계되고, 사람과 사람 사이의 관계를 건드려서 재정립하는 순간이 진정한 근원의 회복

인 것이다. 필자가 민현식의 글을 현상학적으로 읽고, 해석하고, 또 때로는 비판하는 이유 역시도 감각과 윤리(사람과 사람 사이의 관계) 사이의 연줄을 두텁게 꼬고 싶기 때문이다. 감각은 바깥세계를 주체가 계량하는 것이 아니라, '나'를 초월해 바깥세계와 합일하는 것을 의미한다. 나는 이 몸을 가지고 여기 분명히 서 있음에도, '나'라는 경계를 넘어서서 바깥의 세계와 일체가 되게 하는 것, 그것이 감각이다. 세계를 향한 '나'의 초월성을 확증하는 이런 감각이 '우리'라는 관계망의 밑바탕에서 작동하고 있는 것이다. 덥고 습한 것을 같이 느끼고, 다시 말하면 덥고 습한 것에 하나로 포섭이 되고, 이것은 관계로 치환이 되고, 이 관계 안에서 바람을 만들기 위해 '나'는 앞문을 열고, '너'는 뒷문을 열고, '그'는 창을 열고, '그녀'는 가변형 스크린을 밀어젖히는 것이다. 감각은 '나'를 '우리'라는 관계 자체의 장으로 끌어낸다.

4.3
group

심포지엄 종합 토론

전환기의 한국 건축과 4.3그룹

*2012년 12월 6일에 인사동의 KCDF 2층에서 있었던 "전환기의 한국 건축과 4.3그룹" 포럼에서 연구자 아홉 명의 발표가 끝난 후 진행된 질의·응답을 정리했다.

김봉렬 연구자 아홉 분의 발표를 들으셨습니다. 4.3 그룹의 구성원이었던 승효상 선생님 먼저 말씀해 주시죠.

승효상 아까 배형민 교수께서 매체로서 언어가 새로운 방식으로 제기되었다고 하셨는데 맞는 말이죠. 다만 제겐 언어가 매체가 아니고, 어떻게 생각하면 객체일 수 있습니다. 제 건축을 단속하기 위해서 먼저 언어를 내뱉고, 언어를 내뱉은 이상 그 부분에 대해서 책임을 지기 위해서 노력하는. 단어들은 그렇게 쓸모 있는 것은 아닙니다. '건물'과 '건축'이 어떻게 다른지, '건축사'와 '건축가'가 어떻게 다른지…. 이런 문제는 시간이 지나면 정말 부질없는 구분이고 편견이라는 생각입니다. 끊임없이 변할 수밖에 없고 많은 모습이 그렇게 되고. 건축가는 어떤 진리를 찾아가는 사람도 아니고, 미래를 예견하는 예언자는 더더욱 아닙니다. 건축가는 현실에 충실한 현실주의자입니다.
저는 89년에 독립을 했습니다. 당시 막 독립을 한 상태였로 망망대해(茫茫大海)에 떠 어떻게 가야할지를 모르고 있던 차였어요. 4.3그룹은 제 건축을 확인할 수 있고, 가다듬을 수 있고, 시작할 수 있는 엄청나게 좋은 운동장이었습니다. 그래서 저는 그 누구보다도 4.3그룹의 구성원들에게 존경심을 가지고 있고 지금도 저의 중요한 멘토로 생각하고 있습니다.

전진삼 오늘 발표를 들으니 4.3그룹이 정점이 돼서 4.3그룹 이전과 이후가 분명하게 정리되는 것 같습니다. 4.3 이전은 암흑기고 4.3그룹 이후는 쭉 올라가는 거고. 공동 학습을 한 2년 정도 하시고 전시, 책자 발행까지 4년 동안 활동하셨어요. 아까 최원준 선생께서 발표했듯이 굉장히 다양한 언어들을 쏟아내셨어요. 근데 그것뿐이죠. 그밖에 아무것도 없었던 거예요. 구성원들은 개별적으로 어떤 외적인 경로 안에서 나름대로 자기 자신을 찾으셨는데요. 의문이 하나 생겼습니다. 공동 학습을 하고, 국내·외 답사도 하고, 서로의 작업에 대한 크리틱을 하고 세미나도 하고… 2년의 학습 결과를 가지고 전시도 하고 책도 내셨어요. 2년이란 시간에, 길게 잡아 4년이란 짧은 시간에 뭔가를 이뤘단 생각을 던져 놓고 보면 이분들 모두 천재겠다 생각했어요.

4.3그룹의 구성원들이 모두 뿌리 없는 분들처럼 보이게 발표를 하셨어요. 예컨대 배형민 교수님은, 이전에는 건축가들이 건축에 대한 이념이나 개념에 대해 거론하지 않고 건축을 해 왔는데, 4.3그룹부터 바뀌었다고 거의 선언적으로 말씀하셨단 말이죠. 그런데 저는 이분들이 정말 뿌리가 없는 분들이라고 생각하지 않습니다. 이분들 가운데에서 곽재환, 이일훈 선생은 김중업 사단의 후기 제자들이시고, 또 방철린, 승효상 선생은 김수근 선생의 후기 시절에 계셨던 분들이잖아요. 근데 이분들도 어느 순간에 자신들이 받은 영향력에 대해서 적극적으로 얘기하기보다는 그걸 어떻게 극복하려고 했다는 얘기를 해요. 뭔가 문제가 있을 수도 있는 거고, 어쩌면 그게 동시대 건축가들이 가졌던 어떤 로망일 수 있겠죠. 일종의 일탈 행위니까. 그런 측면에서 연구원들에게 말씀을 드리고 싶은 것은 오늘 발표처럼 4.3을 기점으로 이전과 이후로 나누는 이분법이 아니라 그 경계에 있는 무수히 많은 내용들을 봐야 한다고 생각해요. 예를 들어 발표 내용 중에 《건축과환경》 이야기가 여러 번 나옵니다. 《건축과환경》 이 1984년에 창간되고 다음에 《플러스》가 창간됐습니다. 여기 박길룡 교수님도 계시지만 《건축과환경》은 김경수 교수가 주도해 상당히 많이 비평적인 세미나를 운영했어요. 그런데 이런 모든 게 배제됐어요. 이것을 토대로 서로 영향을 주고받으면서 4.3그룹의 태동에 일조하지 않았을까 생각을 해 봅니다. 오늘 발표는 4.3그룹의 출발 배경을 현존하는 구성원들의 말에서 출발합니다. 굉장히 넌센스입니다. 이게 과연 온당한 학자적 태도일까요? 이 부분이 의문입니다. 또 하나는 저널리즘 안에서 새로운 조망도 있지 않을까요?

김봉렬 네, 좋은 지적입니다. 어제 이 글들을 읽으면서 이렇게 제한된 자료를 토대로 모든 걸 해석하려고 해서인지, 아니면 그렇게 밖에 볼 수 없는 건지

의심스러웠습니다. 말이라는 것, 특히 글로 남아 있는 것들에 지나치게 의미를 부여하지 않았나 생각합니다. 또한 '세기말 불안'이라기보다는 뭐라고 그럴까요, 완전히 상황이 변해 가는 중의 불안의 실체는 도대체 뭐였을까? 불안의 실체는 아마 이 두 가지 아닐까 합니다. 선배 세대는 건축가로서 굉장히 큰 주목을 받았는데, 이젠 여건이 다원화되어 나설 수 없게 되었다는 사실. 두 번째는 아마 4.3그룹 이전의 건축가들은 우리나라의 짧은 역사 중에 작가주의로선 최고의 황금기를 누렸다고 생각을 합니다. 대형사무소들이 생기고 거대 자본주의가 유입되면서 굉장히 외롭고 답답했지만 당시는 황금기였습니다. 아시는 것처럼 그 이후, 그러니까 후배들은 4.3그룹과 같은 그룹을 결성하지 않으면 발언을 할 만큼이 안 되는 상황이었죠. 그렇게 보면 그 불안감이라는 건 과거와 미래의 교차점에서 생긴 것으로 볼 수 있습니다. 이런 측면에서 오늘 발표는 굉장히 좁은 범위의 분석이 아니었나 생각합니다.

배형민 전진삼 선생님에게 그런 인상을 줬다면 저희가 발표를 잘못한 듯합니다. 저의 연구회에는 4.3그룹을 기점으로 전이 있고 후가 있다는 생각을 가진 사람은 없었습니다. 구술 채록, 영상 자료들 등 자료는 제한되어 있고 여기에 집중하다 보니 상대적인 어떤 관계들을 보지 못했던 것은 사실입니다. 《건축과환경》이나 이일훈 선생님이 주도하셨던 《꾸밈》의 건축비평 동인의 담론들은 미처 아직 보지 못한 상태입니다. 80년대에 담론이 시작되어 간다는 건은 인식하고 있는데 아직 연구가 더 필요합니다.

후반부에 발표한 네 연구자의 핵심 이슈는 체험과 개념, 감각으로 볼 수 있습니다. 이것들이 4.3그룹의 담론을 통해서 부각됐다고 보는 건 틀린 건가요? 또 다른 이슈가 있다고 보거든요. 예를 들어 요즘 한참 이야기하는 소위 '컨셉'이나 '개념'이라는 것이 한국 현대건축에서 언제부터 그렇게 중요해졌을까, 개념을 논할 때 어느 시점부터 역사적인 탐색을 해야 되는가 하는 문제가 있는 거 같아요. 이거는 근본적인 문제라고 생각합니다. 예전에 개념이 없었을 리가 없죠. 당연히 훌륭한 건축가들이 있고 여건이 달랐어도 생각이 있고 의지가 있었죠. 하지만 이렇게 여러 건축가들이 작정하고 우리 서로 소통해야겠다, 서로 얘기해 보자라고 한 것은 4.3그룹이 처음인 거 같아요. 한국 건축에서 이렇게까지 집중적으로 자기의 건축에 대해서 말하고 서로 소통해야 되는 상황은 없었다고 봅니다. 그러다 보니까 소위 개념이라는 것이 등장하게 된 거죠. 요즘 여러 매체들이 건축에 관심은 있지만 왜 이렇게 어렵냐, 뭐 그렇게 난해한 말, 알아듣지 못할 말을 하느냐고 하죠. 그리고 학생들조차도 건축을 할 때 개념에서 출발해야 되는, 제가 보기엔 정당하지 않은 이 부담감을 역사적으로 추적해 보면 4.3그룹에서 모이게 됩니다.

글 말미에 인용한 박길룡 교수님의 언급을 저는 한편으론 개념이 있고, 한편으론 현장이 있고 현실이 있는데 그 사이에 생긴 간극이 결국엔 한국적인 현실이라고 해석했습니다. 박길룡 교수께서 어떤 맥락에서 그런 말씀을 하셨는지 이 자리에서 듣고 싶습니다. 아까 승효상 선생님이 언어를 매체로 보지 않고 객체로 본다고 하셨는데, 저는 이해가 됩니다. 그게 한국적 현실의 구도 속에 있었기 때문이죠. 그래서 매체로 보지 않는 거죠. 매체로 보는 건 분명히 서구적 태도이거든요. 하지만 일단 담론을 펴나가기 위해서 서구적 전제를 가져온 것입니다.

박길룡 '이념'이라는 게 한 토막만 갖고 말을 하게 되기 때문에 그런 측면에서 답변을 드리겠습니다. 4.3그룹 앞 세대와 4.3그룹 이후 세대 사이는 확실히 구분됩니다. 그 구분을 비교적 상당히 정확하게 말씀들 해 주셨어요.

4.3그룹 구성원들은 열심히 공부합니다. 2년에서 4년 안에 엄청나게 열심히 공부한 것 같아요. 외국으로 기행을 가고 세미나도 하고 하면서 확실히 뭐가 만들어져요. 뭘 하려고 저러지 하고 봤는데 어느 시점이 지나면서 언어로 쏟아져 나옵니다. 중간 시기 정도까지만 해도 그 언어들은 단편

1
박길룡, 《한국현대건축의 유전자》, 공간사, 2005

적으로 들렸어요. 그리고 다음 단계에서 저는 "아, 이 양반들이 건축을 이야기하는데 아직 상당히 수사적이다. 그 단계까지 가셨구나."라고 이해했어요. 근데 수사라는 것은 개념 이전 단계에 있든지, 개념과는 구분되는 그런 언어 구조라고 생각합니다. 수사 중에 가장 자주 나오는 것이 알레고리입니다. 민현식 선생의 '바람' 얘기에 대해 발표하셨는데, 민현식 선생은 바람을 알레고리로 파악하고 그렇게 끌어다 썼어요. 후세대들이 보기에는 알레고리이기만 할까, 아니면 어떤 논리체계에까지는 이르지 못한 것일까 인거죠. 배형민 교수가 인용한 《한국현대건축의 유전자》[1]는 제1세대에서부터 20세기의 세대까지 연속적 맥락 속에서 4.3그룹을 보고 있습니다. 그래서 어떤 한 부분을 떼어서 보기보다는 4.3그룹 부분을 언급하면서 제가 정리하고 넘어가려고 한 것 중 수사학적인 언어까지는 도달을 했어요. 이것이 개념의 시작이라는 부분으로 확장되기 위해서는 한 세대를 더 기다려야 했다고 하면서 다음 장으로 넘어갔죠.

김봉렬 한 세대는 어디까지입니까.

김현섭 전진삼 선생님 말씀에 추가 답변을 하면 시간 제약 때문에 한국적 상황, 흐름을 다 짚어내지는 못했습니다. 제 원고에 "4.3그룹의 구성원들은 사실 한국적 모더니즘 토양에서 성장한 이들이었다. 그 공·과를 모두 맛본 세대였다는 측면에서 비약적인 흐름의 문제를 이미 전제하고 시작했다"라는 것. 또 한 가지는 4.3그룹 구성원들이 의도적으로 그 전 세대를 답습하지 않았다는 것입니다. 그건 분명한 사실인 거 같아요. 그들의 모델은 서구 모더니즘이나 우리 전통건축이었다는 점입니다. 우리가 무시할 수 없는 상황이죠. 우리가 4.3그룹을 한 덩어리로 객체화해서 공부했기 때문에 원래 가졌던 위상보다 훨씬 더 도드라져 보여 이 분들이 정말 천재적이었다고 느낄 수도 있겠지만 이건 어쩔 수 없는 신화화의 상황이라는 생각입니다. 공부할 때도 얘기했지만 역사라는 건 탈신화화의 변증입니다. 또 그런 과정 속에서 개개인에 맺혀지는 상이 하나의 역사적인 이미지라고 이야기를 했습니다. 우리 의도와는 달리. 마치 뒤샹(Marcel Duchamp)이 변기를 가져다 박물관에 놓으면 하나의 예술작품이 된 것처럼 말입니다.

이번에는 4.3그룹만 공부해 그렇지만 앞으로 다른 건축가들을 공부하면서 조금 더 객관적이고 현실적인 조건에서 4.3그룹을 위치시킬 필요가 있다는 것이 한 가지입니다. 또 다른 하나는 4.3그룹이 했던 공부나 개념들, 그들이 나눴던 언어들과 우리가 공부하면서 나눈 언어는 완전 별개의 세계였다는 것을 또 인정할 필요가 있는 것 같습니다. 마치 시를 썼을 때 가졌던 개념하고 그것을 해석하기 위해 우리가 끌어와서 이것을 전용하고 전유하는 과정 또한 다른 간극이 있습니다. 그 자체만으로 충분한 가치가 있다는 측면도 인지해 주셨으면 좋겠단 생각입니다.

백문기 당시에 뭔가 좀 이상하단 생각이 들었습니다. 김중업, 김수근 선생님 타계 후 한국 건축계를 봤을 때 문제가 있다는 비판 의식에 동참을 하고 전시를 하고 우리는 달라져야 되겠다는 생각을 했습니다. 이런 측면에서 시대정신에 대한 질문을 던졌다고 생각합니다. 우리는 미래가 어떻게 될 거라는 생각은 전혀 하지 않고 그저 사회에 대해서 답답하다, 뭔가 소통해야 되겠다, 문제가 있다는 생각에서 모인거예요. 이러 식으로 건축이 흘러가는 거에 대해서 우리는 움직여야 되겠다 하는 하나의 '운동'으로서 나타난 것이지, 차후에 어떻게 되고는 우리의 몫이 아니고 사회에서 만들어진 환경의 몫이라고 생각합니다.

김봉렬 네, 맞는 말씀입니다. 20년 전에 하신 일들이 20년 후에 이렇게 분해되고 해체되고 막 발가벗겨지고 하는 거에 대해서 상당히 감회가 다르실 텐데요. 객관적 입장으로 계속 봐 주시면 좋겠습니다.

이종건 4.3그룹을 20년 지나서 조망하는 건데요. 일종의 역사화 작업 아닙니까. 근데 역사화하는 관점이 좀 도드라져 나와야 되겠다. 앞에 전진삼 선생도 이야기했지만 4.3 이전하고도 관계가 있고 오늘의 문제하고 분명한 관계를 설정해야 하는데 여러 가지 의견 탓인지, 시간 탓인지 그게 빠져 있는 건 조금 이상합니다. 또 4.3그룹이 하나의 텍스트라면 텍스트를 해명할 컨텍스트가 있어야 되는데 이 컨텍스트에 대한 분명한 해명이 없어요. 대상만 앞에 두고 이랬다저랬다 하니까 이게 도대체 무슨 작업인지 다가오지 않아요.

개념의 문제는 이렇게 생각해요. 배형민 선생님은 굉장히 부정적으로 보셨는데 '컨셉'이라는 용어가 사실 영어에서 사용하는 의미와 우리가 이해하고 있는 건축의 '컨셉'이 질적으로 다릅니다. 제 견해는 박길룡 선생님과 조금 다르긴 한데…. 열네 분은 대부분 토박이에요. 토박이여서 외세에 저항해서 우리 거를 만들어서 전쟁을 치르려는 의식들이 팽배해 있을 겁니다. 지금 우리가 다루고 있는 개념 역시 서구와 동일할 필요도 전혀 없고 오히려 독자적이고 우리만의 어떤 고유한 세대를 형성할 수 있겠단 생각입니다. 그런데 연구자들은 서구의 시각이 아닌가 하는 생각을 해 봤습니다.

또 백진 선생은 민현식 선생님을 다루었습니다. 민현식은 탈 상황적인, 탈 세계적인, 탈 맥락적인 지각 방식이 있단 말이죠. 데키리코(Giorgio de Chirico)적인 시각에서 해석하는 것이 오히려 더 맞지 않을까 하는 생각을 했어요.

우동선 이종건 선생님이나 전진삼 선생님의 지적이 전적으로 옳고 그런 반응이 나온 것을 보면 저희가 좀 잘 하지 않았나 하는 생각이 들어요. 텍스트와 컨텍스트와의 관계에서 왜 컨텍스트가 없냐, 왜 주변을 안 봤냐 지적하시는데요. 저희가 2년 동안 한 작업은, 없는 텍스트를 만들어 가면서, 그러니까 구술채록하고 구석에 있는 자료 끄집어내서 먼지 털면서 한 작업입니다. 텍스트를 소화하는 데까지만 해도 벅찼다는 말씀입니다. 왜 그걸 보지 못했는가 하는 지적이 옳지만 앞으로의 과제가 아닐까 하는 생각을 합니다.

전진삼 현장에 나와 계시기 때문에 여쭤 보고 싶은 게 하나 있습니다. 모든 그룹은 태동 이전에 사건이 있을 거라고 생각합니다. 1989년도 갤러리 마에서 있었던 김인철, 조성룡, 김기석 3인 전 이후에 4.3그룹이 태동하게 됩니다. 그리고 아까 백문기 선생님께서 말씀하신대로 뭔가 이상하다고 한 게 90년 4월 즈음이죠. 그러면 4.3그룹은 진짜 자발적으로 출발했을까요. 좀 의심스러웠어요. 지금 조성룡 선생님하고 김인철 선생님 계시니까 4.3그룹 주도자 입장을 듣고 싶습니다.

조성룡 갤러리 마 전시회와 4.3그룹이 직접적으로 연결됐다고 생각하지 않아요. 전시회는 한국 건축계의 주요 행사가 아닌 그저 잡지 편집장을 통해서 이루어진 일이었어요. 전시회를 하고 난 다음에야 건축계에 알려졌어요. 당시 한국 건축계에서는 반응이 별로 없었거든요. 국내에 알리는 작업을 거의 하지 않았어요. 돌아와서 전시회 보고를 하는 과정에서야 비로소 4.3그룹 구성원들과 공유하게 됐죠.

전진삼 김인철 선생님도 말씀 부탁드립니다. 왜냐하면 그 전시회의 국내 커미셔너가 당시에 《꾸밈》 주관이셨던 김정동 교수였고, 일본은 미야케 리이치(三宅理一)였어요. 뭔가 허술하게 만든 전시가 아니었단 말이죠. 일본 내 반응도 꽤 컸을 거란 생각이 들어요.

김인철 갤러리 마 전시를 했기 때문에 4.3그룹에 들어간 건 아니에요. 갤러리 마 전시를 할 때 조성룡 선생을 처음 만났어요. 그전까지는 이름은 알고 있었지만 실물을 본 적은 없었죠. 어떤 이유로 선정이 됐는지 모르겠지만 전시 참가자로 선정되고 나서 같이 거의 1년 동안 전시 준비를 했어요. 건축

전시는 물론 김수근 선생도 그렇고, 김중업 선생도 그렇고 여러 건축 전시가 있었고 건축대전이라는 큰 행사가 있어서 생경한 건 아니었어요. 그런데 갤러리 마 전시회의 포맷은 우리처럼 완공된 건물의 패널을 건다든가 도면을 보여 준다든가 하는 그런 전시가 아닌 겁니다. "나는 이런 생각을 갖고 이 건물을 설계했다"는 식의 전시, 그러니까 굉장히 개념적인 전시를 제안해서 건축을 이렇게 생각할 수 있겠구나 하는 경험이라면 경험을 했어요. 내 기억으로는 그 전시회 자체보다 동경과 오사카에서 전시회와 연관해 진행한 몇 차례의 심포지엄이 더 어려웠어요. 심포지엄에서 전시 주제인 '마당의 사상'이란 걸 이야기해야 했어요. 이 주제는 우리가 정한 게 아니라 일본 측 큐레이터인 미야케 리이치가 정한 주제였어요. 당시 저는 내 공부가 너무 부족하다는 걸 깨달았어요. 그러니까 일본의 정원과 한국의 마당이 뭐가 다른지 설명해 달라고 하는데 당시에는 구체적으로 설명할 수 가 없었어요. 이제 분석을 해야겠다는 생각을 하고 있었던 때였죠. 전시회가 끝나고 4.3그룹에 들어오지 않겠느냐는 초청이 왔을 때 기다렸다는 듯이 응한 이유는 뭔가 이런 계기가 필요하다는 생각 때문이었어요.

지금 와서 생각하면 4.3그룹은 몇 건축가들의 학습 모임이었다고 보면 가장 정확할 거 같아요. 조금 크게 보자면 하나의 '운동'이 아니었을까 생각해요. 아까 박길룡 선생이 시대가 어느 시댄데 그렇게 떼로 몰려다니면서 그런 걸 하느냐는 생각을 했다고 했는데, 나는 이런 생각을 하고 있어요. 역사의 발전 과정에서 거쳐야 하는 단계가 분명히 있고, 그 단계를 생략할 수는 없다고 봐요. 남이 50년 걸리는 걸 우린 10년에 해치운다든가 해서라도 그걸 해야 되는 거죠. 그런 의미에서 본다면 어느 단계에 가서 우리 건축가들이 떼로 뭔가 합쳐 한번 해야 되는 그런 시기가 있지 않았을까 라는 생각이. 비교하긴 좀 그렇지만 일본의 메타볼리즘을 예로 들어 볼게요. 당시 젊은 건축가들이 만들고 떠들고 있으니까 옆에서 다른 이론가가 "니들은 메타볼리즘이야." 하고 정의해 줬어요. 규정을 해 줬단 말이죠. 근데 우리는 운동권 같은 그러니까 제도권에 들지 못하고 바깥에서 하는, 소위 말하면 야당 건축가 같은 대접을 받았거든요. 20년이 지나서 비로소 4.3그룹이 뭐 했냐라는 것을 묻게 되는 지금 상황을 생각하면 문화적인 차이 아닌가 하는 생각이 들기도 합니다. 한편으로는 지금 우리가 만족할 만한 걸 얻어내지 못한 이유라고 볼 수도 있겠단 생각이 들기도 하고. 때 늦었지만 이렇게라도 얘기가 되니 제가 제 페이스북에 올린 글처럼 "오늘 이 모임에서 대담의 꽃이 피었다. 20년 만에 폈다."는 생각을 해 봅니다.

안창모 질문이라기보다 부탁인데요. 사실 전진삼 선생님 말씀은 아마 오늘 발표하신 분들께 기대가 크기 때문이란 생각이 들어요. 저는 더 넓힐 필요 없으니 지금 상태에서 철저하게 좀더 깊이 들어가는 게 더 중요하지 않을까 생각합니다. 모든 걸 다 다뤄야 한다고 생각하지 않습니다. 철저히 들어갔으면 좋겠고 또 하나는 오래했으면 좋겠다. 왜냐하면 잠깐 열심히 모여서 공부하고 좀 지나면 잊어 버리곤 합니다. 현대건축연구회의 모든 분이 끝까지 갈 수는 없겠지만 그래도 몇몇 분이라도 지속하는 분이 있으면 좋겠다는 희망이 있습니다. 다른 한 가지는 4.3그룹은 대중과 소통할 수 있는 언어는 못 만들었다라고 생각합니다. 건축가는 대중일 수 있고, 건축하지 않은 대중일 수도 있을 텐데 사실 건축하는 사람들 사이에서도 그분들의 언어를 이해하기는 상당히 어렵다는 생각입니다. 그 영향인지는 모르지만 이후에도 여전히 건축하시는 분들의 개념이라고 할까 말이 굉장히 어렵게 느껴집니다. 제가 잘 알지도 못하는 미술에 비유해서 좀 그렇습니다만 서양에서 예를 들어서 작가들이 언어를 들고 나오는데는 이유가 있습니다. 그러나 우리나라 건축가들이 언어를 들고 나오는 데는 사실 그들이 경험했던 현실, 작품으로 이해될 수 없기 때문에 작품을 잘 설명하기 위한 것이 아니라 전혀 다른 구조 속에서 개념이나 언어가 필요했던 것은 아닌가라는 생각이 들거든요.

김봉렬 4.3그룹은 어떤 이념 단체는 아닙니다. 그 안에 굉장히 다양한 분들이 계시죠. 오늘 자꾸 한정짓는 것은 그룹으로 묶여 발표한 언술들이나 작품 세계는 굉장히 의미가 크다고 생각합니다. 어떤 분의 얘기는 도대체 무슨 얘긴지 모르겠고 어떤 분 얘기는 또 잘 알아듣겠고. 개념이라는 것도 굉장히 의미가 커서 일률적으로 말하기는 상당히 어렵습니다. 그렇다고 대변인이 있어 정리한 것도 아닙니다. 그저 몇몇 건축가들이 모여 있는 느슨한 그룹이었기 때문에 여러 가지 오해도 생기고 공격당하거나 신화화되는 위험은 다분히 내재하고 있는 거죠. 연구하시는 분들이 이런 점에 유념하셔서 그 선을 잘 보는 작업이 필요하단 생각을 좀 했습니다.

동정근 저는 4.3그룹을 통해 많이 배웠습니다. 20년 전의 이야기를 하는 오늘 이 모임의 근본적인 목적은 제가 보기엔 유물을 캐듯이 하자는 것은 아니라고 봅니다. 지금 현재 세대도 20년 전 우리처럼 건축가로서 해야 할 일들이 많거든요. 그렇다면 현 세대가 어떤 생각을 갖는 게 좋겠는지 내일을 바라볼 수 있는 길을 터 주는 연구가 되어야 한단 생각입니다. 근데 제가 좀 늦게 와서 그런데 발표 몇 개 들어 보니 유물을 캐서 새로운 걸 발견했다는 식으로 이야기하는 것처럼 보였어요. 시대성과 단체의 역할에 초점을 맞추고 그것이 어떤 영향을 미쳤는지에 초점을 맞춰야 한다는 생각입니다.

전봉희 전진삼 선생님, 이종건 선생님, 동정근 선생님 모두 비슷한 지적을 하신 것으로 보입니다. 이 연구의 성격을 다시 말씀드리고 싶습니다. 연구는 목천건축아카이브의 김정식 선생님의 큰 뜻에서 시작되었습니다. 처음 생각은 은퇴 건축가들을 연구하자는 것이었습니다. 당연히 그래야 되겠죠. 저는 지금이 건축과 학생들부터 은퇴한 건축가를 갖춘 첫 번째 시기라고 생각합니다. 이제부터 은퇴한 건축가들의 기록부터 남겨야 겠다는 생각에서 시범사업으로 김정식 회장님, 그 다음에 안영배 선생님, 윤승중 선생님의 채록 작업을 했습니다. 그리고 이제 원정수 선생님을 시작하는 단계입니다.

이런 과정에 4.3그룹 이야기가 나왔습니다. 4.3그룹은 지금도 활동하고 있는 분들인데 어떻게 기록 작업을 할까 논의했습니다. 그리고 건축가 개인을 하지 말고 4.3의 활동에 대한 기록을 하는 것에서 시작했죠. 4.3그룹 건축가들을 모두 만나 봤는데 정말로 재밌었습니다. 〈오, 수정〉이라는 영화 있죠. 똑같은 사건인데 남자랑 여자가 달리 기억하잖아요? 4.3그룹 구성원 중 아홉 분의 구술채록 작업에 참여했는데 정말 다르게 기억을 하세요. 〈오, 수정〉의 남자와 여자처럼. 아까 김인철 선생님께서 말씀하셨는데, 김인철 선생님은 그렇게 말씀하시면서 진심으로 믿고 계시죠. 그런데 다른 분들은 또 다른 진실을 생각하고 계시더라고요.

4.3그룹에 대한 역사적 평가를 지금 하는 것이 옳은지 논란은 있습니다. 부분적인 평가들은 있지만 종합적인 평가 같은 건 없잖아요.

곽재환 잠깐 쉬는 시간에 아까 안창모 교수가 저한테 이런 질문을 하더군요. "전환기의 한국 건축과 4.3그룹"이라는 제목이 붙어 있는데 선생님은 이 제목에 동의하시느냐. 저는 4.3그룹이 형성되던 시기는 사회적으로 80년대 민주화 운동을 겪고, 구소련이 해체되고, 한·중 수교도 있었고…. 글로벌화, 세계화가 급속도로 밀려오는 속에서 시대적으로 보면 크게 전환기의 시기였죠. 그러나 제가 돌이켜 보건대 4.3그룹 활동도 과연 그런 시대적 격변을 받아들이고 수용해서 건축적인 논의를 했겠느냐. 아닙니다. 제가 4.3그룹에 참여한 것은 단지 당시 동료들과 함께 배우고, 위안 받고, 서로를 격려하자는 차원에서입니다. 돌이켜 보면 한 4년간 건축 담론을 얘기하면서 제가 가지고 있는 건축의 미적 의식, 공간의 가치, 건축을 주제로 한 인식의 폭을 넓혀가고 정리하는 데 큰 도움이 됐어요. 다만 그때 우리 건축인이 적극적으로 대응하지 않은 것은 부끄럽게 생각합니다.

'전환기'라는 저 제목을 어떤 시각에서 썼는지 묻고 싶습니다.

배형민 저희 연구회가 아홉 명으로 구성되어 있지만 이거는 전혀 어떤 구속을 받은 모임이거나 정해져 있는 집단이 아니어서 여기 계신 많은 분들도 같이 동참해 주시기를 부탁드리는 의미의 '전환기'라고 생각합니다. 당시는 우리 근·현대사에서 전환기였던 거는 틀림없지만 과연 건축에서 전환기였는지 아닌지에 대한 것은 역사적 판단이 진행되고 있다고 생각한 것입니다.

김봉렬 4.3그룹의 가장 큰 공헌은 20년 후에 이런 자리가 만들어졌다는 겁니다. 대상이 있어야지 우리가 공부를 하고 평가를 할 수 있는데 역사적 대상이 이미 되셨다는 면에서 큰 역할을 해 주신 거죠.

II.

4.

group

4.3그룹의 활동 자료

(1990~1994)

목천건축아카이브에서 소장하고 있는 4.3그룹 관련 자료 목록

1. 1990~1992년에 4.3그룹 회원들과 나눈 이야기를 담은 우경국의 수첩
2. 1991~1992년에 진행되었던 4.3그룹 건축기행 관련 기록 및 우경국의 스케치들
3. 1992년 12월 12일에 인공갤러리에서 열린 4.3그룹 전시회 〈이 시대 우리의 건축〉 전 행사 사진 및 동영상(VTR 테이프), 개별 작품 사진, 방명록, 기념패, 전시 브로슈어, 게재 잡지(《건축과환경》 1993년 1월호)
4. 크리틱 세미나(곽재환, 동정근, 민현식, 백문기, 승효상, 이일훈), 기행 세미나 동영상(VTR 테이프)
5. 2011~2012년에 진행되었던 4.3그룹 건축가들 구술 채록 영상 및 음성 기록 자료
6. 4.3그룹에서 발간한 책자 《이 시대 우리의 건축》(1992)과 《echoes of an era / volume #0》(1994)
7. 4.3그룹에서 제작한 우편 엽서(230x90mm)

"오늘 4월3일이네? 그러면 4.3 어떨까요? 이러고. 마침 나이들도 40대, 30대라서 그거 괜찮네. 그래서 오히려 잘 나온 것도 있지. 그러다가 다 모이고 하면 이름이 있어야 할 것 같으니까 그래서 그냥 4.3모임이 그렇게 됐어요."

목천건축아카이브, 〈방철린 구술채록〉, 2011년 10월 12일, (주)칸종합건축사사무소

"하여튼 뭐 거의 완더링(wandering)하는, 표류하는 시간들이었어요. 개인이 자기 페이스로 일 하고 있을 때 이렇게 그룹으로 만나서 이야기 하게 되면 편안해지고 눈에 보이지 않는 어떤 힘이 생기니까 그런 거를 의식했던 거 같아요."

목천건축아카이브, 〈김병윤 구술채록〉, 2011년 11월 16일, 목천건축문화재단

"대학교를 졸업하고 우리가 말하는 기성세대들한테도 교육을 받고 수련을 했잖아요. 수련을 하고 홀로서기를 해야 하는데 우리가 건축을 하게 만들었던 그 사람들과는 뭔가 다른 차별성을 갖지 않으면 안 되겠다는 그런 생각을 했던 거 같고. 우리 윗세대는 어떻게 건축을 하면 될지를 고민했던 세대가 아니라, 어떻게 하면 튼튼하게, 어떻게 하면 예쁘게, 어떻게 하면 환경을 좋게 하느냐 그런 정도의 생각만 갖고 설계를 했었다면, 이제 우리는 만드는 방법들을 배웠으니까 그걸 가지고 무엇을 만들까를 고민하는 그런 세대라고 생각이 되는데. 거기다 무엇을 만들까 이야기를 해야 하고, 이런 걸 하려고 했었다고 이야기를 해야 하고, 그런 것들이 건축 잡지에 여기저기 짬짬이 나오기 시작하면서, 다들 한 가지 생각이, 건축주들도 나랑 비슷한 생각을 하는데 이야기를 우리 모여서 해 보자라고 시작이 된 거예요."

목천건축아카이브, 〈김인철 구술채록〉, 2011년 8월 3일, (주)건축사사무소 아르키움

"저는 그때가 1세대 건축가가 끝나고 2세대 건축가로 넘어가는 도중이었던 거 같아요. 근데 사실 2세대가 그거를 확실히 받아서 해 줄 만한 그런 건축가들이 별로 없었던 거 같아요. 그게 제일 큰 계기가 되지 않았나. 1세대 건축가들은 거의 감성을 위해서 건축을 했던 분들이고 개인의 스킬이나 감각이 뛰어나시니까 그런 것들을 가지고 건축을 해 오셨는데, 이제는 그런 게 아니라 서로 말할 수 있는 건축, 그런 건축으로 가야되지 않겠느냐 했던 거죠. 제일 많이 얘기했던 게 개념에 관한 얘기였어요. 실무를 하는 사람끼리 모여서 하자라고 하는 게 우리 취지였어요. 학계에 있는 사람이 아니고 실제 건축가들의 모임, 그렇게 시작을 했어요. 그중에서도 대형 사무실에서 스태프로 일하는 사람은 제외하자. 자기 스스로 자기 건축을 하는 사람. 그룹으로 모이자 생각을 했죠."

목천건축아카이브, 〈동정근 구술채록〉, 2011년 12월 15일, 목천건축문화재단

"첫 날 서로 다 인사하고 자기소개하고 "야, 우리가 뭘 할 거냐? 우리 모였는데. 우리나라 건축계에 다 불만을 갖고 있는 것은 사실이지만, 우리가 그럼 모여서 뭘 할 거냐?" 그러면서 한 얘기가 뭐냐면, "우리 그럼 세미나 위주로 가자." 근데 그 얘기는 결국 무슨 얘기였냐 하면, 우리가 우리 스스로 세미나를 하고, 그 당시에 비평문화가 약했으니까, "서로 비평을 하자!" 자기비판을 하자는 얘기였어요. 우리가 남을 비판하기 이전에 자기비판을 한번 해 보고, 내가 하는 이 일 자체가 얼마나 제대로 하고 있는 건지, 이게 뭔 짓을 하고 있는 건지를 스스로 비판하는 것, 거기에 다 동의를 한 거예요."

목천건축아카이브, 〈우경국 구술채록〉, 2011년 7월 21일, 예공건축사사무소

4.3그룹 흔적

1990년		
4월 3일	30~40대 건축가 13명이 4.3그룹 결성: 곽재환, 김병윤, 도창환, 동정근, 백문기, 방철린, 승효상, 우경국, 유원재, 이성관, 이일훈, 이종상, 조성룡	
	문화로서의 건축과 토론의 장을 만들기 위한 스터디 그룹으로 출발	
6월 5일	1회 세미나: 두 채의 집 / 조성룡	청담동 주택
	유원재 회원 탈퇴	
7월 14일 ~ 7월 17일	제1회 4.3 건축기행: 일본의 현대건축 / 오사카-도쿄	
7월 16일	제2회 세미나: 홋카이도 교회 및 집합주택 / 이타미 준	도쿄 국제회관
9월 18일	제3회 세미나: 주택 3제 / 승효상	성북동 주택
10월 16일	제4회 세미나: 도시에서의 근생 / 백문기	포이동 ATTIC
11월 27일	제5회 세미나: CROSS OVER / 동정근	부암동 CROSS OVER
	김인철, 민현식 회원 영입	
12월 14일	제6호 세미나: 중간 영역으로서 사이공간 / 우경국	청운동 여운헌
1991년		
2월 23일	제7회 세미나: 소규모 상업건축 / 김인철	부산 남천동 SKIP-UP
4월 26일	제8회 세미나: 波의 집 / 곽재환	맥건축
5월 18일	제9회 세미나: 건축 사진 촬영 기법 / 김철현	IMPACT STUDIO
6월 13일	제10회 세미나: 가회동 11번지 주거계획 / 우경국 외 4인	우원건축
7월 14일~7월 25일	제2회 4.3그룹 건축기행: 베니스에서 파리까지	
7월 19일	제11회 세미나: 안드레아 팔라디오에서 현대까지 / 전체회원	라투레트 수도원
8월 31일	제12회 세미나: 소규모 건물의 PUBLIC SPACE / 이종상	이데아건축
9월 7일	NCC-FOLIES 설명회(KDA)	
10월 26일	제13회 세미나: 건축에서의 주제 / 김병윤	컨템포 빌딩
1992년		
2월 29일	제14회 세미나: 리얼리티의 서정적 표현 / 도창환	자곡동 주택
3월 28일	제15회 세미나: 방편설법 / 이일훈	T.S.C
5월 2일	제16회 세미나: 자연과 인간과 과학 / 방철린	인토건축
5월 30일	제17회 세미나: 비어 있는 공간	원도시 건축
6월 20일	제18회 세미나: 전쟁기념관 / 이성관	양평콘도

5월 2일~7월 18일	제3회 4.3그룹 건축기행을 위한 사전 세미나: 세기말 유럽 근대건축	
5월 2일	Art & Craft, Art Nouveau, Wiener Sezession / 김광현	인토건축
5월 30일	2차 세미나: Adolf Loos / 김광현	원도시건축
6월 20일	3차 세미나: 네덜란드 건축과 De Stijl/ 김광현	한울건축
7월 18일	4차 세미나: 러시아 구성주의와 해체건축 / 김광현	서울시립대
8월 1일~ 8월 16일	제3회 4.3그룹 건축기행: 빈에서 런던까지	
8월 14일	제19회 세미나: 세기말 세기초 / 기행 참가 전체회원	런던
9월 26일	제20회 세미나: 예술과 시대정신 / 유홍준 교수	예공건축
10월 17일	제21회 세미나: 시대정신과 건축 / 소홍렬 교수	T.S.C
11월 7일	제22회 세미나: 건축의 시대정신 / 김광현 교수	T.S.C
12월 10일	4.3그룹 작품집 발간: 《이 시대 우리의 건축》, 안그라픽스	
12월 12일~12월 24일	4.3그룹 이 시대 우리의 건축 전시회	서울 동숭동 인공 갤러리
	12월 12일: 건축 속의 작은 음악회 / 김영준 콘서트	
	12월 12일: 이 시대 우리의 건축 1차 심포지엄	인공 갤러리
	12월 16일: 이 시대 우리의 건축 2차 심포지엄	인공 갤러리
	12월 18일: 이 시대 우리의 건축 3차 심포지엄	인공 갤러리
1993년		
1월 5일	4.3그룹 건축전 비디오 제작	
4월 3일	4.3그룹 3주년 기념 및 분당 주거전	
5월 22일	제4회 하계 건축기행을 위한 1차 세미나: 루이스 칸 건축 1-건축의 본질과 의지 / 김광현 교수	민현식건축
6월 23일	2차 세미나: 루이스 칸 건축 2-침묵과 보편성 / 김광현 교수	우원건축
7월 15일	3차 세미나: 루이스 칸 건축 3-근대건축 의미 재해석 / 김광현 교수	서울시립대 건축과
7월 20일	제4회 하계 건축기행 취소	
7월 20일~11월	건축 제도 개선 및 교육제도에 관심 / 건미준 활동에 동참	
11월 26일	제4회 4.3그룹 건축기행 테마 변경에 따른 1차 세미나: 인도의 문화 / 박명덕 교수인제건축	
12월 18일	2차 세미나: 인도의 사회와 문화 / 이한기	우원건축
1994년		
1월 8일	3차 세미나: 찬디가르의 르코르뷔지에 건축 / 김광현 교수	서울대 건축과
1월 18일~ 1월 29일	제4회 4.3그룹 건축기행: 인도의 르코르뷔지에와 칸	
1월 21일	제23회 세미나: 인도의 불교문화 / 김봉렬	바리나시
2월 26일	제24회 세미나: 인도라는 나라	인제건축
4월 2일	4.3그룹 4주년 기념 좌담회	녹원
4월	인도 건축기행 특집, 《건축문화》 1994년 4월호	
10월 7일	4.3그룹 《echoes of an era / volume #0》 출판	

*《echoes of an era / volume #0》(1994)에서 가져왔다.

크리틱 세미나

일시	건축가	세미나 제목	세미나 장소
1990년 6월 5일	조성룡	두 채의 집	청담동 주택
9월 18일	승효상	주택 3제	성북동 주택
10월 16일	백문기	도시에서의 근생	포이동 ATTIC
11월 27일	동정근	CROSS OVER	부암동 CROSS OVER
12월 14일	우경국	중간 영역으로서 사이공간	청운동 여운헌
1991년 2월 23일	김인철	소규모 상업건축	부산 남천동 SKIP-UP
4월 26일	곽재환	波의 집	맥건축
8월 31일	이종상	소규모 건물의 PUBLIC SPACE	이데아건축
10월 26일	김병윤	건축에서의 주제	컨템포 빌딩
1992년 2월 29일	도창환	리얼리티의 서정적 표현	자곡동주택
3월 28일	이일훈	방편설법	T.S.C
5월 2일	방철린	자연과 인간과 과학	인토건축
5월 30일	민현식	비어 있는 공간	원도시건축
6월 20일	이성관	전쟁기념관	양평콘도

"서로 만나서 토론하고 하는 과정이, 다른 사람은 어떤지 모르지만 나한테는 굉장한 자극을 줬어요. 그 전까진 난 공간 내에서 김수근 건축이 무엇인가에 대해서 골몰했기 때문에 남이 건축을 하는지 알지도 못했어요. 물론 책을 보고 유명한 건축가들은 알고 그랬지만 실질적으로 현장에 현존하는, 같이 활동하는 사람들이 무슨 생각으로, 어떤 생각으로 건축을 하는지 알지를 못했고. 나하고 생각이 어떻게 다른가, 똑같은 상황을 두고 어떻게 다른가, 얼마나 다른가를 알지는 못했던 거야."

목천건축아카이브, 〈승효상 구술채록〉, 2011년 11월 10일, 이로재

*4.3그룹 건축가들의 약력은 1994년에 4.3그룹에서 출간한 《echoes of an era / volume#0》에서 가져온 것으로 현재와 다를 수 있다.

조성룡
두 채의 집

"그냥 집에서 하는 거니까
다들 보니깐 뭐 할 거 없잖아요.
그 집은 아주 평범한 집이잖아요.
어디 좀 세고 개념이 강해야
씹을 것도 있는데. 그냥 집장수
집 좀 벗어난 정도니깐, 뭐. 그 집은
굉장히 편하게 지은 집이예요.
사실은 합정동 주택에서 했으면
시빗거리가 있었을 텐데 이건 뭐
워낙 두루뭉술하니까. 아직은
익숙하지 않았던 것도 있어요.
서로 얘기하기에 덜 친해졌고.
말해도 되나? 이런 게 좀 있었죠."

목천건축아카이브, 〈조성룡 구술채록〉,
2011년 8월 16일, 종로구 소격동

조성룡 조성룡 스튜디오·우원건축

1944년 생. 부산고와 인하대 건축과 대학원 졸업 후 공군본부, 우일건축을 거쳐 1975년 우원건축연구소 설립. 아시아선수촌과 기념공원 국제 설계경기(서울, 1983)에서 1등 당선하였으며 합정동 주택, 청담동 주택, 인하대 학생회관, 양재 287.3, 해운대빌리지, 도곡동 주상복합 프로젝트 등을 통하여 도시 건축의 가능성을 추구. 서울시 건축상, 건축가협의상, 건축사협회 작품상을 수상하였고, 마당의 사상-신세대 한국 건축 3인전(東京 갤러리 間, 1989), 4.3그룹 건축전(1992), 한국의 주거문화(1993) 전람회 참가. 저작으로 《21세기엔 이런 집에 살고싶다!》(공저)가 있다.

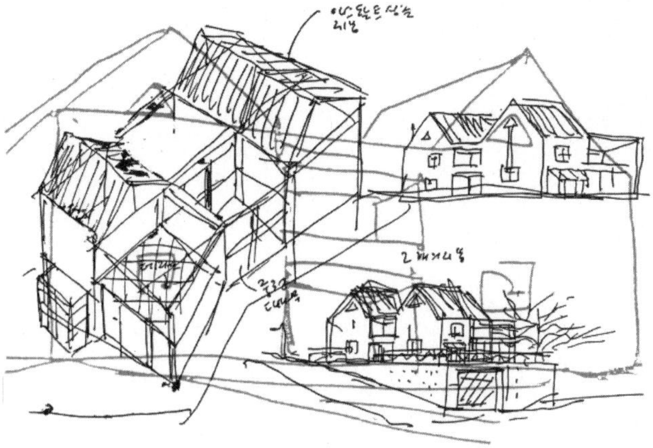

합정동 주택 스케치

함정동 주택 입면도

합정동 주택

주소: 서울 마포구 합정동
규모: 지하 1층, 지상 2층
구조: 철근콘크리트 구조
외부 마감: 노출콘크리트
완공: 1987년

청담동 주택

주소: 서울 강남구 청담동
규모: 지하 1층, 지상 2층
구조: 철근콘크리트 구조
외부 마감: 노출콘크리트
완공: 1988년

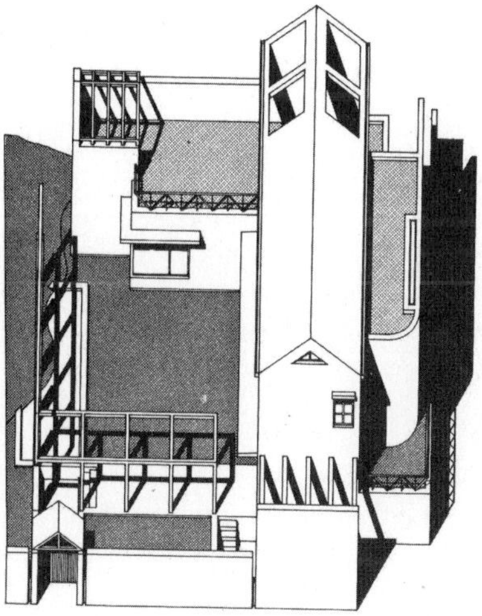

청담동 주택 엑소노메트릭

승효상
주택 3제

"성북동에 그때 짓고 있었던 집. 완성된 게 아니라 골조만 완성된 상태에서 좋은 크리틱을 해 주면 설계를 바꿀 수도 있다고 내가 꼬여가지고, 오라 해서 얘기를 했는데 골조만 있으니 뭘 아나? 그래가지고 야, 작전 좋다. 그런 류의."

목천건축아카이브, 〈승효상 구술채록〉, 2011년 11월 10일, 이로재

승효상 **승효상 건축연구소·이로재**

1952년 부산 생. 경남고와 서울대학교 건축학과 및 동대학원 졸업. 74년 공간에 입사하여 김수근으로부터 건축수업을 받음. 80~82년 비엔나 체재 중 비엔나공과대학 MMP건축사무소에 다닌 적이 있으며 89년 승효상건축연구소를 개설 독자적 작품활동을 벌임. 작품으로는, 공간시절 마산성당(1977), 경동교회(1980) 등이 있고, 눌원빌딩(1989), 성북동주택(1990), 수졸당(1993) 등으로 건축가협회상(1991, 1992), 제14회 김수근문화건축상(1993), 건축문화대상본상(1993)을 수상하였음. 한양대, 경기대 등에 출강했으며, 한국현대건축 산책 시리즈(1993, 경향신문)를 집필한 바 있고, 4.3건축전, 분당주택전람회, 이즈모건축포럼 등에 "빈자의 미학"을 주제로 한 건축론으로 참가했다.

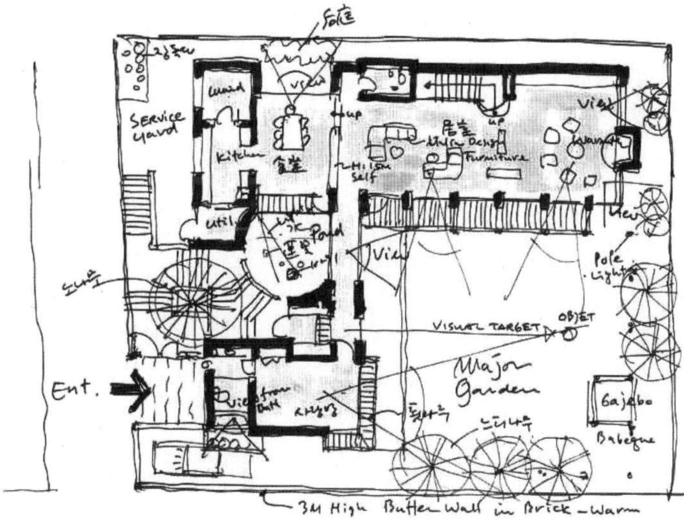

성북동주택

주소: 서울 종로구 성북동
규모: 지하 1층, 지상 2층
구조: 철근콘크리트 라멘조
외부 마감: 붉은 벽돌, 아스팔트 싱글
완공: 1992년

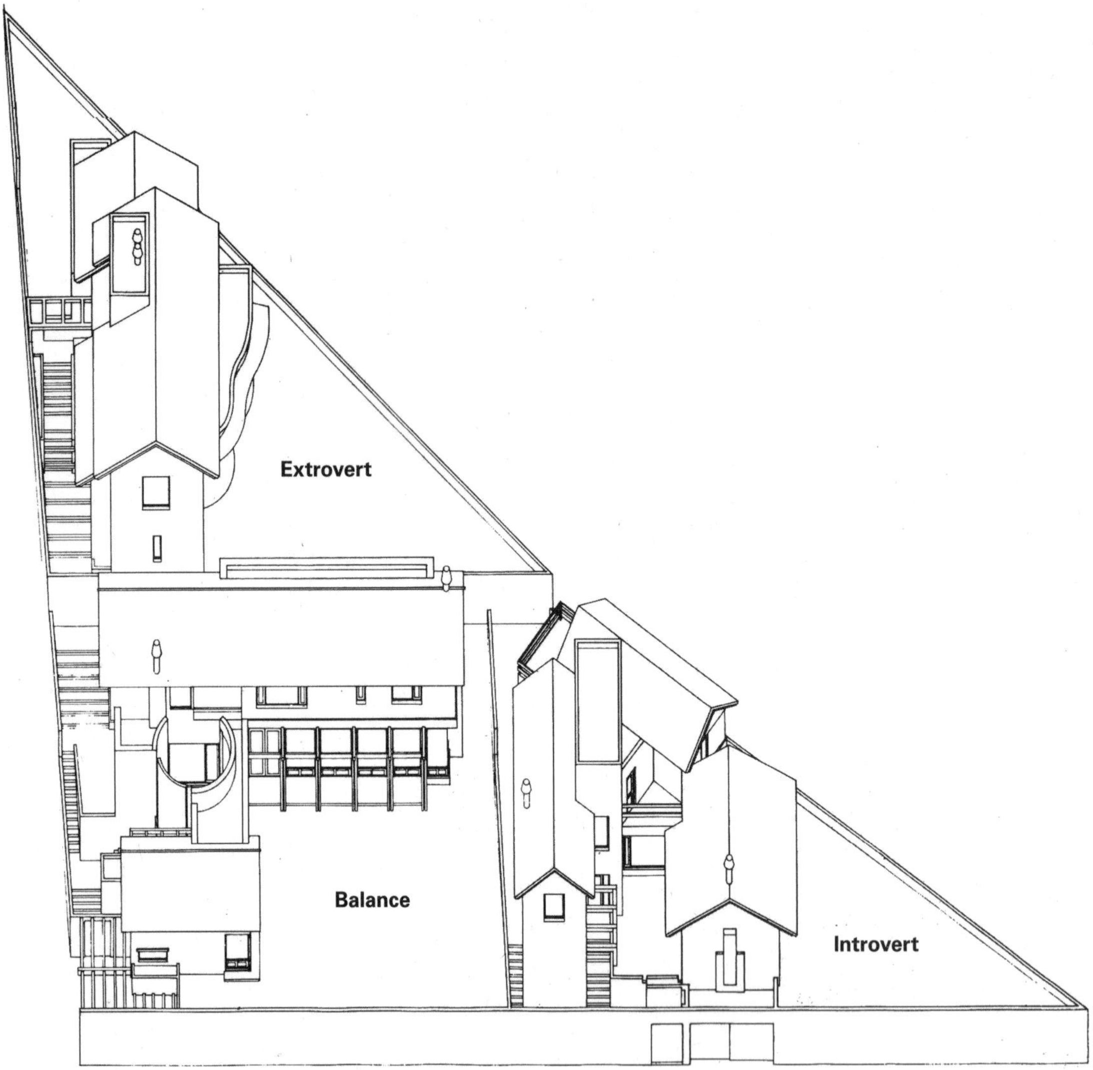
Extrovert
Balance
Introvert

"지금 한창 공사 중이고, 완공이 되어 가고 있는 성북동에 있는 세 개의 집입니다. 밸런스(balance), 엑스트러버트(extrovert), 인트러버트(introvert)라는 것은 별 의미가 전혀 없습니다. 이 집을 A동, B동, C동이라고 이름을 갖다 붙이려고 하는 게 좋지 않아서 그냥, 별 의미 없이 이렇게 붙인 것입니다. 이 집을 먼저 설계를 하고 나머지 이 두 집을 설계했는데, 이 집은 건축주가 재일교포이고, 이 집은 칠십 넘은 아주 완고한 노인이고, 이 땅은 이 사람이 소유를 하고 있는데, 이 집은 지어서 임대를 주거나 팔 그런 집, 세 가지 형태의 집으로 되어 있습니다. 세 채 그리고, 주변 상황이 성북동의 맨 끝, 북단, 이 길이 바로 북악스카이웨이 길이고, 여기에서 이쪽 부분에 스카이 골프장인데, 거기서 바로 넘어오면, 이 세 채가 있는 그런 형태라서 성북동 주택단지 맨 끝에 있는 놓인 집입니다. … 이 집의 형식은 들어와서 역시 전정을 보고 각 기능실을 간 다음에 이러한 거실을 통해서 주마당을 보는 형식으로 공간 전개 형식에서는 전원주택과 거의 비슷한 형태를 나타내고 있습니다."

4.3그룹 크리틱 세미나, 〈승효상 발표〉 중 성북동 주택 부분, 1990년 9월 18일, 성북동 주택

백문기
도시에서의 근생

"기껏 해봐야 24평밖에 안 돼요. 가운데 2미터 800짜리 마당이 있고 위가 뚫려 있는. 지금도 가보니까 내가 설계한 집이 지붕이 안 뚫린 집이 없네. 자꾸 뚫는 걸 좋아해가지고. 그때 된통 터질 각오를 하고 다부지게 했는데 누군가 또 답답하다는 얘기를 한 거 같아요. 그때 2층으로 이렇게 올라가는 계단을 하늘까지 올라가게끔 디자인을 해갖고 현관이 넓어지면서 돌아서면 바로 3층으로 올라가는, 2층은 스트레이트로 올라가는 그 작품을 발표했어요."

목천건축아카이브, 〈백문기 구술채록〉,
2011년 11월 29일, 재동

백문기 인토건축

1948년 서울에서 태어남. 한양대 건축과를 거쳐 정림건축과 아키플랜에서 10여년의 실무 후 태건축 연구소를 설립. 90년 4.3그룹 동인에 참가하였고 91년 인토건축 연구소로 본격 활동함. 건축대전의 초대작가전, 92 4.3그룹전, '94건축세미나의 기획 및 발표, 최근 원주의 만종교회계획 마무리 중이며 신건축현상 참여, 경희대 94 건축 강좌에 강사로 초빙됨.

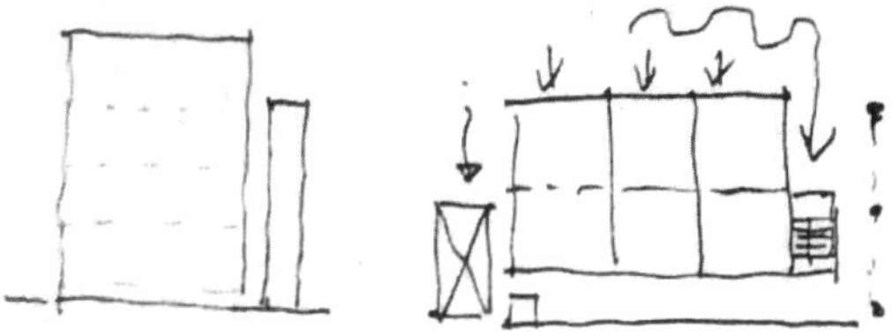

ATTIC Ⅰ

주소: 서울 서초구 서초동
규모: 지하 1층, 지상 4층
구조: 철근콘크리트 구조
외부 마감: 노출콘크리트,
치장 벽돌
완공: 1989년

ATTIC Ⅱ

주소: 서울 강남구 포이동
규모: 지하 1층, 지상 5층
구조: 철근콘크리트 구조
외부 마감: 노출콘크리트,
치장벽돌
완공: 1990년

ATTIC Ⅲ

주소: 서울 강남구 포이동
규모: 지하 1층, 지상 5층
구조: 철근콘크리트 구조
외부 마감: 노출콘크리트,
파스텔 타일
완공: 1990년

ATTIC Ⅳ

주소: 서울 강남구 포이동
규모: 지하 1층, 지상 5층
구조: 철근콘크리트 구조
외부 마감: 노출콘크리트,
파스텔 타일
완공: 1990년

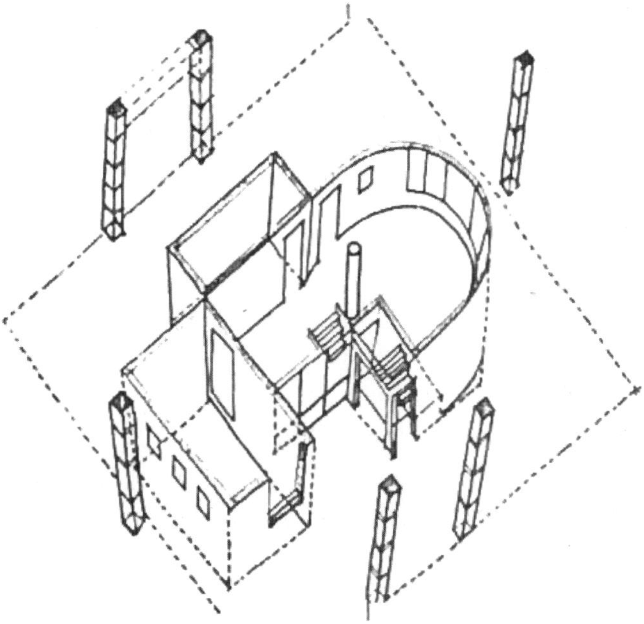

ATTIC Ⅱ

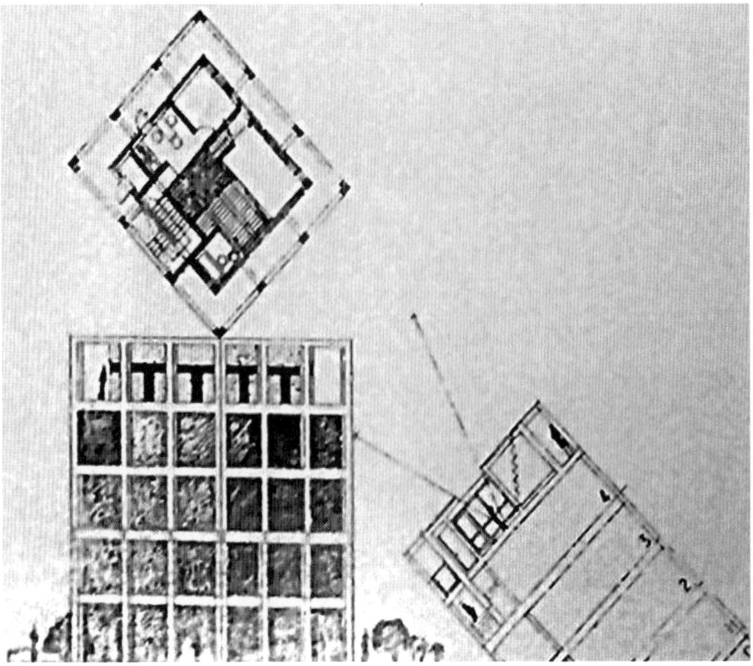

ATTIC III

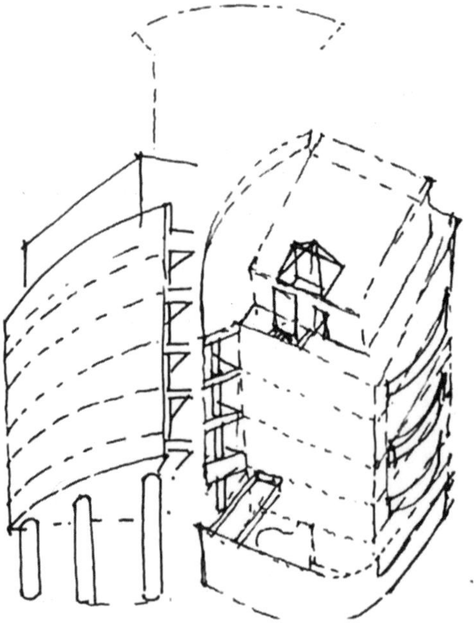

ATTIC IV

우연한 기회에 서초동에 콘크리트 집을 설계한 적이 있습니다. 그 건축을 보고 다른 분이 오셔서 포이동 지역에 프로젝트를 해 달라고 한 게 바로 근린생활시설입니다. 복합기능과 자기 사회재단과 같이 있게 해 달라는. 주거시설도 있고, 근린생활시설도 있고, 이게 생소한 기능이지만, 근린시설에는 상당히 많이 있습니다. 두 번, 세 번, 네 번, 다섯 번째 작업을 들어가고 있는데, 계속 연속시리즈로 그 간격이 불과한 100미터, 뭐 길면은 한 400미터 이런 지점에 이렇게 놓여 있게 되었습니다.

4.3그룹 크리틱 세미나, 〈백문기 발표〉 중 포이동 ATTIC 부분, 1990년 10월 16일, 포이동 ATTIC

동정근
CROSS OVER

"주제 발표를 하면 발표자가 무슨 말을 하든 상관 없이 상당히 토론을 격하게 했어요. 토론하는 과정에서 서로 느끼는 것들이 자기가 발표하는 것보다 훨씬 효과가 있었다고 생각합니다. 심한 얘기들도 많이 했어요. 그러고 또 주제를 벗어나는 얘기들도 많이 했었고. 건축의 전 분야를 얘기를 했죠."

목천건축아카이브, 〈동정근 구술채록〉,
2011년 12월 15일, 목천건축문화재단

동정근 인하대학교

인하대학교를 졸업 후 한정건축, 울산 엔지니어링, 효성건설에 근무 중 주거단지 계획에 대한 관심을 갖고 환경대학원에서 도시계획 전공. 85년에 장원건축을 설립 운영하면서 집합주거의 사회공간에 대한 새로운 인식 및 체계기법에 의한 건축 방법론을 바탕으로 설계에 임함. 최근에는 상징체계를 통한 건축어휘를 찾고 있으며, '93년 인하대 건축공학과 교수로 자리를 옮김.

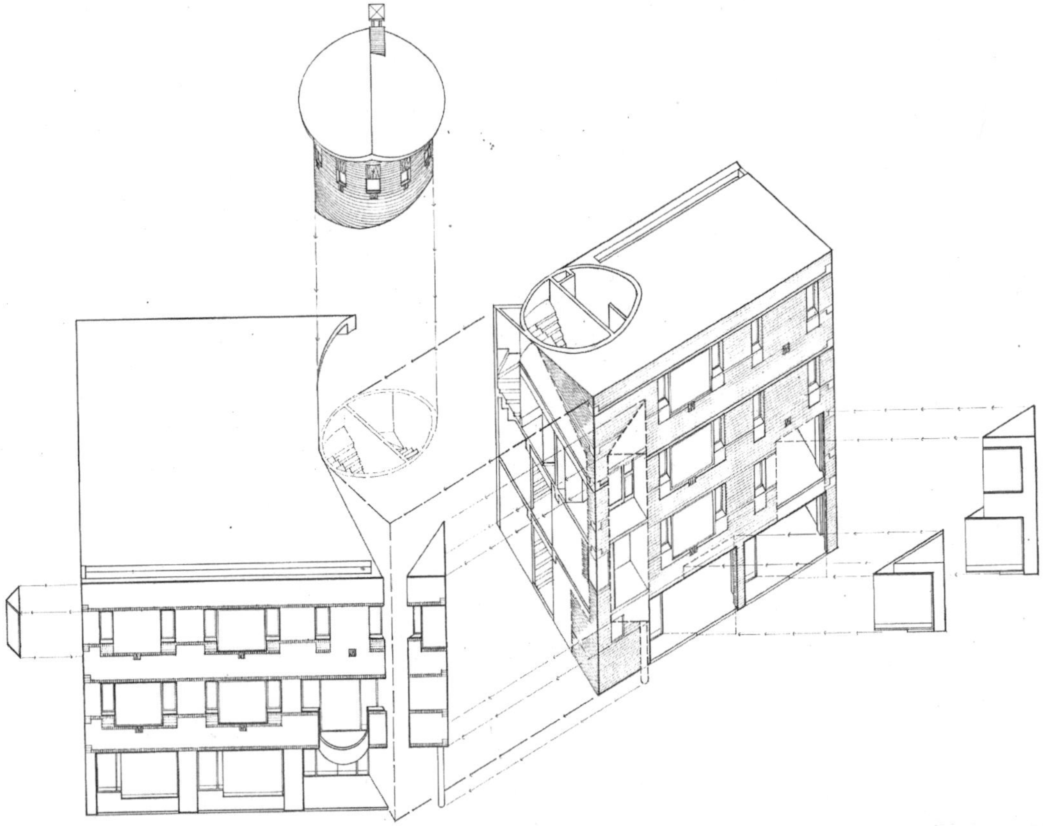

CROSS OVER

CROSS OVER

주소: 서울 종로구 부암동
규모: 지하 1층, 지상 3층
구조: 철근콘크리트조
외부 마감: 적벽돌, 화강석
완공: 1988년

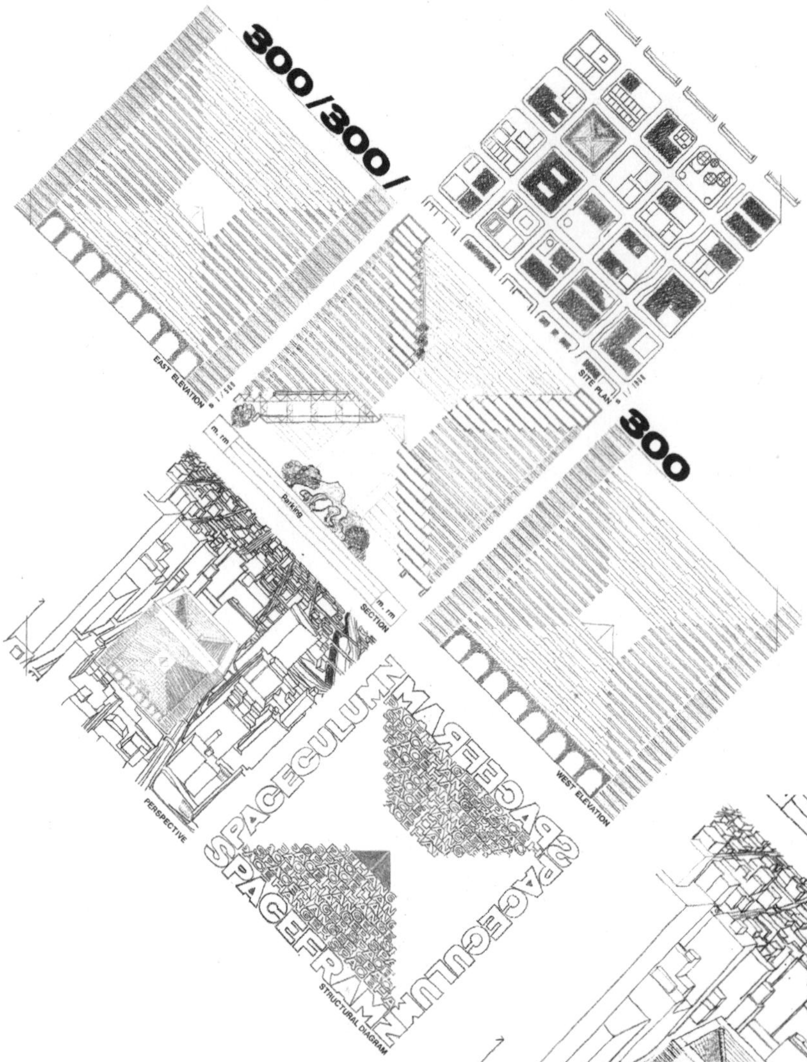

300X300 개념 설계

일본 《신건축》 주택
국제현상설계 입상작

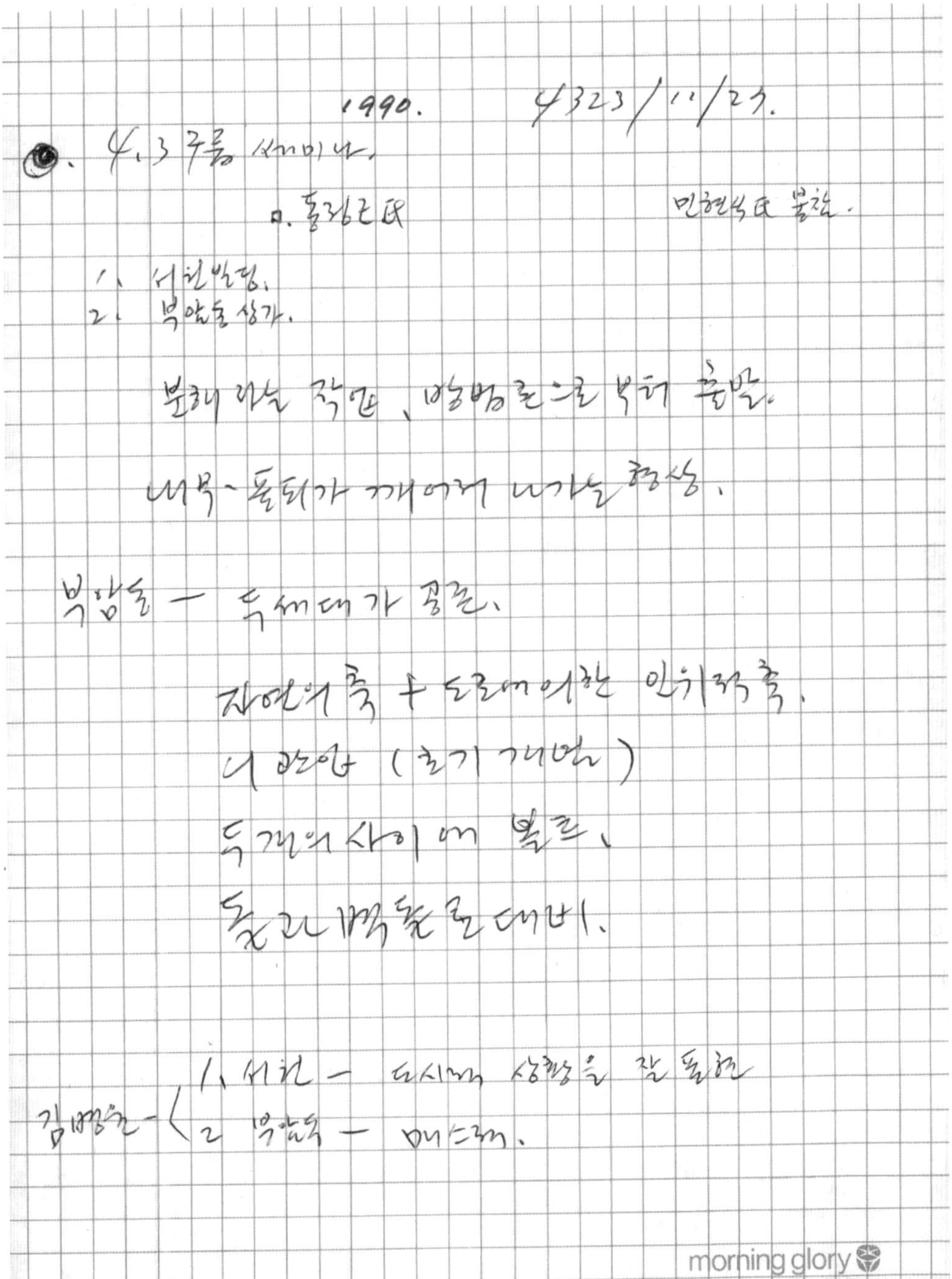
1990. 4323/11/27.

◎. 4.3 구룹 세미나.

ㅁ. 동정근 氏　　　　민현식 氏 불참.

1. 서귀빌딩.
2. 부암동 상가.

분해 하는 작업, 방법론으로 부터 출발.

내부 - 돌퇴가 깨어져 나가는 형상.

부암동 — 두 세대가 공존.

자연의 축 + 도로에 의한 인위적 축.

ㄴ 공간 (축의 개념)

두 개의 사이에 볼륨.

높고 낮춤을 대비.

김병윤 — 1. 서귀 — 도시의 상황을 잘 표현
2. 부암동 — 매너리즘.

morning glory

우경국 메모

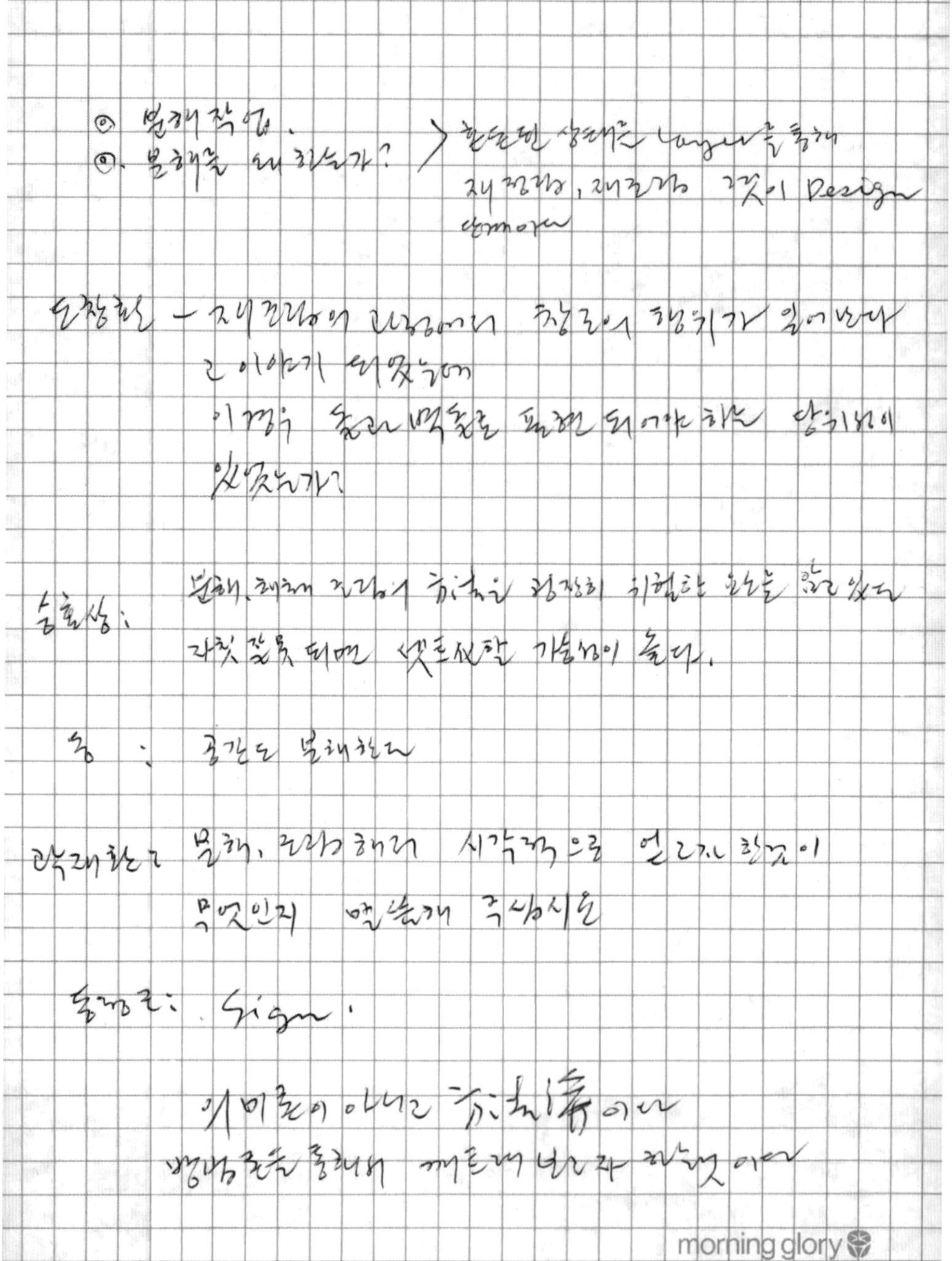
◎ 분해 작업.
◎. 분해를 왜 하는가? > 혼돈된 상태를 Language를 통해
재정렬, 재조립 것이 Design
인 것이다
도창희 – 재조립의 과정에서 창조의 행위가 일어난다
고 이야기 되었는데
이 경우 분해 맥락을 표현 되어야 하는 당위성이
있었는가?
송호성: 분해, 해체 과정이 方法을 정확히 이해한 후는 않고 있다
자칫 잘못 되면 왜곡시킬 가능성이 높다.
중 : 공간도 분해한다
박재환: 분해, 조립 해서 시각적으로 얻고자 한 것이
무엇인지 명쾌하게 구성하시오
홍경호: Sign.
의미론이 아니고 方法論이다
방법론을 통해서 깨트려 보고자 한 것이다
morning glory

이일호: 내부적 프로그램이 없는 상황에서
공간의 분해 해체는 자칫하면 자기만족이
될 수 있다. 누가 해도 적출 정도의 상태를
벗어나기 어려울 것이다.

우경국

중간 영역으로서 사이 공간

우경국 예공건축

1946년 생. 한양대 졸업 후 정일건축연구소, K.P.R.C를 거쳐 1979년 환경건축 STUDIO를 개설. 인구보건연구원, 이목가, 서울대공원 마스터플랜 등을 하였고 1988년 예공건축을 설립. 여운헌, 송풍당, 관수정 등을 통하여 한국 건축의 공간개념을 현재적 상황 속에서 재구축 하는데 노력하였으며 제3회 아시아포럼 건축가(싱가폴 ART BACE 갤러리 1992), 4.3그룹 건축전(1992), 한국의 주거문화(1993) 전람회 참가. 동국대, 경기대 출강. 현재는 경기대 건축과 디자인 디렉터(서울 CAMPUS)로 건축 교육에 새로운 방법론을 시도하고 있으며 "지역성의 향방과 그 발견" 세미나 및 전시를 준비하고 있고 Y GALLERY 및 무설당 설계 중.

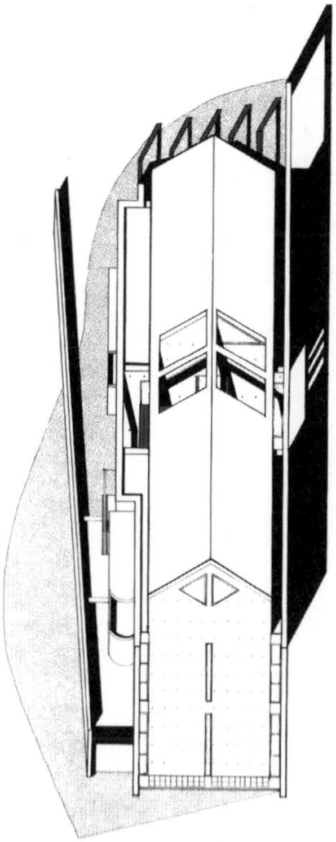

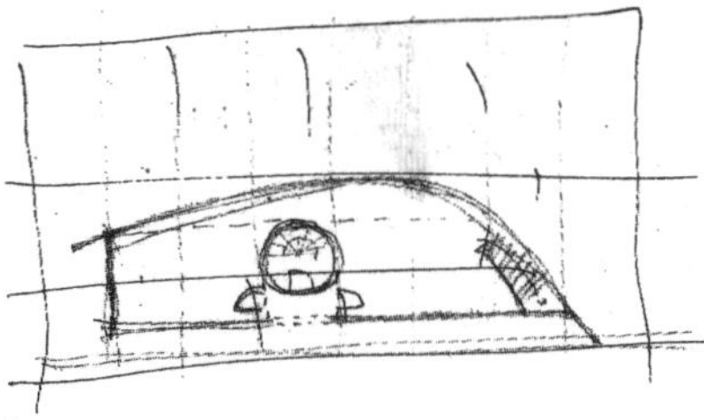

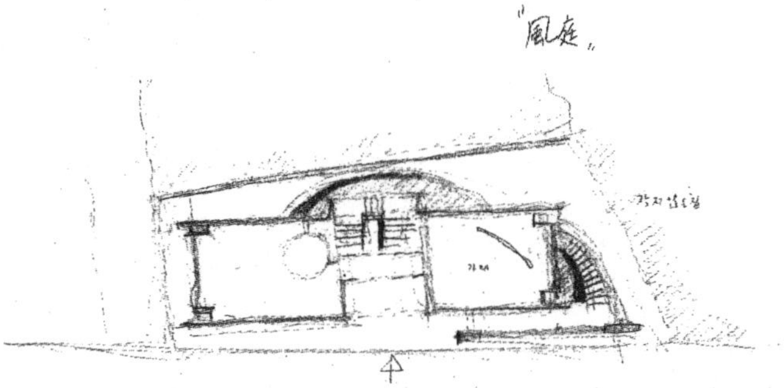

여운헌

주소: 서울 종로구 청운동
규모: 지하 1층, 지상 2층
구조: 철근콘크리트 라멘조
외부 마감: 노출콘크리트
완공: 1992년

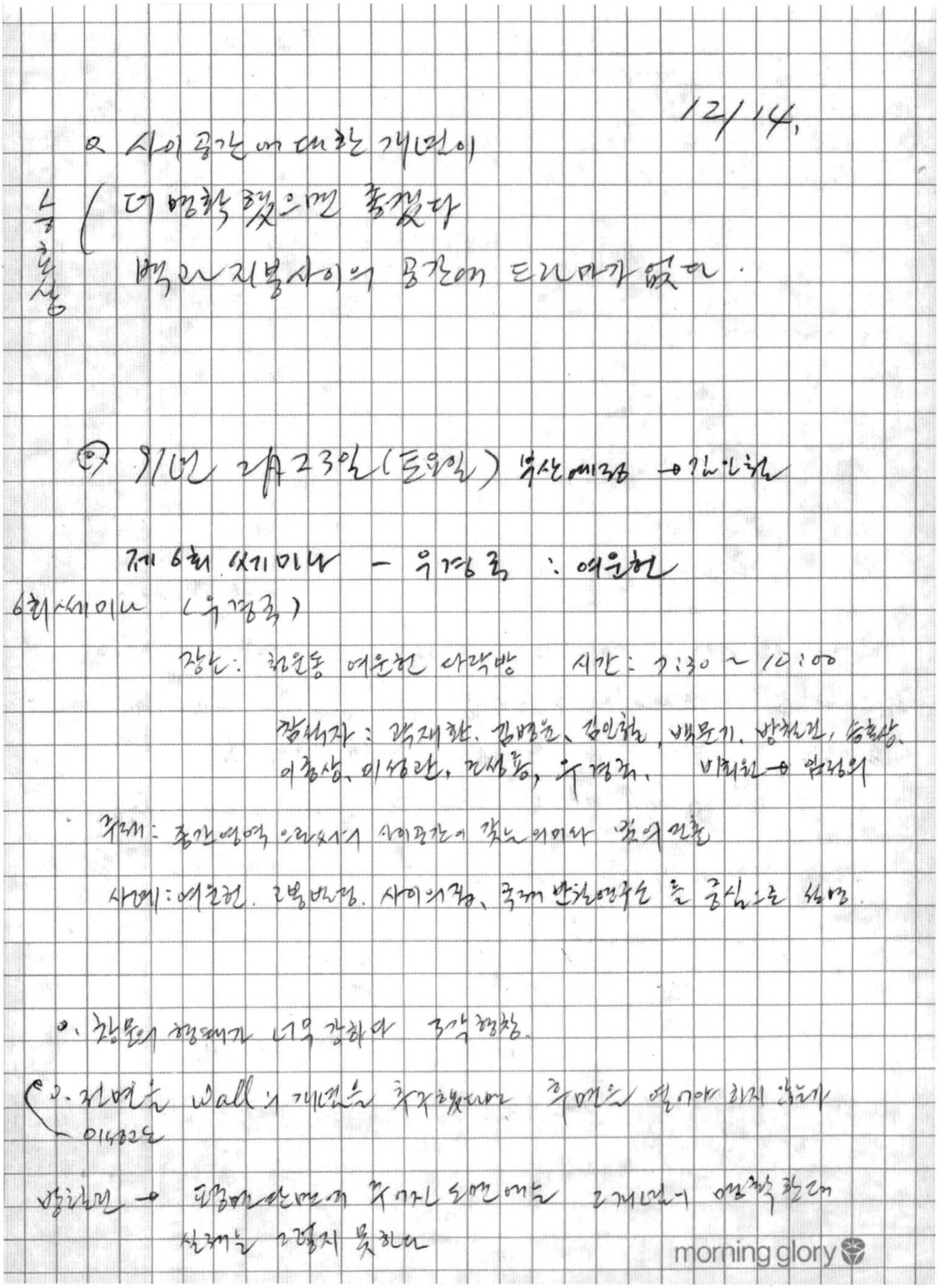

12/14.

o 사이공간에 대한 개념이

승효상 (더 명확했으면 좋겠다

벽과 지붕사이의 공간에 드라마가 없다.

◎ 91년 2月 23일(토요일) 부산에서 → [illegible]

제6회 세미나 - 우경국 : 여운헌

6회 세미나 (우경국)

장소: 청운동 여운헌 사랑방 시간: 7:30 ~ 10:00

참석자: 곽재환, 김병윤, 김인철, 백문기, 방철린, 승효상, 이종상, 이성관, 조성룡, 우경국. 비회원 → 임정의

주제: 중간영역으로서의 사이공간이 갖는 의미와 집의 건축

사례: 여운헌, 고봉빌딩, 사이의 집, 국제 [illegible]연구소 를 중심으로 설명.

o. 창문의 형태가 너무 강하다 3각형창.

o. 전면은 Wall의 개념을 추구했는데 측면은 [illegible] 하지 않는가 ← 이상으로

방철린 → 도로에 면해서 꺾이는 모습에는 그 개념이 명확한데 실제는 그렇지 못하다

우경국 메모

o. 의문사항 – 고층은 주택의 용도로 했어야만 했는가
중앙부분(open된 부분)을 마당을 중심으로 하나로 하게
하는 것이 개념을 확실히 할 수 있지 않았는가.

o. 과제해결: 디테일에서 사이개념이 무엇인지 설명해야 한다

o. 장점들: 지금까지 설명하지 않았는가? 개념이 잘 나타난 것이
아이는 매트릭이 아니고. 그 이외 하나는 사진에서 잘 설명되고 있다

o. 배울점: 사이공간에서는 측면 진입을 하였고 이웃집에서는
중앙 진입을 하였다. 설명도중 한국의 전통주거는 지붕면의
경사이기 때문에 세모난 꼴이 중앙부분을 open 시키고 상부에 살창을
넣었다고 하는것은 다분히 비논리적인 이야기이다. 전통이라는 용어는 사용하지
말았어야 할것이다.

김인철
소규모 상업건축

“우경국인가가 그룹의 성격을 이야기하면서 다들 비슷한 고민들을 하고 있는 걸로 보이는데 혼자서만 고민하지 말고 같이 해 보자는 모임이다. 그러니까 건축적인 이야기들을 이 자리에서 해 보자 해서 우리도 돌아가면서 자기작품 현장에 가서 한다고. 그랬더니 들어가서 얼마 안 돼서 내 차례가 되었나 그래. 그것도 차례를 정한 게 아니라, 그즈음해서 완공된 건물을 가진 그런 사람들 순서대로 돌아가는 걸로 됐었어요.

…

부산 광안리에 스킵 업(Skip-Up)이라고 하는 조그만 상가를 설계한 적이 있었는데 그때 당선이 되어서. 부산에 갔다가 조폭으로 오해받기도 했고.

목천건축아카이브, 〈김인철 구술채록〉, 2011년 8월 3일, (주)건축사사무소 아르키움

김인철 인제건축

1947년 서울에서 태어나 진해에서 유년기를, 부산에서 소년기를 치룸. 홍익대에서 공부를 시작함. 해군 입대 후 시설계획 투시도를 그렸었고, 엄덕문 선생 아래에서 실무를 시작했다. 국민대에서 석사를 마쳤고, 86년 인제건축을 설립 독자적인 건축 활동을 펼침. 일본 갤러리 Ma의 한국 건축 3인전 전시회에 초대되어 작품을 전시 발표했으며, 다수의 건축상을 수상하였고, 92 4.3그룹전, 93한국의 주거문화 전람회, ASIA FORUM 등에 참가하였다.

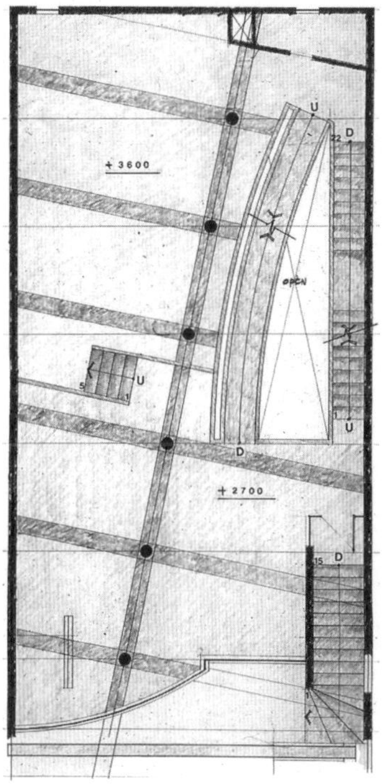

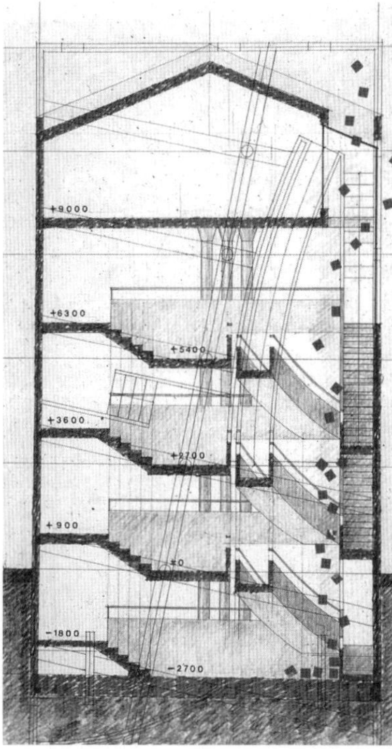

SKIP-UP

주소: 부산 남구 남천동
규모: 지하 1층, 지상 4층
구조: 콘크리트 중공슬래브 구조
외부 마감: 노출콘크리트
완공 연도: 1989년

■ 제7회 4.3그룹 세미나 4324/2/22

17:00

김인철 → SKip UP

부산의 건축

참석자: 곽재환. 김병윤. 김인철. 방철린. 도창환. 민현식. 백문기. 우경국. 이종상. 이일훈. 조성룡. 승효상.

— 성인수 교수 기록 — 울산대

부산 — 자연발생적으로 형성된 것들

골목길(4M도로)에 놓여진 브리지.

"메트로" "복티크" 89.10월 준공

갈라진 지붕과 그 틈새가 빛 취하의 SKY Light.

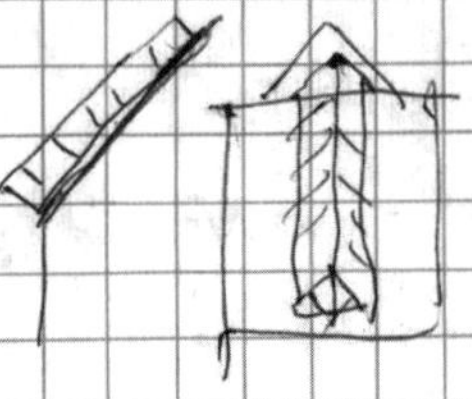

광안리 → 해수욕장으로 유명했던 지역

놀러 왔던 사람들을 대상으로 간이숙박업들이

형성되기 시작했으며

상업 고층 아파트 단지가 형성되면서 현재의

골목길에 숙박 모텔 고층의 상업시설들이 형성되기 시작

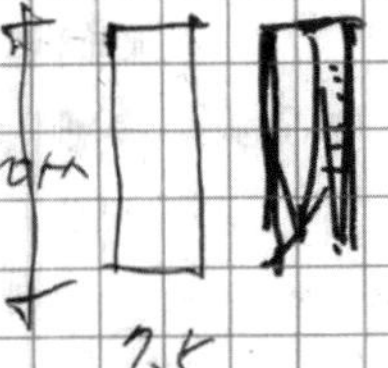

o. SKIP.UP

대지면적: 198.6m²

건축면적: 157.21m²

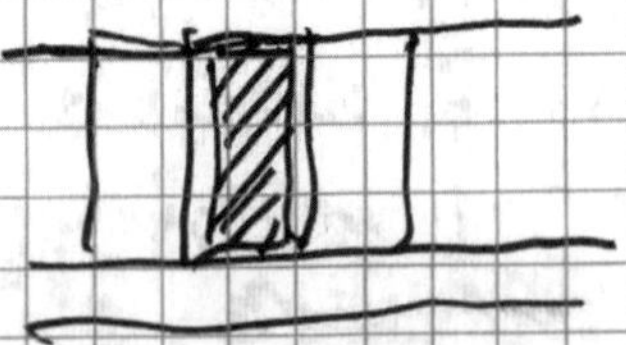

부산 — 부산은 형태적인 것을 받아들이는 포용력이 있는 것 같은

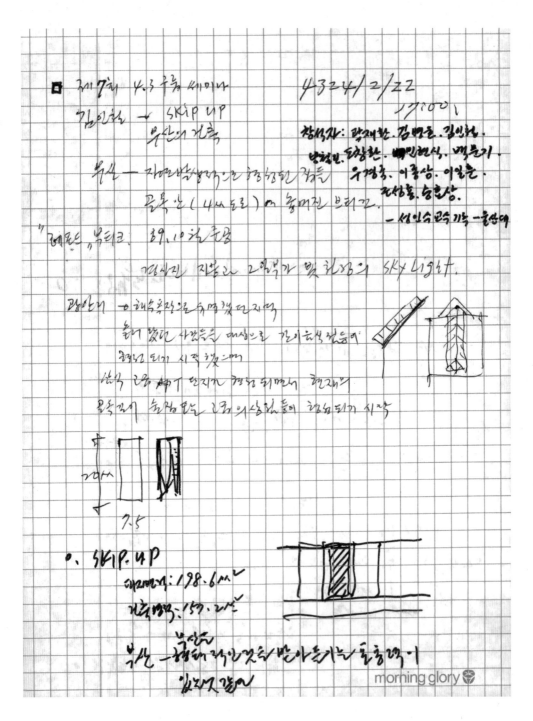

우경국 메모

ㅇ. 건축주의 간섭은 받지 않고 진행

7.5폭 → 6.9m 폭의 길을.

높이

상업지역에서 12m 이내일 경우

대지 경계선까지 집을 지을 수 있다.

ㅇ. 길이 1m 위에 터널같은 느낌을 배제하기 위해 높이

상승시켜 skip up 시킴

ㅇ. 소실점이 어긋나게 하여 → 축의 개념으로 하나

ㅇ. 계단과 Ramp는 서로 어긋나게 하여

공간의 변화

ㅇ. 벽의 소실점과 기둥의 어긋남이 오히려 좋다

ㅇ. 강북의 3개 project.

곽재환 → 효과, 안전성 문제

· 최초에 Con 재료를 사용했었으나
공사 도중 상태가 양호하지 못하여 다른 재료로
사용하게 되었는데 재료를 사용함에 있어
최초에 갖고 있는 생각?

김: 재료라는 것은 순수한 재료.
바깥을 생각하고 싶은 것이 본인의 생각이다

곽: · 재료라는 것을 공간 형성 하는 것으로서 취급하여
생각하고 있는가?

? · 상업건축에 대하여 어떻게 생각하는가?

김: 주어진 조건이 없는 경우 내 공간이 될 수밖에 없지 않는가?

박홍기: 너무 Design 요소가 많다. 욕심이 너무 많아.
공간에 생각이 바뀌지 않았는가?

o. 승효상. ⊖ 「왜 이런 건물을 주제로 선정하여 세미나에 부쳤는가」

o. 콘크리트 질감을 나타낸 건물이 아니다.

o. 내부에 사선으로 들어선 열주에 의하여 긴것이 더 길게 느껴진다.

— 길이가 더 짧아질 것. 투시도 기법을 모르는 것 같다.

o. 이일훈 — 건축가의 한계?

o. 도창환 — 변해야 하는것과 변하지 않고 지속적인 그것들을 하는것은 자신이 결정할 뿐이다.

곽재환

波의 집

"저는 완성한 프로젝트가 없어가지고
페이퍼워크 가지고 했어요.
뭐, 일이 없었어요.
… 어떻게 그 시절 제가 버텼는지,
참 경제적으로도 어려웠고 그래서
4.3그룹이 정신적으로 의지가 되었다는
거지요. 같은, 흔들리는 마음으로
서로 보듬을 수 있었고 건축에 대한
논의를 하면서 그 가치에 대해서도
공감하면서 서로 다스려 간 거죠."

목천건축아카이브, 〈방철린 구술채록〉,
2011년 10월 12일, (주)칸종합건축사사무소

곽재환 맥건축

1952년 충남 대전에서 출생하여 74년 영남대 건축과를 졸업한 후 신아건축 연구소 (79년)를 거쳐 김중업 건축연구소에서 부소장, 이사직을 맡아 올림픽 상징 조형물 설계를 총괄 담당했으며 87년 건축 연구소 MAC(脈)을 설립했다. 92' 4.3그룹전, 건축대전 초대작가전, 93' DMZ전 등에 출품하였으며 92년부터 경기대에 출강하고 94' 지역성의 향방과 그 발견 강좌에서 주제 발표하였으며 93' 제 6차 중학교 검정교과서(기술, 산업)중 주택의 기초를 집필했다. 작품에는 에바스 평택화장품 공장과 눈의집 계획안이 있다.

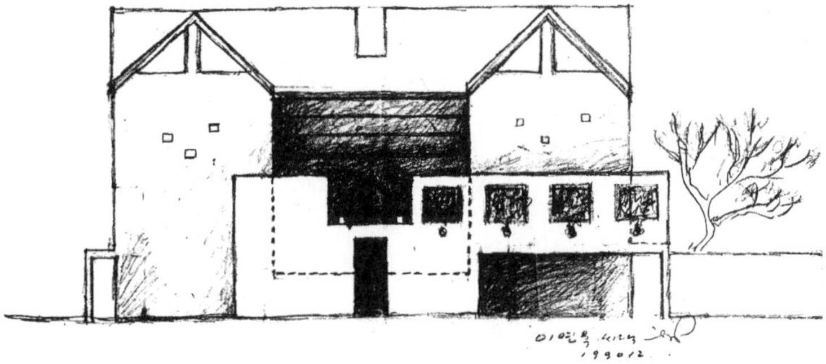

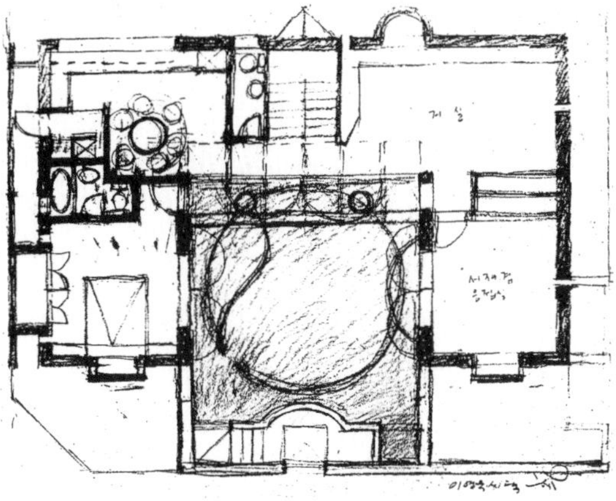

波의 집, 1990

계획안

"파의 집의 대지는 서초동에 위치하는 70평 정도의 주거전용지역의 땅입니다. 건축주는 서울 콘티넨탈 호텔에 이사로 근무하는 40대 후반의 남자입니다.

…

첫 스킴(skim)에서 파(波)라는 것을 생각한 것이 아니고 좀 진행하는 상태에서 생각을 하게 된 건데 그것은 제가 평소에 주택을 설계할 때 제 나름대로 제 마음속에 가장 가치 있는 것이 무엇이겠는가 생각한 것이 '기'라고 하는 것이었습니다. '기'! 활기, 생명력. 그 생명력이 사는 집, 살림집에 있어야 되는데. 그것은 직선과 곡선의 대비에서 찾아볼 수 있지 않겠느냐. 물론 추상적으로 생성과 소멸이라는 이미지가 있어야 되겠습니다. 기하학적인, 물리적인, 형이하학적인 상태에서 우리가 추구할 수 있는 것이 무엇이냐는 생각을 했을 때, 직으로만 그리고 중심축선을 축으로 해서 좌우가 대칭인 정적인 상태에서는 '동(動)'이라는, '힘'이라는, '기'라는 것이 발하지 않을 것이다. 그래서 그것을 움직여 주는 하나의 동선으로서 '파'라는 것을 집어넣었습니다. 어떤 입체적인 뭐 그러한 강력하게 두드러진 상태는 아닙니다마는, 어떤 그러한 사소한 것이나마 둠으로 해서 심리적·정신적으로 동적인 것을 부여해 줄 수 있지 않겠느냐해서 '파'를 넣게 된 것입니다."

4.3그룹 크리틱 세미나, 〈곽재환 발표〉 중 波의 집 개념 설명 부분, 1991년 4월 26일, 맥건축사사무소

이성관 — 건축주와 대화하는 같은 생각이 있습니까. (비슷하니까)

곽 — 어느 정도 고충이 맞았다고 생각

[illegible]가 할 때 찾아왔다.

발주처 학생이 지어 다 좋겠다

개념건 — 3가지 질문.

명상적이고 풍자적.

마당이 대청 / 툇마루 있는 집

곽재환 마당 — 물리적인 마당이 아니고 건축주 개인의 철학

해서, 공간이 없다. [illegible]

보기 [illegible] 이렇게 생각

건축가의 삶을 건축주가 살아주길 바라는가.

곽 — 곽재환의 마당은 1. 철학적 마당

2. 휴식 "

3. 만남 "

건축이라는 것은 흙이 없는 것. 그것이 [illegible]

자연과 소통할 수 있는 장소

흙이 없어지는 상태의 "땅" 이라고 했다

땅을 수용하는 것이 마당이다

물결은 밖이 있다는 생각.

우경국 메모

· 이종상 – 상반된 견해를 갖고 있다

포장소 확대를 상하에 등급을 받고 있는 계층같은 것을 연상시키고 있다.

그렇게 감상적이 되기는 좀 받은 사람이 권리변할 초월

· 이상에 – 나름 했을지

· 이러한 결론이 과장되지 않을까?

곽 – 공동주택과 단독주택의 차이

단독주택의 마당을 공동주택에 제공할 사람은 없을것이다.

이종상 – 무대이다.

–. 움직임으로치면 시간 흐름 (흐름)

– 마당이 죽게서 좋은

환경이 마음을 순화시키는 마당이다.

· 이인호 – 길은 그냥 길일수도 있다

– 이러한 마당을 주장했음에도 장치가 없다.

곽재환 – 곽선생이 개념을 설명했으며 현실과 실제가

어긋나고 있다

김병윤 – 곽선생의 소극한 사상적을 옮기어는 무책임한 표현방식이나

마당이 사물상의 물체가 아니고 그냥 있으면 되는 마당.

민현식 – 처리된 (회화) 줄 보는 것.

주택의 거주자들이 나서 산다면

값을 주어야 되고 하늘 장식을 지배한다는 것은 바람직하지 않다고 본다

처리로 같은 [illegible] 그렇스 적합치 않다

섭섭할 것 같다.

마당에 집중되어 있어 내부가 아니라는 같은 느낌.

내부에 방들이 너무 격리되어 있다.

김병윤 – 사람들 좋은 차원에서 생각했을 때 통로는 부정적이다.

김진애 – 이러한 주택에 살고 그들 보다는 이 주택의 의미를

형식은 아니라고 본다

– 집을 생활하고 완료된 것이지 관념적이고 추상적인 것은

아니다

김병윤

건축에서의 주제

"크리틱은 굉장히 가혹했어요. 학생들 크리틱보다도 훨씬 더 가혹한 크리틱을 하게 된 거 같아요. 허심탄회하게 얘기했고. 그러면서 건축가들은 점점 그 모임에 세뇌되기 시작하면서 '작품에 신경을 써야 되겠구나.' 왜냐하면 이게 프레젠테이션을 해야 되는데 엄청난 크리틱이 들어오는데 이거를 견제할 만한 게 없으니까. 그래서 여행도 시작하게 된 거고 크게 기록으로 남기진 못했지만, 크리틱이 굉장히 도움이 되는 그런 계기가 된 거 같습니다."

목천건축아카이브, 〈김병윤 구술채록〉, 2011년 11월 16일, 목천건축문화재단

김병윤 STUDIO METAA

1952년 생, 한양대 건축과 대학원, 공간 연구소를 거쳐 영국 런던의 AA School에서 수학, 1985년 써클 Studio Meta를 계획하고 저널에서 건축 평론가로 활동하다 1989년 건축 연구소로 STUDIO METAA를 설립. 1991년 이후 건축가협회 초대작가가 됨. 80년대 중, 후반은 한양대 건축과에서 근래엔 경기대 서울 Campus의 디자인 디렉터로 활동함. '92 4.3그룹전, 94' "지역성의 향방과 그 발견" 전람회 및 세미나의 기획 및 발표, 최근 경기대 서울 Campus의 학생회관의 설계가 마무리되어 공사에 들어감.

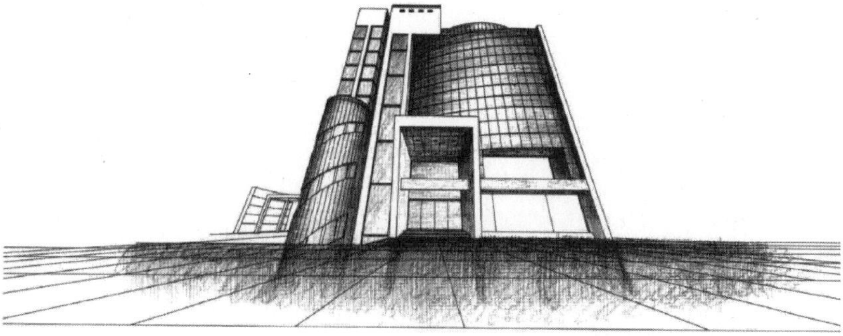

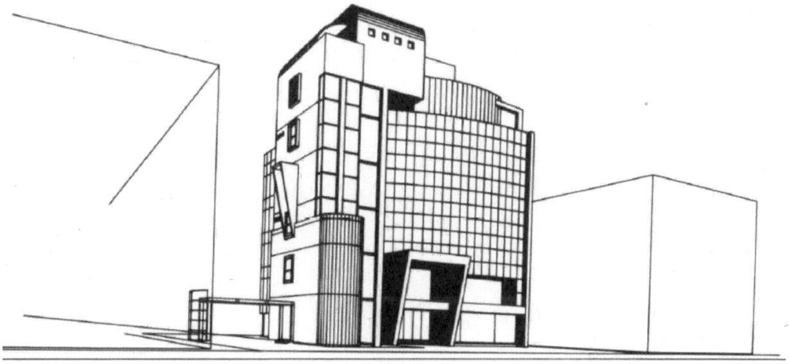

컨템포 빌딩

주소:서울 강남구 신사동
규모: 지하 1층, 지상 7층
구조: 철근콘크리트+조적조
외부 마감: 화이트 스톤,
컬러복층유리

도창환

리얼리티의 서정적 표현

"저는 교대 근처에 무슨 근생을 하나 했어요. 그게 한국에서 한 시작이었죠. 벽돌로 된 4층인가 5층인데, 기억이 안 나네. 근데 그게 길가에 지나가다가 보였어요. 장세양 선생이 그걸 보고는 저거 누가 했는지 빨리 찾으라고 해서 잡지에 수소문을 했어요. '제가 했다' 그랬더니 "근생을 저렇게 해도 되네." 그렇게 되면서 갑자기 잡지에 작품 내라, 또 글 좀 써 달라 이래가지고 그때는 제가 일을 좀 많이 했던 거 같습니다. 제가 제일 막내인데, 작품 개수로는 그 당시에 잡지에 좀 많이 발표했던 것 같아요. 근데 자곡동 주택은 지금 다 허물어 졌고."

목천건축아카이브, 〈도창환 구술채록〉, 2011년 11월 16일, 목천건축문화재단

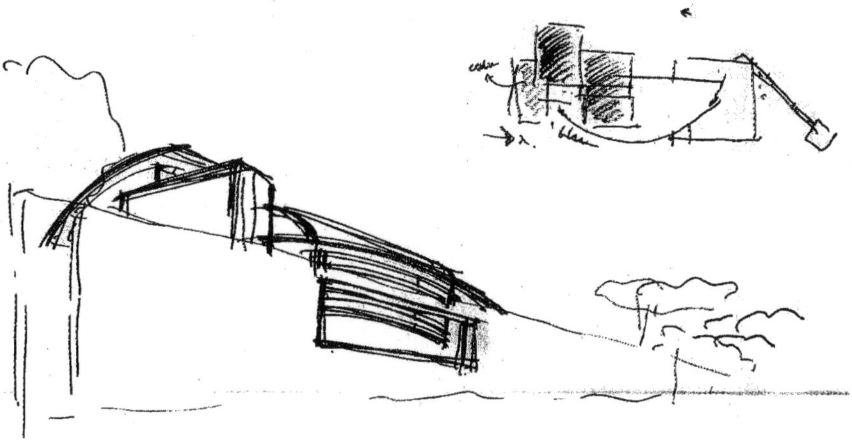

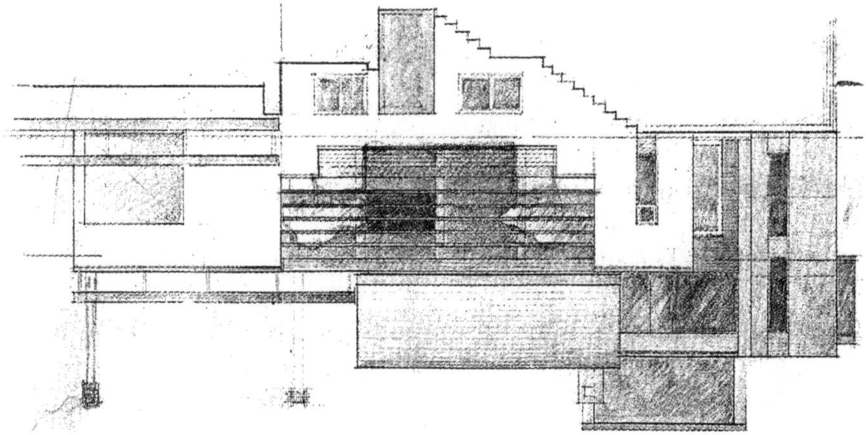

자곡동 주택

주소: 서울 강남구 신사동
규모: 지하 1층, 지상 7층
구조: 철근콘크리트+조적조
외부 마감: 화이트 스톤,
컬러복층유리

이일훈

방편설법

이일훈 STUDIO FREE MEDIA

홍익공업고등전문학교(5년제)를 거쳐 한양대학을 나옴. 김중업 건축연구소 이후 스튜디오 FREE Media를 설립함. '방편설법을 통한 대중감성의 회복'이라는 주제로써 소규모 프로젝트를 실행하였고 작은집들의 설계에서 '채나눔'이란 방법론으로 몇 채의 소규모 주택을 계획함. 단현재 궁리채 등이 실현된 주된 주택들임. 한편 도시형 다가구 주택 등에서는 도시와 건축의 문제를 심도 있게 다루고 있으며 관심을 보임. 최근 '자비의 침묵' 수도원이 완공되었으며 문학과 지성사, 인지의 집 등을 진행하고 있음.

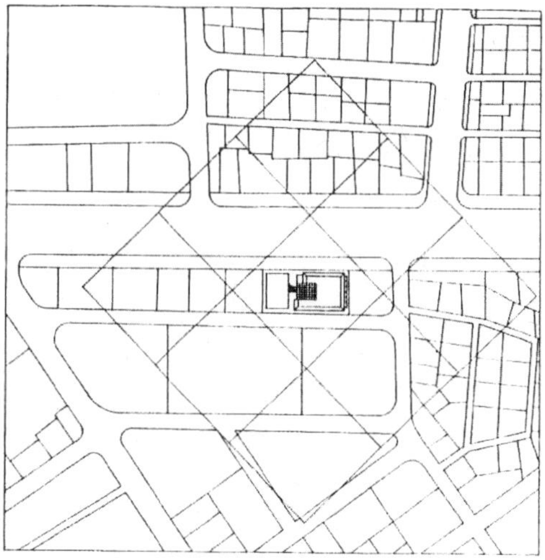

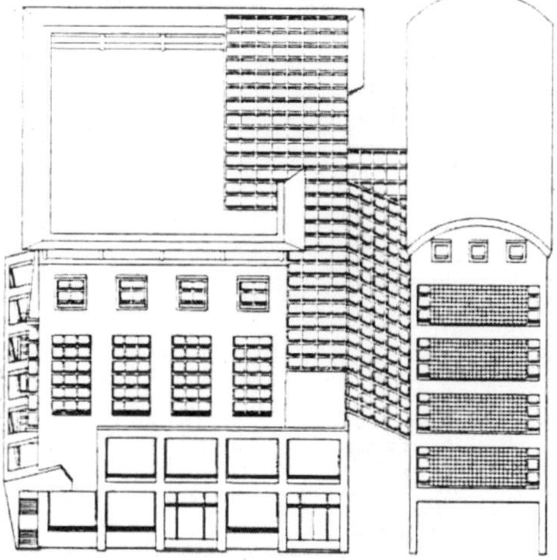

만수동 스토리 빌딩

주소: 인천시 남동구 만수동

규모: 지하 1층, 지상 5층

구조: 철근콘크리트 구조+철골조

외부 마감: 화강석+드라이비트 뿜칠

"방편설법(方便說法)의 사전적 의미부터 설명을 조금 드려야 될 것 같은데요. 건축과 상당히 같습니다. 뭐냐면 붓다의 설법에서 바람이 듣느냐 아니면 자기 제자가 듣느냐 아니면 일반대중이 듣느냐에 따라서 법의 내용이 변질되지 않고 편의성을, 전달의 편의성, 설득의 편의성을 높인 방법 자체가 방편입니다. 우리가 어휘상에 무슨 '방편이다' 하는 것과는 조금 다른, 그것이 원래 의미의 방편입니다. 그리고 방편설법에서 설은 '말씀 설'입니다. 법을 말씀으로 전했기 때문에 법은 이제 목표 혹은 골(Goal)이 되겠죠. 근데 그걸 제가 건축적인 방법으로 슬며시 바꿨습니다. 말씀 설을 '그릴 설'로 바꿔서 그림을 통해서 내 뜻을 한 번 뭐 전해 보자."

4.3그룹 크리틱 세미나, 〈이일훈 발표〉 중 방편설법 설명 부분, 1992년 3월 28일, T.S.C

"제가 궁극적으로 뜻을 두고 있는 것은 대중감성을 어떻게 하면 회복시켜 주느냐, 건축을 통해서 어떻게 하면 회복시켜 주느냐 입니다. 근데 그것이 건축적으로 혹은 건축적 접근을 통해서 될 것인지 아닌지에 대해서는 아직 확신이 없습니다. 단 제 나름대로 시도할 뿐입니다. 이 시대가 지니고 있는 시대성, 사회성 그리고 근대건축이 이항되어서 유입된 이후에 건축을 통해서 만들어졌던 궤적의 흔적을 어떻게 회복시켜 주느냐 하는 데에 제 관심이 있습니다. 이를테면 스토리빌딩과 운율재에서 감성의 문제에 대한 접근법은 같다고 생각을 합니다. 저는 모더니즘에서 방편설법 중에 제가 찾고 있는 것 중에 굳이 이즘이나 학술적인 것과 연계시킨다면 모더니즘에서 상실된 것을 좀 회복시켜 보자는 뜻이 있습니다. 그래서 모더니즘에서 상실된 것을 몇 가지 개인적으로 시도하고 있습니다. 가장 큰 부분이 지붕입니다."

4.3그룹 크리틱 세미나, 〈이일훈 발표〉 중 방편설법의 적용 부분, 1992년 3월 28일, T.S.C

"수원에서 인천으로 가는 산업도로와 연결되는 간선도로 구역입니다. 아파트 지역이구요. 주거지역과 양쪽 가로변은 소위 근린생활시설의 홍수를 이루고 있는 지역입니다. … 1, 2층에는 은행을, 3, 4, 5층에는 업무 및 근린생활 시설을 넣기를 바라고 오셨습니다. …
이 건물을 크게 만들면 일단 이쪽에서 연속되는 것의 연속성이 좀 단절될 것으로 생각을 했구요. 또 하나는 이쪽 뒤에서 봤을 때 연립주택이 있는데 원래 빈 터가 있어서 다니던 것을 이 건물이 들어가면서 몽땅 막히게 되어서 이렇게 돌아가게 됩니다.
버스정류장이 이쪽에 있습니다. 다니는 사람들을 위해서 아래층에 길을 좀 만들어 줘야 되겠다, 뭐 이런 몇 가지 생각들을 좀 했습니다. 건축주한테 설명을 하지는 않았지만 버스정류장에서 30미터 건너편에 늘 보이는 주안점을 이 포인트에서부터 풀기 시작했습니다 저는."

4.3그룹 크리틱 세미나, 〈이일훈 발표〉 중 입지 설명 부분,
1992년 3월 28일, T.S.C

4325/3/28. 1992.

■ 4.3 그룹 세미나 (이 일 훈)

곽재환, 김병윤, 김인철, 동정근, 도각, 방철린, 백문기, 조성룡, 승효상, 우경국, 김인철.

민현식, 김광현 〉 참석

— 수단

方便說法 의 대중성의 회복 → 지붕형태, 가로.

모더니즘. 환경과 공유하는 [illegible] 으로 우리 건축

대중성은 [illegible] 중의 하나

이일훈: .. 지붕을 회복하려고 하는 생각 —

.. cone 는 얘기로 생각.

모든 사람은 다 좋다. 모든 재료는 다 좋다

단 건축가의 선택에 따라 그 질은 달라진다

엄격한 질서를 줄려 하려고 하였다.

. 게리와 Spain

o. 외피가 얘기로 이어지고 움직여진다

o. Sculpture garden 은 [illegible] 대중성으로 부터 출발하였는가? — 그렇다.

o. 불행하게도 배운 [illegible] 사람들 에게는 많이 필요없다.

우경국 메모

김병윤

ㅇ. 方便說法 에 대한 기대와 실망이 엇갈리고 있다

지향적 개념이냐

순화하고자 하는 것이냐

리얼리티를 의미하는 것이냐

이 이야기는 결코 새로운 것이 아니기 때문에 보다 분명한 사유를 구축해야 할 것이다

답: 건축가 혼자 공간을 만들기 위한 것은 아니다

혼을 담아 말하며 작업하고자 하는 것도

대중이라고 하는 사회학적 관념으로 건축에서 말하는

대중에 대한 명확한 인식이 건축가에게 있어서 어렵다

대중 읽는 매우 힘듭니다.

방철린
자연과 인간과 과학

"나도 그때 준공된 게 없었죠.
없어서 사무실에서 했죠.
그때 정림에서 했던 걸 할 수밖에 없지.
따로 나와서 한 건 없고."

목천건축아카이브, 〈방철린 구술채록〉,
2011년 10월 12일, (주)칸종합건축사사무소

방철린 **방철린 스튜디오·인토건축**

1948년 대전에서 출생하여 서울고등학교와 한양대학교 건축공학과를 졸업한 후 공간연구소 김수근 씨 휘하에서 공간사옥 등 실전을 하며 그의 사상을 경험하였으며, 정림건축에서 '창원 새마을회관', '이화여대 수련관', '부산여대 프로젝트', '한국투자신탁 개포지점' 등과 현상설계 당선작인 '한전 부산지사', '부산 MBC사옥', '대덕 과학문화센터' 등 다양한 프로젝트를 통하여 도시와 건축과의 관계와 새로운 공간의 가능성을 모색하였다. 1991년 (주)인.토종합건축사사무소를 설립하여 'SOLE BOWLS', '세창복합 프로젝트', '탁심정이 있는 마을' 해외 프로젝트인 'CHAPEL이 있는 사무소' 등을 다루었으며, 1992년 '4.3그룹 건축전'에 참가하였고, 서울시립대학교, 동국대학교에 출강하였다. 현재 한양대학교에 출강중이며, 한국 건축가협회 이사로 재임 중임.

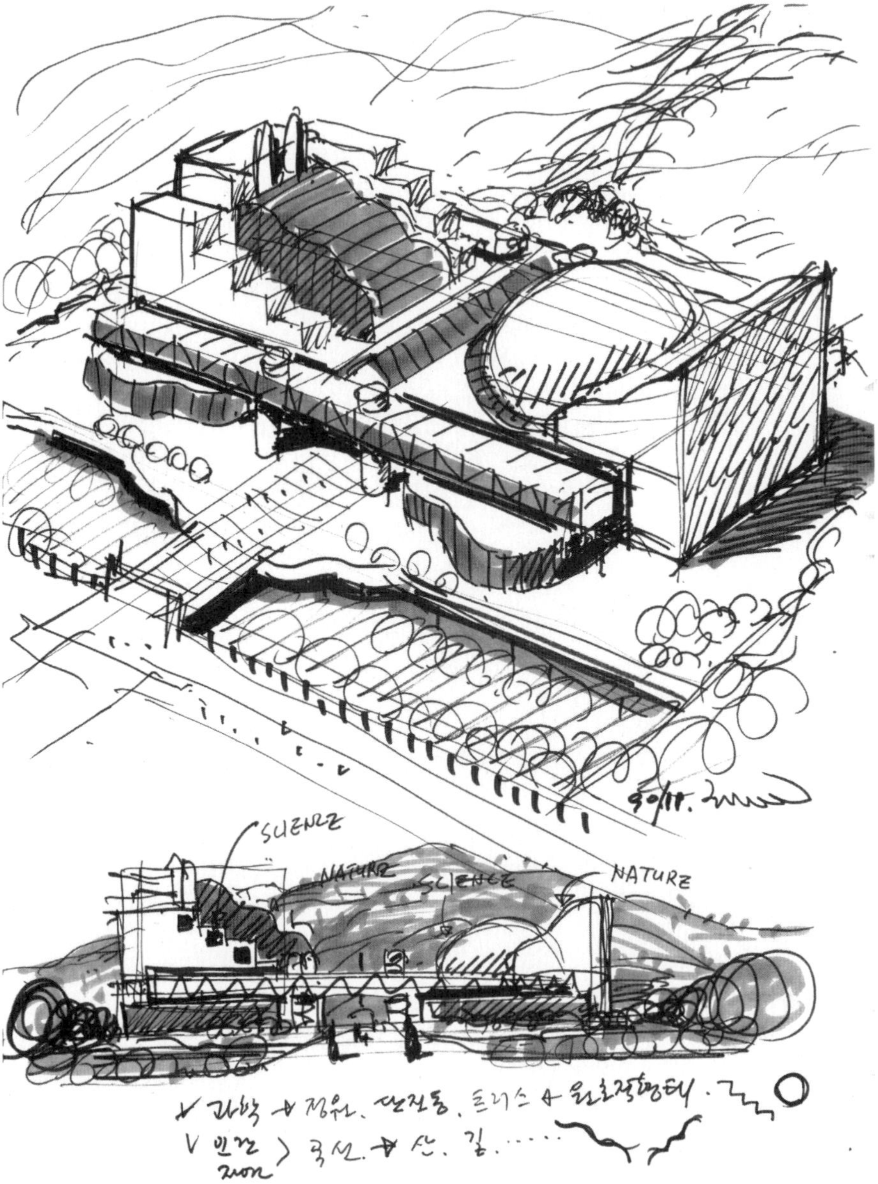

대덕과학문화센터

주소: 대전 유성구 도룡동
규모: 지하 1층, 지상 8층
구조: 철근콘크리트 라멘조+ 철골조
외부 마감: THK3.0mm 알루미늄시트,
투명 그린유리, 알루미늄샤시

화학
생물
물리

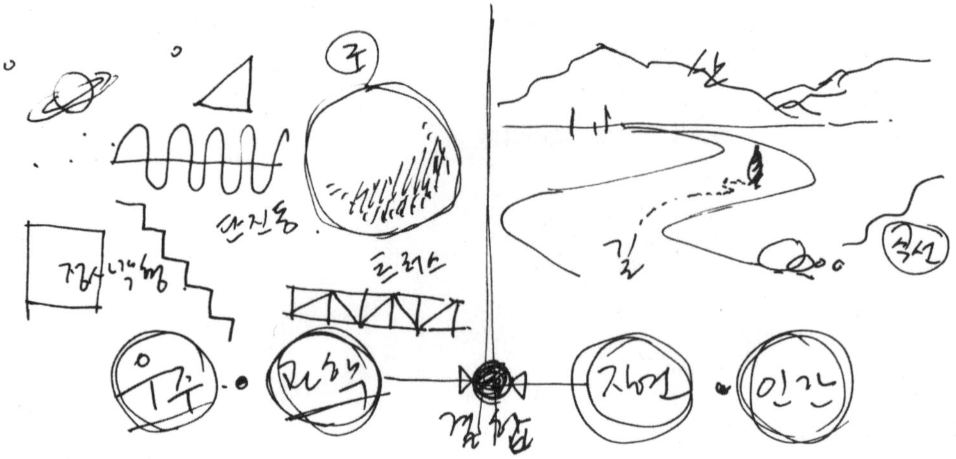

과학의 개념은 상당히 원초적인 데서 부터 출발한다
직선. 원. ~~단진동~~ 진자운동. 세포.

- 과학의 원초적 개념은 지극히 단순한 것에서 부터 출발한다 무중력상태이고 진공 속에서 물체는 서 있는 물체는 영원히 서 있고 움직이는 물체는 영원히 직선운동을 한다

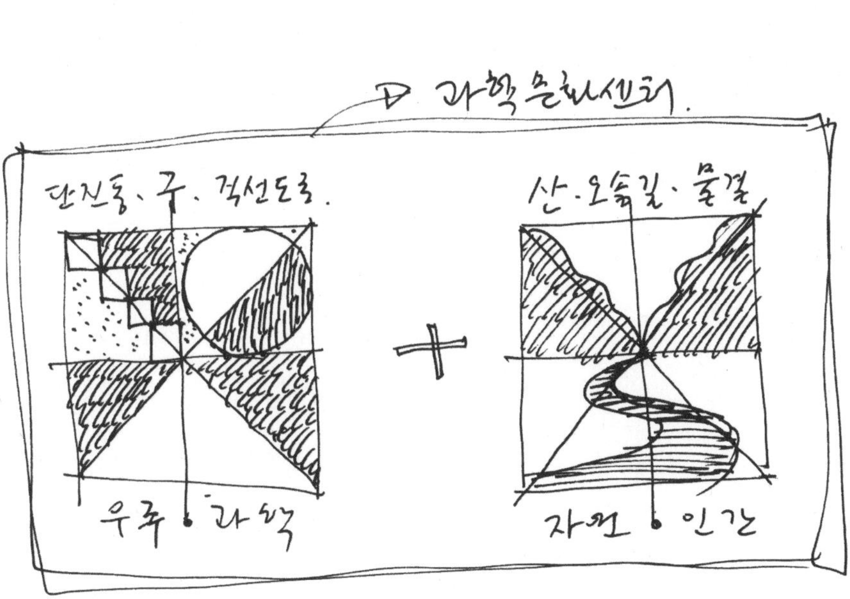

과학문화센터
산 · 오솔길 · 물결
우주 · 과학
자연 · 인간

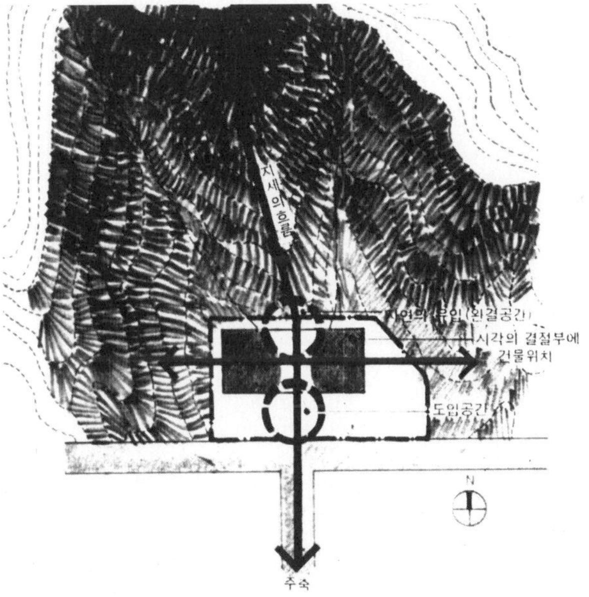

지세의 흐름
자연의 유입(연결공간)
시각의 결절부에
건물위치
도입공간
N
주축

민현식

비어 있는 공간

"4.3 이후로 여러 가지 프레젠테이션 하는 방법들이 획기적으로 달라졌어요. 슬라이드 쇼 하는 거, 자기가 설계한 집 설명하는 방법, 하늘과 땅 차이로 달라졌다고요. 전부 다들 내가 하는 방식으로 바뀠어요. 예를 들어서 슬라이드 두 장 보여 주고 이걸 설계했습니다, 이거는 평면도이구요, 이렇게 설명했다면, 옛날에 국악고등학교 설명했을 때 한옥, 마당, 쫙 보여 주고 그 다음, 건축을 설명하는 방법으로. 건축의 감동하고는 좀 다른 거예요."

목천건축아카이브, 〈민현식 구술채록〉, 2011년 7월 26일, (주)건축사사무소 기오헌

민현식 민현식 건축 연구소

1946년 경남 생. 서울고와 서울대학교 건축과를 졸업한 후 해군시설장교, 공간연구소 김수근, 원도시건축연구소의 윤승중, 변용 문하에서 건축을 연구하고 실무를 익혀왔으며 1989/90년 런던의 AA스쿨에서 수학하기도 했다. 1992년 민현식건축연구소를 설립하여 독자적인 건축활동을 시작하여 국립국악중·고등학교, 신도리코 기숙사 등을 통하여 이 땅, 이 시대 건축의 새로운 가능성을 모색하고 있다. 공간대상건축상(1978), 제3회 김수근문화건축상(1992), 건축가협회특별상 아천상(1993), 제2회 한국 건축문화대상설계부문우수상(1993) 등을 수상하였으며, 4.3그룹건축전(1992), 한국의주거문화전람회(1993)에 참가하였다. 1991년 이후 지금까지 서울대학교 건축과에서 건축설계를 가르치고 있다.

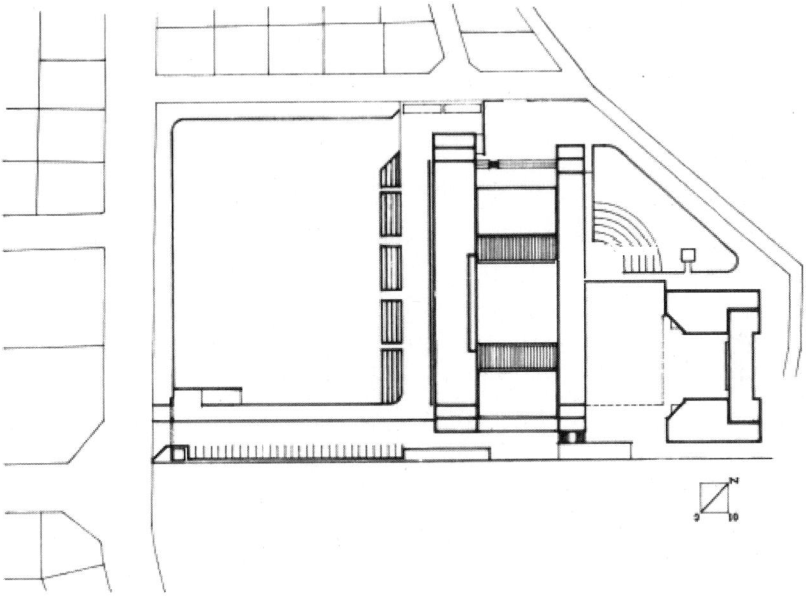

국립국악학교

주소: 서울 강남구 포이동
규모: 교사동-지하 1층, 지상 5층
기숙사-지상 4층
구조: 철근콘크리트조
외부 마감: 노출콘크리트, 외장 타일

"이렇게 배치를 하면서 가운데 네모진 마당을 뒀는데 이게 지금까지 말씀드린 공간적으로 기능적으로는 중성적인 그런 성격의 마당이고, 그 다음에 공간적으로는 여러 가지 가능성이 충만한 그런 종류의 마당이었으면 좋겠다고 생각이 되어서 이 마당을 극도로 계산된 어떤 그 절대 공간의 비밀 정원 같은 것들을 편중시켜서 만들어 보았습니다. 특히 진입하는데 이렇게 마당을 거쳐서 필로티를 거쳐서 마당으로 들어가고 다시 뒤를 거쳐서 뒷마당으로 들어가고 그게 자연하고 만나는 그런 공간들의 시퀀스(Sequence)를 연출하려고 노력했습니다."

4.3그룹 크리틱 세미나, 〈민현식 발표〉 중 배치 개념 설명 부분, 1992년 5월 30일, 원도시건축

사진: 건축가 제공-임정의

이성관

전쟁기념관

"맨 처음 생각했던 것은 전쟁터는 아니지만 한국을 대표하는 그 터, 약간은 장소적인 의미가 있는 그곳에다가 그 무엇을 담고 있는 듯한 화강석 덩어리가 하나 있었으면 좋겠다는 거. 그리고 하천을 건너서 푸른 잔디 녹지 위에 큰 화강암 양괴감(量塊感)을 느낄 수 있는 것이 하나 있으면 그게 내가 생각하는 전쟁기념관의 이미지다. 그리고 소나무가 정면에 있으면 한국성이나 이런 것은 저절로 얻어질 거라고 봤어요."

목천건축아카이브, 〈이성관 구술채록〉, 2011년 9월 21일, (주)건축사사무소 한울건축

이성관 한울건축

1948년 부산에서 태어남. 서울공대 건축과, 대학원을 거쳐 트란스 아세아, 정림건축 근무 후, 83년 뉴욕 콜롬비아 건축과 대학원 졸, NEW YORK HOK에서 수석디자이너로 근무하였고, AIA획득, 89년 한울건축을 설립하고 국전(1977)문공부장관상의 수상 경력이 있으며 전쟁기념관 현상공모에 1등 당선, 분당쇼핑레져단지 현상공모 1등 당선 등 다수의 현상에 응모하였다. 현재 연세대 건축과에 출강하고 있다.

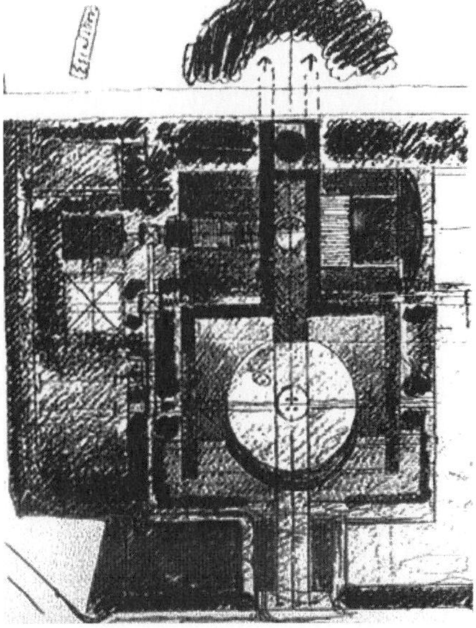

전쟁 기념관

주소: 서울 용산구 용산동1가

규모: 지하 2층, 지상 4층

구조: 철골 및 철근콘크리트조

외부 마감: 화강석(포천석)

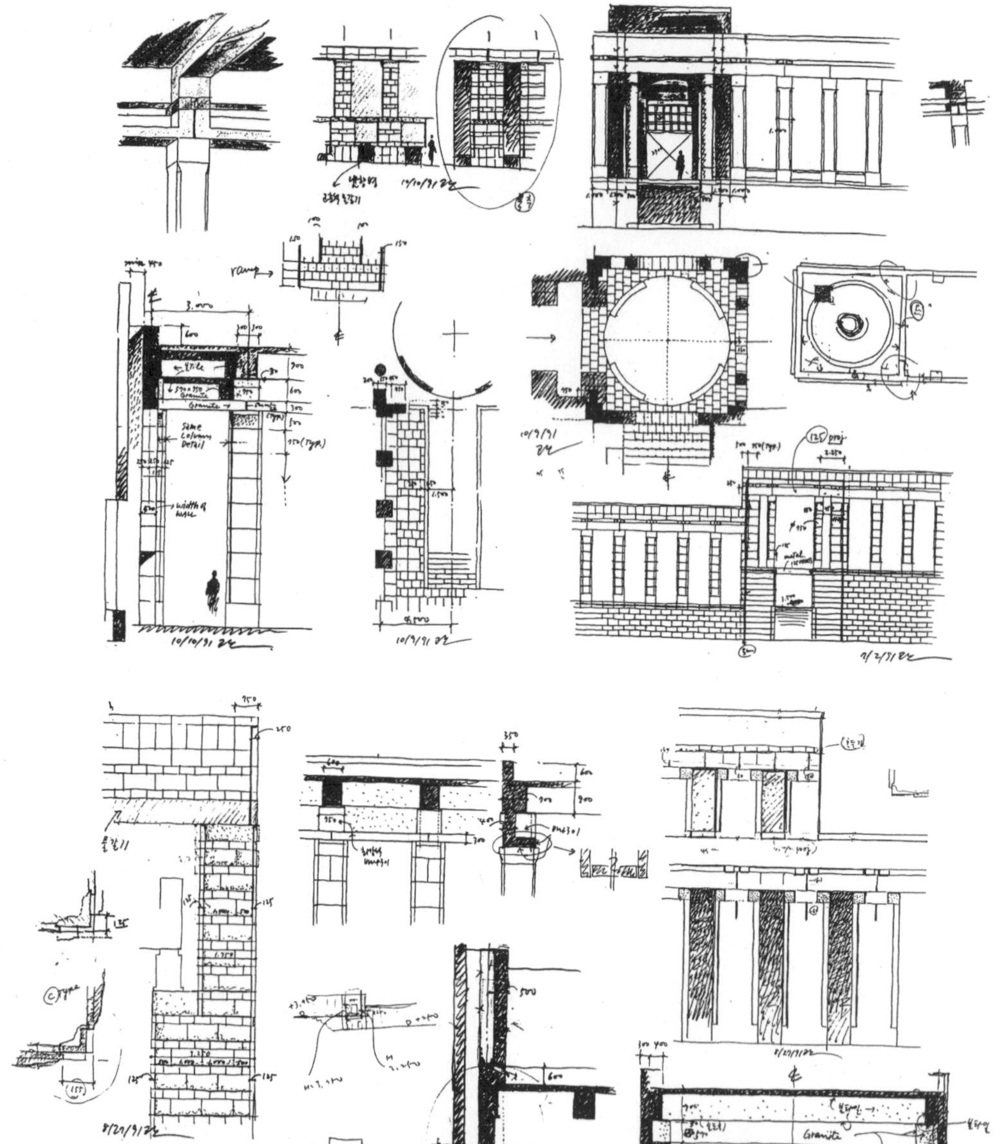
Granite
ramp
10/10/91

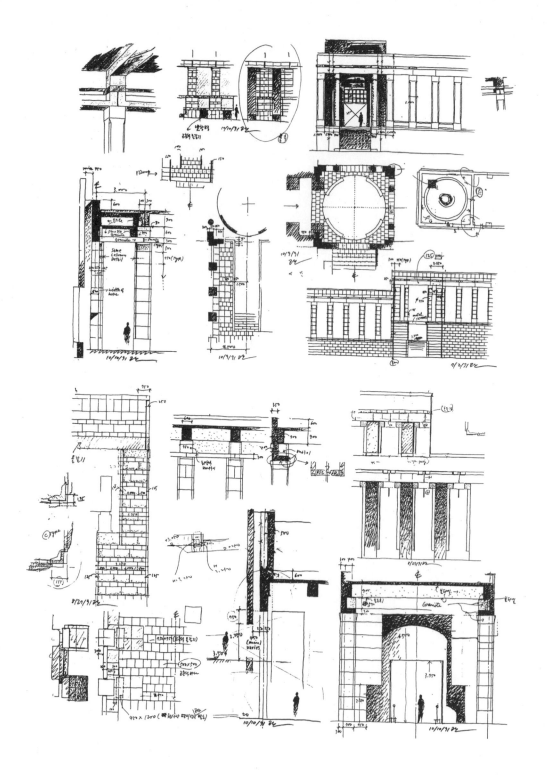

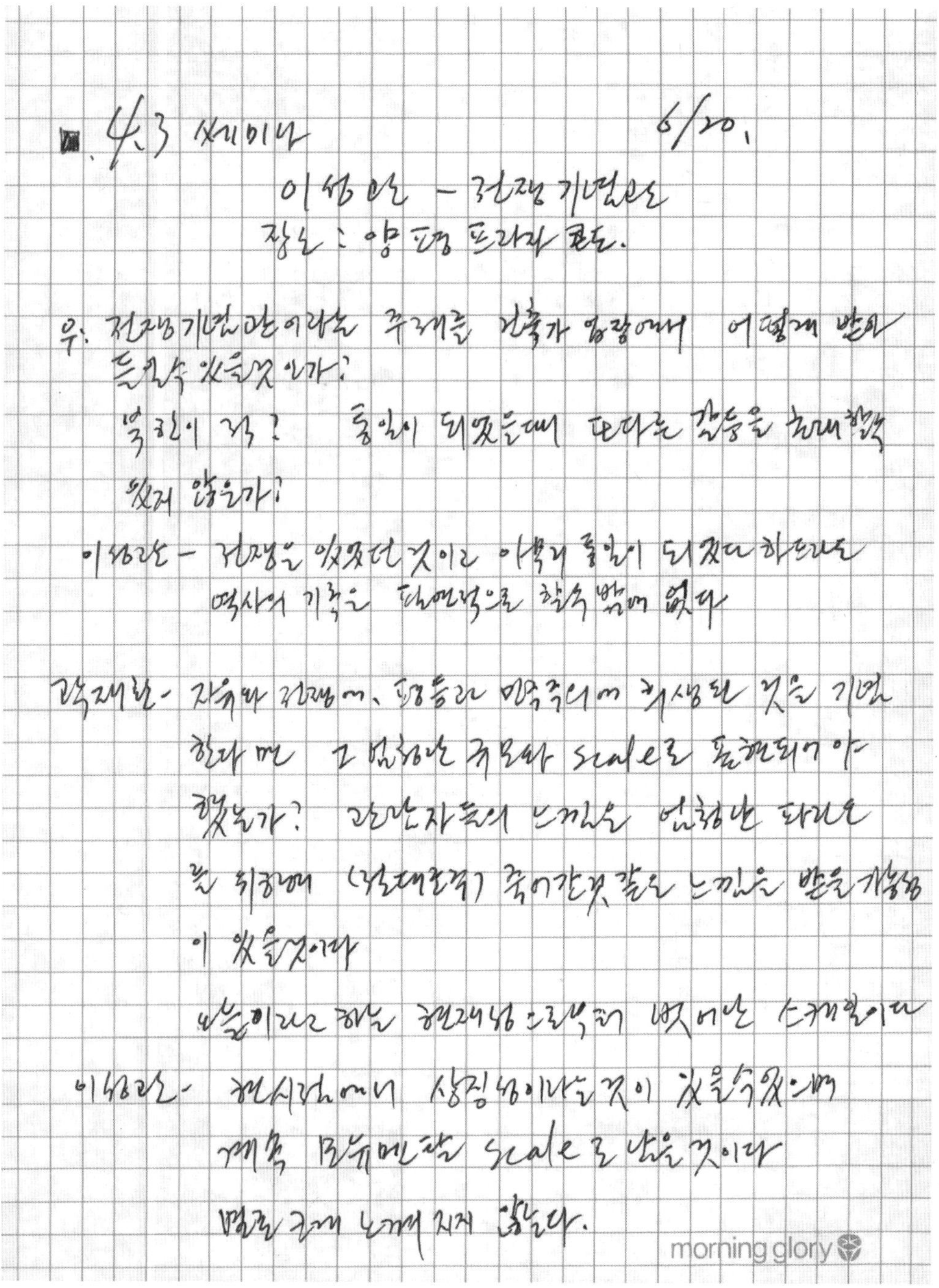
■ 4.3 세미나 6/20.

이성관 - 전쟁기념관

장소 : 양평 프라자 호텔.

우: 전쟁기념관이라는 주제를 건축가 입장에서 어떻게 받아들일수 있을것인가?

북한의 괴? 통일이 되었을때 또다른 갈등을 초래할수 있지 않은가?

이성관 - 전쟁은 있었던 것이고 아무리 통일이 되었다 하더라도 역사의 기록은 당연적으로 할수밖에 없다

곽재환 - 자유와 전쟁에, 평등과 민족주의에 희생된 것을 기념한다면 그 엄청난 규모와 scale로 표현되어야 했는가? 고난자들의 느낌을 엄청난 파괴로 큰 위압에 (절대주의) 죽어간것 같은 느낌을 받을 가능성이 있을것이다

바늘이라고 하는 현재성으로부터 벗어난 스케일이다

이성관 - 현시점에서 상징성이나는 것이 있을수있는데 계속 모뉴멘탈 scale로 남을 것이다 별로 크게 느껴지지 않는다.

우경국 메모

승효상 : 이 자리에 있는 모든분들도 그렇게 생각
이상관 씨의 디테일을 다루는 솜씨에 빠져
건축이 본질을 잊어버린 것 같다. 이상관씨의 장래를
위하여 다시 생각해야 한다.
히틀러 시대의 스케일에 와 같은 역할을 한것과
무엇이 다른가
하와이에 전쟁기념관이 있다.
전쟁을 찬양하기 위한것이 아니다
하와이 기념관은 아주 조용하고 자그마하다
파리에 유태인 기념관도 마찬가지. 정한 느낌을
받는다
도시 한복판에 그거대한 것이 필요 한가
군인 스케일이고 5공 스케일이다

곽재환 : 물리적인 스케일이 문제가 아니고 절제해 버린다

김병윤 : 왜 같은 문제를 놓고 보는 시각이 대별한것이
나타나지 않는것이 아니라
시대를 초월한 역사적 의미, 인간을 ...한 것에

대한 훈계는 과격한 내용으로 보인다

이일호: 건축가가 이러한 프로젝트에 있어 동참하느냐 안하느냐 했을때 하는쪽으로 할것이다

구태성: 지침서를 받았을때 그렇게 할수 밖에 없는 상황 선택할 것인가 아닌가의 문제

백문기: 지침에 있는 Mass 보다도 더 확장한 안을 내놓았다 허구적으로 내부면적은 면적을 줄이기 위해서 void 를 시켰는데 그 자체가 이성관의 진정한 생각이 었는지 묻고싶다

민현식: 국방부에서 와서 안을 내라고 했었다
그들과 이야기가 안되어서. 그들은 퇴역장성들의 자리 만들기 위한것이 있고 가장 중요한것은 6.25 였다
전쟁이라고 한것은 전쟁자체 이어야 하는데 적은 북한으로 생각하고 있기 때문에 포기했다

건축기행 세미나

일시		강사	세미나 제목	세미나 장소
1990년	7월 16일	이타미 준	홋카이도 교회 및 집합주택	도쿄 국제회관
1991년	7월 4일	김광현	안드레아 팔라디오(1508-80)의 생애와 작품	
	7월 19일		안드레아 팔라디오에서 현대까지	라투레트 수도원
1992년	5월 2일	김광현	Art & Craft, Art Nouveau, Wiener Sezession	인토건축
	5월 30일	김광현	Adof Loos	원도시건축
	6월 20일	김광현	네덜란드 건축과 De Stijl	한울건축
	7월 18일	김광현	러시아 구성주의와 해체건축	서울시립대
1992년	8월 14일		세기말 세기초	런던
	9월 26일	유홍준	예술과 시대정신	예공건축
	10월 17일	소홍렬	시대정신과 건축	T.S.C
	11월 7일	김광현	건축의 시대정신	T.S.C
1993년	5월 22일	김광현	루이스 칸 건축 1: 건축의 본질과 의지	민현식건축
	6월 23일	김광현	루이스 칸 건축 2: 침묵과 보편성	우원건축
	7월 15일	김광현	루이스 칸 건축 3: 근대건축 의미 재해석	서울시립대
	11월 26일	박명덕	인도의 문화	인제건축
	12월 18일	이한기	인도의 사회와 문화	우원건축
1994년	1월 8일	김광현	찬디가르의 르코르뷔지에 건축	서울대
	1월 21일	김봉렬	인도의 불교문화	바라나시
	2월 26일		인도라는 나라	인제건축

"실은 서양건축사 배운다는 게 그렇잖아요.
학교 다닐 때 서양건축사 어디까지 배웠는지는
잘 모르겠지만, 현대건축사는 배우지도 못했고,
숙제 내주어가지고 나누어서 발표하고.
학교에서 배운 것 중에 꽝 비는 게 그거야.
르네상스 이후부터 현대건축까지 그 사이에 흔히
얘기하는 아돌프 로스(Adolf Loss), 그때 이야기가
우리가 완전 무식해. 그래서 그 공부 좀 하자.
건축사의 구멍 난 부분을 메우자. 공부하러 가기 전에
김광현 선생님의 강의를 들었지. 황홀한 강의들을
들었어. 그때 갔다 와서가 더 문제였지만, 우리가
농담으로 보기 전에는 황홀하게 강의해 놓고,
보고 나서는 못하네, 그런 얘기 좀 했어요.
그러면서 조금 연장선상에서 인도 갔던 거고."

목천건축아카이브, 〈민현식 구술채록〉, 2011년 7월 26일,
(주)건축사사무소 기오헌

세미나 노트는 강의를 했던 김광현 교수가 만든 것으로 우경국 기증 자료이다.

안드레아 팔라디오의 생애와 작품

1991년 7월 4일

ANDREA PALLADIO(1508-80)의 생애와 작품 910704
金 光鉉

《1. 팔라디오의 생애》

1508년 ◇11월 31일(성 안드레아 축일)이나 불명확, 파도바 출생,
◇안드레아 디 피에트로 다 파도바가 그의 이름
1521년 ◇13세부터 석공 도제로 일함
1524년 ◇베네치아로 이주(도망설)한 후 페데무로 공방(당시 유력한 공방)에 소속
1537년 ◇트리씨노(인본주의자, 귀족적, 형식적, 秘教的, 독단적)와의 만남.
◇트리씨노가 크리콜리의 자택 설계 건설중 현장에서 일함.
◇천재성의 발견
1538년-41년 ◇파도바에 체제.
◇트리씨노(팔라디오 교육, 비트루비우스 건축서를 읽히며 고도의 건축가 교육을 시킴. 트리씨노의 아카데미
◇당대의 건축가 코르나로와 만남. 팔코네토의 팔라쪼 코르나로의 영향.
◇베네치아의 귀족 다니엘 바르바로(1513년생, 르네상스 이상의 구체화)가 파도바 대학에 재적.
◇건축도면(세를리오?/ 초기 습작과 유사). 베네토 지방 고대유적 답사
1540년 ◇건축가라는 직함과 팔라디오(트리씨노 자작 서사시<그의 일생의 작업을 요약한 것>의 수호천사 이름<건축에 정통한 천사>, 지혜의 여신 아테나 팔라스)라는 명칭 기록이 나타남
1541년 ◇트리씨노와 로마 여행(모두 5회). 고대유적과 르네상스 건축
1556년 ◇바르바로 판 비트루비우스 주해서의 삽화 담당.
◇바르바로/ 아리스토텔레스+플라톤
건축=독립된 학문이 아니라 인간 정신의 표현
◇"그(팔라디오)는 진정한 건축을 가장 잘 이해하고 있는 인물이며, 그는 건축에 관한 아름답고 정교한 원리를 터득하고 있을 뿐만 아니라…"(바르바로)
1570년 ◇『건축4서』 출간. 제1서(오더와 기본 문제), 제2서(주택), 제3서(공공건축물과 도시계획), 제4서(신전)

《2. 건축사가가 보는 팔라디오》

* 16세기의 여러 건축가가 시도한 다양한 조형과 이념을 개성적이며 보편적인 공간형식으로 승화시킨 건축가. 고전의 이해와 유연한 구상력→이른바 건축가에 대한 역사적 관련성이 문제
* 브루넬레스키→브라만테→라파엘로→반동=마니에리즘→줄리오 로마노, 미켈란젤로→팔라디오, 비뇰라
* 역사/ 고대로마/ 로마(모뉴멘탈)↔베네토 지방(색채, 빛, 그림자, 감각적, 고대로마)
* 역사가에게는 칭송을 받았지만, (현대의) 건축가에게는 최대의 건축가로 내부화되지 못했다.

《3. 건축가의 문제》

* 자연과 기하학/ 콜린 로우/ 팔라디오의 빌라 로톤다와 르 코르뷔제의 사보와(전원생활과 순수기하학(『이상적 빌라의 수학』)
* 부분과 전체/ ◇부분이 전체에 완전히 종속↔부분이 전체에 대한 분리/ 팔라디오-부분이 전체에 대해 반역하지만, 다시 전체로 통합된다는 데 커다란 특징이 있다.
◇포스트 모던 건축-단순한 콜라쥬(인용의 대상으로서)
◇불일치와 복잡성/질서, 조직의 유지↔미켈란젤로의 긴장과 불안
◇팔라디오에게서 배우는 것=문제는 다시 <전체>이다!(예:신전 모티프→

주택)
에: 팔콘텐타/ 로지아 델 카피타니아토/ 외관과 내부의 모순
팔라쪼 발마라나/ 대오더와 소오더=코린트 필라스터와 창 좌우의 토스카나 필라스터, 벽면의 삭제(창틀이 엔터블레이춰에 접합), 창 옆의 모울딩, 인상주, 오더의 상호작용, 倒置法-그러면서도 고대에 근거

* 팔라디오에 대한 두 가지 견해/ ◇건축-극장-도시(건축요소의 기호화←비례 등으로 보는 순수화)
◇시대의 정신적 상황을 초월한 공통성, 중합, 애매성→매너리즘에 대한 견해=팔라디오는 매너리스트인가?

* 건축이론가/ ◇『건축4서』=주어가 건축이 아니라, <나>가 주어이다. "수많은 사람과 같이 팔라디오는 폐허를 사랑했지만, 그는 무엇을 바라며 어떻게 바라는 것만을 배웠다"(액커맨).
◇팔라디오는 자의식을 가지고 역사란 나에게 무엇인가를 묻는다.

* 규범/ ◇"변화와 신기한 것은 누구에게나 즐거울지 모르지만, 그것이 예술의 법칙과 반대되고 도리가 명하는 바에 거스러 행해져서는 안된다"(건축4서, 제1서, 제20장)
◇"팔라디오가 재삼재사 같은 요소를 실험했을 때, 그가 마음 속에서 바란 것은 무엇이었을까? <빌라>라는 문제에 대하여 근본이 되는 기하학적 패턴을 일단 발견해 버리면, 그는 그것을 가능한 한 간단 명료하게 각각의 주문의 특수한 요청에 답하며 적용해 갔다."(비트커우버)

《4. 그의 작품》

1) 바실리카(1549. 팔라쪼 델라 라지오네)
◇비첸차 중앙광장(피아짜 데이 시뇨리<행정관 광장>) 남쪽
◇팔라디오의 출세작(최초의 공적인 주문. 15세기 이전의 본체<내부 500명 위원회의 대집회장>에 스크린과 같은 벽체 재구성. 15세기말 붕괴 시작에 대한 개수. 산소비노, 세를리오, 산미켈리, 쥴리오 로마노 등에게 위탁하였으나 해결을 얻지 못함. 60년 걸림).
◇고대 로마풍의 장려한 건물을 시도(파도바의 팔라쪼 델라 라지오네<중세말의 건물>
◇불규칙한 베이 간격/베네치안 윈도우. 세를리오 제4서. 라 세를리오. 팔라디안 모티프/ 산 마르코 도서관과 비교). 서북측 코너와 2층 갤러리의 원주<1400년대 구조>에 주의.
◇완결된 건축(도시에의 무관심?/ 높은 지형)
◇도시에의 스크린/ 건물을 둘러싸는 도시공간 또는 건물 속의 도시공간, 루이스 칸의 루안다 미국 영사관 또는 소크 연구소 집회장/ 폐허의 벽

2) 로톤다(1566-70, 내부는 수요일만 공개)
◇완결성. 최고의 위계성. 중심성. 3층구성, 3열구성, 영원의 아르카디아.
◇빌라 알메리코→빌라 카프라
◇돔(종교건축. 도무스=집. 라 로톤다<중앙의 넓은 방>. 건축4서의 도면과의 차이<추상적 도면>). 신전풍의 정면. 사방의 포티코
◇돔 내부의 벽화와 조각은 팔라디오 사후의 것
◇시가지 근처. 산꼭대기. 실용적건물이 없다("…대극장의 효과…"). 전망대(벨베데레, 다른 빌라와 구별, 은퇴귀족을 위한 건물)
◇팔라디아니즘의 상징물(건축사상 가장 많이 모방된 것)/ 명쾌한 전체 형태, 중심형, 순수기하학적 입체, 르네상스 건물의 이상형(얼마 안되는 실현된 안의 하나, 우주의 질서와 세계관, 공명하는 신의 자연과 인간의 건축, 단순형태의 완결 또 완결!(즉흥적 변화? NO!)

3) 빌라 바르바로(마세르, 1557-8)

◇「빌라」/ 배네치아의 해상무역의 쇠퇴로 농원경영에 눈을 돌림에 따라 생긴 건축 유형(농지개혁을 위해서는 소규모 농민보다는 재력있는 귀족이 필요했다. 액커맨 책 참조). 생산활동의 본거지(여가를 위한 별장 또는 세컨드 하우스가 아니다). 베네토 지방에 20개의 빌라

○非防禦性/ 사방의 조망, 정원, 농기구, 농산물, 소작인(중세+고대)

○고전적 신전 모티프의 변형/귀족의 취미와 실제적인 요구(신전의 정면=종교건축 →"주거가 신전에 앞선 것이다", "주거는 작은 도시이다"=인간-공동생활-마을-도시. ∴신전은 고대주택을 반영한 것이며, 주택을 장대하게 만든 것이다(잘못된 사회 및 건축 기원론)

/ 비고전적인 논의이지만, 이 모티프에 생명을 불어넣은 것은 바로 그였다!

/ 포티코, 개방적, 벽면 안, 파사드 전체→결정적인 개념과 그 변형의 문제

○대칭/ 르네상스 건축가의 이상/ 그러나 실제로는 별로 실천되지 못하였다/ 팔라디오의 빌라=보편적 건축의 법칙을 어떻게 이해했는가를 보여준다

○타이폴로지의 문제(비트카우버의 지적)

◇바르바로/ 비트루비우스 건축서의 주석자, 인본주의자

◇주건물+작업용 창고(바르게싸)/ 빌라 데스테와의 비교(은거지:주거지)

◇베로내제의 프레스코화(건축의 재구성. 고대 농업신, 로마 시대의 빌라와 당시의 생활, 바르바로가와 관계 있는 인물). 정원(님페움)

◇「시대가 인간<곧 팔라디오>을 만들었던 것이다」(액커맨)?

4) 빌라 포스카리(말콘텐타, 1559-60) 운하 옆.

◇브렌타 운하(상류계급의 위치; 카날 그란데), 말콘텐타(실의의 여자→포스카리가의 딸이 유폐하여 절망 속에서 죽었기 때문)

◇십자형 평면, 교차 볼트, 최고의 공간성, 재로티의 프레스코화

◇브렌타강→반원형→크리툼노 신전(크리툼노강 수원의 신전, 불의 신전, 팔라디오의 스케치)과의 유사한 구성→기단→로지아에로의 계단=「테아트로 올림피코」→장중한 입면→동서입면→내부의 벽화(프로메테우스; 불의 이미지)→개방적 입면/ 테아트로(세속, 습윤, 베네치아)로부터 아르카디아(고대의 이상향, 건조, 보편적 문명)로(레이어링)

습윤한 곳에서 건조한 곳으로

극장의 Screen 처럼 전개된다

마르칸톤타 "실의에 빠진 여자"

5) 테아트로 올림피코(1579-80)

◇팔라디오 최후의 작품, 사후에 완성, 아카데미아 올림피카 회원

◇극장이 야외에서 실내화되는 과정의 중간점

◇프롱스 스카에나, 목조, 고대극장 복원도 참조(테아트로 베르가, 바르바로판 비트루비우스 건축서 주역판의 도판 담당), 도시의 무대장치(건축-도시=환경-극장→포스트모더니즘의 극장도시)

6) 팔라쪼 키에리카티(1550, 현재 시립박물관)

◇팔라쪼 이세포 포르토 직후에 설계된 것, 도시에서의 팔라쪼의 새로운 형식으로 제안, 로마=르네상스의 배제(베네치아 양식)

◇"고대인이 사용한 것과 같은 포티코를 광장 주변에 만들어야 한다"(제3서 16장)

◇가장 장려한 팔라쪼 건물, 깊이가 얕은 구성, 2축성, 직교하는 동선축, 시선의 목표, 2층의 주랑으로 도시에 대응, 콜로네이드(도시 건축→로지아 델 카피타니아토)

7) 팔라쪼 이세포 포르토(1540년 후반)

◇중앙축에 좌우 대칭, 「4柱式」의 주요 모티프(테트라스타일), 정방형

◇계단의 배치, 가장 멋있는 부분(고대의 열주랑<페리스타일>)을 제일 먼저 감상하는 위치

◇파사드는 아직 브란만테풍이지만, 평면이 혁신적(고대 주택의 현대화가 목표/ 팔라쪼 티에네/ 빌라 하드리아누스 연구, 방들의 연속적인 연결)

8) 산타 마리아 델라 카리타 수도원

가장 바로크적 한것을 전면에 두고 덜 중요한 것은 뒤로 두며 채광이 되게 로지아를 두었다

4) 르두와 形態記號로서의 '말하는 건축'
(Ledoux:'Architecture Parlante' as Sign of Form)

"이 땅에는 수 백개의 특수한 性格(character)을 입은 주거가 있다. 그 필요성은 거의 같은 것임에도 불구하고. 얼마나 멋진 효과인가!.... 상상력은 모든 것을 부풀게 한다. 그것은 세계의 바꿀 수 없는 질서조차도 변화시킬 수 있는 것이다."

* 그의 영광과 좌절
  新古典主義建築의 대표적 건축가. 영광과 몰락 그리고 그의 극적인 부활. 건축 이론과 사회 및 정치적 이데올로기(1736년 도르망 출생에서 파리 市門과 Arc-et-Senans의 王立製鹽所 설계까지)

* 建築言語의 再編成
  ⓐ「藝術·習俗·法制의 관계에서 고찰된 建築」(1804)과 Chaux의 理想都市 및 그 허구성→봉건제의 유물인 Arc-et-Senans 제염소와 새로운 산업사회인 Chaux의 이상도시(제철소, 교회, 시장, 공중목욕탕, 숯집, 나뭇꾼의 집, 중개인의 집,……조정소, 공동묘지, 가난한 자의 은신처)=「生産의 劇場」,「말하는 건축」,「텍스트로서의 건축」
  ⓑ 기하학적 형태와 그 속에 내재되어 있는 象徵性
  「性格」:고전주의적 규범으로부터의 이탈, 루소의 자연(본성)으로의 회귀라는 계몽주의적 이상→「分類」,「體系」,「適合性」
  건축형태와 기능의 새로운 조직화(=본성의 상실)→自己規定的인 기하학적 형태에 대한 편애 + 언어로서의 性格
  이해가능한 사물로 재편성:무효화된 건축언어(Piranesi), 영원성과 건축언어의 죽음(Boullée), 형태와 기능의 同語反復(Ledoux: "원,정방형, 거기에는 수많은 작품의 텍스춰 속에 사용되는 알파베트가 있다.")
  ⓒ 순수한 기하학적 형태의 결합
  고전적인 건축언어 체계의 倒置(cf.Palladio: 神殿 모티프→주택건축→극장/Fourier: 베르사이유 궁전→phalansteres)
  記號內容의 變換(봉건제↔산업사회, 神殿↔감독관의 집, 새로운 생산 이념↔고전적인 종교, 왕↔司祭, 생산의 도시↔감시를 위한 기계, 支配↔被支配=cf.Michel Foucault)

* 건축형태의 記號化
  ⓐ 고대건축에 성립되어 있는 의미를 참조(역사적,관습적,기하학적)= 構成과 意味의 결합
  ⓑ 고전건축언어의 붕괴 + 고전건축 형태언어의 자유로운 인용=건축형태의 구조적 문제
  ⓒ 형태의 무한한 결합과 치환(동일한 기능에 무수한 형태가 대응↔20세기 機能主義:규격화된 동일 요소의 반복)=形態의 자율성
  ⓓ 자율적인 형태단위 + 내용으로서의 사회적 이데올로기(制度:institution=施設:institution)
  ⓔ「말하는 건축」:건물의 내용을 일방적으로 대응시키는 것이 아니라, 몇 개의 레벨에서 讀解可能한 建築形態의 再編成

아트 앤 크라프트 · 아르누보 · 비엔나 제체시온

1992년 5월 2일, 인토건축

근대건축 세미나 I　　　　　　　　　　　　金 光鉉/ 1992. 5.2

Art and Craft Movement · Art Nouveau · Wiener Sezession

1. 美術工藝運動

◇John Ruskin

*「社會」와 「生活」/ 옥스포드 운동(1831)과 미술평론 및 사회사상가로서의 영향, 19세기 예술론=인간의 생활 전체(Pugin→Ruskin→Morris, 귀족사회→시민사회)/ 典型美(사물의 외형에 속하는 것, 사물의 성질)-生命美(생물, 기쁨에 가득찬 인간의 생활, 동적인 마적 현상), 사물의 친밀감과 생활 속에서의 조화(↔기계적=고전적→「中世」

*「裝飾」/ 구조를 강조, 생명적인 美, 문화 · 기억 · 의미의 매체, 인간과 사물의 친밀감↔과학기술

◇William Morris

* Pugin(정확한 원리)과 Ruskin(재작의 진실)의 영향, 디자인에 대한 생활과 기술의 관계

* Burne-Jones(화가, Rossetti의 제자)→라파엘前派(Rossetti, Millais, Hunt←Ruskin, 정지된 구성, 평면직, 중세, 상징, 문학성), Ruskin + Rossetti=노동자대학에서 강의, Morris + Burne-Jones=옥스포드→Philip Webb→Shaw: Mackmurdo→Voysey→Lethaby

* 「붉은 집」→「Morris, Mashall, Faulkner」→「모리스 상회」/ 스텐인드 글래스, 직물, 벽지 등의 장식예술(비공간적): 중세적 주제 : 그러나 사회 전체가 아니라 한 사람의 생활 전체, 高價

◇美術藝術運動

* 建築家의 自覺과 運動集團/ 「藝術協會」(1754)→「15人組」(1881), 「센트 죠지 藝術協會」→「예술 노동자 길드로 합병」(1882, 길드=중세풍의 예술 통일과 건축의 부흥)→「센트리 길드」(1882, Mackmurdo, 금속세공, 조각, 도공: 기품과 우아함, 섬세: 모리스 상회와의 관계, 同人組織)→「아트 앤드 크래프트 展示協會」로 통합(Walter Crane, 수공예와 職人精神)→→독일공작연맹(1907), 오스트리아 공작연맹(1910), 스위스 공작연맹, 스웨덴 공작연맹(1913), 디자인 공업협회(1915)

* 製作組織(工房的), 이론의 전개, 교육(도제)/ 근대적 사회에 대한 자각(cf. 런던 건축협회<1806> + 건축협회<1831>=영국건축가협회<1834>→왕립영국건축가협회<1866>)/ 사회와 역사에 대해 자기의 입장을 확립, <사회> 속에서의 <나>의 확립과 그에 따른 조직론

≫ 극히 개인적인 <꿈>과 <취미>로서의 예술

- 3 -

2. Art Nouveau

◇ 이름

* 19세기말-20세기초 유럽에 유행한 예술양식, 1896년 파리의 미술상 Bing이 <아르누보>라는 가게의 이름에서 비롯함, 과거의 양식을 거절하고 새로운 예술양식을 만들려고 장식에서 시작된 움직임(영국·프랑스/ 아르누보, 독일/ 유겐트 스틸, 이탈리아/ 스틸레 리베르티 등), 그러나 24년간의 단명한 양식
* 형태상의 명칭(<꽃의 양식>등 냉소적 의미)/ 지명·인명/ 추상적 명칭(젊음, 자유, 새로움)→<아르누보>로 통칭/ 비둘기색(회색+엷은 핑크+엷은 자색)=世紀末의 일시적 열광, 요상한 힘을 숨긴 유행, 새로운 시대의 시작
* 直觀的인 生命力/ 모리스의 장식, 라파엘前派의 회화, 고딕 리바이벌의 장식, 일본 양식, 동남 아시아, 아라비아 등의 과거에 원천을 두기는 하나, 직관적 생명력과 이상한 憧憬의 世界가 본질
* 영국의 디자인 이념 + 프랑스의 철구조

◇ 아르누보의 典型

* Mackmurdo의 타이틀 페이지/ 가늘고 굵게 굽이치는 S자형 곡선 + 극단적인 조형의 통일 + 그림자 없는 평면 속에서의 식물(平面性과 主題/흑과 백의 교차, 여백), 異國趣味의 분위기
* Victor Horta의 Tassel 주택(1892)/ 3차원 속의 분방한 曲線·平面性·表面性, 구조와 나무, 生命感, 영국산 벽지/ Viollet-le-Duc의 영향/ 상류주택, 아카데미 출신, 화가와 같은 대담한 건축-벽체(물질):공허(공간)을 동등하게 취급, Viollet-le-Duc의 저서와 식물 관찰
* Henry van der Welde의 Uccle 주택(1896)/ 파리의 빙 가게 장식 담당, 화가·금속공예·기사·선박설계·장식·장정(모리스 벽지를 처음으로 사용한 벨기에인), 전원풍, 생활 전체 속의 예술품

◇ 造形的 特徵(線과 平面=근대건축의 기본적 형태, 장식의 과잉↔순화된 근대건축)

* <曲線>/ 식물·꽃·여자의 머리털·흐르는 물·파도, 철이라는 새로운 재료 이전에 曲線의 意志가 있다(cf. 설리반의 장식과 비교: 수직·수평의 구성적 사고↔곡선적 사고), 자유롭지 못한 물체와 식물의 연결→Gaudi
* <平面性:表層>/ 곡선(생명력)→볼륨의 결여→평면, 투시도적 사고의 붕괴(Klimt의 회화), 대상을 은폐하고 작가의 심정을 표면에, 망막에 비친 시각적 형태(Endel), 벽의 존재감으로부터의 해방, 물체의 표면→Otto Wagner
* <造形的 統一>/ 제예술의 통합, 「綜合藝術」(예술가=다방면의 재능)→생활 전체의 통일, 「자연은 예술을 모방한다」(와일러)=인생은 의식적으로 자기를 표현하는 것이며 예술은 그러한 인생을 만족시켜야 한다=문화적인 도시 중산계급의 꿈
* <主題>/ 흐르는 물·백합·백조·공작(고귀+이국적 새)·젊은 여성= 神秘性과

官能性, 전통적 圖像의 미묘한 反轉(백합을 든 사고계의 여성), 생명의 근원, 환상적인 浮遊感覺

◇ 고립된 人工世界

* 美術工藝運動(생활+수공예+중세)↔아르누보(생활+수공예+자기를 그린 장식과 환상=과거에서 이상을 찾지 않고 자기의 비전으로 창작한다-실재하는 육체가 아니라 精靈을 형상화, 현실 그 자체를 소재로 한 것이 드물다)
* 향수자와 예술가=상류중산계급(공장장 아들, 귀족)↔근대의 공업화에 무력, 댄디의 생태(침실-옷입는 방-목욕-세발-손톱 손질-흰 모직 가운-아침 식사-편지와 신문-코코아 한 잔-수첩을 일별-담배 한 모금-날씨를 보아 하루를 계획-어떤 옷을 입을까-하인에게 지시-옷입는 방-그러면 한낮이 된다)
* 공업사회문화를 부인하고, 직인적 생산 시스템을 도입한 아르누보는 근대 테크놀로지를 병합하려 했다는 점에서 실제로는 공업사회의 예술이지만, 美에 도취하고 강한 자극과 쾌락을 찾아 一人一派를 외치며 확산됨으로써, 결국은 작가와 건축주의 취미의 세계에 머물르면서 사회적으로 대응하지 못한 결과, 합리적 건축의 유토피아 사이에서 붕괴해 갔다.

≫ <共同의 理想이 없이 自己에게만 집중된 고독한 演技者>의 예술(=포스트 모던의 세기말적 예술세계?

≫ 생활:도시+테크놀로지+텍스트의 유희?

3. Wiener Sezession과 Otto Wagner

◇ 分離派(제체션, 영어로는 세세션 Secession)

* 뮌헨, 베를린, 다름슈타트, 빈이 중심지, 아르 누보나 유겐트 스틸의 영향을 받으며 보다 20세기적인 것으로 추진시킨 것
* 빈 제체션(가장 유명하며 중요한 운동, 1897년 Klimt, Wagner의 제자 Olblich, Hoffman가 중심, Mackintosh의 영향 밑에서 Wagner의 即物的 사고를 추진하여, 형식적으로는 직각·직선 등 기하학적 형태를 실현
* 직선의 윤곽과 한정된 장식(→아돌프 로스), 거대한 空白

◇ 제체션館(1898, Olblich)

* 전통적인 형식화와 이성에 반대, 개성과 감정의 개방과 적극적인 개혁, 「시대 그 예술, 예술 그 자유」(Klimt, 비판 집단의 중심 인물로서 고립된 빈 예술을 위해 단체 결성, 1897), 이 전시회의 전용 건물, 「황금의 캬배츠」(3000매의 월계수 잎과 700개의 열매, 외벽:Moser등 여러 예술가가 무상으로 작품 제공
* 裝飾(식물)과 空白(표면): Klimt의 제1회 제체션展 포스터, 그러나 手工藝的(보석상자)/ 개성, 감정, 상징, 회화적 장식화↔이성, 자본주의, 기계

- 5 -

>> 근대건축을 다시 생각해야 하는 오늘의 건축에 있어서 「재체선館」은 우리의 과제에 무슨 의미를 가질 수 있겠는가?

◇ Otto Wagner

* 아르누보의 가능성/ 植物(곡선, 골조):가우디(카사 비센스)↔表面(기하학, 직선):바그너=장식이 가능한 표면의 문제, 두 개의 빌라(1888, 1913)/ 전통적 3부구성, 단순, 흰 벽면
* 表面·積層·裝飾/ 世紀末과 近代
  Schottenring 23번지 아파트/ 1877, 윤곽을 가진 창과 평탄면의 대비
  Palais Hoyos(Palais Wagner, 1891, 주층 전체의 윤곽, 평탄한 벽, 자립, 윤곽 내의 장식, 수직 요소의 삭제↔매스로서의 基部=積層)→Adolf Loos
  Linke Wienzeile 40번지, 38번지(1899, 윤곽 안의 장식, 표면에 붙인 장식, 윤곽 속의 표면↔표면에 동화된 장식, 자유로운 확장 표면)
  Neustifegasse 아파트(1912, 윤곽선의 출현=형태의 윤곽과 자유로운 표면과의 최종적인 경계선, 평탄하고 비실체적인 표면→Le Corbusier), 浮遊하는 完結形態/ 대지와의 결합·기둥과 벽의 관계가 애매, 주층의 윤곽과 허약한 基部, 경계부의 절단, 上下部의 併置(構築<Perret>:圖形<Wagner>)
* 薄板의 表面/ Wien 우편저금국(1906, 즉물적), Kaiserbad Dam(1907), Steinhof 교회(1907)
* 볼륨화된 平坦面/ Karlsplatz역(1899, 線<구조>과 面<대리석판>), Wien 우편저금국(상하의 皮膜, 무중력, 공간의 확장), Steinhof 교회
* 幾何學에 지배되는 裝飾/ Die Zeit(1902), Karlsplatz역, Majolica(Linke Wienzeile 40, 장식 이전에 표면, 개구부의 위치와 대칭적인 장식↔Horta,Guimard, Endel의 Elvira 사진관, 본체에 새긴 설리반의 장식)
* 自立面/ 完結된 面(구조) ↔ 分解된 面(Palais Stoclet, Hoffman, 1910, 비구조적, 전체성의 해체, 내부와 무관한 표층적 해결→슈뢰더 주택), 결국 「볼륨↔면」→Adolf Loos(Steiner House, Tristan Tzara House, Josephine Baker House, Moller House, 적층, 부유하는 완결 형태), Le Corbusier(완결된 기하학과 도형적 윤곽
* 面에서 空間으로의 추상화 과정/ Schottenring→Wien 우편저금국 = Schwob→Savoy

>> 「슈타인호프 교회 준공식에서……황태자는 식전의 연설이 끝날 무렵 "마리아 텔레지아 양식이 뭐라 해고 가장 아름다운 양식이다"라고 주장했다. 나는 이에 마리아 텔레지아 시대에는 대포와 같은 병기에도 장식을 하고 있었지만, 오늘날에는 그런 장식은 바보같은 짓이라고 어느 누구나 생각하고 있다. 그런 시대다"라고 대

답했다. 그러자 황태자는 한층 화가 나 내게 시선을 돌리고 무시하는 태도로 나가 버렸다. ……그러나 황태자의 죽음으로 앞으로 발전할 오스트리아의 근대건축에 대한 최대의 장애물이 제거되었다고 해도 좋을 것이다. 」(1915-1918년의 일기 서문)

≫근대 합리에로의 지향과 빈의 전통 사이의 긴장 관계와 교묘한 대립. 우리는 무엇을 가지고 긴장하며 대립하는가?

- 7 -

아돌프 로스

1992년 5월 30일, 원도시건축

근대건축 세미나 II　　　　　　　　　　　　　　　　　　金 光鉉/ 1992. 5. 30

Adolf Loos: 文化의 危機 · 裝飾 · 古典 · 空間計劃

"정확함, 철학, 논리-이런 점에서 로스는 건축의 운명에 결정적인 영향을 미쳤다."
(르 코르뷔제, 1930)

1. 生涯

* 1870년(체코 브르노 태생), 조각가이자 석공의 아들(작업장, 수작업의 정신=職人에 대한 이해)
* 1885년 국립직업훈련학교 기계기술과→건축공예과(같은 시기에 Hoffman이 제적)→1889년 드레스덴 왕립공과대학(Gottfried Semper, 독일 건축계의 중심), 1890년 지원병으로 입대, 특기:체조, 수영, 자전거, 댄스→비인 조형예술 아카데미에서 공부를 희망했으나 하제나우어 교수에 대한 반감으로 포기→다시 드레스덴 공과대학으로("공과대학에서 공부하기보다는 교양있는 석공이 되는 편이 낫다"=공과대학에 도입된 시험 제도와 이에 합격하면 주어지는 건축가 칭호로 사회적 지위를 확보하려는 건축가의 자세를 비판. 문제는 스스로의 의지로 자신의 위치를 결정하지 못하는 <건축가>에게 있다는 뜻)
* 1893년 시카고의 컬럼버스 만국박람회를 보러 渡美(배표+$50, 큰아버지 집, "조간에 이 도시에서 가장 큰 건물이 지어졌다고 하면, 그날 석간에는 더 큰 건물이 계약되었다고 알리던 시기"<기디온>, 바론 제니, 리챠드슨=장식의 제거, 구조와 건축의 통일, 순수 형태/설리반<「건축의 장식」, 1892>의 交通館)=고전 건축 양식, 증기 기관차→1898년의 황제기념교회안)

2. <裝飾과 罪惡>(1908)→부분만이 강조된 금언

* "파푸아인은 刺青한다.…그러나 그는 죄를 범한 것은 아니다. 그렇지만 근대인에게는 자기 몸에 刺青한다는 것은 범죄자인던지 변질자이다.…나라의 문화 수준을 변소의 벽에 그려진 낙서가 얼마나 되는지를 가지고 알 수 있다. 애들 사이에서는 이같은 낙서는 당연한 것이다. …그러나 파푸아인이나 애들에게는 당연한 것이 근대인에게는 변질적인 행위이다.…문화의 진보란 일상적으로 사용하는 물건에서 장식을 벗겨내는 것과 같다. …장식이 이미 오늘날의 문화와 유기적인 관계를 맺지 않는 이상, 그것은 이미 오늘날의 문화를 표현하는 것이 아니다."
* 근대라는 시기에 장식에 탐닉하는 것은 무의미↔그럼에도 불구하고 장식을 사용(하르트가세 의 공공주택의 장식)=<과잉의 장식=의미 없는 장식=허식>이 죄악이라는 뜻이며, 문화의 맥락에서 실천된 장식은 허용("나는 인류를 <과잉의 장식>에서 해방했다"-사회적 윤리감↔신고전주의-형태의 자율성　　Handelgasse 29-30, Vienn 19.

※ 그러므로 로스는 자율적이며 순수한 건축을 지향하며 장식을 부정한 근대 건축가와는 다르다), 虛飾(=시대의 필연성에서 소거된 것)을 용인하는 사회에 대한 분노의 표현("건축은 예술이 아니다"=건축의 사회성을 강조하는 警句로서. "근대인은 그것이 적당하다고 생각하면, 오래 된 장식이나 이국의 장식을 쓸 수 있다-그러나 스스로 만드는 것은 없다-. 근대인은 장식 이외의 것에 자기 자신의 창의력을 집중하는 것이다", "우리 시대의 위대함은 새로운 형태의 장식을 만들어낼 수 없다는 데 있다")→장식이 없이도 성립하는 강한 精神力을 가진 시대, 장식이 없이도 예술이 주는 고차적인 정신적 기쁨(프로이드/ 문화란 충동을 억압하는 곳에서 생긴다)-〈文化〉의 進展이 문제이다!

3. 비인의 都市文化

※ 〈포촘킨의 도시〉=허영에 가득 찬 비인의 도시 문화(경제적 여유를 갖게 된 시민계급, 귀족 사회의 동경에서 유래하는 허영, "그들의 가정은 거실이 아니라 전당포나 골동품 가게이다"〈에곤 프리델〉)↔제체션(허식의 세기말 상황에서 단절을 꾀하면서도 결과적으로는 새로운 장식을 만들어 냈다. 따라서 장식의 형태가 바뀌었다고 사회가 바뀔 수는 없었다)→오토 바그너에 대한 비판("어느 누구도 이처럼 완벽하게 살 수는 없다. 그것이 가능한 것은 소유자인 오토 바그너 그 사람뿐이다.")/ Loos=도시의 문화를 근본적으로 비판함으로써 건축적 상황을 혁신하자는 것

※ 유럽 문화의 우월성(=합리적 정신)/ 국가=형태→생활 형태, 국민=서구 문화를 흡수하지 못함, 이 벽을 깨고 국민이 못 가졌던 유럽의 문화를 오스트리아 국민에게 도입하는 것. 쓰다가 금방 고장이 나도 화내지 않는 비인 시민의 정신 상태, 그 결과 예술도 생활도 생기를 잃고 있다. 동구의 시골 국가로 전락하기 전에 당시의 예술들에 의해 혼란되지 않도록 직접 유럽 문화를 도입하는 것.

※ 〈정확한 복장〉/ 정확=최대의 가치, 정확하고 좋은 것(좋고 싼 것이 아님)이라면 비록 〈과거〉의 것이라도 평가받아야 한다→우수한 가구의 모방, 완전한 것은 재생되어야 한다.

※ 〈신사복의 모드〉("신사복의 변화는 대중이 고귀함을 추구하는 가운데 본래의 고귀한 형태를 변질시켜, 他者와 자기를 구별하기 위해 새로운 형태를 모색해야 한다" 〈부인복의 모드〉("그러나 부인복의 모드의 변화는 단지 관능성의 변화에 지배된다→그러므로 여자는 웃음을 팔며 살지 말고 또 다른 삶의 길을 스스로의 손으로 개척해야 한다=근대 사회의 건축이 그래야 한다는 뜻)

※ <u>영국</u>(그는 가구를 만들지 않고 기성 제품을 썼다)+<u>고대</u>

4. 古典

※ 古典的 近代建築/ 고대와의 관계 속에서 본질을 파악한 근대주의, "건축가는 단지

자기 시대를 위해 만드는 것이 아니다. 자손도 역시 그의 작품을 향수할 권리가 있다.…불변의 가치…위대한 고전 고대의 완전한 재평가가 필요하다.", "미래의 위대한 건축가는 선인의 작품이 아니라, 고전적 고대에 직접 의거한 고전주의자이다.", "라틴어를 배운 석공", 기존의 형태를 언어로서 재생(cf.시카고 트리뷴사 콤페), 제1차 세계대전 이후 이전의 부르조아 문화가 붕괴한 이후에 나타난 문화의 공백, 건축으로부터 의미·정신·문화가 소거되고, 단지 기능만을 충족하는 건물이 늘어가는 가운데 고대 건축의 형태 재생을 통해 고대 정신을 부흥하고자 함

* Villa Karma(1904, 스위스)/ 최초의 로스 건축, 개축, 균질한 조형, 그리스 도리아식 오더, 대리석, 고대적(현관, 욕실, 쾌락적)과 영국적(서재, 거실, 음악 살롱)

* 軍事省을 위한 현상안(1907)

○ * Kärntner Bar(1908)/ 파사드(고대적<각주, 3층구성>+앵글로 색슨<성조기>, 내부-대리석+마호가니, 거울의 효과(3.5x7x3.5m, 환영, 바로크적), 피막으로서의 공간, 비구조적, "형태는 재료를 통해 나타난다", 플루팅이 있는 원주 단면의 카운터 — Kärntner [illegible] 10, Vienna 1

□ * Café Museum(1899)/ 건축가로서의 데뷰작, 4각의 개구부, 순백의 평탄한 아치의 천장면, 예리한 에지, 허무적 분위기, 허식을 배제한 실리적인 공간, 카페=전위예술가들의 거점, 현존 대폭 변경 — Elisabethstr. 6, Vienna 1

△ * Steiner House(1910)/ 교과서적인 최초의 근대건축(정원쪽만), 당당한 볼륨감과 고전건축 + 영국의 버내큘러, 현존 대폭 개축 — St. Veitgasse, Vienna 13

◎ * Looshaus in the Michaelerplatz(1909-11)/ 미하엘 광장(합스부르크 왕조 왕궁), "…쓰레기 상자…비인의 치부…이런 건물이 세워지게 만든 시청 공무원…", 장식이 없는 상층 부분을 이유로 공사 중지 명령, 인조 대리석 제조판매업자인 의원의 반대, 장식으로 화장한 안을 현상에 붙이려 했으나 오토 바그너의 반대, 스트라이프가 있는 스케치, 신경성 위염, 프랜트 박스로 타협 — Michaelerplatz, Vienna 1

1911년 설득을 위한 강연("현대의 인간은 바쁘기 때문에 길을 걸을 때 자기 눈높이에 있는 것만 본다.…그렇다 웃음이 사라진 건물이다. 왜냐하면 웃음도 역시 장식의 하나임으로.…나는 예술가협회에 드나드는 재미있지만 이상한 수염을 한 얼굴보다도, 수염을 깨끗이 깎은 남자, 웃음을 잊은 베토벤의 얼굴이 훨씬 아름답다고 생각한다.…옛날 비인의 도시는 …어떤 한 건물이 웅변을 말하면 다른 주위의 건물은 침묵을 지켰다. 그것이 오늘날에는 어떠한가? 어떤 건물이나 죄다 큰소리를 지르고 있다. 시끄러워서 그 소리가 잘 들리지 않지 않는가?"

상하의 분리=이질적인 부분의 공존, 토스카나풍의 도리아식 대리석 기둥(16M 스

팬의 콘크리트 기둥 사이의 장식노근대건축의 구조의 솔직한 표현)

<文化와 意味>, 낭비없이 사용된 내부 공간, 비언속적인 독립 공간, "그곳에 그는 思想을 세웠다"(Karl Kraus)

○ * Knize 신사양복점(1909-13)/ S자 곡선의 단면 기둥, 내부(목재, 기성 가구) — Graben 13. Vienna I.

◎ * 비인 시립중앙 저축은행(1914) — Mariahilfer 90, Vienna

* Franz Joseph 기념당(1917)/ 평탄한 벽면의 고층부+저층의 고전적 파사드(배후의 고전 양식의 궁과 대응)

× * Hugo & Alfred Spitz 보석점(1918)/ 원주-각주-아키트레이브, 매너리즘적

* Constant 저택안(1919, 체코)/ 5개 층, 전부 24개의 레벨

* Tristan Tzara 주택(1927)

× * Steiner 부인장식구점(1907)/ 현존하지 않음, 곡면 유리, 積層, 트릭에 의한 깊이감

* Max Dvořák 영묘 계획(1921)/ 단상의 피라미드

* 시카고 트리뷴 컬럼(1922)/ 32개국의 260안, 120m, 묘와 모뉴먼트(예술), 컬럼=원주+컬럼, 트리뷴=호민관, 민중의 지도자, 형태와 언어

* 멕시코 시청사 안(1923)

* 알렉산드리아 백화점 계획(1910)/ 단상 피라미드, 가장 애착을 가진 계획안, ◎로스 자신의 주거(알코브, 영국 주택) 좌측의 드로잉, 8층, 베이 윈도우, 수평성→<테라스 하우스> — Historisches Museum der Stadt Wien

◎ * Scheu 주택(1912)/ 독립 주택 — Larochegasse Hietzing, Vienna 13

* Grand Hotel Babylon(1923)/ 파리 살롱 도톤느展에 출품, 테라스 하우스에의 열망, 스케이트장과 무도장→노동자를 위한 테라스 하우스(1920)

* 비인 확대정비계획의 재검토/ 1859년 링街가 건설되기 직전의 상태, 구시가지와 신시가지의 단절을 극복, 오토 바그너의 <비인 22區계획>에 대한 대안, 19세기의 역사주의적 공공 건물을 그대로 사용하여 적당한 문맥에 재배치(=알도 로시)

5. <空間計劃>(<Raumplan>)

* "우리의 조상과 마찬가지로 밖으로는 침묵하고 안으로는 풍부하고 다채로운 공간을 전개하고 싶다" + 實利

* Strasser 주택(1919)/ 개축, 3층을 4층으로

* Rufer 주택(1922)/ 내부는 최근의 개수로 변경 — Schliessmanngasse 11, Vienna 13

◎ * Moller 주택(1928)/ — Starkfriedgasse Vienna 18

* Müller 주택(1930)/

* 알코브, 독립적으로 분절된 방, 개실의 대칭적 구성, 원 룸의 지향, 공간의 중첩과 투시도적 효과,

-11-

6. Adolf Loos에게서 배우는 것(그러나 각자의 사정에 따라 잊어 버려도 좋은 것)

* 물리적인 해결보다는(美나, 예술이 아니다) 문화에 대한 비평성(지적인 解讀作業>> >느슨한 觀照)
* 현대의 〈포촘킨의 도시〉=도시와 문화의 공허, 실재와 분리된 내용(의미)

---

* 〈Spoken[말하는 것] into the Void[도시 문화의 공허를]〉=〈말하는 건축〉

---

* 近代建築=形式主義+文化로서의 이데올로기=形式 + 內容

---

* 기호의 해석은 언제나 內容(무엇을 말할까)만이 아니라 形式(어떻게 말할까)에 관계된다.
* →→→自律性(건축은 단순히 문화에 종속되는 한 분야가 결코 아니다, 그러나 그 自律性은 그 자체에 비평성을 가지는 것은 아니다. 그것은 직접적이 아닌 connotation으로서만 가능하다)

  →→→이에 內容은 공허하다(적어도 Loos의 경우는). 그러므로 그는 〈포기〉의 방법을 택한다. connotation으로서.

---

* 그러므로 〈不在〉를 말하기 위해 형식의 이탈만을 추적하는 이른바 〈解體建築〉만이 유일한 방법은 아니다. 문제는 같더라도 그에 대한 가치판단은 여러가지 있을 수 있다. 〈解體〉는 형식의 恣意性을 드러내기 위해 修辭를 가하지만, 그것이 범하는 오류는 다름아닌 修辭를 보장하는 것이 形式이라는 사실을 부정의 대상으로 삼고 있다. (여기에서 修辭란 직접적이 아닌 connotation으로서의 내용〈문화의 비평성〉을 말한다) 왜냐하면 형식이란 타성화된 법칙이 아니라, 불가피하게 결정불능성을 가진 것이므로.
* 포스트 모더니즘의 오류는 모더니즘을 反形式的인 것으로 단정하고 역사적 양식을 표면에 첨가하였다. 그러나 그것은 모더니즘의 단절일 뿐, 연장은 아니다. 이미 모더니즘 안에 포스트 모더니즘적 이탈의 현상은 있어 왔다. 포스트 모더니즘이 만들어낸 도시는 Loos의 말을 빌면 〈포촘킨의 도시〉일 뿐이다.
* 그러므로 나는 이렇게 생각한다. 근대건축에 철저하고 그것의 형식과 내용에 철저한 자만이 포스트 모더니스트이거나 해체건축가가 될 수 있으며, 형식(언어)을 매개하지 않는 한, 差延도 없고 불완전성도 없으며 문화의 비평성도 없다고.

  그러므로 다시 Le Corbusier와 Adolf Loos……

---

* Loos의 묘/ 유명 인사의 명예 묘지(가장 바깥쪽), 무장식, 2년전의 스케치, 명쾌하고 명확한 윤곽

  "숲 속을 걷고 있을 때, 피라미드 형의 흙이 덮힌 묘를 만났다면, 우리는 장엄한 기분을 느낄 것이다. 무언가가 여기에 우리에게 말을 걸고 있고, 여기에 무언가가 매장되어 있으며, 여기에 건축이 있다고." (Adolf Loos)

네덜란드 건축과 데스테일

1992년 6월 20일, 한울건축

근대건축 세미나 III　　　　　　　　　　　　　　　金光鉉/ 1992. 6. 20.

네델란드 건축과 De Stijl

---

1. 암스테르담派

* 주로 암스테르담을 중심으로 노동자 계급의 집합주택을 건축한 건축가 집단. Berlage + 독일 표현주의의 영향=네델란드 표현주의, 잡지 *<Wendingen>*(變轉), 대중의 생활과 예술의 합치된 사회, 전통적 벽돌 재료, 건축의 유기적 형태, 기능주의 건축의 출현으로 단명, 선구적 작품=J.M.van der Mey(1916, 해운협회 빌딩<Scheepvaarthuis>, 선박회사=바다까마귀 둥지, 격한 운동감과 장식)

* 집합주택/ Berlage의 南암스테르담 주택단지(1915, 전원 속에 산재하는 영국식 전원주택을 비판, 전통적 아파트먼트 타입, 넓은 중정으로 채광 통풍(→로테르담파, Oud), 다양한 표현의 긴 파사드(→암스테르담파), 새로운 집단생활의 형식보다는 풍부한 분절에 의한 도시 공간의 리듬

* 에이헨 하르트<Eigen Haard> 집합주택(Michel de Klerk, 1884-1923)/
+암스테르담파 건축의 최고 걸작, 심각한 주거 문제를 해결하기 위한 노동자 주거(1292개 주택 조합 중 대표적 조합)
+벽돌 세공, 굽이치는 벽면=전통에 대한 새로운 해석, 서민 주택으로서는 고가("단, 클러크씨의 것은 비용이 많이 들지만 그렇다고 너무 비싼 것은 아니다. 우수한 예술가의 작업을 두고 비싸다고 말할 수는 없다<시의 참사회원들의 말>"), 3각형의 대지 모퉁이 부분에 대한 스케일 조절, 우체국(뒷면의 전원적 중정→J.F.Staal의 파크 미아워크<Park Meerwijk> 주택군과 유사, 그러나 평면 자체는 진부

* 데 다헤라트<De Dageraad> 집합주택(1923, Kramer와 합작)/

* 헨리에트 로네르플레인<Henriette Ronnerplein> 집합주택(1921)/ 群의 단위

2. 네델란드에 대한 Frank Lloyd Wright의 영향

* 라이트에 대한 Berlage와 Wils나 Oud의 견해가 다르다(라이트/ 1910년 Wasmuth판 발행, 버내큘러한 이탈리아 르네상스 건축을 칭찬, 자연의 법칙을 통한 유기적 건축, 고딕 정신의 부활을 강조=독일과 네델란드의 표현주의 건축가를 평가하는 듯한 발언

* 복잡하고 개인적인 그의 발언에 다른 해석/ 草原住宅, Unity Temple, Larkin Building보다는 콘크리트 평지붕과 추상적 형태의 주택 계획이 더 영향을 미침('5000달러의 내화 주택'<1906>, 라킨 회사 여자용 숙사<1904>, Lexington 테라스 아파트<1909>)

* Oud/ 라이트의 방법에 대한 오해(스틸과 콘크리트조로 오해, 다이나믹한 미래파의 이미지↔자신의 입방체적 명확성=기계적 '시대정신', 라이트 건축에서 콘크리트로 된 견고하고 콤팩트한 형태를 채용, 라이트=네델란드적 보편성

◆ Robert van t'Hoff/ 위즈 테르 하이드의 빌라(Huis ter Heide, 1917, 십자평면, 평지붕)≒라이트의 저렴 주택이나 Gale House<1909, 실제는 목조>, 구성의 '요소', 인공 재료=콘크리트('고도의 정신은 자연 소재를 쓰지 않는다'), Huszar는 공학의 작품으로 평가, Unity Temple=입방체적 효과(↔다이나믹한 수평선과 형태의 분해)

◆ Jan Wils/ 1918년의 빌라 디자인 스케치, 중공 콘크리트 벽 시스템, 저렴 주택을 염두, 라이트의 건물에서 형태 모델을 발견(예:Daal en Berg, 1920≒Lexington 테라스 아파트, 라이트 건물에 대한 성숙한 데 스틸적 해석으로 평가), 돌출된 스라브와 발코니

3. 신조형주의<Neo-Plasticism>: De Stijl의 조형 원리(1921 이전)

◆ Piet Mondrian(1872-1944)

* '신조형주의…추상…형태의 순수 요소로 환원…직선…보편적 조형 수단, 직사각형의 색-평면'(1923)=잡지 <데 스틸>의 목적(Theo van Doesburg/ '새로운 미의식…순수하게 조형적인 예술작품을 만들고, 이 순수한 조형 예술에 대한 대중의 감각을 준비하는 것)'

* 그러나 난해하고 형이상학적, 가장 그러한 이가 Mondrian(神智學, Kandinsky, Suprematism, Constructivism < Schoenmaeker=이성에 입각한 기하학적 상징 예술<근본적 우주의 리듬: 수평선=지구의 운동, 수직선=햇빛, 青=하늘, 직선, 수평선, 후퇴, 黃=햇빛, 방사>, nieuwe beelding=forming, '조형 수단을 순수화하는 예술'<몬드리안>, '예술 관계의 즉각적이며 요소적인 표현'<반 되스부르크>≒'elemntarism'≒Plastic)

* 회화/ 주관과 개인성의 부정→보편성(universal), 인상주의→리얼리즘→입체파→데 스틸<1917>(Domburg 교회의 스케치<1918>, '색평면의 구성III'<1917>:2차원화≒Theo van Doesburg의 회화(자연에서 추상으로) 또는 Van der Leck의 조각↔타예술가=3차원화)

◆ Vilmos Huszar의 <데 스틸>지 표지 디자인과 Lauwerks(<Wendingen>지 편집장)의 영향(수평:수직)

◆ 사회주의적 유토피아: Theo van Doesburg가 건축에 관심을 갖는 이유(표현주의의 유토피아<=환상적인 유리 건축, 근대 생활에 반대>와는 달리 차거운 理性에 근거하여 절대 진리를 발견(=근대 생활의 超越), '양식에의 의지'(반 되스부르크, 1922=구성주의와 Dada와 교류 할 때, 별지 참조), 건축의 중심적 위치, 1923년의 일련의 주택 모델, 動的 構成(Counter-Composition, 대각선, 자유로운 입장, 몬드리안과 결별한 이유)

4. J.J.P. Oud: 기능주의 + 데 스틸

* 1918년부터 데 스틸의 형태 미학과 실제의 문제(=Rotterdam파의 경제적 주택 단지계획)를 결합하려 함(Rotterdam시 책임 건축가 1918-33), 네델란드 표현주의 건축가들을 평가(=특히 Michel de Klerk와 Mendelsohn, 암스테르담파의 사회적 실제적 요소를 중시)→결국 극단적인 기능주의나 형식주의

를 기피

* <Strandboulevard를 위한 테라스 주택 계획>(1917, 초기 데 스틸의 단순 입체, 리드미컬한 분절은 있으나 상호관입은 없다=1918년의 Van t'Hoff의 목제 모델<=마천루, 切削, 몬드리안의 회화>), Villa De Vonk(1918, Berlage의 영향을 받은 Purmerend 벽돌조 주택들, 1906-12에 대한 '백색' 계획으로 이전의 작품과 구획짓는 것), 그러나 그의 주요 관심은 효율과 표준화여서(→新即物主義 New Objectivity) 이런 문제가 해결된 후 미학적 문제를 더하였다
* 초기의 아파트/ + Spangen 아파트(1918-20)/ 분절된 벽돌과 전체적인 균질감, 코너의 처리(←암스테르담파, 그러나 점포등의 기능적 이유, + <노동자 표준 주거 계획>(1918, 벽돌의 프레임, 좁게 된 좌우의 계단창, 애틱부분, + Taanderstsst 블럭(1920)→이같은 즉물성이 De Stijl 미학을 지지

◆ Michiel Brinkman(1873-1925)과 기능적 전통/ Spangen 아파트(모뉴먼탈한 배치), 중앙의 공공 시설, 전통적 독립 계단을 갖는 住戶(이후의 집합 주택에 영향)

* 후기의 건축/ Purmerend 공장과 양조 제조소(1919, 창문의 띠, 콘크리트 슬라브와 같은 초기 + De Stijl 적 요소<공장의 중앙 부분>=Vantongerloo의 조각(1919. 12, cf. Van t'Hoff의 목제 모델), Rietvelt의 의자(1917, 1919에 발표): 面과 立體의 相互貫入, 백색의 입방체(Kallenbach 박사 주택, 1922→International Style 발전에 중요한 역할), Oud-Mathenesse 단지(1922), Hook of Holland 집합주택(1924, 여러 경향의 집대성, 원형 부분의 유리와 금속, 새로운 재료, 새 시대의 미학적 경험과 추상적 무한 공간이라는 De Stijl 이상이 표현), Kiethoek 집합주택, [그러나 De Stijl 미학과 완전히 일치하지는 않음]
* 예외/ Oud-Mathenesse 단지의 임시 관리사무소(1923, Lauweriks적)와 De Unie Cafe(1925), 단 이 두 경우도 초기 De Stijl적

◆ Dudok/ 라이트와 De Stijl의 영향, Oud의 친구, Berlage적 벽돌조, 매스의 대비, 로테르담 + 암스테르담(박공 지붕과 평지붕은 좋아하나 곡선은 쓰지 않는다), Hilversum 시청사(1926)

5. Rietveld(1888-1972, 1919년에 참가)의 초기 가구

* 라이트의 의자가 출발점(Van t'Hoff가 설계한 주택의 소유자의 의뢰), Klaarhamer와 합작으로 만든 찬장(1915, 영국 예술 공예 운동 디자인+ 라이트의 기계적 형태의 요소=건축적 캔틸레버와 支持-被支持의 분리된 요소, "기능과 재료에 따라 …어떤 부분도 지배적이지 않으며, 다른 것에 종속되지 않는" 요소적 형태)
* <Red-blue chair>/ 3차원적 De Stijl 공간 구조를 유일하게 완전히 표현, 수직-수평 부재, 등받이(赤;수직, 동적) 앉는 부분(青;수평, 덜 동적)/필수요소, 지지하는 다른 요소(黒;색이 아님), 마구리(黄;임의적 절단, 전진),

-15-

순수 형태를 위해 구조적 결합부를 감춤, 실제적이라기보다는 상징적(수공제품, 3차원적 데 스틸 조각), 기능:추상적 요소, 10cm의 모듈(손걸이 높이의 약4배)

* 1919년의 찬장/ 늑로비 주택
* Hartog 사무실의 가구/ 서류 개비넷, 책상, 조명 기구(Rietveld의 공간 개념도, Gropius)

6. 1921년 이후의 De Stijl

* Dada의 영향/ 1921년 이후 Theo van Doesburg의 회의적, 자조적 언설, Kurt Schwitters의 反藝術, 純粹言語(formalistic)+藝術否定(←생산주의<Rodchenko>의 부정=사회와 기술에 대한 애매한 태도)
* El Lissitzky의 영향/ 1922년부터 혁명으로 곤경을 겪던 러시아와 서구 열강에 사면초가가 된 독일간의 유대 관계 성립, 1921년 El Lissitzky가 러시아 아방가르드 작품의 전시회를 위해 비공식 사절로 베르린 방문, 1922년 3개 국어 잡지 '對象' 발간, 1923년 Hans Richter(영화 감독)과 함께 'G'를 창간하고 'Proun'을 발표(cf. Hans Richter의 'Filmmoment'<1922>, 'Proun'을 앞선 것), 'G'(베르린), 'MA'(망명 항가리인), 'ABC'(스위스)→<진보적 예술가 국제회의>(1922, 표현주의+구성주의)→<구성주의 국제 분파>
* Theo van Doesburg/ Hans Richter의 초청으로 1920년 독일 방문, 1921년 바이마르에 단기간 체재, 바우하우스에 영향(Gropius의 교수실에 Rietvelt의 조명기구, Adolf Meyer가 더 적극적, Itten과의 대립), De Stijl의 국제화를 위해 1922년 El Lissitzky와 Hans Richter를 영입, 'Elementarism'(Suprematism + 新造形主義), 1920년 El Lissitzky의 동화 <두 개의 정방형의 이야기> 게재, 그 이후 <De Stijl>지 4권 1호의 표지가 바뀜(sans serif체=기계 미학, <New Typology>), 'Proun'과 Hans Richter의 'Filmmoment'에 영향을 받음, 건축이라는 새로운 분야에 착수하는 계기(Mondrian은 건축가 주도를 꺼려하였다), 부유하는 비대칭의 面(=建築形態 言語의 解體), 1923년 <개인 주택을 위한 디자인>), 그러나 이데올로기는 없이 미학적 형태만(Theo van Doesburg의 '제3 De Stijl 선언문'참조, "우리는 국가에 대해 아무 것도 주장하지 않는다. 우리에게 동참하는 이들은 처음부터 새로운 정신에 속해 있음을 알고 있다.…우리는 완전히 무관심하다.", <生活>=생활과 예술의 형이상학적 균형을이룬 stijl, <생활>은 극도로 추상화 이념화되고 비정치적인 것으로 이해)

7. **Van Doesburg와 Van Eesteren의 要素主義建築**

* Van Eesteren(1897년생, 1922년 바이마르에서 Van Doesburg를 만나 데 스틸과 구성주의자가 됨, 후에 CIAM 의장 역임)과 함께 1923년 파리에서 주택 전시회, 이제까지의 데 스틸의 여러 경향을 통합(<조형적 건축을 향하여>(1924)를 참조, 時空間 槪念<←Bruno Taut의 표현주의>, 구조<←Le Corbusier>, 기타<←러시아 구성주의>, 전체적으로는 비논리적이며 형식주의적이나

1930년대의 주요 테마의 요약판으로 중요새로운 재료, 要素로 분해<면, 매스, 선, 색채>)

* <u><개인 주택 계획></u>, 1923/ 액소노메트릭 도면(각방향의 동등성, 면의 상관관계, 독해의 난해성), 평면(창과 계단이 생략, 기능적 공간 표기가 아닌 순수 형태 표현, 중심으로부터의 放射, ANW=가장 읽기가 힘듬, 많은 면이 생략, A=ANE, B=ASE, C=BNW, 밑에서 본 1층 평면, D=ANE, ANW의 최종 단계, 모델 1=SE, 모델 2=가장 복잡), 실제 평면은 비교적 관습적, 모델 2, 두 개의 굴뚝), 對角線 視線
* <u><예술가 스튜디오 계획></u>, 1923/ 6개의 면은 동등, 중심 코어에서 방사
* <u><대학 홀 계획></u>, 1923/ Suprematism과 Constructivism의 영향을 받은 대각선↔몬드리안(질서, 조화, 정적, 완전)
* <u>Cafe l'Aubetts</u>(1928)/

8. Rietvelt의 후기 작품
* 면의 상호관입에 대한 Van Doesburg의 개념을 완전히 이해, 요소주의 이론을 구조적으로 번역, 비대칭적(1923년의 <u>'베르린'의자</u>와 <u>end table</u>)
* <u>Schroder 주택</u>(1924)/ 19세기에 지어진 주택을 개조한 것(주변은 테라스 하우스), Van Doesburg의 <개인 주택 계획>을 확장, 기능과 독립된 정방형과 작사각형 면(남동<수평 슬라브-창-중앙의 수직면-발코니의 수평선 등 각 면들이 지각 교차≒'베르린'의자 또는 몬드리안 색분할>, 북동<가장 탁월한 부분, 모든 면이 개방>),
* 벽돌벽, 창문의 steel lintel, 공간 분할의 융통성

■ Weissenhof Siedlung(1927, 16인 건축가 참가)
* 1914년 독일공작연맹 전시회→종전후 노동자예술평의회, 11월회 등의 결성으로 표현주의가 활발하였으나 1925년부터 건축가의 건설 실무, 사회주의자에서 기술자로, Weissenhof Siedlung=신즉물주의 배후로 표현주의가 쇠퇴해 가는 경계선, 새로운 생활 약식의 전개를 위한 데몬스트레이션, 기본 조건=몬든 건물은 평지붕으로 할 것, 나치스의 공격 목표, Mies, Le Corbusier, Stam, Schneck, Scharoun, Gropius, Behrens, Oud

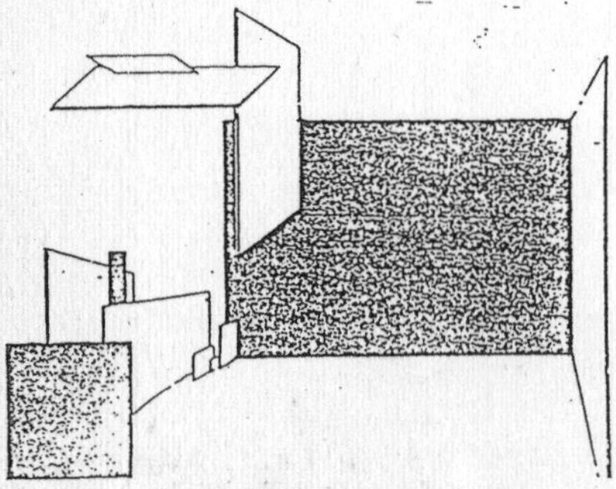

-17-

러시아 구성주의와 해체주의

1992년 7월 18일, 서울시립대

근대건축 세미나 IV　　　　　　　　　　　　　　　　金 光鉉/ 1992, 7.18

러시아 構成主義와 解體建築

A. 러시아 構成主義

* 러시아 構成(構築?)主義/ 社會的 狀況(과학+노동+「計劃」=테크놀로지의 이데올로기)과 출구 없는 좌절

* 러시아 아방가르드≒러시아 構成主義(유럽 전역의 構成主義를 구축한 엘 리씨츠키가 귀국하여 構成主義者와 대립되는 形式主義者 그룹 ASNOVA<合理主義 建築家聯盟>에 소속했다는 점)

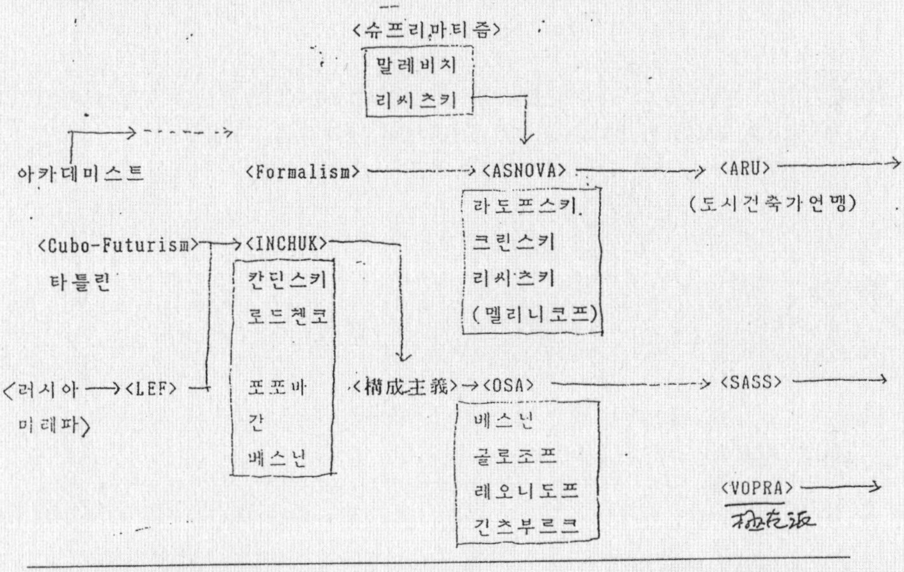

1. 발단/ ○말레비치(UNOVIS:「新藝術의 擁護者」), 슈프리머티즘, 포멀리스트,
抽象的, 反物質的→엘 리씨츠키(PROUN)

Non-Objectiveness
◎非對象性과 純粹性/ 異化(defamiliarization, 언어의 일상화로부터의 탈피→抽象과 純粹化), 칸딘스키=비물질적 감성의 물질화, 말레비치=전통적 의미에 오염되지 않은 형태, 요소의 입체적 분해, 對象을 消去하고 구속되지 않는 無限空間의 자유, (「모스크바의 영국인」, 「태양에의 승리」의 의상 디자인, 「Architectonics」)

● PROUN과 要素主義/ 4개의 공간 개념(면의 중합, 투시도, 비합리적, 영상적), 非合理的 空間=공간의 부한성, PROUN=코너와 경계의 소거, 非物質性, 공간확장, 要素/構築의 단위=슈프리머티즘+구성주의(「붉은 쐐기로 흰색을 쳐라」「2개 정방형의 이야기」,「레닌 演說壇」)

○ 타틀린: 物質的, 素材指向的, 構成主義의 단서, 「제3인터네이셔널을 위한 모뉴먼트」(1919-20), 공업적 오브제의 공간구성, 혁명의 열광=회전하는 발전기, 우주적 기계, 構築(컨스트럭치아)/볼륨/素材

● 物質的 構築과 力動性/ 공간적 확장+構築(구조적 재료와 볼륨의 통합, 「反-浮彫」, 라도프스키의 「공동 주거」), 정치적 메세지 효과(로드첸코의 「정치 선전용 키오스크」)

構築者(예술가): 人民敎育省 造形局 造形藝術課의 Sinskulptarch(建築과 造形藝術의 統合問題解決委員會: 建築局은 아카데미스트 죠르토프스키가 이끔 ←멜리니코프, 골로조프, 라도프스키)

라도프스키; 신건축파로 아카데미로부터 최초로 이탈(큐비스트 조각의 영향, 결정체 형상의 기하학적 구성, 독일의 표현주의적 경향), 심볼리즘(言語에의 熱狂, 새로운 社會에의 기대)→안정된 합리성, 제도화된 규범으로 변화

2. 「構築」:「構成」/ ○골로조프, 멜리니코프(기하학적 매스의 조합, 異化)

○ Sinskulptarchi 그룹(조직화의 수법=법칙성)+로드첸코→공업적 오브제 합리주의로 수정→INCHUK(예술문화학원:원장/칸딘스키/기념비적 예술, 예술의 심리적 상호작용)→「형태분석」그룹(라도프스키, 로드첸코, 포포바, 스테파노바)→로드첸코의 반발과 원장 취임(결국 時間藝術의 統合:空間藝術의 統合의 대결, 칸딘스키는 바우하우스로)→composition: construction 논쟁→분열

1) 라도프스키, 크린스키, 도쿠사에프

2) 로드첸코, 간, 스텐베르크 형제, 스테파노바(構成主義者 그룹 형성): 事物主義者 그룹(베스닌, 포포바<→LEF(좌익예술전선)의 生産主義者의 영향하>

構成(藝術)→새로운 컨스트럭션(技術):工業的 語彙, 공사현장, 건축가가 아닌 예술가에서 출발(기술적 구축물과 공간적 오브제, 건축이 목적, 예: 포포바의 「회화적 아키텍토닉」)

알렉세이 간: 가장 래디컬, 「구성주의 제1노동자 그룹」선언(1922)

Tectonika(새로운 내용(=정치)과 새로운 형태(=공업 기술)의 일치),

Factura, 사실에 입각한 재료의 조작)/ 이 두 가지는 기술자의 영역

Konstruktistia(통합적 디자인 행위, 構築=反構成, 기능을 질서화하는 것, 디자이너의 임무≒르 코르뷔제) = 반예술적 형태 창조 행위, 부르조와적 게인 문화를 해제, 「예술에 죽음을」≒예술과 기술의 통합을 주장한 그로피우스), 예술과 인간의 再錆造

● 線形部材의 力學과 情報/구축적 세계의 가시화(시각적, significant)+정치 선전 도구(청각적, signified)=말하는 기계, 긴츠부르크의 「노동궁전 벡터」, Klueis의「정치 선전 키오스크」, 체르니호프=統合과 集積

긴츠부르크: 構築을 포괄적으로 수정, 시스템 방법론, 기능적 정량화(지향하는 바를 명확히 아는 것이 창조성을 상실하는 것은 아니다)

캐더린 쿡/ 단지 물리적인 〈건설〉이 아니라 〈형태의 형성작업〉, 〈지적·정신적 영위〉, 실천적이며 구체적(예:기계란 형태적, 기능적으로 한정≒르 코르뷔제의 詩的인 입장, '파르테논에서 전화기까지'(르 코르뷔제와 긴츠부르크의 리듬論, 『건축과 리듬』)

라도프스키: Formalist, 새로운 형태의 법칙화와 그 지각심리적 연구, 요소/ 공간, 형태, 타이폴로지→볼륨, 색채, 비례, 운동, 리듬)→긴츠부르크(지각심리학, 벨플린, 프랑클), 자율적 언어, 포멀리스트(그러나 합리적, 과학적, 공업적 기반 위해서 추구, "기술적, 공리성과는 다른 요소에 의해 형태를 구축한다"↔통칭의 포멀리즘과는 다르다)→ASNOVA(합리주의 건축가 연맹), 아틀리에 과제=기술적 가능성을 넘은 과잉=비판의 대상

3. 전개/ O알렉산도르 베스닌(타틀린에게서 사사, 좌익예술의 중요인물, 3형제(건축:세째, 기술:첫째, 주택문제:둘째)

노동궁 현상안(3등, 긴츠부르크, 골로조프의 안은 아직 Cubo-Futurism적)

레닌그라드 프라우다(목조, 노동의 시각화-상징화, ≒기능주의), 모스크바 ARCOS, 중앙전신국 현상 응모

이론가 긴츠부르크와 함께 OSA(근대건축가연맹, 1925)→베스닌 스타일

Moscow Pravda

社會的 condenser

4. 상징/ 神殿에서 工場으로/ 노동자 왕국의 건축=공장, 레닌그라드 푸라우다=기계화한 건물

OOSA의 헤게모니=이러한 신화성, 상징성 때문(긴츠부르크/ 시대의 상징으로서의 기계=과학에 의해 해방된 노동자의 존재를 상징, 〈사회적 콘덴서〉

○그러나 그것은 과학적 기계가 상징적 기계로, 받는 쪽이 아니라 만드는 쪽의 논리, 긴츠부르크의 객관화= 건축가와 사회를 연결하기 위한 수단), 스타일화, 골로조프/ 구성주의(베스닌의 ARCOS등)+형식주의(이전의 입체기하학, 異化:象徵化)= OSA의 골로조프 + ASNOVA의 멜리니코프(예: 골로조프의 츠이에프 노동자 클럽, 1927, 멜리니코프의 르사코프 노동자 클럽, 1928)→형식주의와 현실적 생산의 결합

○정부가 승인한 것은 건축의 기술성 때문이었지 예술혁명의 결과는 아니였다(당시의 아카데미스트도 공업적 소재를 사용한 정부 건물을 많이 설계했다는 사실→러시아 아방가르드의 주체성은 과연 어떤 것이었을까?(어쩌면 構築자로서의 建築家가 지녔던 이데올로기가 원동력?)

5. 제1차 5개년계획/ 국가의 단일 이데올로기로서 예술가 조직의 일원화, 아방가르드의 쇠퇴 과정, 신도시 건설 논의, 電化, 과학적 시스템으로 양보했던 아방가르드의 이데올로기가 상위의 이데올로기(인민 대중)에게 연결되기는 커녕 거부되는 과정

都市派(자족적 공동시설, 거대한 공동주택<돔 · 코뮤나>, 합리적 공간의 편성)

反都市派(레디칼한 도시 해체, 평균적 생활 기지, 저밀도의 공동화)
긴츠부르크(돔 · 코뮤나의 이론화)등의 구성주의자/ 反都市派

서구의 건축가 · 도시계획가의 초청(일개의 전문 기술자로서=이데올로기를 뺀 탈색된 기술로서 이어지는 모더니즘)

당 중앙위원회의 결정(두 파의 공동화는 유해, 당중앙의 이니셔티브, 「계획」의 장식물, 위대한 지도자의 의지의 표현, 상징=모뉴멘트가 필요

6. 神殿/ 다양한 공공건물 콤페(행정 관청, 대극장, 문화궁전, 르 코르뷔제의 센트로 소유즈<조합중앙연합>, 베스닌의 하리코프 극장, 레오니도프의 문화궁전 등, 소비에트 정치체제+노동자 사회 생활의 상징으로서)=새로운 유토피아의 전시물/ 과거의 환영(=아방가르드의 반대물)=대중의 미래, 상위 이데올로기에 대한 맹목적 추종, 고전주의풍의 아카데미스트 안이 많이 당선

○테크노크라트가 된 건축가/ 긴츠부르크:주택의 표준화에 한정(=서구의 근대건축/자본주의적 생산기구의 파트너?)→완전한 고전주의적 神殿=아카데미스트의 부활

藝術/ VOPRA(프로레탈리아 건축가 동맹, 1929, 주요 방법은 아방가르드에게서 비어 온 것), 아카데미스트=부르죠아의 모방, 구성주의=기술주의적 기능주의("우리들은 예술적 내용과 그 예술적 표현에 특유한 수단을 무시하려는 구

성주의를 배척한다", 예술 부정은 프로레타리아 예술을 부정하는 것이다),

○레오니도프(레닌 연구소<1927, 졸업작품>/ 각파의 언어를 통합, 당대의 거장들이 극찬)에 대한 비판, 프티 부르조아적 유토피아와 형식주의, 기술성(OSA)/예술성(ASNOVA)

○도시 해체=국가 해체=반혁명, 서구 건축가(상징성 결여, 단순화, 정치성 결여 등의 이유로 기각)→보자르적 모뉴멘탈한 도시

社會主義 리얼리즘/ 소비에트 궁전(3번에 걸친 콤페, 1차:서구의 근대건축가 + 러시아의 아카데미스트, 2차:이오판, 죠르토프스키, 해밀턴이 특선, 아방가르드는 참패), 重工業省(레오니도프를 제외하고는 거의 아카데미스트와 유사), 이데올로기와 표현의 문제, 모뉴멘털리즘에로의 傾斜, 고전적 어휘

7. 기계/ 구체적 프로그램, 레닌그라드 푸라우다(노동과 작업의 시각화/ 내부, 엘리베이터, 운전기 모양의 광고판), 수사적, 상징적(기능주의적인 기술의 직역과는 달리), 수사적 메카니즘, 멜리니코프의 컬럼버스 기념비:기계의 修辭, 「사회의 콘덴서」, 안테나(배로서의 은유, 신생 소비에트 건물의 상징, 레오니도프의 레닌 연구소<무한한 대지의 확장+단순한 구조물+새로운 정주지의 이미지+정적+浮遊感覺>, 重工業省<가장 혁명적인 마천루+ 상징적인 탑의 이미지>→그러나 이 노동의 수사는 노동자나 그들을 대신하는 이들에게 받아들여지지 않았으며, 실제의 기술과 생활 수준에 비해 너무나도 시대를 앞선 것이었다, ↔기술의 테크노크라트화, 엔지니어의 논리(긴츠부르크)

○들뢰즈+가타리/ 「戰爭機械」=밖으로 도주하며 통합화를 부정<국가장치:내부화, 통합화>/ 신화, 서사시, 드라마)

◎垂直性과 浮遊感/ 엘리씨츠키 「구름의 기둥」, 레오니도프의 「중공업성」, 「레닌 연구소」, 「스포츠궁 계획」등

* 사회적 생산물로서의 예술작품(그 이데올로기적 기능), 언어의 순수성과 자율성
* 언어/ 불변의 가치? 반복→상부어(러시아 형식주의/ 異化로서의 혁명 언어)
* 자율적 언어/ 의미의 소거(기성 언어에 대한 혐오, 의미의 폐기), 超意味的言語, 純粹言語(말레비치의 슈프리머티즘, 非對象繪畵<주체와 객체=대상을 버리는 것)
* 순수언어가 외적인 이데올로기에 대하여 종속적이 아닌 자율적인 언어이면서, 동시에 예술의 변혁을 사회의 변혁으로 바꾸려는 것, 언어 혁명=사회의 혁명
* 외적인 이데올로기의 개입을 유발시키면서 그 개입에 대해 별다른 반격을 하지 못하는 허공에 매달린 언어

유토피아의 言語(=이데올로기) + 言語의 유토피아(=自律性과 形式의 問題)

B. 解體와 解體建築

* 部分, 斷片, 相對的 價値, 意味의 回復; 恣意的 → 안정과 통합과 질서에 대한 부정, 參照體系의 不在

● 脫構築/ Derrida의 용어, 形而上學이라는 건물을 어긋나게 함으로써 다시 조립하자는 것, 서구의 사고양식≒근원적 生活世界. '사랑한다'고 말하기 전에 진정한 사랑이 있어야 하는 것이 아닌데도, 일상 생활 저쪽에 완전한 진실(이성에 의한)이 있었던 것으로 생각해 왔다. 그리고 서구의 形而上學은 이러한 이성에 근거하면서 存在者와 現在에 특권을 주었던 여러 가지 것을 은폐해 왔다. 現前의 形而上學에 의해 배제하고 은폐했던 것을 구출하기 위한 것. 형이상학이 지닌 기초를 파괴하는 것이지만, 그것은 형이상학과 전혀 다른 곳에서 사물을 생각하는 것이 아니라, 형이상학의 내부에서 공인받지 않은 루트를 통하여 진정한 의미에서의 〈외부〉에 도달하려는 것,

● écriture/ 쓰여진 것, 서구의 音聲=論理中心主義는 음성 언어를 쓰여진 것(에크리튀르)에 우선시킴으로써 이루어진 것이다, 音聲(이데아, 신의 말, 헤겔의 절대정신)이란 나타나자마자 없어지는 것이어서 논리와 개념적 사고를 방해하지 않는 투명한 매채라고 생각해 왔다. 그러나 이러한 지배 관계는 일종의 부인이며, 억압이다. 에크리튀르는 차이가 자아내는 텍스트로 남고, 이로써 다양한 해석을 가능하게 한다. 따라서 이것은 개념/비유, 논리/수사, 오리지날/모방, 서양/동양의 대립 속에서 전자가 우월하다는 根源的 支配가 불가능함을 보이기 위한 말. 세계는 무수한 에크리튀르, 또는 차이가 얽혀 있는 것일 뿐이다.

● 差延(différance)/ différence(差異+延期), 그러나 現前의 形而上學이 은폐해 온 존재자로 나타나게 해 주는 움직임과 어긋남을 보이기 위한 용어. 이는 Saussure의 언어학에 힘입은 것으로, 말하자면 언어란 하늘에서 내려 온 것이 아니라, 差異에 의한 결과이다. 예를 들어 '나'는 불변의 근거에 의해 성립하는 것이 아니라, '나'와 '나가 되는 나'와의 차이, 곧 시간적으로 연기된 의미의 연쇄에 의할 뿐이다. A=A일 때, 앞의 A는 뒤의 A에 의해 충족된 A일 뿐이다. 따라서 세계와 나는 항상 결여이며, '지금 여기'의 의미는 끊임없이 연기된다. 差異와 差延은 음성으로는 구별이 안된다(디페랑스). 에크리튀르에서만 표현 가능

● Text/ 기호는 signifiant(의미하는 것)과 signifié(의미되는 것)로 이루어지지만,

이는 확정된 것이 아니며, signifié의 어긋남에 따라 기호가 해체되고 자기 증식한다. 그러므로 초월적인 signifié는 부정. 意味의 産出. langue와 text의 관계는 해체-구축적이며, text는 다른 text와 대화하고 인용의 모자이크가 되어 서로 치환됨으로써 intertextuality(상호 텍스트성)을 갖는다.

1. 構成主義와 解體建築/ 부정의 미학(non:de), 규범에 대한 이탈(불규칙과 갈등에 대한 억압의 반동), 異化와 差延, 테크놀로지에 의한 공간-시간 개념의 변화에 따른 감성의 변화

   ○기술적 확실성, 感性의 純粹化, 정보전달이 목적, 희망:

   ○기원적 가치의 부정과 불확실성, 混成的 感覺, 정보의 유보, 우울(OMA의 「붙잡힌 지구로서의 도시」)과 충돌(Hong Kong Peak)의 쾌락

2. 解體建築/ 전체성에 대한 의도적인 제거, 起源이나 목적에 의해 결정된 설계 과정을 의식적으로 전도, 類型的 形態의 거부

   1) 差異와 異化/ 불완전게 유보될 뿐인 상태, 다른 단편에 의한 보충(supplement), Parc de la Villette(기능과 이벤트의 유보), Hong Kong Peak(도시에서 추출된 단편), L-Cube(불완전한 기하학), Joice Garden(건물의 혼성적 선택, 격자=불일치, 시 스템의 병치, 프로그램과 건축과의 무관성→離接), Gehry(구조재로 위장된 장식)

   2) 浮遊와 偶然/ Himmelblau의 Rooftop Remodeling(이미지): LeTatlin(실험) 몸짓 언어("우리는 어디로 가고 있는지도 모른 채, 개념이 떠오르는 순간을 응축하기 시작했다.", 므낭 세나르 도시 계획안, 눈:고층 타워, 이마:고량, 얼굴:공원, 서츠:주거군), "안정되고 견고한 건축은 더 이상 존재하지도 않으며, 앞으로도 존재하지 않을 것"

   3) 參照體系의 不在/ 아이젠만 주택10호(오브제의 정보를 허구화하는 엑소노메트릭), 베를린 주거(3.3m의 장벽에 대한 기억, 실제의 격자와 메카토르의 격자='인위적 발굴'), 웩스너 센터(실제의 지형과 부분적인 허구의 지형, 통일성을 교란하는 격자 구조물), 프랑크푸르트 대학 생물학 센터(DNA가 복제되는 과정을 유추), 로미오와 줄리엣 계획(프락탈 기하학, 스케일링:형상은 같으나 크기만 변형, 고전적 참조 체계의 부정, 격자, 대지의 형상, 프로그램, 변형된 형상의 중합과 허구적 문맥의 발견)

4) 離接/ 츄미, 不連續的, 系列的 狀態('건축의 쾌락,'라 빌레트: 점,선,면→오브제의 체계, 운동 체계, 공간 체계, 통합되기보다는 각각의 성격을 유지한 채, 의존하거나 갈등 관계를 일으키거나 서로 무관한 상태로 병치, 폴리의 기능변화, 형태-공업-도시-자연의 틀로 결정된 형태), 일본 제2국립극장 계획안

5) 混成/ 리베스킨드, Micromegas(재현, 은유가 없는 혼돈 그 자체)

* "에피소드의 건축은 단명할 것이다. …건축가들의 공유점은 각자 근대건축에 숨겨진 잠재성을 탐색함으로써 불안정한 건물을 만든다는 것뿐이다."(위글리)

3. 批判/

1) 離脫/ 본질적으로 무질서하거나 무의미한 건축은 없다. 離脫이란 정상적인 부분에서 빠져 나온 것일 따름이다. 따라서 기존의 것에 대한 비판인 이상, 離脫은 기존의 질서와 공존할 때만 가능하다.

2) 分散形態/ 프랙탈 기하학과 같은 분산 형태를 취하지만, 그것은 변동하는 다이너믹한 '질서'를 형성하는 프로세스를 설명하기 위한 것이지, 무질서나 우연을 설명하기 위한 도구가 아니다. 따라서, 그러한 건축형태는 이미지를 은유로서 이용할 따름이다.

3) 差異/ 다른 것과 다르지 않은 것을 혼동함으로써 모든 것을 혼동하고 있다.

4) 理性/ 理性에 의한 해방이나 인간의 자율성이라는 近代의 꿈은 최종적으로 좌절되었다고 상정하고 있다. 그러나 이와 같은 데리다의 논의는 근대에서의 理性의 한 가지 측면, 곧 道具的 理性만이 이성 그 자체로 잘못 가정함으로써 이성이 가지고 있는 문화적 가능성을 은폐시키고 있다. 이는 技術 神話를 부정하면서도 기술을 향유하며 단편에의 찬양하고 있다. 특히 베르린 주거나 로미오와 줄리엣 계획에서 보는 아이젠만의 支離滅裂한 언설은 의미의 해체라는 입장을 나름대로 옹호하기 위한 구실에 불과하다.

5) 秩序의 不可能性을 주장하는 탈구축의 건축/ 건축을 상황의 표현으로 생각하는 것 자체가 문제다. 상황이 얽혀 있기 때문에 단순 명쾌할 수도 있다. 왜냐하면 상황에 대한 판단은 한 가지만이 아니기 때문에.

6) 價値觀/ 斷片化를 불러들이는 것은 斷片的 世界觀에 따라 행위하는 인간이다. 단편화가 현실이며, 전체성이란 인간을 괴롭히는 것, 단순한 이상에 불과한 것이라는 허무적이며 시니컬한 태도를 취한다. 그러나 全體性이 現實이다. 단편화란 단편적인 사고에 의해 형성된 인식에 대한 全體性의 반응이다.

7) 構築 없는 脫構築은 없다/ 脫構築 자체가 목적이 아니라, 構築을 묻는 脫構築이어야 한다.

8) 이데올로기/ 이데올로기 없는 脫構築은 상황의 직설적 표현은 될지언정, 이완된 formalism에 불과하다.

9) 近代/ 근대에서 부정되어야 할 부분(近代의 自己否定)과 근대의 잠재력에서 고집하여야 할 부분(近代의 强化)을 가리는 일이, 우연을 절대시하고(Himmelblau), 혼성과 단편의 범람을 증폭하는(리베스킨드) 脫構築보다 훨씬 중요하다.

건축기행

"많은 사람들이 기행을 통해서 상당히 자연관을 터득했던 거 같아요. 건축을 오브제로 인식하는 과정에서 자연관에 대한 시선이 터지면서 건축 자체는 뉴트럴(neutural)해지고, 자연 소재라든가, 비워 낸다든가 공허, 이런 이야기를 그때부터 상당히 주제화시키기 시작하면서 한동안 그런 것들이 이슈화 되었죠. 그때 작업한 걸 보면 그런 내용이 많이 나와요."

목천건축아카이브, 〈김병윤 구술채록〉, 2011년 11월 16일, 목천건축문화재단

일시	건축기행 주제	기행 참가자	게재 잡지
1990년 7월 14일~7월17일	일본의 현대건축: 오사카-도쿄		
1991년 7월 14일~7월 25일	베니스에서 파리까지	4.3그룹: 곽재환, 김인철, 동정근, 방철린, 백문기, 승효상, 우경국, 이성관, 이일훈, 이종상, 조성룡 4.3그룹 이외: 고성룡, 고영희, 김경수, 김문근, 김봉렬, 박길남, 백혜숙, 안상수, 이정호, 황숙정	《건축과환경》1991년 11월호, 〈건축기행: 파리에서 베니스까지〉
1992년 8월 1일~8월 16일	빈에서 런던까지	4.3그룹: 김병윤, 김인철, 도창환, 동정근, 민현식, 방철린, 승효상, 우경국, 조성룡 4.3그룹 이외: 김광현, 박기준, 박순규, 성인수, 송광섭, 안미르, 안상수, 이상림, 이한식, 임정의, 최수영	《공간》 1992년 10월호, 〈유럽기행 특집-세기말 세기초 건축〉
1994년 1월 18일~1월 29일	인도의 르코르뷔지에와 칸	4.3그룹: 곽재환, 김병윤, 김인철, 동정근, 민현식, 방철린, 승효상, 우경국, 이종상, 조성룡 4.3그룹 이외: 고성룡, 금누리, 김광현, 김도웅, 김봉렬, 김성부, 김순복, 김억중, 김영섭, 박홍숙, 송광섭, 송인호, 안마노, 안상수, 안영배, 윤광진, 이상림, 이형숙, 장기성, 전은배, 조문송, 조향순, 최동규, 최상기, 최연옥, 최영집	《건축문화》 1994년 4월호, 〈특집: 인도에서의 11박 12일〉

"처음이고, 가기 전에 책자를 만든 것도 처음이에요. 그게 우리나라 건축기행의 샘플이 되가지고, 학교에서도 건축기행 간다고 하면 책자부터 만드는 거야. 우리가 만든 게 처음이에요. 책자에 메모할 수 있는 칸도 비워두고. 다 우리가 그런 거예요."

목천건축아카이브, 〈우경국 구술채록〉, 2011년 7월 21일, 예공건축사사무소

"비엔나에서 독일을 거쳐서 그 위의 브뤼셀까지 다 올라가서, 다시 브뤼셀에서 파리는 안 가고 런던으로 들어갔어요. 그 사이에 아돌프 로스의 제체시온뿐만 아니라 비엔나에서는 한스 홀라인(Hans Hollein)까지 보고, 브뤼셀에선 빅토르 오르타(Victor Horta)를 다 보았으니까. 그 과도기 시절, 소위 모더니즘이 확실히 나오기 시작하는 그때의 건축들을 굉장히 섭렵을 많이 했죠."

목천건축아카이브, 〈승효상 구술채록〉, 2011년 11월 10일, 이로재

"여행을 하게 된 게 우리 시대를 우리가 알아야 겠다고 생각을 했던 거죠. 19세기 말 20세기 초. 근대건축이 막 시작되는 그 시점을 우리가 알면 많은 도움이 되겠다는 생각으로 유럽 쪽을 많이 다녔죠. 그때가 비엔나를 중심으로 생겨난 근대건축의 시발점이라는. 김광현 씨 이런 사람들 강의도 듣고. 그 다음에 같이 토론도 하고 그러는 과정이 있었던 거 같아요."

목천건축아카이브, 〈동정근 구술채록〉, 2011년 12월 15일, 목천건축문화재단

베니스에서 파리까지

1991년 7월 14일~7월 25일

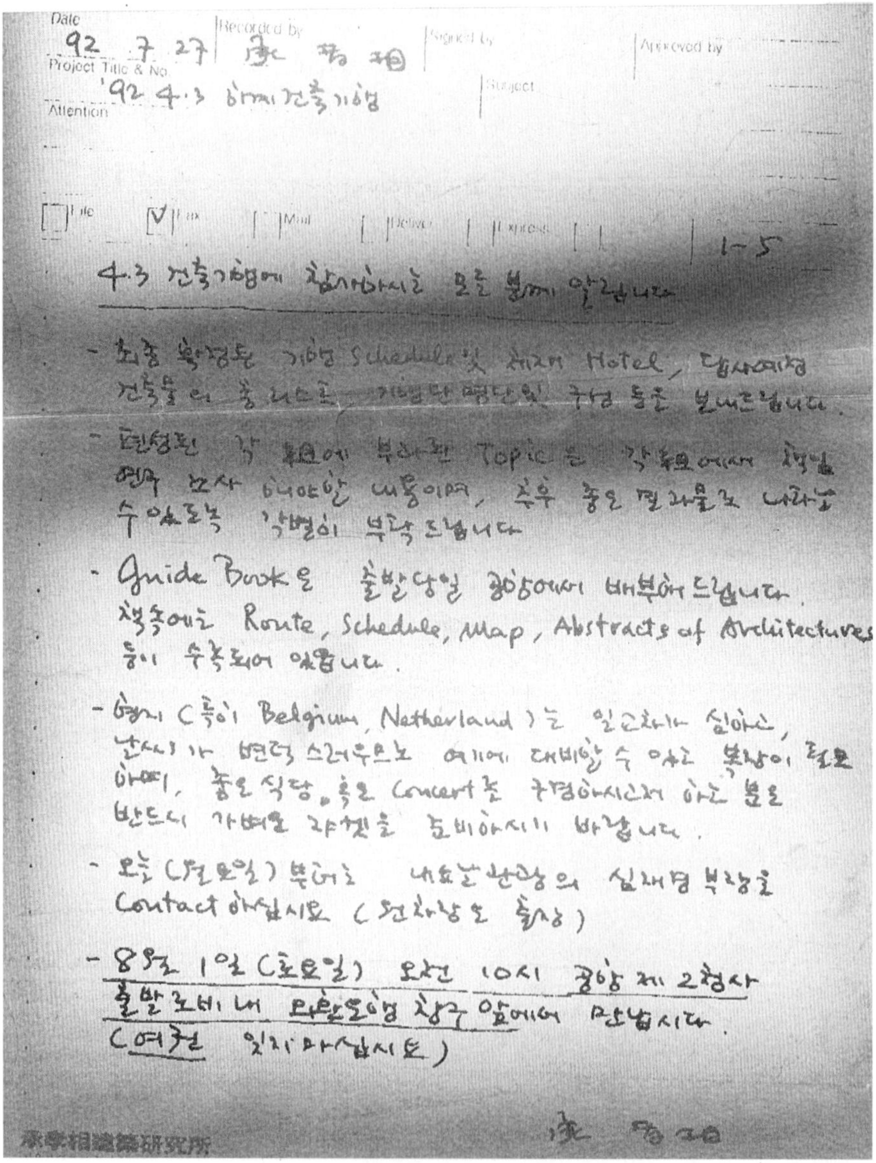

Date 92. 7. 27 | Recorded by 承孝相 | Signed by | Approved by

Project Title & No. '92 4·3 하계건축기행

Subject

Attention

[ ] File [V] Fax [ ] Mail [ ] Deliver [ ] Express [ ] 1~5

4·3 건축기행에 참가하시는 모든 분께 알립니다

- 최종 확정된 기행 Schedule 및 체재 Hotel, 답사예정 건축물의 리스트, 기행단 명단 및 구성 등을 보내드립니다.
- 편성된 각 組에 부과된 Topic은 각 組에서 책임 연구 조사 해야할 내용이며, 추후 좋은 결과물로 나타날 수 있도록 각별히 부탁드립니다
- Guide Book은 출발당일 공항에서 배부해 드립니다. 책속에는 Route, Schedule, Map, Abstracts of Architectures 등이 수록되어 있습니다.
- 유럽(특히 Belgium, Netherland)는 일교차가 심하고, 날씨가 변덕스러우므로 여기에 대비할 수 있는 복장이 필요하며, 좋은 식당 혹은 Concert를 구경하시고자 하는 분은 반드시 가벼운 정장을 준비하시기 바랍니다.
- 오늘(월요일)부터는 [illegible]의 심재명 부장을 Contact 하십시오 (연락처는 동봉)
- 8월 1일(토요일) 오전 10시 공항 제2청사 출발로비 내 외환은행 창구 앞에서 만납시다. (여권 잊지 마십시오)

承孝相

承孝相建築硏究所

베니스에서 파리까지 건축기행
출발에 앞서 기획자인
승효상이 보낸 '기행 안내문'

◆ 4.3그룹 7월 세미나 일정

1991. 7. 8

날 자	이동 및 숙박		주요활동 A.P = Andrea Palladio C.S = Carlo Scarpa G.T = Giuseppe Terragni A.R = Aldo Rossi M.B = Mario Botta	기 타
7/14 Sunday	13:50 Seoul-Frankfurt KE905			
7/15 Monday	11:50-13:15 Frankfurt-**Venezia** LH 1116 (13:10)	15:00-18:00 20:00-	☑Piazza S.Marco □Basilica S.Marco □Palazzo Ducale ☑Olivetti Showroom [C.S] □Ponte di Rialto ☑Viennale □자유시간	□김경수, Venezia에서 합류 **Splendido Suisse Hotel** Tel/41-52-00-755 Fax/41-52-86-498
7/16 Tuesday	14:00 Venezia-Treviso 18:00-20:00 Treviso-**Padova**	9:00-12:00 14:00-18:00	□S.Giorgio Maggiore [A.P] □Il Redentore [A.P] □Monastery of S.Maria Della Carita[A.P] ☑IUAV 베니스 건축대학 [C.S] □Fondazione Querini-Stampalia [C.S] □Viennale ☑Possagno 미술관 [C.S] ☑Brion-Vega [C.S]	□세미나 **Padova Sheraton Hotel** Tel/49-80-70-399 Fax/49-80-70-660
7/17 Wednesday	8:00 Verona-Vicenza 14:00 Vicenza-**Verona**	9:00-12:00 14:00-18:00 19:30-21:30	☑Basilica [A.P] ☑Palazzo Chiercati [A.P] ☑Teatro Olimpico [A.P] ☑Villa Rotonda [A.P] ☑Museo Castelvecchio [C.S] ☑Banca Verona [C.S] □Arena(Opera 'Turandot' 관람)	**Hotel Quadrante Europa** Tel/45-858-14-00

날 자	이동 및 숙박		주요활동 M.C = Mario Campi L.C = Le Corbusier C.L = Claude-Nicolas Ledoux	기 타
7/18 Thursday	13:00-19:00 Verona-Como-**Lugano**	8:00-12:00 15:00 17:00	□자유시간 □Milano교외-Gallaratese [A.R] ☑Como-Casa del Fascio [G.T] □Casa S.Vitale [M.B]	**Hotel Commodore** Tel/91-54-39-21 Fax/91-54-37-44
7/19 Friday	8:00-18:00 Lugano-Bellinzona -Alps -Luzern **-Belfort**	8:30-9:30	□Archaological Museum in Montebello Castle, Bellinzona [M.C]	**Hotel Altea Du Lion** Tel/84-21-17-00 Fax/84-22-56-63
7/20 Saturday	8:30-18:00 Belfort-**Lyon**	9:00-11:00 15:00-16:00 18:00-	☒Ronchamp [L.C] □Arc-et-Senan, Ledoux Museum [C.L] □Couvent de La Tourette 도착	□김경수, 김봉열 → □꼬르뷔지에 세미나 **Couvent Le Corbusier** Tel/74-01-01-03 Fax/74-01-47-27
7/21 Sunday	9:00-12:00 Tourette-Lyon 14:00-17:00 Lyon-**Paris** (TGV)	9:00-12:00 18:00-	□Couvent de La Tourette 수도원 [L.C] □자유시간	□승효상 Lyon→Vienna
7/22 Monday	**Paris**		□전일 자유시간	
7/23 Tuesday	**Paris**		□전일 자유시간	
7/24 Wednesday	9:00-17:00 Paris-Poissy-Paris	9:00-12:00 14:00-17:00	□Pavillion Suisse [L.C] □Villa Savoye [L.C] □Andre Wogenscky Studio (L.C.Atelier) [L.C] □Maison La Roche et Jeanneret [L.C] □Maison Cook [L.C]	**Hotel Forest Hill La Villette** Tel/1-44-72-15-30 Fax/1-45-57-51-41
7/25 Thursday	21:30 Paris-Seoul 17:30 KE902			

베니스에서 파리까지
건축기행 일정표

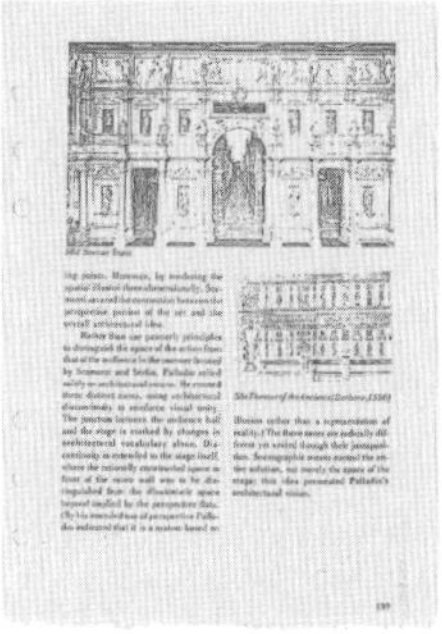

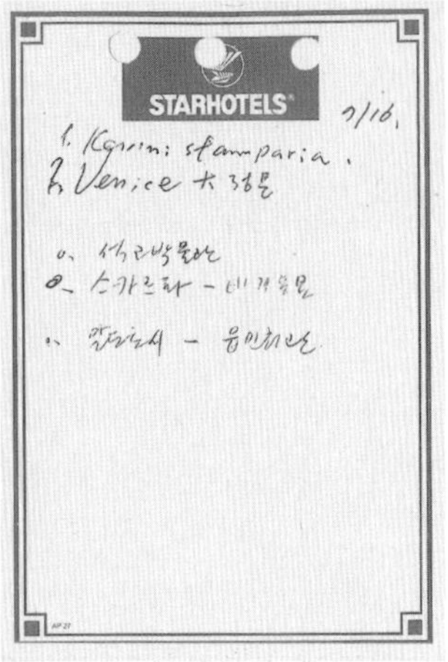

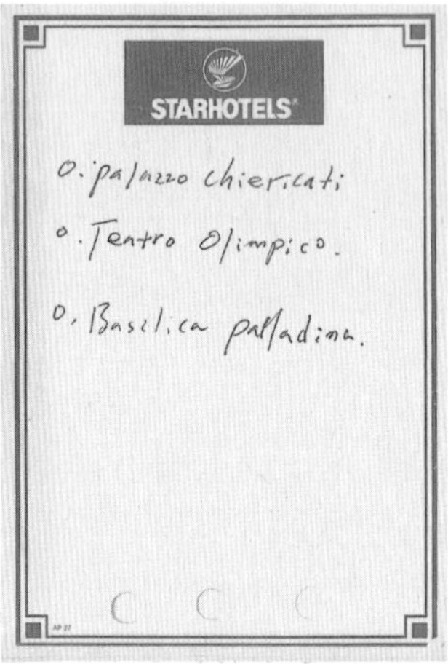

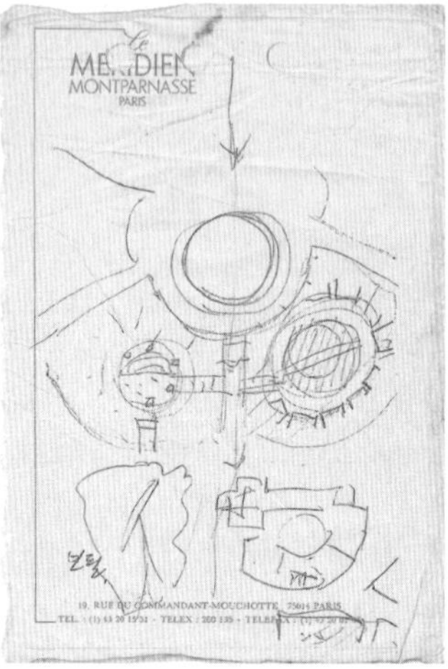

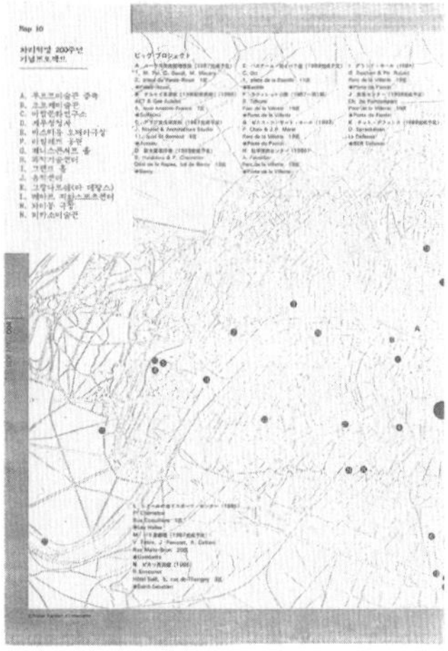

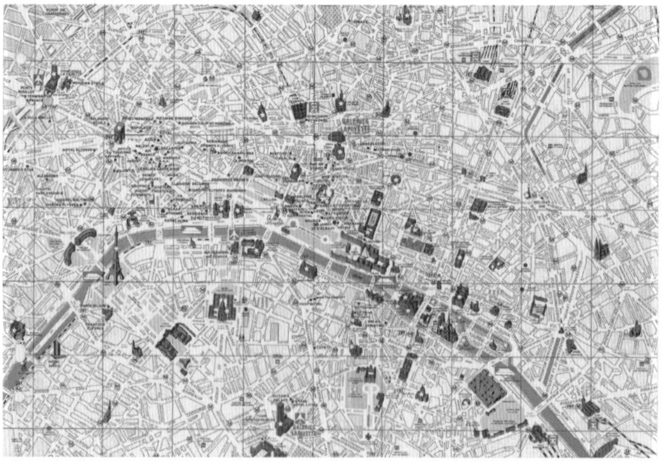

베니스에서 파리까지
건축기행 자료집 부분

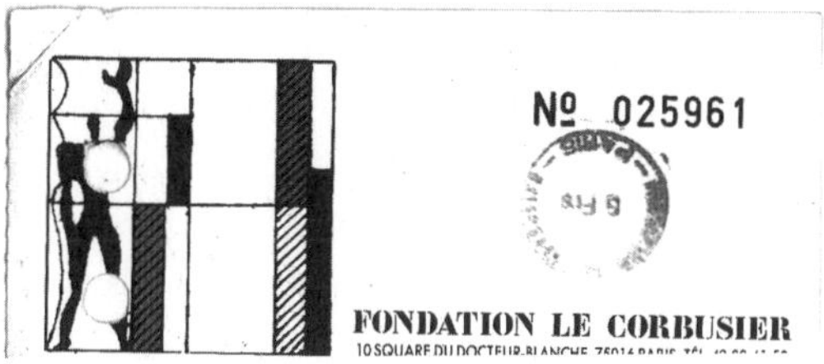

베니스에서 파리까지
건축기행 당시 입장권과 영수증

CARLO SCARPA

년보

1906 베네치아 태생
기술학교 졸업 후 베네치아 미술 아카데미의 건축 전문과정 이수
1923 재학 중 Rinaldo 사무실에 근무
1926 졸업, 건축 제도학 교수자격 취득 (이후 평생을 교직 생활)
1927 무라노 섬의 유리공장, 미술자문으로 취업
(파시즘과 병역으로부터의 도피, 혐오)
1948 세속적 활동 재개
1969 日本 여행
1972 베네치아 건축대학장 취임
1977 교직 퇴임
1978 일본 仙台 여행 중 죽음

작품의 황금시대
베니스 학파 주도

창작의 시기 구분

1928-48 孤立의 20년
섬의 개인 공방에서 유리 공예에 심취
몇개의 현상설계, 인테리어 작품, Villa Velluti 등
(비인 시제션 風, 호프만 연구)
가구, 조명구, 생활 용기, 전시장 레이 아웃 등 다양한 영역의 활동
(재료의 성질, 한계성 자각)

1948-58 황금시대
베네치아 학파 주도
Paul Klee전시회장 레이아웃 등
Telve 전화국등 개조계획 다수
Cinema at Valdobbiadene, Housing in Padua, Villa Zoppas
1955 Possagno Plaster-Cast Gallery (Possagno)
1956 Castelvecchio museum (Verona)
1957 Olivetti Showroom (Venezia)

1960대 인테리어의 관심
F.L. Wright 전시회를 계기로 라이트와 일본에 대한 관심
비엔날레, 트리엔날레 전시장 계획 독식
1961 Querini-Stampalia Foundation (Venezia)
1961 Gavina Showroom (Bologna)
1967 Expo Italia Pavillion

1970대 미완성과 최후
20세기 이태리안 스타일의 최고 세련된 결실
1970- Brion Family Cemetery (S.Vito d'Altivole near Treviso)
1973- Banca Popolare di Verona (Verona)
1974- Ottolenghi House (Bardolino near Verona)

작가 개관

- 은밀한 개인주의가 가득한 감각적 유희, 귀족적 광휴
- 同시대에서 유리된 전통적, 토착적 힘

1. Fragmentary
오랜 수업기간과 조심스러운 작업
단편의 조합 + 과거에 대한 기억 ---> "시간"과 관련된 <미완성>
공간과 형태의 二分法이 아닌! 형상의 공간적 質
2. Matteriality
"공예"에서 습득한 재료의 창작상 한계, 인습 타파
"공리성"이라는 공허한 가치와 관습 거부
<物性>의 깨달음, 숨겨진 가능성 발현
형상의 자료 : 재료, 빛, 공간배치, 색채
3. Difference
숙련과 자유로운 구성의 표현
artifice, detail, fragments, ornaments, difference로 빈곤한 모더니티에 대한 도전
4. Métier (기예)
not Craftman ship (근대건축과 사회주의 미학의 편의적 개념)
-경제적 생산법칙
-유용성 존중
-경제적 법칙과 관습에 기반
Métier
-표현성 우위
-실현 가능성 (실험성)
-항목적성, 법칙의 파괴

"Difference를 표현하는 것이 바로 창작이다."
일회성 (Aura), 정지된 시간, 축물성, Matteriality + Technology

5. Details
디테일의 자율적 형태 : 추상화, 구축적 독창성
"빛"이 공간 창조 요소 (포사뇨 갤러리)
"물" 장식이면서 상징 (탐용, 질서, 충고, 영원성, 기념물)
Anti-Originality
6. Ornaments
장식의 기능화, 헛된 장식 거부
지나치지 않은 풍요함 추구
구성적 장식 ---> 기하학 (질서)에 기본
기하학적 단편들의 몽따쥬
7. Thematic Detail Elements
Brion 가족묘지 : 동일한 테마들의 재검토
- 경계의 비스듬한 벽, 톱니 모양의 장식적 코니스
Pillar : 오또레기 주택
Support : 브리온 파빌리온
Trabeation : 비첸차 콘도미니움, 베로나 은행
Connector - Link : 퀘리니 스탐파리아 재단의 브릿지, 베로나 은행의 "턴널"
Fixed Joint - Hinged Joint : 베로나 은행의 금속 계단, 비리온 채플의 도어
Closure - Aperture - Grid Opening :
베로나 은행의 그릴, 올리베티의 창문, 퀘리니 재단의 정문
Solid - Void : 카스텔베키오의 sacellum, 베로나 은행 파사드
톱니형 Molding : 일관된 모티브 (빛, 영원성, 정지)
Surface : 돌-금속-목재의 구성적 결합

Pf. Mancuso 교수.
이태리의 건축교육에 대한 이야기

베니스에서 파리까지
건축기행 현지 세미나 노트

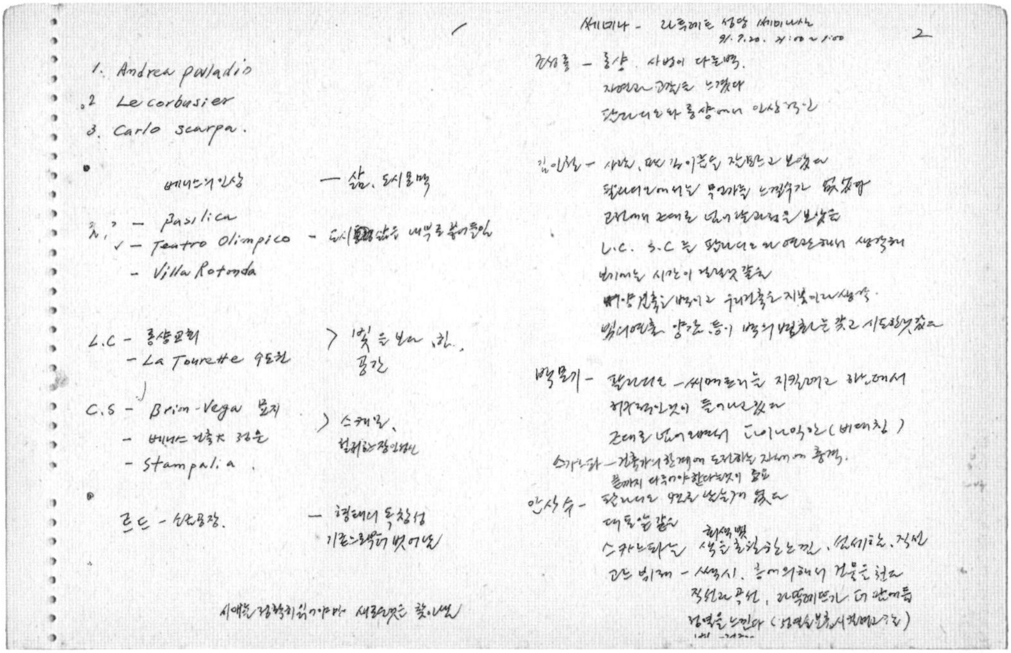

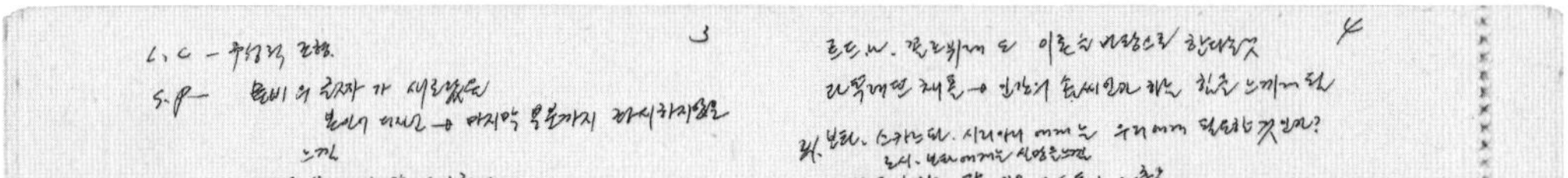

베니스에서 파리까지 건축기행 중
라투레트 수도원에서 있었던 세미나에 관한 우경국의 메모

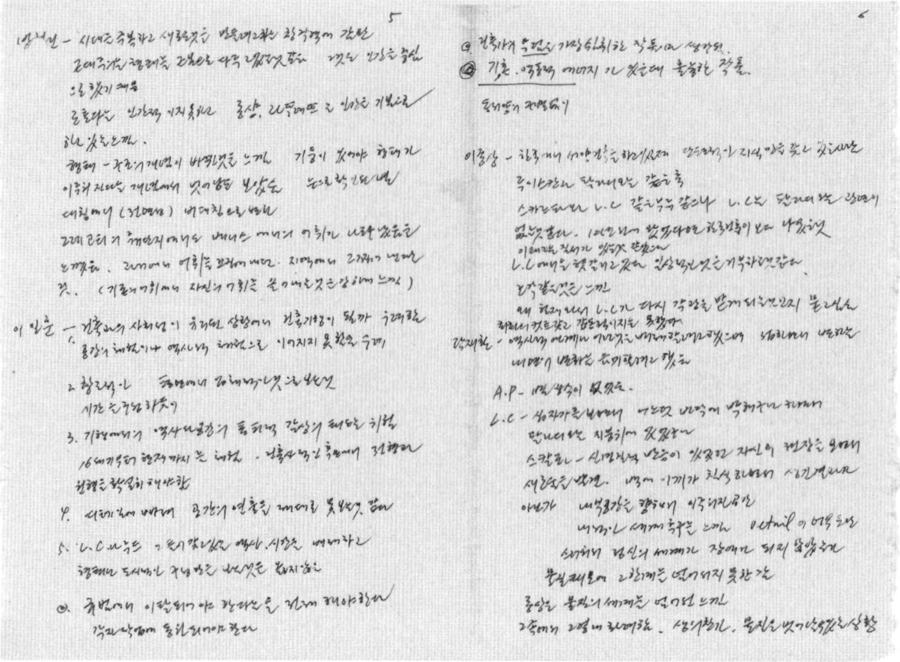

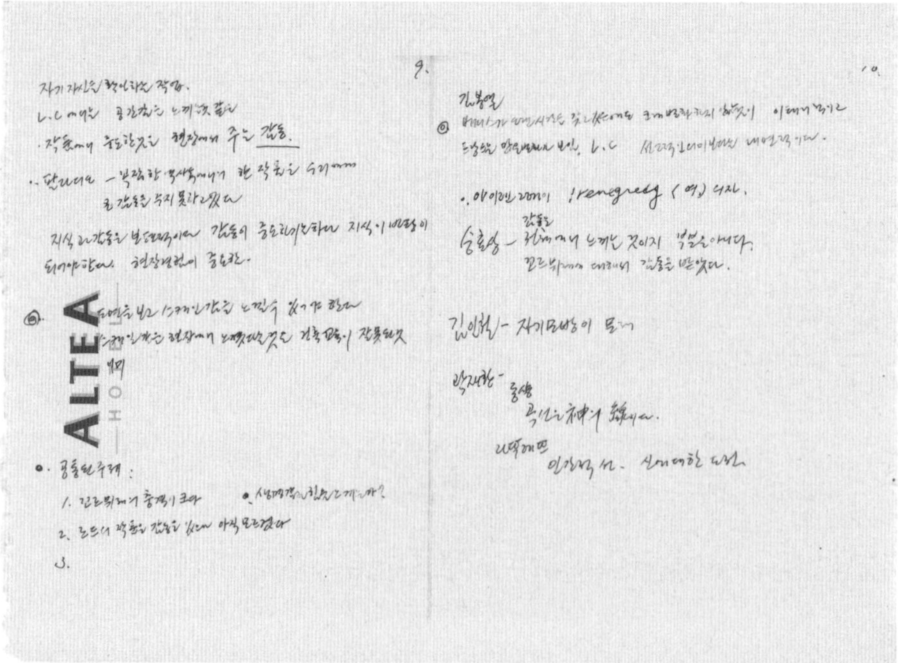

베니스 풍경 스케치, 우경국

베니스 산마르코 광장 스케치, 우경국

베로나 극장 스케치, 우경국

안드레아 팔라디오의 빌라 로툰다 스케치, 우경국

르코르뷔지에의 롱샹교회 스케치, 우경국

르코르뷔지에의 빌라 사보아
스케치, 우경국

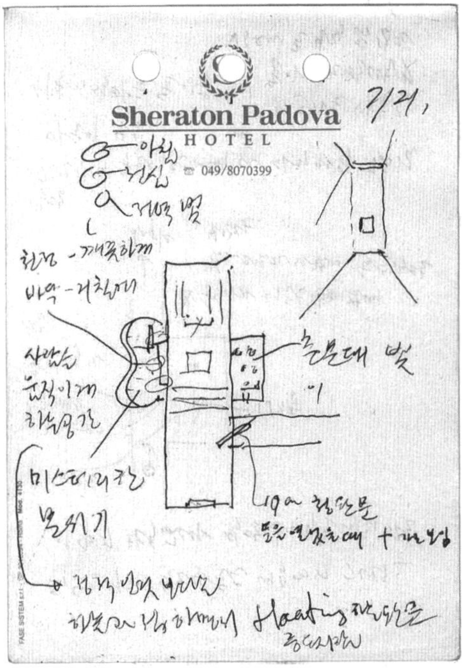

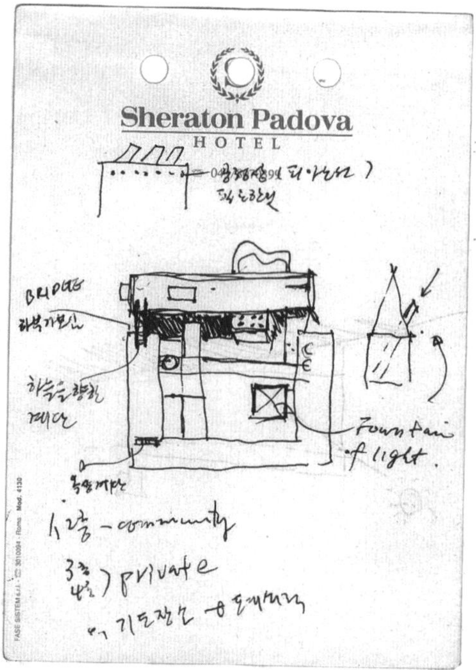

르코르뷔지에의 라투레트
수도원 스케치, 우경국

빈에서 런던까지

1992년 8월 1일 ~16일

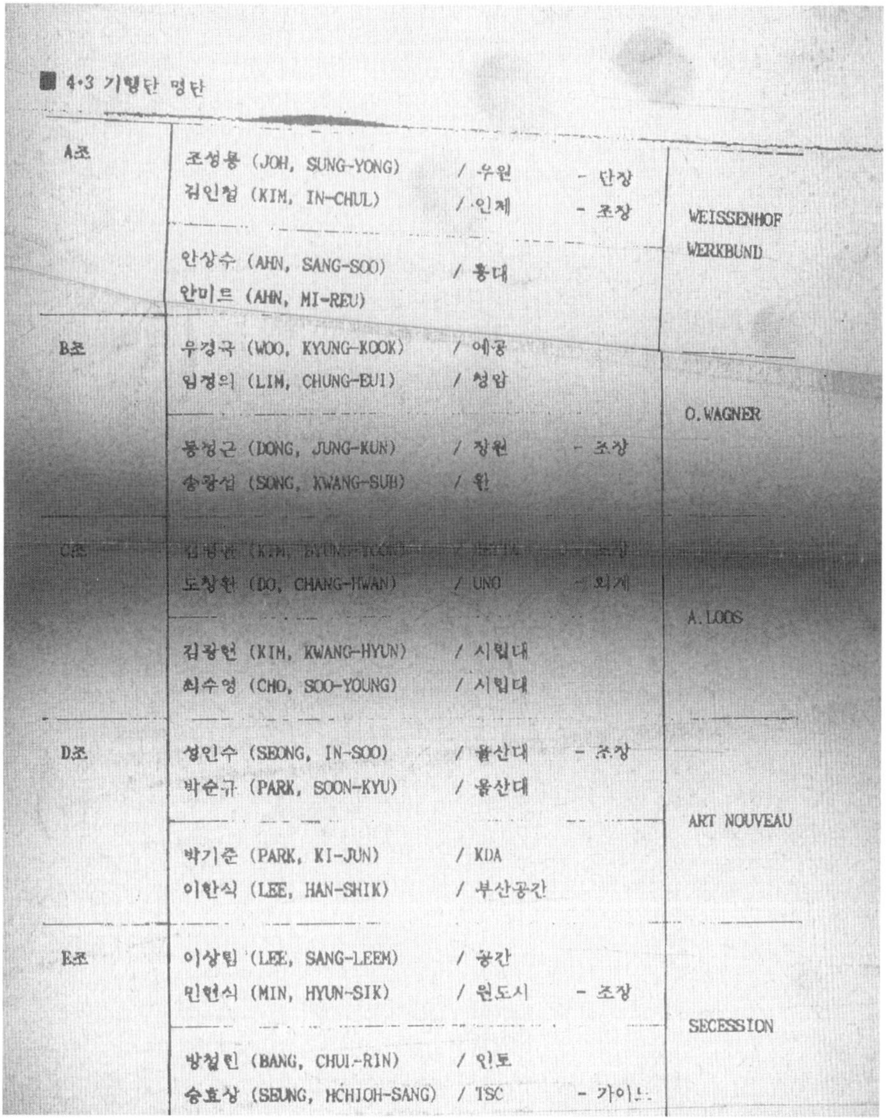

■ 4·3 기행단 명단

A조	조성룡 (JOH, SUNG-YONG)	/ 우원	- 단장	WEISSENHOF WERKBUND
	김인철 (KIM, IN-CHUL)	/ 인제	- 조장	
	안상수 (AHN, SANG-SOO)	/ 홍대		
	안미르 (AHN, MI-REU)			
B조	우경국 (WOO, KYUNG-KOOK)	/ 예공		O.WAGNER
	임정의 (LIM, CHUNG-EUI)	/ 청암		
	동정근 (DONG, JUNG-KUN)	/ 장원	- 조장	
	송광섭 (SONG, KWANG-SUB)	/ 환		
C조	[illegible] (KIM, [illegible])	/ [illegible]	- 조장	A.LOOS
	도창환 (DO, CHANG-HWAN)	/ UNO	- 회계	
	김광현 (KIM, KWANG-HYUN)	/ 시립대		
	최수영 (CHO, SOO-YOUNG)	/ 시립대		
D조	성인수 (SEONG, IN-SOO)	/ 울산대	- 조장	ART NOUVEAU
	박순규 (PARK, SOON-KYU)	/ 울산대		
	박기준 (PARK, KI-JUN)	/ KDA		
	이한식 (LEE, HAN-SHIK)	/ 부산공간		
E조	이상림 (LEE, SANG-LEEM)	/ 공간		SECESSION
	민현식 (MIN, HYUN-SIK)	/ 원도시	- 조장	
	방철린 (BANG, CHUL-RIN)	/ 인토		
	승효상 (SEUNG, HCHIOH-SANG)	/ TSC	- 가이드	

빈에서 런던까지
건축기행 참가자

4·3그룹 하계 건축기행

ITENERARY		MEAL	HOTEL
01 (토) KE 905 OS 406	SEL - VIE SEL 1240 / FRA 1840 FRA 2010 / VIE 2130		
02 (일)	VIE	B	· ASTRA HOTEL RENNWEG 51, A-1030,WIEN (T) 1,7132521 (F) 1,755930
03 (월)	VIE	B	
04 (화)	VIE	B	
05 (수) BUS BUS	VIE - SZB - STT VIE 0800 / SZB 1200 SZB 1800 / STT 2200	BLD	
06 (목)	STT	B	· MERCURE HOTEL STUTTGART MUNCHINGEN SIEMENSSTR. 50 7015 STUTTGART IN KORNTAL MUNCHINGEN 2 (T) 07150-130 (F) 07150-13266
07 (금) BUS BUS BUS	STT - HDB - DST - FRA STT 0800 / HDB 1100 HDB 1500 / DST 1630 DST 1830 / FRA 19	BLD	
08 (토)	FRA	B	· ARABELLA CONGRESS LYONER STR. 44-48 D-6000 (T) 66330 (F) 6633666
09 (일) BUS BUS	FRA - MGB - BRX FRA 0800 / MGB 1100 MGB 1400 / BRX 1700	BLD	
10 (월) BUS	BRX - RTD BRX 1500 / RTD 1700	BL	· DELTA HOTEL CHEE DE CHARLOI STW 17 (T) 02-5390160
11 (화) BUS BUS	RTD - UTR - AMS RTD 0800 / UTR 0900 UTR 1100 / AMS 1200	BL	· NOVOTEL BRAIN PARK HOTEL K.P.VAN DER MANDELEELAAN 150 (T) 010-4530777
12 (수) FERRY	AMS - LND AMS 2100 /	B	· HAARLEM ZUID HOTEL TOEKANWEG 2, HAAREM (T)023-367500
13 (목)	AMS - LND / LND 0700	B	IN SHIP
14 (금)	LND	B	· BRITANIA HOTEL MARSH WALL LONDON E14 (T) 071-515-1551
15 (토) KE 908	LND - SEL LND 2030 /	B	
16 (일)	LND - SEL / SEL 1730		

빈에서 런던까지
건축기행 일정표

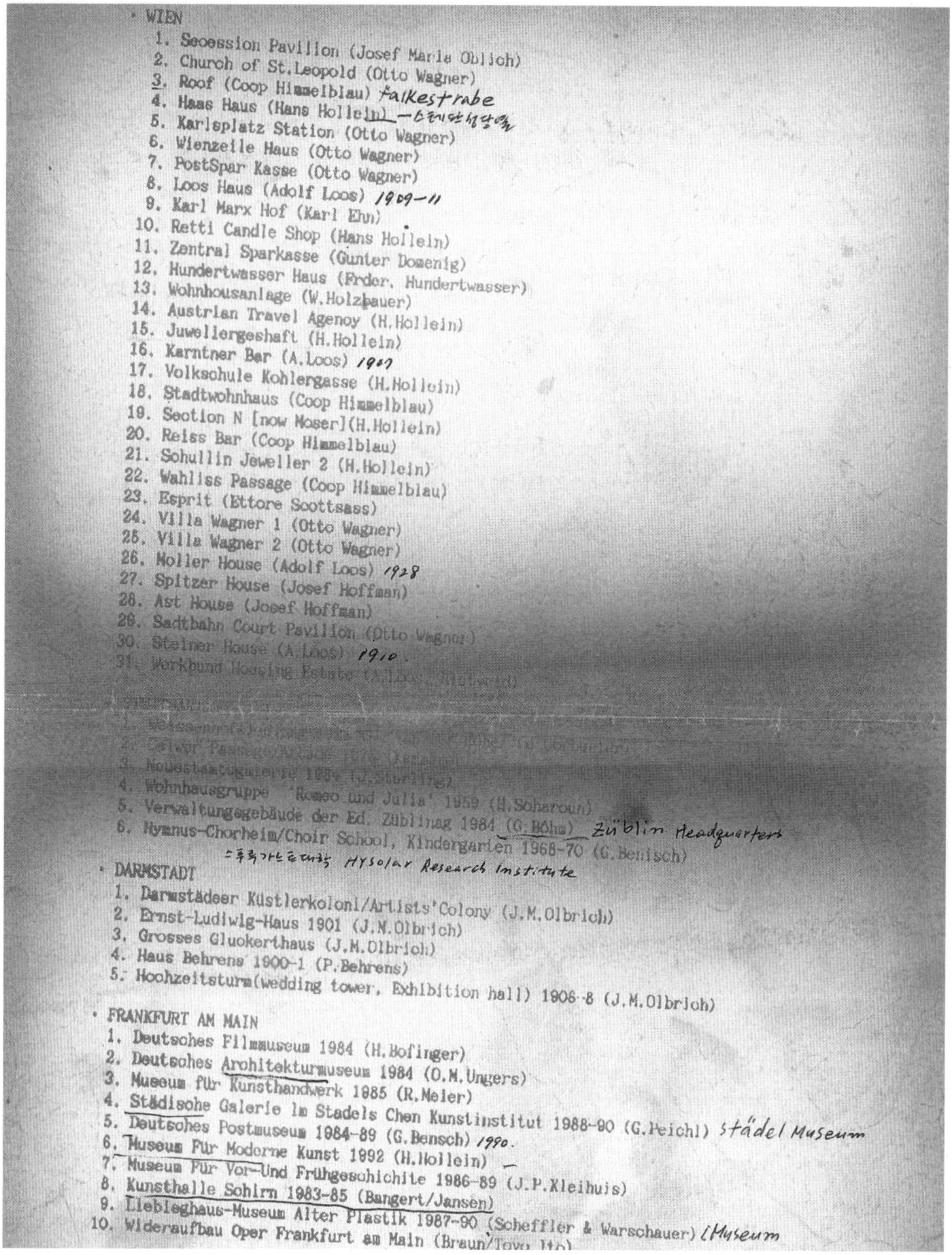

· WIEN

1. Secession Pavilion (Josef Maria Oblich)
2. Church of St.Leopold (Otto Wagner)
3. Roof (Coop Himmelblau) falkestrabe
4. Haas Haus (Hans Hollein) —스테판성당옆
5. Karlsplatz Station (Otto Wagner)
6. Wienzeile Haus (Otto Wagner)
7. PostSpar Kasse (Otto Wagner)
8. Loos Haus (Adolf Loos) 1909–11
9. Karl Marx Hof (Karl Ehn)
10. Retti Candle Shop (Hans Hollein)
11. Zentral Sparkasse (Gunter Domenig)
12. Hundertwasser Haus (Frder. Hundertwasser)
13. Wohnhousanlage (W.Holzbauer)
14. Austrian Travel Agency (H.Hollein)
15. Juwellergeshaft (H.Hollein)
16. Karntner Bar (A.Loos) 1907
17. Volkschule Kohlergasse (H.Hollein)
18. Stadtwohnhaus (Coop Himmelblau)
19. Section N [now Moser](H.Hollein)
20. Reiss Bar (Coop Himmelblau)
21. Schullin Jeweller 2 (H.Hollein)
22. Wahliss Passage (Coop Himmelblau)
23. Esprit (Ettore Scottsass)
24. Villa Wagner 1 (Otto Wagner)
25. Villa Wagner 2 (Otto Wagner)
26. Moller House (Adolf Loos) 1928
27. Spitzer House (Josef Hoffman)
28. Ast House (Josef Hoffman)
29. Sadtbahn Court Pavilion (Otto Wagner)
30. Steiner House (A.Loos) 1910.
31. Werkbund Housing Estate (A.Loos, [illegible])

· [illegible]

1. [illegible]
2. [illegible]
3. [illegible] (J.Stirling)
4. Wohnhausgruppe 'Romeo und Julia' 1959 (H.Scharoun)
5. Verwaltungsgebäude der Ed. Züblinag 1984 (G.Böhm) Züblin Headquarters
6. Hymnus-Chorheim/Choir School, Kindergarten 1968-70 (G.Benisch)

스투트가르트대학 HYsolar Research Institute

· DARMSTADT

1. Darmstädeer Küstlerkoloni/Artists'Colony (J.M.Olbrich)
2. Ernst-Ludiwig-Haus 1901 (J.M.Olbrich)
3. Grosses Gluckerthaus (J.M.Olbrich)
4. Haus Behrens 1900-1 (P.Behrens)
5. Hochzeitsturm(wedding tower, Exhibition hall) 1906-8 (J.M.Olbrich)

· FRANKFURT AM MAIN

1. Deutsches Filmmuseum 1984 (H.Bofinger)
2. Deutsches Architekturmuseum 1984 (O.M.Ungers)
3. Museum für Kunsthandwerk 1985 (R.Meier)
4. Städische Galerie im Stadels Chen Kunstinstitut 1988-90 (G.Peichl) städel Museum
5. Deutsches Postmuseum 1984-89 (G.Bensch) 1990.
6. Museum Für Moderne Kunst 1992 (H.Hollein) —
7. Museum Für Vor-Und Frühgeschichite 1986-89 (J.P.Kleihuis)
8. Kunsthalle Schirn 1983-85 (Bangert/Jansen)
9. Liebieghaus-Museum Alter Plastik 1987-90 (Scheffler & Warschauer) [Museum
10. Widerafbau Oper Frankfurt am Main (Braun/Toyo Ito)

각 도시별 답사 예정
건축물 목록

— [illegible] Hotel E ATELIER 1898-1901
2. Musée Horta 1898-1901 (V.Horta) Magazzini WAUCQUEZ (1903-1906)
3. Palais Stoclet 1905-11 (J.F.Hoffman)
4. Maison de la Medecine University, Louvain 1969-75 (L.Kroll)
5. Alma Metro Station 1969-82 (L.Kroll)

• ROTTERDAM
1. Reoonstruotie, 'Café de Unie' 1925/1986 (J.J.P.OUD)
2. Winkeloentrum/Shopping oenter de Lijbaan 1953/66 (V.D.Broek & Bakema)
3. Warenhuis/Department store de Bijenkorf 1955-7 (M.Breuer)
4. Warenhuis/Department store ter Meulen 1951/77 (V.D.Broek & Bakema)
5. Paalwoningen, Blaak-overbouwing/Blaak Heights/1978-84 (P.Blom)
6. Woningbouw/Housing Oud-Mathenesse 1922-3 (J.J.P.OUD)
7. Van Nellefabriek/Factory 1925-31 (Brinkman/Stam)
8. Woningbouw Spangen/Housing 1922/85 (Brinkman/Jonge)
9. Woningbouw/Housing Spangen Block 1 & 5, 1918-20 (J.J.P.OUD)
10. Woningbouw/Housing Spangen Block 8 & 9, 1919-20 (J.J.P.OUD)
11. Woongebouw/Housing Block 'De Papeklip' 1978-82 (C.J.M.Weeber)
12. Stadion Feyenoord 1934-36 (Brinkman & Vlugt)
13. Residential Apartment (Gruppo Moeanoo)
14. patio Villa (1984-1988, Rem Koolhaas,

• UTRECHT
1. Het Schröderhaus 1924 (G.Rietveld)
2. Muziekoentrum/Music Centre 1978 (H.Hertzberger)

• AMSTERDAM
1. Koupmansbeurs/Stock Exchange 1884/1903 (H.P.Berlage)
2. Scheepvaarthuis/Shipping Office Building 1912/28 (P.L.Kramer/M.De Klerk)
3. Rijksmuseum/National Museum Vincent Van Gogh 1963-73 (Rietveld/Van Dillen)
4. Burgerweeshuis/Orphanage 1955-60 (A.E.Van Eyck)
5. Woningbouw/Housing 'De Dageraad' 1919-22 (M.De Klerk/P.L Kramer)
6. Moederhuis/Mother's House 1973-78 (A.E.Van Eyck)
7. Woningbouw/Urban design IJ-Plein 1980-82 (R.Koolhass[OMA]) –
8. Woningbouw/housing Eigenhaard & Post Office 1913-20 (M.De Klerk)
9. Eerste Openluchtschool Voor Het Gezondekind (J.M.Peeters)
10. Drive-in Woningen/Dwellings 1937 (W.Van Tijen/M.Stan)
11. Montessorischool 1935 (W.Van Tijen/M.Stam)
12. Montessorischool, Willemsparkschool 1980-83 (H.Hertzberger)
13. Sede centrale della NMB BANK. (1979~1987) TON Alberts, Max van Hunt,

• LONDON
1. Snowdon Aviary 1964 (C.Price) — London Zoo
2. Penguin Pool 1934 (Tecton[B.Lubetkin]) — 〃
3. TV-am Television Center 1981-82 (T.Farrel)
4. Highpoint I & II 1935/1938 (Tecton[B.Lubetkin])
5. Sir John Soane's Museum 1792-1834 (John Soane)
6. Royal Festival Hall, 1951 (R.Mattew)
7. Queen Elizabeth Hall 1967 (GLC)
8. Sainbury Wing, National Gallery 1991 (R.Venturi)
9. Economist Group 1964 (A & P.Smithson)
10. Clore Building, Tate Gallery (J.Stirling) 1980-1986.
11. Lloyd's of London 1978-86 (R.Rogers)

각 도시별 답사 예정
건축물 목록

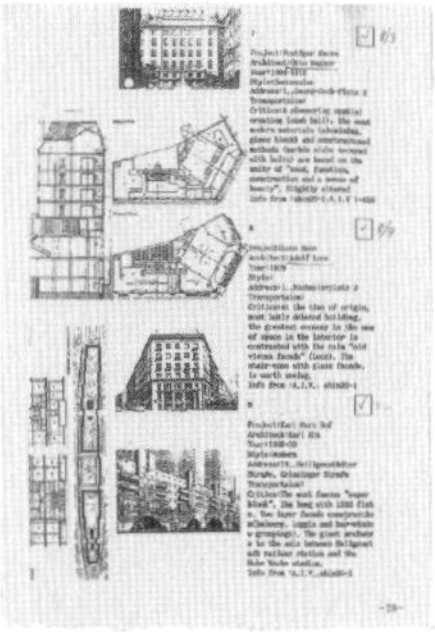

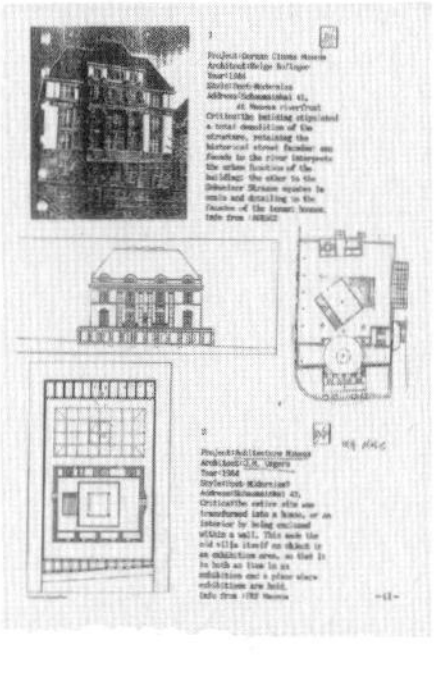

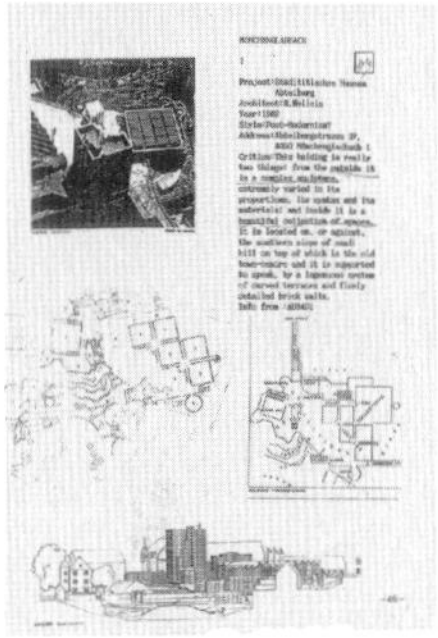

빈에서 런던까지
건축기행 자료집 표지 와
일부 내용 발췌

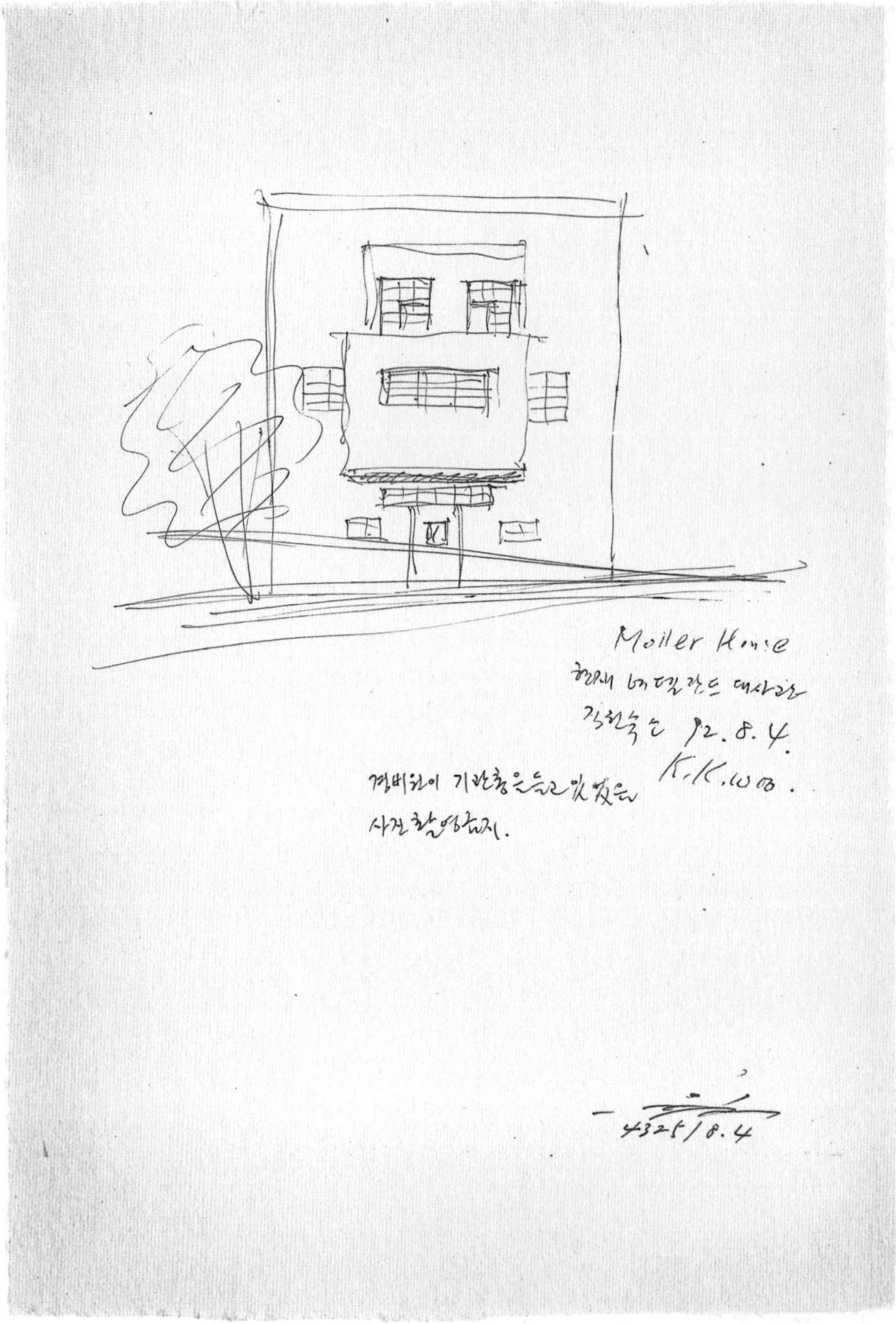
Moller House
현재 네델란드 대사관
92.8.4.
K.K.Woo.
경비원이 기관총을 들고 있었음
사진촬영금지.

아돌프 로스의 뮐러하우스
스케치, 우경국

인도의 르코르뷔지에와 칸

1994년 1월 18일~29일

4.3 GROUP 건축 기행 일정표

DATE	ITINERARY	MEAL	OBJECT	HOTEL
01 1/18 (화)	SEOUL KE 617 08:50 HONGKONG 11:45 HONGKONG AI 313 16:00 DELHI 19:25	D	서울 김포 출발 홍콩경유 델리 도착, 호텔투숙	HYATT REGENCY :BHIKAJI CAMA PLACE RING ROAD NEW DELHI 110 066 TEL:6881234 FAX:6886833
02 1/19 (수)	DELHI TRAIN 16:35 CHANDIGARH 19:36	B L D	OLD 델리 시내 유적답사(BUS) 인도의 문, RED FORT, RAJI GHAT 상디가르 저녁 개별행동	MR. VIEW :SECTOR-10 CHANDIGARH 160 010 TEL:45882. 41773
03 1/20 (목)	CHANDIGARH PF 116 17:15 DELHI 18:15	B L D	꼬르뷔제 NEW CAPITAL 건축물 답사(BUS) 델리 도착, 개별 행동	HYATT REGENCY
04 1/21 (금)	DELHI IC 407 08:15 VARANASI 11:25 SARNATH 13:30	B L D	바라나시 도착, 불교유적 답사 다메크 수투파, 차우칸디 수투파 베나레스 힌두대학, 박물관 힌두 유적	ASHOK :THE MALL VARANASI TEL:46020-30
05 1/22 (토)	VARANASI IC 408 15:15 AGRA 17:15	B L D	다사수와메드 가트 비슈와나트 사원및 힌두유적 아그라 저녁, 개별행동	MUGHAL SHERATON :FATEHABAD ROAD AGRA TEL:361701 FAX:
06 1/23 (일)	AGRA BY BUS 14:00 JAIPUR BY BUS 19:00	B L D	아그라성 타즈마할 자이푸르 도착, 호텔 투숙, 자유시간	RAJPUTANA SHERATON PALACE :DALACE ROAD JAIPUR TEL:360011 FAX:0141-363704
07 1/24 (월)	JAIPUR BY BUS 14:00 DELHI BY BUS 19:00	B L D	MUSEUM OF ART & CRAFTS JANTAR MANTAR HAWA MAHAL궁, CITY PALACE 델리 도착, 호텔투숙, 자유시간	HYATT REGENCY
08 1/25 (화)	DELHI IC 817 06:10 AHMEDABAD 07:35 AHMEDABAD IC 862 20:45 DELHI 22:10	B L D	아메다바드 향발 르 꼬르뷔제, 루이스 칸 도쉬 작품답사 DADAHARINI VAV 델리 도착, 호텔투숙, 자유시간	HYATT REGENCY TEL:6881234 FAX:6886833
09 1/26 (수)	DELHI BY BUS	B L D	오전 NEW DELHI QUTAB MINAR, IRON PILLA 오후 자유시간	HYATT REGENCY
10 1/27 (목)	DELHI AI 656 04:25 DHAKA 07:00	B L D	다카 도착 루이스칸(신 국회의사당, 의원숙소 , 병원)작품답사 호텔 투숙	DHAKA SHERATON TEL:863391 FAX:832915
11 1/28 (금)	DHAKA BG 078 12:45 HONGKONG 18:15	B L D	홍콩 도착, 호텔 투숙 저녁 자유시간	ROYAL PARK:SHATIN ROAD TEL:601-2111 FAX:601-3666
12 1/29 (토)	HONGKONG KE 616 08:55 SEOUL 13:10	B	홍콩 출발 서울 도착	집에서

인도의 르코르뷔지에와 칸
건축기행 일정표

인도의 르코르뷔지에와 칸
건축기행 자료집 표지

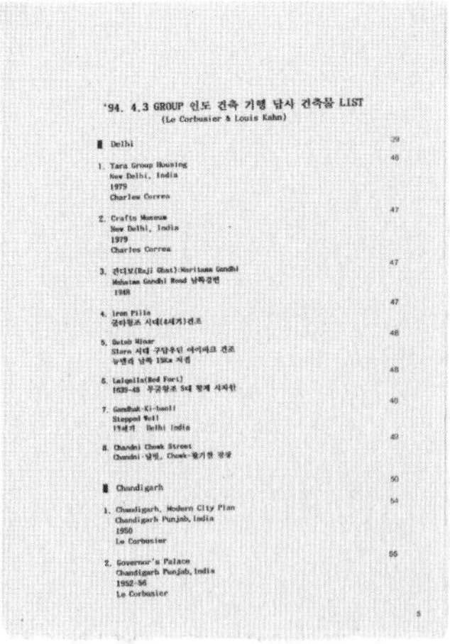

'94. 4.3 GROUP 인도 건축 기행 답사 건축물 LIST
(Le Corbusier & Louis Kahn)

■ Delhi

1. Tara Group Housing
New Delhi, India
1979
Charles Correa

2. Crafts Museum
New Delhi, India
1979
Charles Correa

3. Iron Pilla

4. Qutab Minar

5. Lalqalla(Red Fort)

6. Gandhak-Ki-baoli
Stepped Well
Delhi India

7. Chandni Chowk Street

■ Chandigarh

1. Chandigarh, Modern City Plan
Chandigarh Punjab, India
1950
Le Corbusier

2. Governor's Palace
Chandigarh Punjab, India
1952-56
Le Corbusier

5

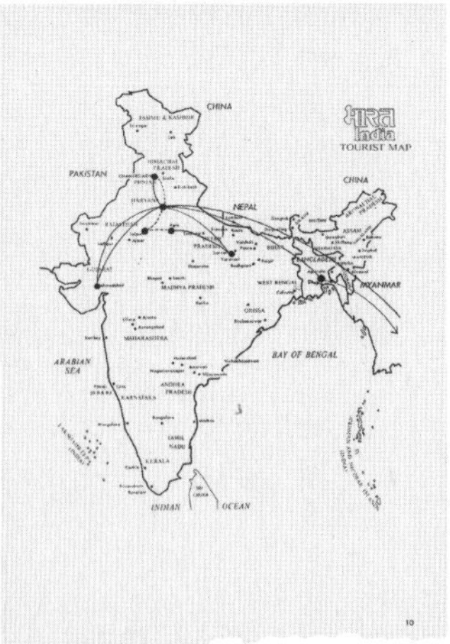

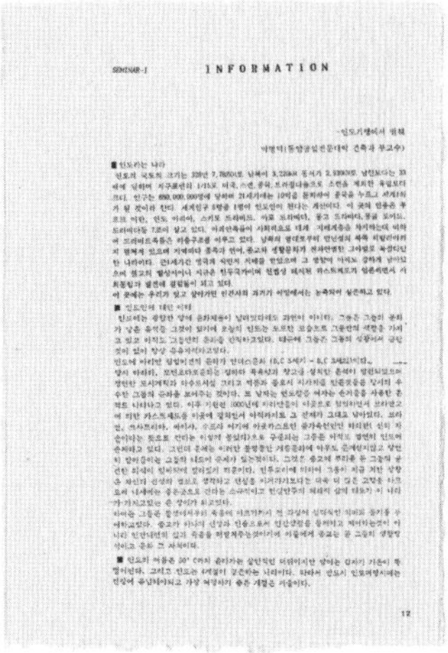

SEMINAR-I INFORMATION

12

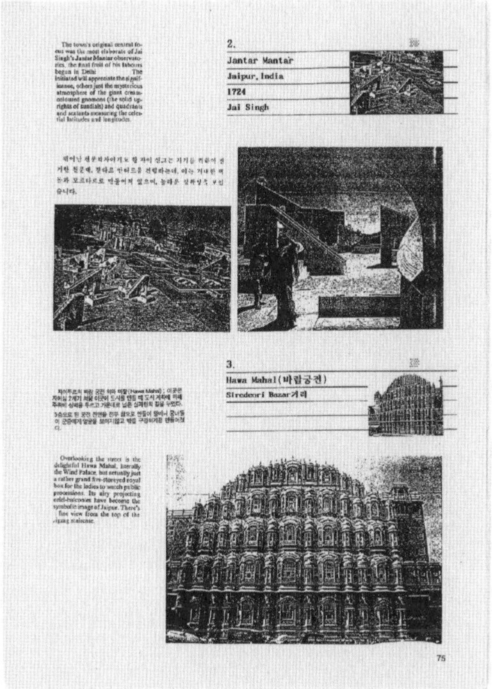

The town's original central focus was the most elaborate of Jai Singh's Jantar Mantar observatories, the final fruit of his labours begun in Delhi. The initiated will appreciate the significance, others just the mysterious atmosphere of the giant cream-coloured gnomons (the solid uprights of sundials) and quadrants and sextants measuring the celestial latitudes and longitudes.

2.
Jantar Mantar
Jaipur, India
1724
Jai Singh

3.
Hawa Mahal(바람궁전)
Siredeori Bazar거리

Overlooking the street is the delightful Hawa Mahal, literally the Wind Palace, but actually just a rather grand five-storeyed royal box for the ladies to watch public processions. Its airy projecting oriel-balconies have become the symbolic image of Jaipur. There's fine view from the top of the zigzag staircase.

75

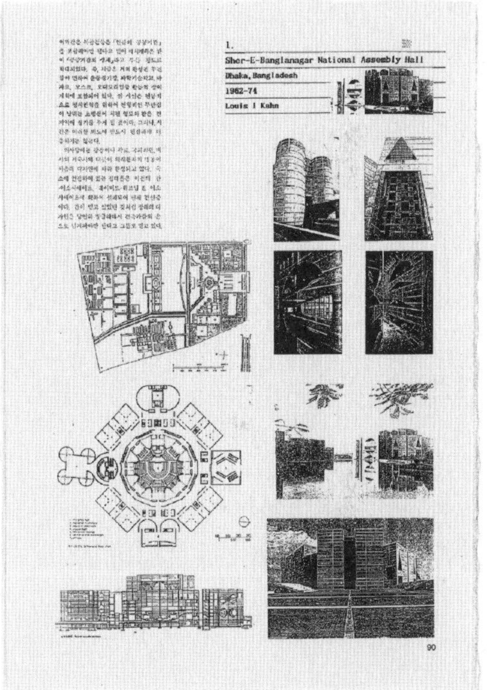

1.
Sher-E-Banglanagar National Assembly Hall
Dhaka, Bangladesh
1962-74
Louis I Kahn

90

기행 자료집 일부 발췌

전시

"벽을 이용해서 하는 것 말고, 어차피 우리가 다루는 게 공간이고 형태인데, 보여 주자 해서 큐브에 볼륨만 정해 주고, 각자가 알아서 하도록."

목천건축아카이브, 〈김인철 구술채록〉, 2011년 8월 3일, (주)건축사사무소 아르키움

"승효상이 김영준 데리고 바닥에 기준선을 다 떴어요, 테이프로. 그러니까 번호를 추첨해서 13번 추첨되면 거기 박스 라인을 90에 90으로 딱 붙여놨어요. 꼼짝달싹도 못하는 거야. 박스는 다 같은데 모양은 각기 다르고. 투명한 걸로 했든, 반투명으로 했든 솔리드는 똑같은 거죠."

목천건축아카이브, 〈백문기 구술채록〉, 2011년 11월 29일, 재동

일시	전시회 주제	참가자	장소
1992년 12월 12일~12월 24일	4.3그룹 이 시대 우리의 건축 전시회	곽재환, 김병윤, 김인철, 도창환, 동정근, 민현식, 백문기, 방철린, 승효상, 우경국, 이성관, 이일훈, 이종상, 조성룡	서울 동숭동 인공갤러리

부대행사_심포지엄

일시	참가자	패널	사회
12월 14일 17:00~19:00	김병윤, 김인철, 민현식, 방철린, 조성룡	김석철, 김성우	김광현
12월 16일 17:00~19:00	곽재환, 도각, 승효상, 이성관	윤승중, 김경수	김광현
12월 18일 17:00~19:00	동정근, 백운기, 우경국, 이일훈, 이종상	김원, 이상해	김광현

"빈에서 런던까지 여행 가고 할 때 아마 11명인가. 그러면서 언제부터인지 확실치 않지만 전시회를 하자 그랬어요. 전시회를 하자고 그런게, 아마 내 생각에는 여행 중에 얘기가 나왔던 거 같아. 전시회 제목을 뭘로 하느냐 그때부터 상당히 많은 논의가 있었어요. 4.3그룹은 무슨 그룹이냐 논의가 있었어요. 하나의 무브먼트로 봤을 때 뭘 이슈로 하느냐. 그때 빈에서 제체시온 이야기 등 현대건축에 대한 공부를 했잖아요. 알게도 되고, 확실히 하게도 되고. 소위 시대건축이 일어나던 때 여러 가지 전후 건축가 그룹, 독일 공작연맹. 독일 공작연맹이란 이름이 난 참 이상한데 하튼, 그때 아주 활발하게 여러 가지 운동들이 있었는데, 그 운동들을 빗대어 봤을 때 4.3은 도대체 무슨 운동인가 그런 논의가 있었어요. 그래가지고 '이 시대 우리들의 건축'이라는 제목도 거기서 나온 거고."

목천건축아카이브, 〈민현식 구술채록〉, 2011년 7월 26일, (주)건축사사무소 기오헌

""기존의 방법을 벗어난다." 이런 생각이었는데 결국은 "그러지 말고 오브제 형식으로 어떻게 축약해서 해 보자." 라는 걸로 의견일치가 됐어요. 오브제로 할 경우 "볼륨을 어떻게 할거냐." 90×90 이야기도 나왔다가 볼륨을 프로포션을 맞추고 또 다른 공간을 만들려면 비례가 "1:1이나 1:2 비율은 안 좋으니까 그 이상의 비율이 좋지 않냐." 해서 60×60×2미터 2400이었나? 그 비례가 나왔죠.

목천건축아카이브, 〈우경국 구술채록〉, 2012년 7월 25일, 예공건축사사무소

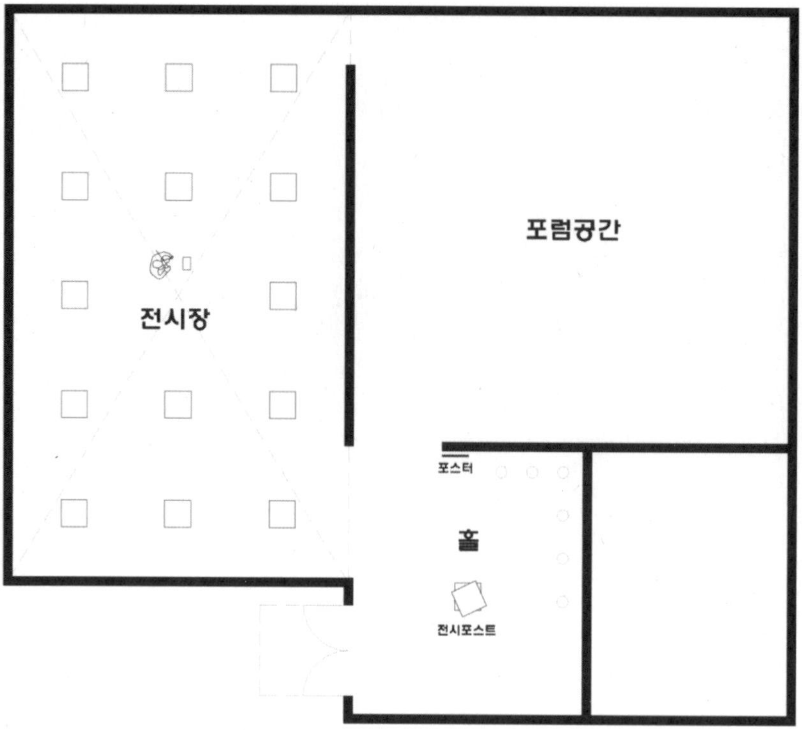

인공갤러리 평면도

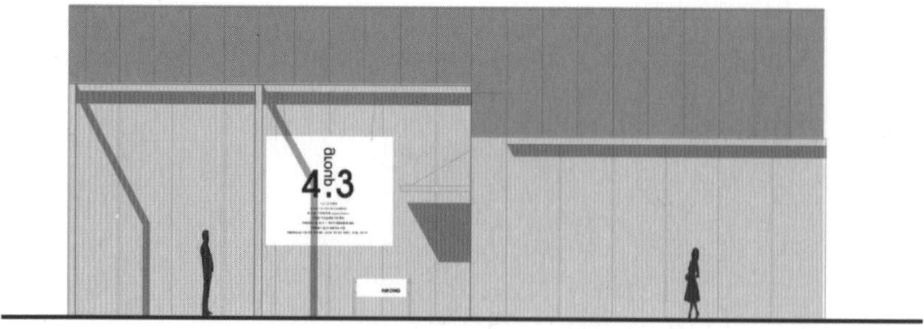

인공갤러리 입면도

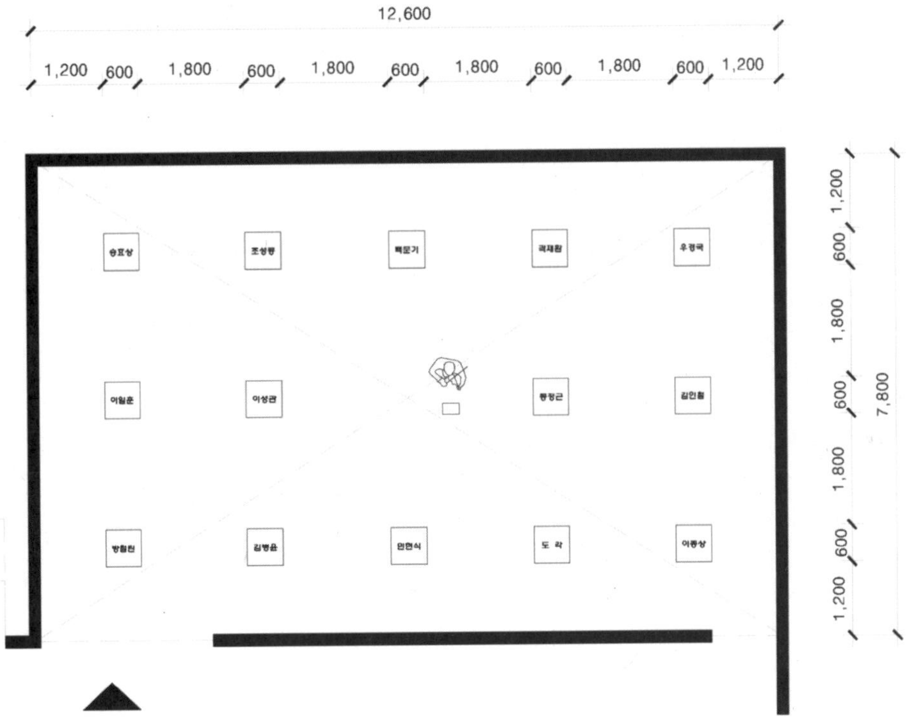

전시평면도

2012년 12월 2일
목천재단에서 진행한 포럼
〈전환기의 한국 건축과 4.3그룹〉의
부대 행사로 마련한 〈이 시대 우리의
건축〉을 약식으로 재현한
전시장 그림이다.

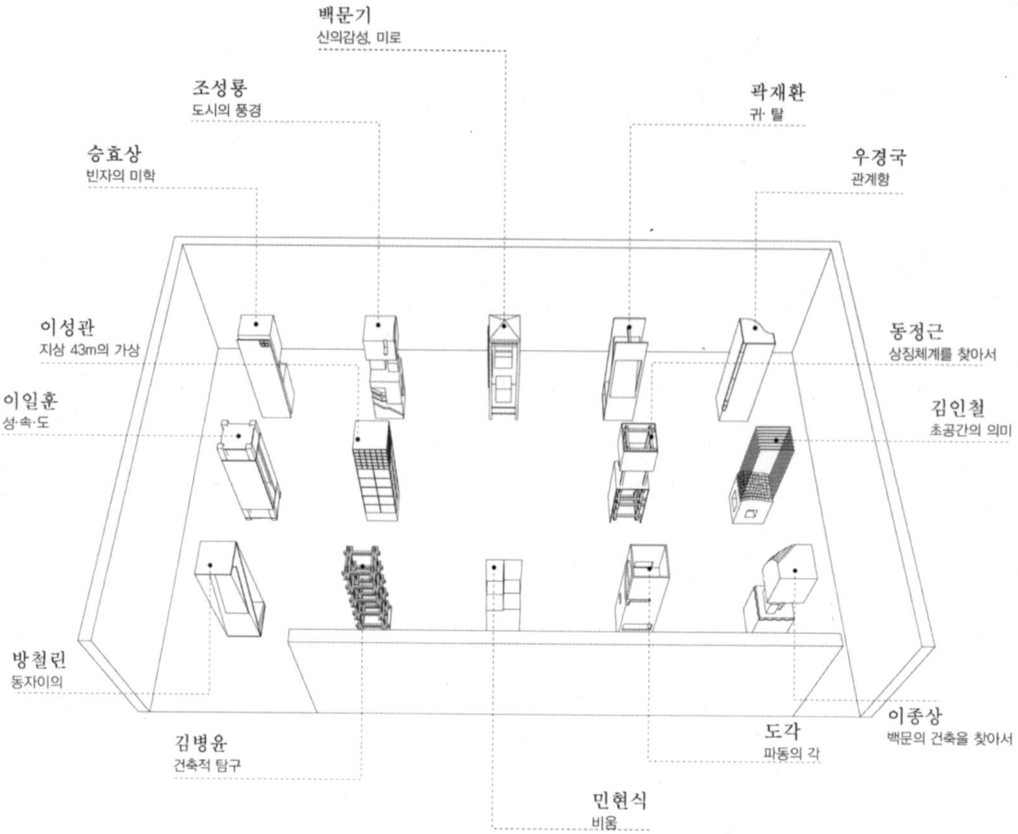
백문기
신의감성, 미로
조성룡
도시의 풍경
곽재환
귀· 탈
승효상
빈자의 미학
우경국
관계항
이성관
지상 43m의 가상
동정근
상징체계를 찾아서
이일훈
성·속·도
김인철
초공간의 의미
방철린
동자이의
이종상
백문의 건축을 찾아서
도각
파동의 각
김병윤
건축적 탐구
민현식
비움

전시 배치

4.3그룹 건축 전시회

이 시대, 우리의 건축

전시회

기간: 1992.12.12 (토)~24 (목)

장소: 동숭동 인공갤러리

개관식: 1992.12.12. 12:00

김영준 콘서트 「건축 속의 작은 음악회」

1992.12.12 14:00

이 시대, 우리의 건축

이 전시회은 시대를 향한 우리의 물음이다. 그리고, 이것은 이 시대에 동승한 우리 자신에게 던지는 물음이기도 하다.

21세기를 눈앞에 둔 오늘날, 우리는 미래에 대한 희망을 서서히 상실해 가고 있다. 또한 우리는 여러가지의 세기말적 징후가 이 세기를 주도하여 온 모더니즘에 대하여 심각하게 도전하고 있음을 여기저기에서 느끼고 있으며, 동시에 분열과 반역과 혼돈의 시대적 소용돌이 속에서 19세기 말 한국의 지성인들이 겪었던 것과 유사한 의식의 혼란에 새로이 맞서고 있다.
리얼리티와 환상, 객관성과 주관성, 정체성과 운동성, 부분과 전체, 우연과 필연, 보편성과 개별성, 영속과 찰나라는 이분법적인 대립은 인간의 역사에서 끊임없이 반복되어 왔다. 19세기 말에 혼재했던 이 관념의 사고들은 20세기를 거치며 질서와 무질서의 사상들로 교차되어 왔고, 이러한 현상은 21세기를 향하여 더욱 가속화되어 가고 있다. 그럼에도 우리는 새로운 시대를 향한 시대적인 정신을 의식하고 있으며, 이에 따라 행동하지 않을 수 없는 필연적인 상황에 놓여 있다. 때문에 우리는 역사에 나타난 이분법적 대립을 더이상 미해결의 상태로 놓아 둘 수 없으며, 세기말적인 건축의 문화적 미로를 관통할 수 있는 제 3의 길을 탐색해 가지 않으면 안되는 절박한 시점에 놓여 있다.

이 전시회를 통하여 우리가 시도하려는 것은, 뿌리가 뽑혀 흐트러지고 여기저기에서 파생적으로 자라고 있는 한국 현대건축의 단편을 모아 논쟁의 장을 펼쳐 보이기 위함이다. 이제 21세기를 예감하면서 80년대의 한국 건축문화를 지켜보았던 젊은 14인의 건축가들은 1990년 4월 3일을 기하여 20세기 마지막 10년의 한국 현대건축에 주목하기로 하였다. 그리고 우리 스스로가 설정한 과정에 동참해 오면서, 우리들은 자조와 자괴감에서 벗어나 새로운 모험과 도전을 시도하려 하였다. 그렇지만 이와 함께 그 어딘가에 도사리고 있을 실패와 좌절에 또 다른 전율을 느끼지 않을 수 없다.

1

여기에 전시하는 건축가 14인 서로 다른 목소리로 이 시대에 대립하고자 한다. 그리고 비록 단편적인 성과에 지나지 않으나, 이를 기점으로 우리들의 다음의 시대를 이끌어 갈 건축적 좌표와 그 실천적 정신을 우리 자신 속에서 끊김없이 변환하여 나아가고자 한다.

4.3 group

〈이 시대 우리의 건축〉전 팸플릿

2

귀 . 탈 歸 . 脫
솔松의 집

곽재환 郭在煥
kwak jae-hwan

1952
영남대
김중업 건축연구소
건축대전 초대작가

에바스 평택공장	경기 (1990)
청보 빌딩	서울 (1991)
철산동 교회	경기 (1991)

경기대 출강
맥건축 대표

비오는 오후
대청에 앉아
무심히 바라보는
솔나무.

바람은
풍경 소리에
사위어 지고
개짖는 마음은
비 안개에
묻혀 가는데

지긋이 눈감는
아득한 마음에
투명한 날개를
일으키는
푸르름이여.

건축적 탐구
bridges for us

김병윤 金炳潤
kim byung-yoon

1952

한양대, 영국 AA school 수학

공간연구소

꾸밈 편집장

impact working land	서울 (1989)
contempo	서울 (1991)
silver house	경기 (1992)

경기대 건축공학과 (sak) design director

스튜디오 메타 studio metta 대표

3

공간은 침묵이기를 바랐고
모순되게도 형태는 역동성을
지니기를 바랬다.

공간과 형태의 전이는 meta form
(형태를 바뀌게하는 인자=반전형태소)
에 의해 새로운 인식을 갖게 되고
침묵과 역동의 함수는 새로운 감성을 요구한다.

침묵과 역동은 경구로서, 건축적 탐구
는 시작에서 끝까지 존재에 대한 본질
적인 프로젝트를 끌고갈 지표가 되며
탐구의 대상은 일상의 단순한 탈피가
아니며, 무의식으로 부터의 깨어남이며
이를 건축적으로 해결하는데 주력하는
것이다.

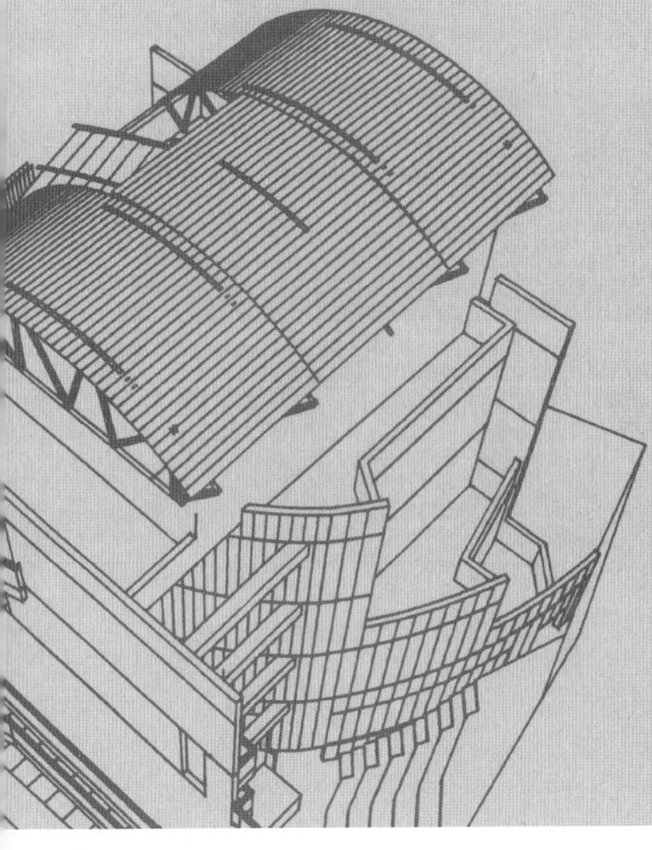

超空間의 意味
hevenwards

김인철 金仁喆
kim in-cheurl

1947
홍익대, 국민대 대학원
엄덕문건축연구소
한국건축가협회 이사
한국건축 3인전 (tokyo.間)
아시아포룸 Ⅰ.Ⅱ.Ⅲ
경향하우징페어 대상
목원대, 국민대, 경희대 강사

solstice	경기 (1989)
skip up	부산 (1990)
camports	서울 (1992)

4

시립대 출강
인제건축 대표

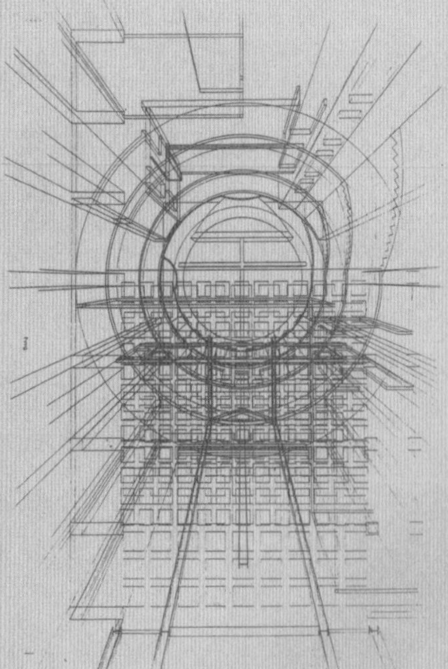

작은 교회이다.
지하에 묻힌 교회를 만든다.
땅위에 남아있는 것은 그곳에 이르기
위한 과정만이다.
깊숙한 그늘의 공간속으로 완만히
상승하면 그 문턱에 선다.
아래로 내려가는 것은 위를 향하려는
의지와 뒤바뀌어 있다.
아래와 위가 반전되는 상황을 둔다.
하늘을 갖기 위한 열려진 공간이
있어야 한다.
그곳에는 오직 하늘만 있다.

마당의 의미를 다시한번 정리한다.
비움의 형태를 상태의 것으로 만든다.
공간구성의 비롯됨은 없음의 원점에서
부터이다.
절대적인 여백, 방향을 갖지않는 질서,
형태를 초월하는 상태로서 전통과의
접속을 시도한다.

파동의 각
performance hall

도각 都刻
do gaag

1954

고려대, upa 6.8 수학

공간연구소

공간 아토아카데미 전문위원

단국대, 시립대, 한양대 강사

- 남관 기념관 서울 (1989)
- 자곡동 주택 서울 (1990)
- cinema complex 수원 (1990)

경기대 건축공학과 (sak) design director

atelier uno 대표

물질의 심연속에 자리잡고 있는 물성의 백터장을 이해함으로써, 건축을 탐하려는 모습은 표상되는 것과의 사이에서 심각한 갈등을 유발한다. 그 갈등은 합리성과 비합리성 사이에서 부유하며, 건축적 자성으로 등장하기 위한 부정적 변증법의 틀을 탐미한다. 이 틀속에서 이제까지 막연하게 드러나 있던 비합리성의 합리화 과정을 통해 그 이전의 합리성을 또다른 차원의 합리성으로 승화시키려 한다. 건축에서의 질서와 환상은 그렇게 선.후를 양보하면서 진행중에 있다. 그러나 우선, 건축을 바라보는 첫 시각은 환상이라는 파동체계와 그 내부에서 이루어지는 내적 질서의 관계를 명료하게 파악해 보고자 하는 노력일 것이다.

5

상징체계를 찾아서
월드북 센타

6

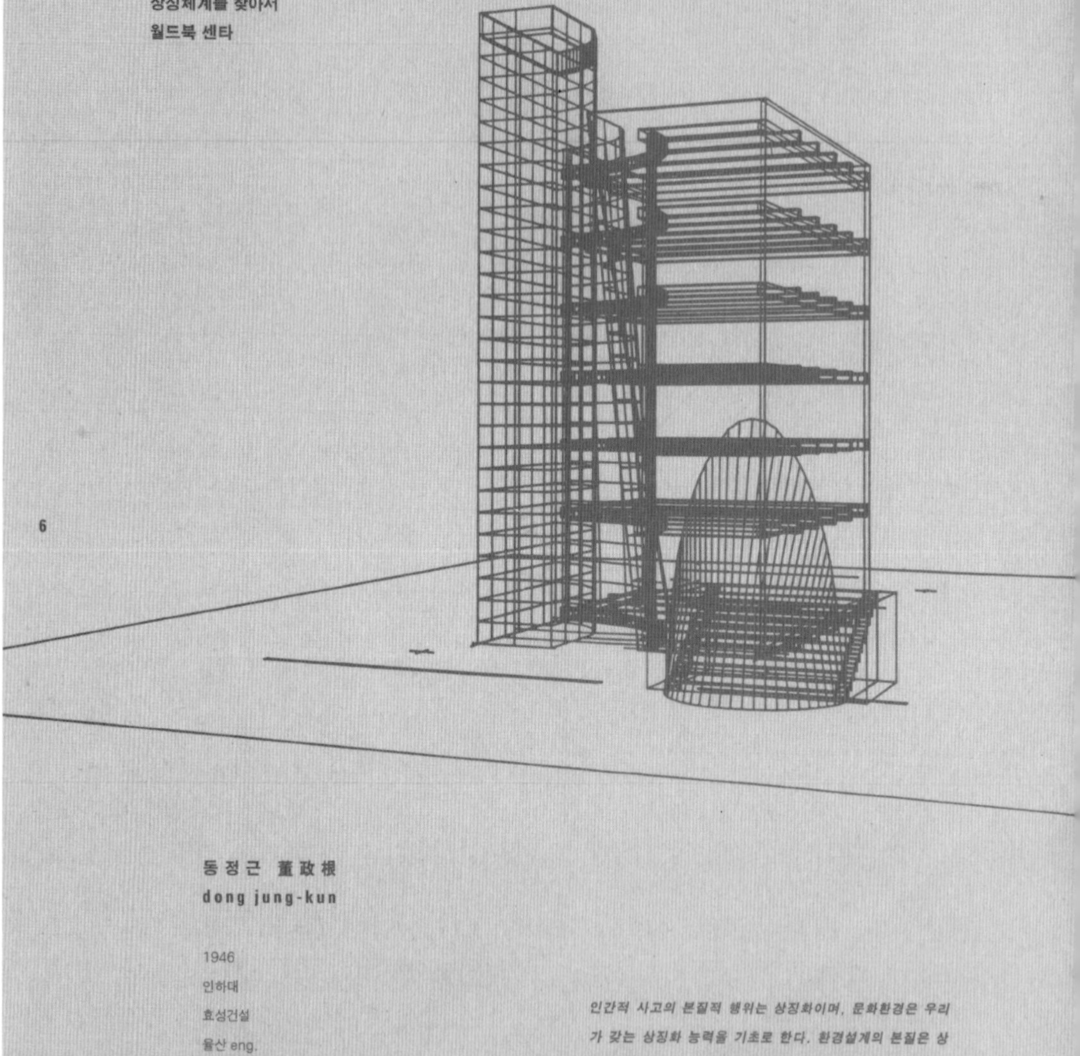

동 정 근 董 政 根
dong jung-kun

1946
인하대
효성건설
율산 eng.
한정건축
일본 신건축 국제현상 입상
효성빌라 서울 (1982)
서원빌딩 서울 (1984)
부암동 복합빌딩 서울 (1988)
우원 디자인 사옥 서울 (1991)
인하대 건축공학과 조교수
장원건축 파트너

인간적 사고의 본질적 행위는 상징화이며, 문화환경은 우리가 갖는 상징화 능력을 기초로 한다. 환경설계의 본질은 상징화 행위이며 건축물의 표면은 이에따라 주어진 것이다. 상징으로 표상되는 도상(icon)은 단순전달의 기능에서 사상의 진보를 위한 매개물이며 언어나 부호로 이어지는 철학이나 수학, 또한 종교보다 사상의 진보에 우선하고 있다. 상징은 현실세계를 비상하여 이상세계로 들어가려는 시도이므로 상징을 통해 이성으로 파악할 수 없는 이데아의 세계에 도달하고자 한다.

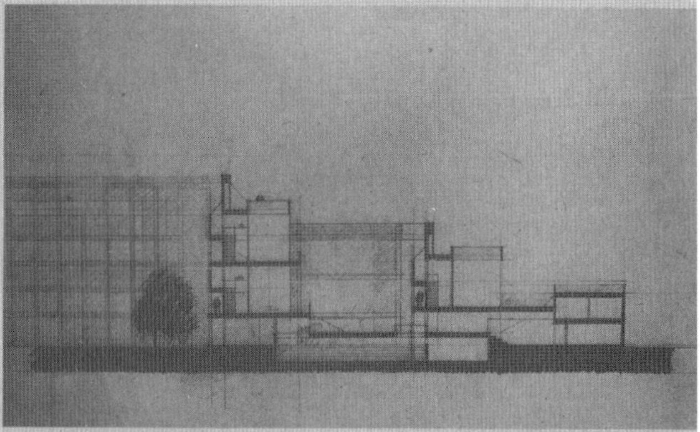

비움

마당깊은 집 **민현식 閔賢植**

min hyun-sik

1946

서울대, AA school 수학

해군 시설장교

공간연구소

원도시 건축

공간 대상건축상 수상

김수근 문화상 건축상 수상

아시아포름 Ⅰ.Ⅱ

국립 국악학교 서울 (1989)

신도리코 사원기숙사 경기 (1991)

서울대 출강

민현식 건축연구소 대표

7

〈비어있음〉 은 '고요함', '명료함',
'투명함'과 같은 의미를 갖는다.
〈비어있음〉 은 소리없이 반향하며,
충만되고자 하는 잠재력으로 완성을
위해 열려있음을 뜻한다.
〈비어있음〉 은 시간/순간/장소/상황의
모든 것에서의 사이이다.
〈비어있음〉 은 징검다리 돌과 돌사이의
빈부분이나 우리는 사뿐이 건널 수 있으며,
노래음표 사이의 침묵과도 같으나
우리는 레가토로 부드럽게 이어 부를 수 있다.
〈비어있음〉 은 흔들리는 시계추가 정점에
도달하여 멈춤 아닌 멈춤을 하는 바로
그 순간 속에 있다

8

同字異意
濯心亭이 있는 마을

방철린 方喆麟
bang chul-lin

1948
한양대
공간연구소
정림건축
건축대전 초대작가
시립대 강사

한국전력 부산지사	부산 (1985)
한국투자신탁 개포지점	서울 (1986)
부산공업대학 산업디자인관	부산 (1989)
sole bowls	서울 (1992)

동국대 출강
인토건축 대표

우리의 마을에는 질서와 체계가 있다.
그것은 자연발생적인 것이라 하더라도 획일적인 룰 속의 것이 아닌 함께 어우러져 같이 호흡하는 집단으로 구성된다.
우리의 주거에 물질적 진보를 가져다 준 서양의 이성주의는
정신적, 질적 퇴보의 자연의 순리마저 망각한 채 극단적 개인주의의 성향만 갖게 한다.
선조로부터 물려받은 정신세계의 맥을 잇기 위해서 우리는 집을 찾아야 한다.
마을을 찾아야 한다.

9

신의 감성
迷路

백문기 白文基
baik moon-ki

1948

한양대

정림건축

아키프랜

건축대전 초대작가

정동 제일감리교회	서울 (1978)
을지로 재개발 현상설계	서울 (1983)
포이동 attic 씨리즈	서울 (1990~)

동국대 출강

인토건축 연구소 대표

집속에 길을 만든다.
북적거리는 시장안 골목길은 생활의 즐거움이다.
골목길에서 만나지는 이웃, 깊이 파여진 마당에서 바라보는 하늘 아래
위로 스며드는 인간의 체취 들로 순간의 경험을 지워지지 않는 영원의 기억으로 만들고 싶다.
까마득히 잊혀진 추억의 회상으로 비틀어진 이 시대의 감성을 돌려 놓는 작업을 한다.

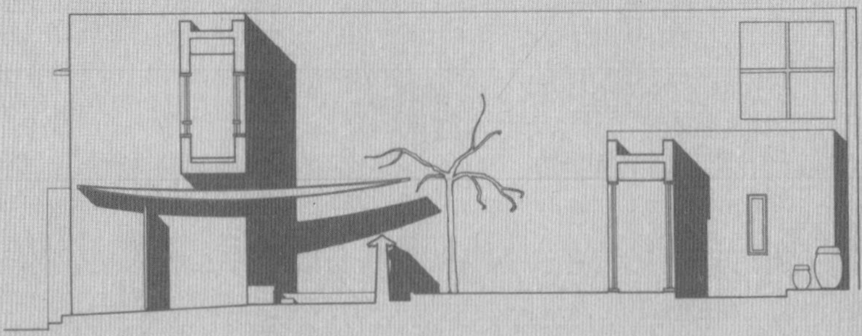

the beauty of poverty
鶴洞 守拙堂
里門 291

10

물 한 쪽 박 찬 밥 한 술 이 라 도 거 저 먹 지 말 며
한 그 릇 을 먹 었 으 면 한 사 람 의 문 을 하 되 모
름 지 기 의 로 움 의 뜻 을 알 라 하 루 아 침 의 하
찮 은 근 심 은 없 더 라 도 종 신 토 록 큰 근 심 으
로 근 심 을 하 며 병 갈 지 않 은 병 이 있 을 지 라
도 도 를 즐 기 고 즐 거 이 여 기 자 선 비 의 풍 도
를 잊 지 말 라 염 치 는 개 운 하 고 효 뭇 하 더 라
세 태 의 효 름 은 사 특 한 것 칭 찬 에 기 뻐 하 지
말 며 욕 을 하 더 라 도 성 내 지 말 지 니 기 꺼 이
순 리 를 따 르 노 라 면 조 용 히 얻 는 것 이 있 으
리 로 다 골 짜 기 로 피 어 오 르 는 구 름 에 반 하
지 말 며 임 자 없 는 달 빛 에 아 첨 하 지 말 라 처
신 과 말 에 매 달 리 지 않 음 은 아 득 한 태 평 성
대 의 순 박 함 이 요 몸 가 짐 과 법 도 에 상 상 을
둠 은 당 우 삼 대 의 바 탕 일 러 라 네 가 돌 아 다
볼 때 마 다 이 북 벽 에 서 느 낄 지 어 다 .

金時習 "北銘"

승효상 承孝相
seung h-sang

1952
서울대, 同대학원
공간연구소
marchart moebius und partner, wien
아시아포룸 Ⅱ

정릉 c씨 주택	서울 (1989)
눌원 빌딩	서울 (1990)
변동 성당	대전 (1991)
성북동 k씨 주택	서울 (1991)
영동 제일크리닉	서울 (1992)

한양대, 단국대 출강
t.s.c. 대표

關係項

觀水亭

우경국 禹慶國

woo kyung-kook

1946

한양대

정일건축연구소

건축대전 초대작가

환경건축

공간대상 전문위원

아시아포룸 Ⅱ

서울대공원	서울(1978)
여운헌	서울 (1989)
송풍당	경기 (1991)

동국대, 경기대 출강

예공건축 대표

건축,

문화,

인간은 무엇이며 나의 존재는 무엇인가?

이러한 물음은 시대상황을 극복하기 위한

단서를 발견하기 위함이다.

그것은 관계로부터 출발한다.

신과 인간과의 관계

인간과 인간과의 관계

인간과 자연과의 관계

인간과 공간과의 관계

시간과 공간과의 관계

인간과 건축과의 관계

자연과 건축과의 관계

공간과 공간과의 관계

삶과 죽음과의 관계 11

하늘과 땅과의 관계

개체와 무리와의 관계

이 모든 관계들은 이원적이 아닌 일원적인

것이며 존재의 그릇을 빚어내기 위한

關係項 이다.

地上 43m의 家像
j. house

이성관 李星觀
lee sung-kwan

1948

서울대, 同대학원, columbia university

(주) 정림건축

helmuth, obata & kassabaum pc, new york

국전 건축부문 문공부장관상

전쟁기념관 현상공모 1등 당선

분당 쇼핑레저단지 현상공모 1등 당선

동아생명 본사 사옥	서울 (1989)
전쟁기념관	서울 (1989)
대성 빌딩	대구 (1991)

(주)한울건축 대표

12

한 때 都心은 온갖꺼리가 집산되는,
도시 가운데서도 가장 살 만한 곳이었다.
그러던것이 어느틈엔가 '일자리'로 메꾸어 지면서 '살곳'이 못되는 곳으로 되어 버렸다.

보다 나은 주거를 위한 장소로서, 지상 43m의 부지先占은
이 도심에 잔류하여 守城하려는 場內意志의 한 표현이자
「都心에서 가장 멀리 탈출할 수 있는 방법은 바로 그곳에 머무는 것」을 실현함을 의미한다.

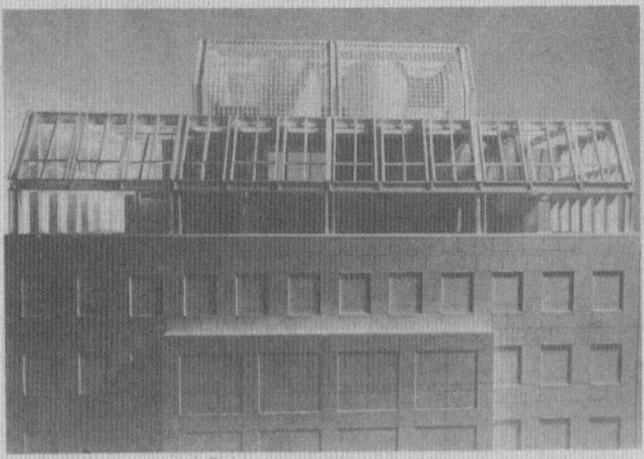

聖. 俗. 道
자비의 침묵수도원
운율제

이일훈 李逸勳
e il-hoon

꾸밈 건축평론상 수상

건축 평론 동우회 동인

경기대 출강

이일훈 연구소, 설계집단 遁理 대표

스토리빌딩인천 (1991)

복자사랑 수도원 (1992)

종교시설과 주택이라는 특성이
건축을 통해 어떻게 특질화되어
구축되며 건축의 구법이 형태와
공간에 어떻게 표출되는가.
또는 상이한 성격의 프로젝트를
공통적으로 관류하는 건축적 흐름은 무엇인가?
나아가 그것이 건축의 본연성과
어떤 관계를 유지하는가에 대한 작업.
또한 이 시대에 잡귀처럼 난무하는
피복된 소모성 형태유희에 대한 작은저항.

13

이종상 李鍾祥
lee jong-sang

白文의 건축을 찾아서
말죽거리 빌딩.

1948
인하대 -
우원건축
우일건축
단건축
신용보증기금 지점 부산.대구
대치동 점포 주택 서울
청담동 빌딩 서울
바다가 보이는 집
인하대 출강
이데아 건축 대표

1992. 12. 서울

인공위성 사진에 나타나는 서울은
산골의 사이사이로 뻗어나가는 도시의
모습으로 마치 붉은 팽창을 계속하는
거대한 불가사리처럼 보인다. 그것은
극히 짧은 시간에 스스로를 증폭하여
주변으로 번식을 계속하는 유기체이다.

서울의 지적도, 지번도, 도시계획도가 의미하는것
- 단순한 땅나누기와 번지매기기 -
대지의 크기와 위치에 따른 금액의
차이를 나타내는 도표 이상의 아무 것도

14

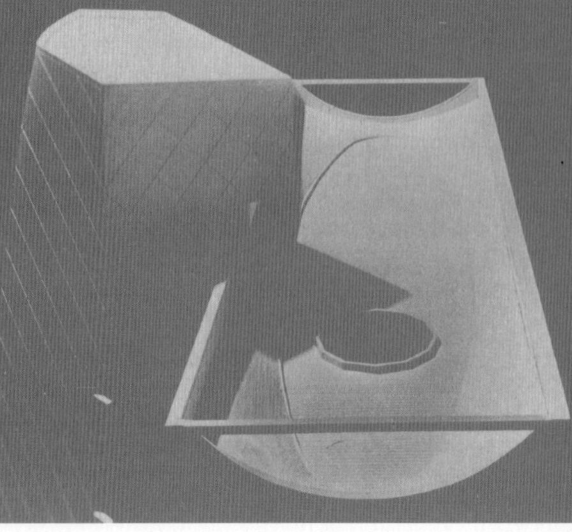

都市의 風景
良才1/ 良才2

조성룡 趙 成 龍
joh sung-yong

1944

인하대

공군 시설장교

우일건축 연구소

한국 건축가협회 이사

한국 건축삼인전 (tokyo . 間)

아시아 포름 Ⅰ. Ⅱ

아시아 선수촌	서울 (1983)
인하대 학생회관	인천 (1986)
합정동 주택	서울 (1987)
청담동 주택	서울 (1988)
baroque	서울 (1988)

인하대 출강

우원건축 대표

15

도시의 외곽지역에 지어지는 수 많은 소규모 건축들이 도시의 풍경을 바꾼다. 그 집단적 풍경의 난잡함 때문에 우리의 도시는 점점 성격이 없는 산업의 부산물로 황폐해지고 있다. 좁은 골목과 대지가 다닥다닥 붙어 있는 곳에 신선한 표정을 불어넣고, 숨쉬는 여유를 집어 넣을 수 없을까? 안으로 연속하는 길을 뚫어, 빛과 어둠이 엇갈리는 미묘한 영역을 지나고, 비와 눈이 흘러내리는 경계에 구름 지나가는 하늘 풍경을 끌어들이고 싶다. 창밖의 나뭇가지를 불어가는 바람소리도 느끼고 싶다. 비, 바람과 햇볕에 변하는 벽의 표정을 읽고 싶다. 마치 살아있는 생물처럼 호흡하는 존재를 바라보고 싶다.

심포지움

장소: 인공갤러리 전시장 내

***1차:** 12/12 (월) 17:00~19:00*

발표자	김병윤	패널리스트	김석철 (아키반)
	김인철		김성우 (연세대)
	민현식	사회자	김광현
	방철린		
	조성룡		

***2차:** 12/16 (수) 17:00~19:00*

발표자	곽재환	패널리스트	윤승중 (원도시)
	도창환		김경수 (명지대)
	승효상		
	이성관	사회자	김광현

***3차:** 12/18 (금) 17:00~19:00*

발표자	동정근	패널리스트	김원 (아림광장)
	백문기		이상해 (성균관대)
	우경국		
	이일훈	사회자	김광현
	이종상		

16

4.3그룹

『4.3 그룹』은 1990년 4월 3일 준비모임을 가진 후 결성된 모임이다. 첫 모임을 가진 일자와 연관되어 『4.3그룹』이라는 이름이 만들어졌으며, 30대에서 40대에 이르는 건축가들을 주축으로 하여 모인 그룹이라는 이미지도 지니고 있다. 4.3그룹 회원들은 건축이 한 시대의 문화적 소산임을 강하게 인식하면서, 건축가의 위상을 새롭게 하고 건축가 상호간의 작업에대한 토론의 장을 만들기 위하여 이 모임을 결성하였다.

『4.3그룹』회원들은 출신학교와 지역에 대한 편견이나 구분없이 동시대의 문화와 건축, 사회상황에 관심을 갖고 실제로 아뜨리에적인 사무실 형태로 건축작품 활동을 하면서 자신의 건축관을 추구하려는 의지를 강하게 가진 건축가들로 구성되어 있으며, 그룹의 운영을 위한 특별한 조직은 없이 운영되고 있다.

매월 정기적으로 자체 세미나를 열고있으며 1992년 12월 첫번째 전람회와 출판을 기획하고 있다. 그동안 4.3그룹이 가진 세미나 등 주요활동 내용을 보면, 1회: 조성룡-두채의 집 (청담동 주택 19900605), 2회: 이타미 준 초청-근작 (동경 국제 회관 19900716), 3회 승효상-주택 3제 (성북동 주택19900918), 4회 백문기-포이동 attic (태건축 19901016), 5회: 동정근-crossover (부암동 현장 19901123), 6회: 우경국-여운헌 (청운동 현장19901214), 7회: 김인철-skip-up (부산현장 19910202), 8회: 곽재환-파의 집(맥건축 19910428), 9회: 김철현 초청-건축과 사진 (impact 19910518),10회: 우경국외 5인-가회동 주거계획 (우원건축 19910613), 11회: 곽재환외10인-『베니스에서 파리까지』(건축기행 19910714~25), 12회 이종상-소규모 건축의 퍼블릭 스페이스 (이데아 건축19910831), 13회 김병윤-건축에서의 주제 contempo 19911026), 14회 도 각-리얼리티의 서정적 표현 (자곡동 주택 19920229),15회: 이일훈-방편설법 (tsc19920328), 16회: 방철린-자연과 인간과 과학(인토건축 19920502), 17회: 민현식-비어있는 공간 (국립국악학교 19920530),18회: 이성관-전쟁기념관 (양평 콘도 19920620), 19회: 김병윤외-세기말의 유럽 근대건축 기행 (19920801~16), 20회: 유홍준 교수 초청-예술과 시대정신(예공건축 19920926), 21회: 소흥렬 교수 초청-시대정신과 건축(tsc 19921017),22회: 김광현 교수 초청-건축의 시대정신 (tsc 19921107) 등이다.

1992년 12월 현재 회원은 곽재환(맥건축), 김병윤(스튜디오 메타), 김인철(인제건축), 도창완(아뜨리에 우노), 동정근(인하대.장원건축), 백문기(인.토건축), 승효상(tsc), 우경국(예공건축), 이성관(한울건축), 이일훈(설계집단후리), 이종상(이데아 건축), 조성룡(우원건축)으로 모두 14명이다.

전시 장소였던 동숭동 인공갤러리.
1988년 황현욱에 의해 세워진
인공갤러리는 1995년 '마르파'라는
카페가 되었고, 2010년에 '가든
시어터'가 들어섰다. 인공갤러리는
승효상이 소개했다. 전시장 및
전시 설치물 사진은 모두
김인철 기증 자료이다.

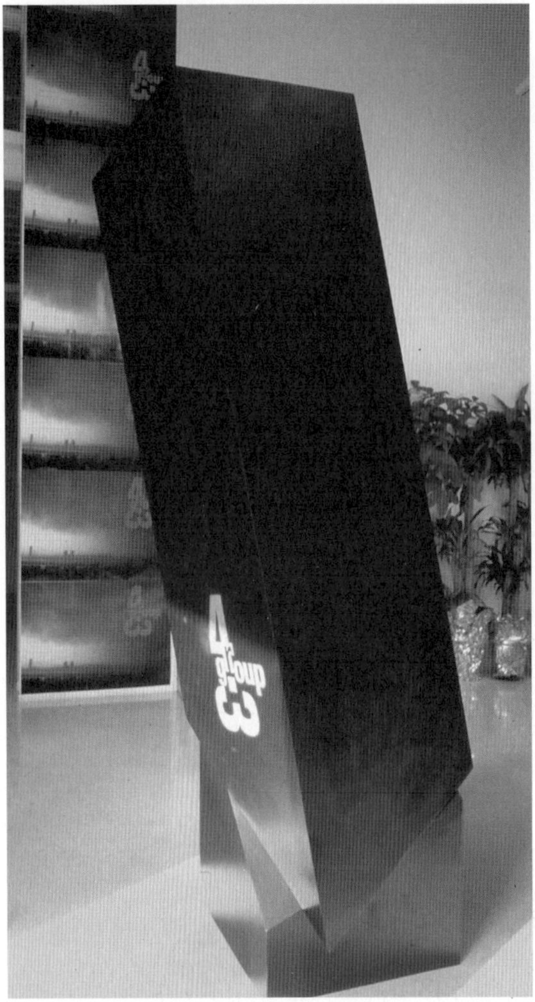

전시장에 설치되었던 전시 조형물

전시 첫날 전시장 가운데의 빈 공간에서는 김준차의 피아노와 김영준의 바이올린 연주회가 열렸다.
어묵 판매 포장마차를 섭외해 전시장 밖에서는 따뜻한 국물과 어묵을 판매했다고 한다.

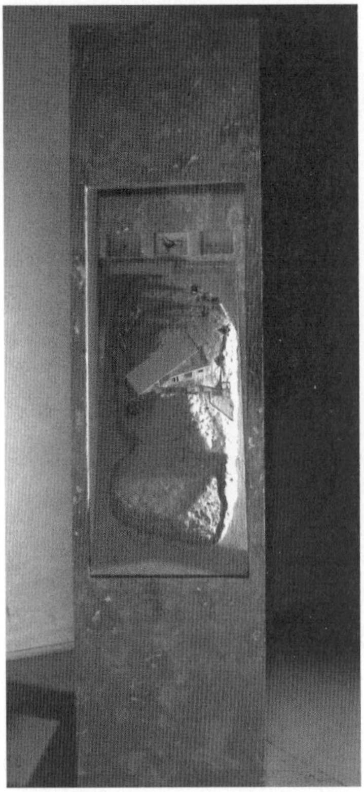

곽재환

귀·탈(歸歸)

프로젝트 명: 솔의 집

재료: MDF 위 채색 석고

김병윤

건축적 탐구

프로젝트 명: 브릿지

재료: 나무 각재 프레임 안

아크릴 패널, 하부 모형

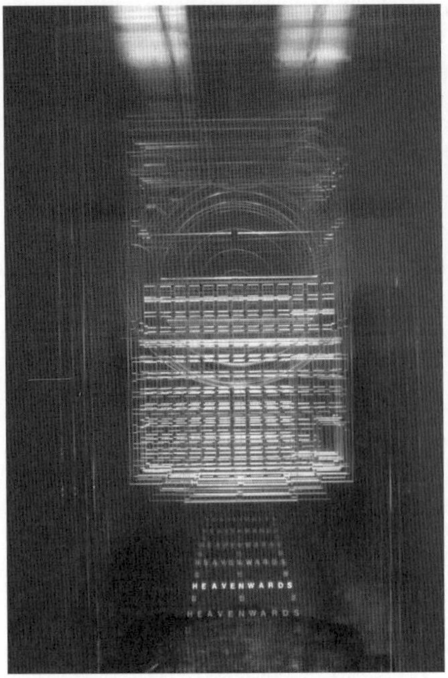

김인철

초공간의 의미

프로젝트 명: 작은 교회

재료: 콘크리트, 아크릴

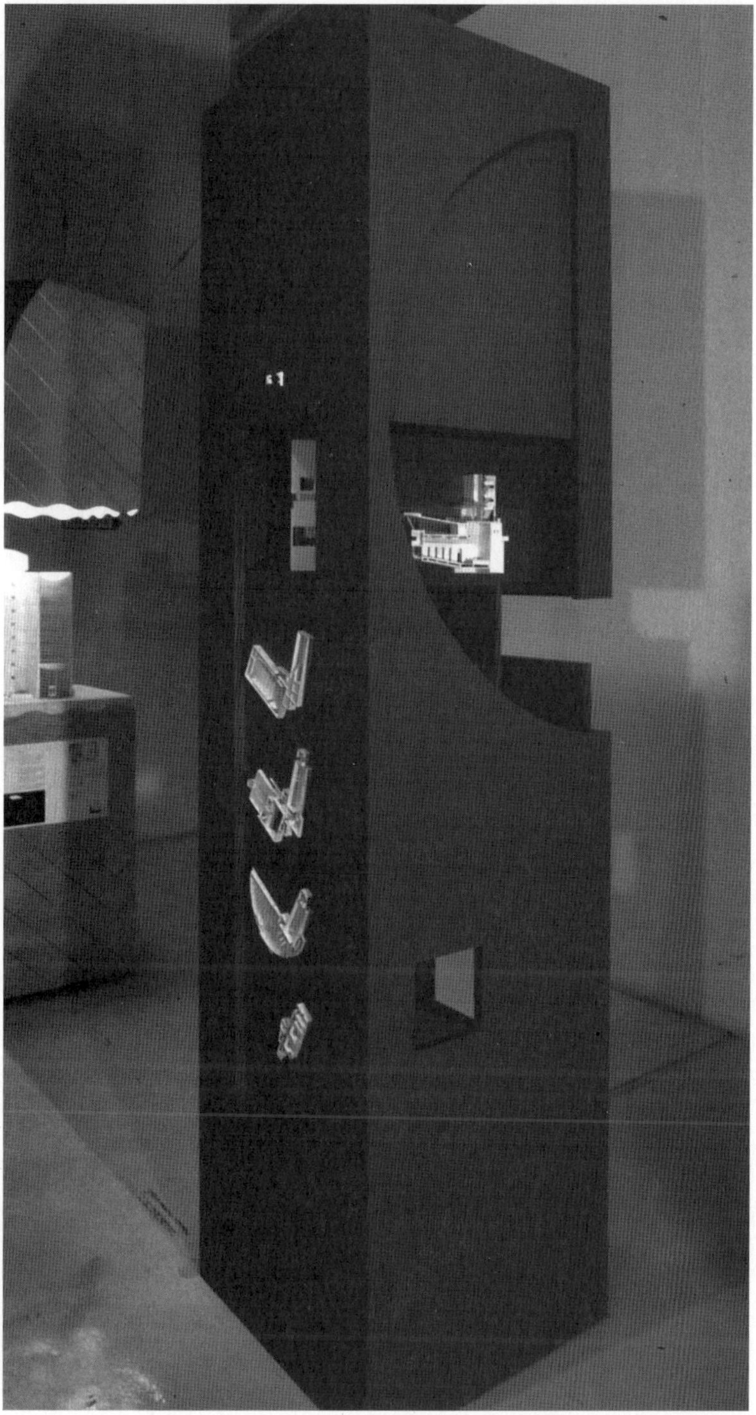

도각

파동의 각

프로젝트 명: 전시장

재료: MDF 채색, 백색 모형

동정근

상징체계를 찾아서

프로젝트 명: 월드북 센터

재료: MDF, 각재목 채색

민현식

비움

프로젝트 명: 마당 깊은 집

재료: 골판지, 유리, 철

방철린

동자이의(同字異意)

프로젝트 명: 탁심정이 있는 마을

재료: 아크릴 박스 내부에 MDF

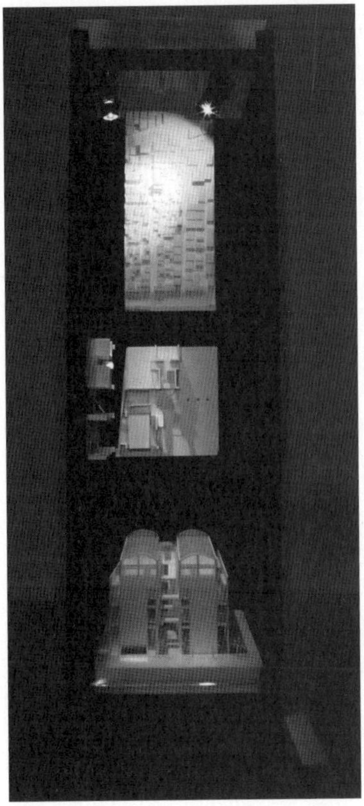

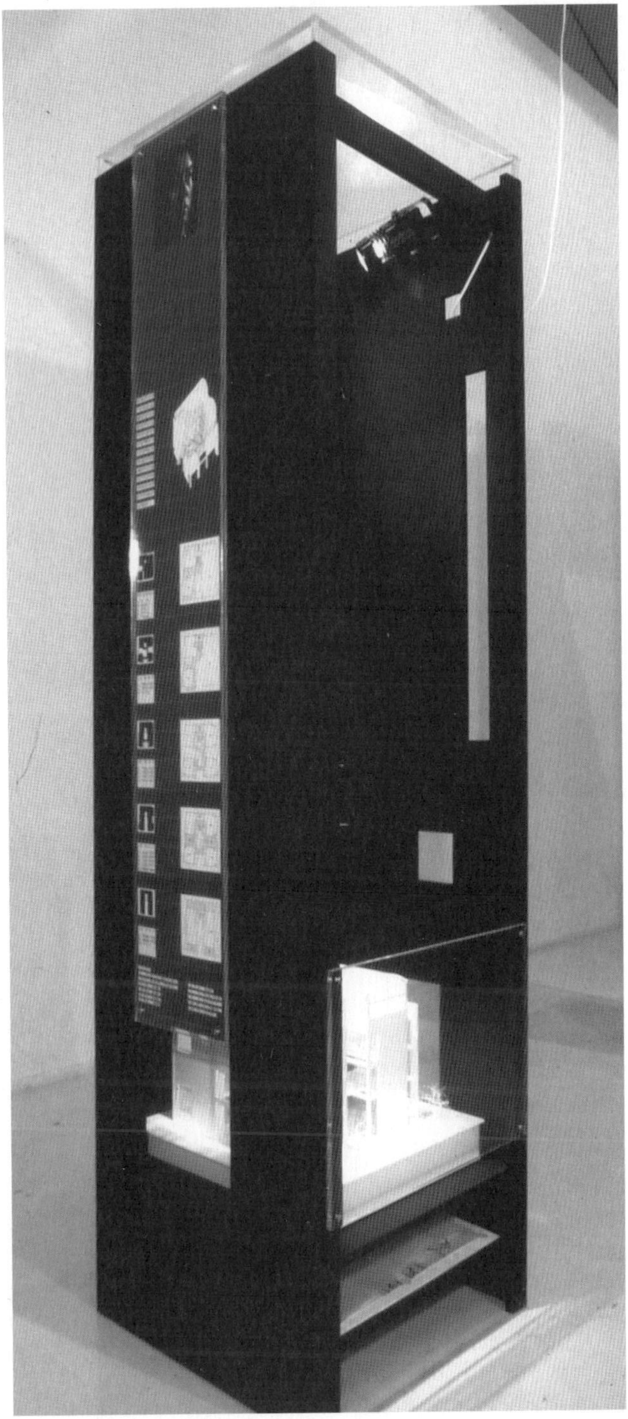

백문기

신(神)의 감성(感性), 미로(謎路)
프로젝트 명: 미로(집속에 길)
-대구 부띠끄 상점
재료: MDF위 검정색 무광 오일
페인트, 상부에 아크릴 피라미드
입방체 표현

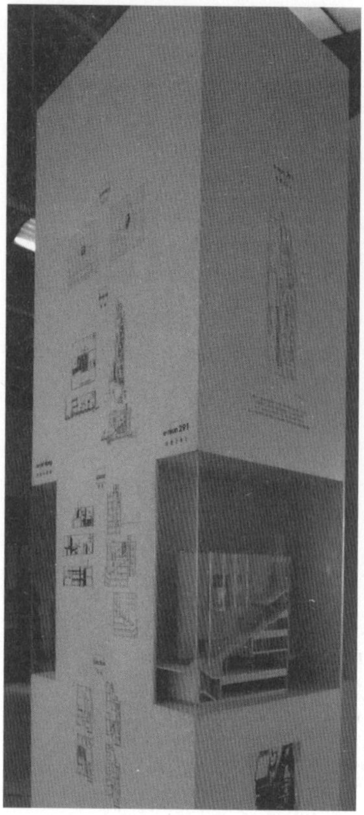

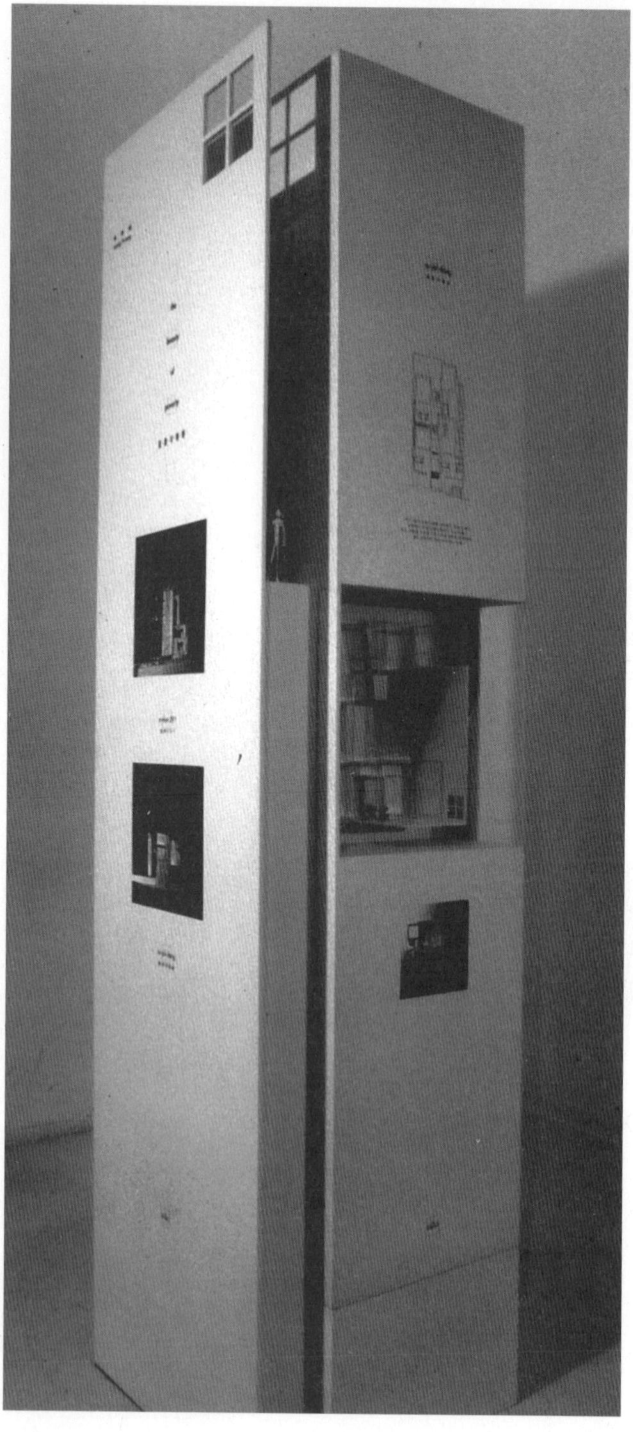

승효상

빈자(貧者)의 미학(美學)

프로젝트 명: 이(里)·문(文)·291 /

학동 수졸당

재료: 합판 위 도장

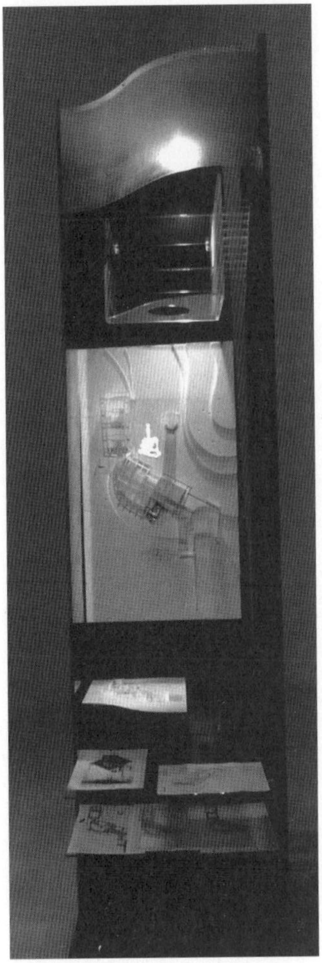

우경국

관계항(關係項)

프로젝트 명: 관수정

재료: MDF도색, 유리, 아크릴

이성관

지상 43cm의 가상(家像)
프로젝트 명: J 하우스
재료: MDF 백색 도장 및
회색 종이

이일훈

성(聖)·속(俗)·도(道)

프로젝트 명: 관수정

재료: MDF도색, 유리, 아크릴

이종상

백문(白文)의 건축을 찾아서
프로젝트 명: 말죽거리 빌딩
재료: 아크릴 판,
각재 결구 방식 프레임

조성룡

도시의 풍경

프로젝트 명: 양재 1

재료: MDF

출판

"한 권만 내는 게 아니고 계속해서 낼 수 있으면 하는 데까지 하자, 그런 얘기가 있었던 거 같아요. 그래서 했었고. 뭐 자세히는 기억이 안나는데 아마 그렇게 된 거 같아요, 그 당시에."

목천건축아카이브, 〈방철린 구술채록〉, 2011년 10월 12일, (주)칸종합건축사사무소

"그때 김병윤 씨가 "토탈디자인", "토탈" 잡지 있었지? 편집을 김병윤 교수가 담당했었지. 잡지 이름이 "토탈"이었던가 그럴 걸. 그래서 그럼 "책도 당신이 편집해가지고 해봐라." 이렇게 된 거지.

목천건축아카이브, 〈우경국 구술채록〉, 2011년 7월 21일, 예공건축사사무소

"어떻게 하다 보니까 출판 쪽에 제가 관여를 해서 "볼륨 제로"부터 만들기 시작해가지고 뭐 드로잉집 이런 것도 하자고 했는데, 그 이후로 성공을 못했어요. 겨우 "볼륨 제로"만 성사시키고 난 다음에 건축가들도 다시 규합하고 하는 일이 어려워져 가지고. 그 이후로 4.3그룹 공통된 책을 만드는 건 못했습니다."

목천건축아카이브, 〈김병윤 구술채록〉, 2011년 11월 16일, 목천건축문화재단

출판일	제목	아트디렉터	비고
1992년 12월 10일	이 시대 우리의 건축	안상수	4.3그룹 전시 도록
1994년 10월 7일	echoes of an era / volume #0	김교완	4.3그룹 작품집

이 시대 우리의 건축

아트디렉터: 안상수
사진: 김철현
발행일: 1992년 12월 10일
발행처: 도서출판 안그라픽스

〈이 시대 우리의 건축〉 전에 맞춰 출간된 《echoes of an era》는 한 건축가 당 20쪽으로 구성되어 있다. 1~2쪽은 건축가의 정면 전신 사진으로, 마지막 두 쪽은 건축가의 뒷면 전신 사진과 약력으로 구성되어 있다. 전체 쪽수가 아닌 각 건축가 별로 1부터 20까지 쪽 번호가 표기되어 있다. 발문과 김광현 교수의 글 부분만 게재한다.

표지

이 시대, 우리의 건축

이 전시회는 시대를 향한 우리의 물음
입니다. 그리고 이것은 이 시대에 놓인
우리 자신에게 던지는 물음이기도 하
다.

21세기를 눈앞에 둔 오늘날 우리는 미
래에 대한 확신을 철저히 상실해 가고
있다. 또한 우리는 여러 가지의 세기말
적 징후가 이 세기를 주도하여 온 모더
니즘에 대하여 심각하게 도전하고 있음
을 여기저기에서 느끼고 있으며, 몰가
치 분열과 반역과 혼돈의 시대적 모습
들의 속에서 19세기 말 한국의 지성인
들이 겪었던 것과 유사한 의식의 혼란
에 새로이 맞서고 있다.

리얼리티와 환상, 객관성과 주관성, 전
체성과 우연성, 부분과 전체, 통합과
역, 보편성과 개별성, 연속과 단절과
의 부분적인 대립은 인간의 역사에서
끊임없이 반복되어 왔다. 19세기 말에
대했던 이 관념의 사고들은 20세기를
거치며 질서와 무질서의 차이를 통해
되어 왔고 이러한 현상은 21세기를 향
하여 더욱 가속화되어 가고 있다.

그럼에도 우리는 새로운 시대를 향한
시대정신의 정신을 의식하고 있으며,
에 따라 행동하지 않을 수 없는 필연

상황에 놓여 있다. 때문에 우리는 오 에 당면한 이분법적 대립을 더이상 해결의 상태로 놓아둘 수 없으며 발전이 건축문화적 미로들과 통 하는 제3의 길을 탐색해 가지 않으 면 안되는 절박한 시점에 놓여 있다.

이 전시회를 통하여 우리가 시도하려는 것은 뿌리가 뽑혀 뒤틀려지고 여기저 기에서 파생적으로 자라고 하는 한국 현대건축의 단편들을 모아 노출시켜 창을 열어 보이기 위함이다. 이제 21세기를 맞이하면서 80년대의 한국 건축문화를 경험했던 젊은 14인의 건축가들은 1990년 4월 3일을 기하여 20세기 마 지막 10년의 한국 현대건축에 주목하 기로 하였다. 그리고 우리는 스스로가 한 관점에 도착해 오면서 우리들은 주와 창고같은 데서 벗어나 새로운 도전을 시도하려 하였다. 그렇지만 와 함께 그 어딘가에 도사리고 있는 패와 좌절에 또 다른 전율을 느끼지 않을 수 없다.

여기에 전시하는 건축가 14인 서로 다 른 목소리로 이 시대에 대답하고자 하 다. 그러나 비록 단편적인 결과에 지나 지 않으나 이를 거점으로 우리들의 의 지대를 이끌어 갈 건축적 실천적 전시를 우리 자신 속에서 끊 임없이 변환하여 나아가고자 한다.

'규방 閨房의 건축 建築'을 벗어나기 위해

김광현 / 서울시립대학 교수

1.

시대가 너무나도 빠른 속도로 급변하고 있다. 건축의 사상도 마찬가지여서, 근대건축의 이상은 이미 먼 옛 이야기가 되어 버렸다. 그리고 이제는 포스트 모던의 소비 문화에 편승한 건축이 이념을 잃은 채 다양한 이론의 옷을 입고 전개되고 있다. 그러나 이 건축의 이념들은 참조체계를 부정할 뿐 아니라 근원의 부재함을 강조하고 있으며, 이를 근거로 차이差異와 차연差延의 미학을 새로이 구축하려 하고 있다. 그리고 이러한 건축들은 래디컬하다는 미명하에 소비에 무력해진 자신을 은폐하려 한다. 한편 도시의 상업적 건축들은 마치 패션 디자인처럼 가면과 같은 파사드를 만들어 주는 데 열심이다. 그나마도 이러한 이러한 일에 무관심한 건축들은 각종 광고를 위한 바탕 그림이 되어도, 적당히 도시 속에 들어서는 것으로 자족해할 정도로 무기력하다. 말을 바꾸면, 건축은 급속도로 변화되는 테크놀로지에 의해 소비의 단편으로 침식되어 가고 있는 것이다. 인간의 세계와 테크놀로지를 이어 주던 건축은 부정되고 있고, 테크놀로지가 건축의 형태 속에 깊숙이 들어와 건축 그 자체의 구축적인 본질을 부정하려 하고 있다. 이와 같은 '건축'의 위기는 결코 단순한 미사여구가 아니다. 이 위기는 실제의 현실 속에서 도처에서 발생하고 있을 뿐만 아니라, 바로 그 위기가 건축가 자신의 위기로 반전되고 있다. 이런 상황에서 오늘날 우리 나라 현대건축은 과연 어떤 위치 속에 놓여 있는가? 그리고 새로움을 추구하며 창조한다는 일 자체를 직능으로 삼고 있는 오늘의 한국 건축가들은 과연 무엇을 문제 삼고 있으며, 또 무엇을 응시하는가? 그러나 오늘날 한국의 현대건축은 이와 같은 여러 문제에 대해 별다른 반응을 보이고 있지 않을 뿐더러, 더욱 안타까운 것은 이미 시효가 지난 관심에 안주해 버린 채, 문제의 심각성을 굳이 드러내 보이려 하지 않는다는 점이다. 사실 오늘날의 건축계에는 과거의 전통 논의와 같은 문제를 안고 있지도 않으며, 근대와 현대가 충돌하며 만들어지는 건축적 해결에 대해서도 별다른 이슈를 갖고 있지 못하다. 다시 말해 긴장하고 대립할 만한 소재를 발견하지 못하고 있는 것이다. 그러나 대립의 소재를 내부에서 발견하지 못하는 이상, 건축은 외부의 요인에 의해 침식되어 감을 우리는 역사를 통해 익히 알고 있다. 물론 건축은 건축가 개인의 사고에서만 성립되는 것이 아니다. 그것은 복잡한 사회적 관계망에 얽혀 생산되는 것이다. 그럼에도 불구하고 우리가 건축을 사랑하는 이유는 바로 복잡한 사회적 관계망에 얽혀 있으면서, 동시에 문화에 대한 개인의 사고가 독립될 수 있는 것이기 때문이다. 따라서 별다른 이슈나 긴장하고 대립할 소재를 갈구하는 것 자체를 사치스러운 요구로 여기는 것은 국외자나 하는 일이다. 한국 현대건축이 대립과 긴장의 소재를 찾지 못하는 이유 중의 하나는, 건축의 개인적 창작성을 지나치게 강조한 나머지, 문제를 건축가 개인의 감성으로 단순화해 버리거나, 주관적인 느슨한 관조를 건축 작품에 투사해 보는 일을 너무나도 당연하게 생각하고 있기 때문이다. 이때 건축가는 작품을 이론과 함께 말하려 하기보다는, 작품 그 자체에 감성이 용해되어 있다고 본다. 다른 하나는 근대와 현대의 래디컬한 문제를 자신의 것으로 여기고 정면으로 돌파하려 하기보다는, 한국적 상황으로 우회시켜 버리거나 한국적 전통으로 채색해 버리는 데 익숙해 있다는 점이다. 그러나 이 한국적이라는 말이 문제를 회피하기 위한 것이 아니기 위해서는, 한국의 건축가가 '현대건축의 그 어떤 문제'에 대해 독자적으로 해석한 무엇에 대해 붙일 수 있는 말이 되어야 한다. 결국 이 두 가지 경향은 그것이 의식적이든 무의식적인 것이든, 건축의 '의미'에 관한 것이다. 근대건축은 부르즈와적 전통을 거부하기 위해 대상의 의미를 삭제하고, 백색의 순결한 형태 속에서 새로운 의미를 담으려 했다. 이러한 사실을 감안할 때, 위의 두 가지 태도는 각각 개인의 낭만적 감성에 기대어 건축의 의미를 채우려는 것과, 전통이라는 건축의 외부적인 의미로 작품을 채우려는 것이다. 그렇다면 왜 이러한 태도가 대립

체계를 개발하기보다는, 이미 '주어진' 도구에 활력을 주기 위해 선택된 말들이라는 데 주목할 필요가 있다. 이 말들은 일종의 유토피아의 상태를 지시하는 말이지만, 이때 유토피아란 근대건축의 시대정신과 비교할 만한 것이 못된다. 그리고 이 말들은 이 시대의 모순으로부터 탈출하기 위한 것으로 설정되어 있다. 그러나 이러한 류類의 개념어로는 추상적인 순수 언어에 시대의 현실적인 의미를 충분히 부여하기가 어려울 뿐 아니라, 결국 이를 통해 탈출을 시도한다 하더라도 이 한 방향의 개념어만으로는 탈출이 불가능하다. 이 전시회의 작품은 언어의 유토피아'가 아니라, '유토피아의 언어'만을 지향하고 있다. 그러나 진정한 의미에서 '유토피아의 언어'가 설정되는 것은 '언어의 유토피아' 안에서 내부적으로 충돌을 일으키기 위한 구실일 때뿐이다. 때문에 이 전시회에서 제시된 '유토피아의 언어'는 공중에 매달린 제로(zero) 기호이며, 이 기호에 의해 작품들에는 신비한 분위기와 엄숙함이 표현되어 있다. '언어의 유토피아'는 자괴自壞와 충돌衝突을 일으키기 위한 것이다. 누구는 언어를 감옥이라 하여 그 감옥을 탈출하려 하지만, 반대로 그는 탈출할 수 없기 때문에 언어가 감옥이 된다는 점을 잊고 있는 것이다. 이에 대해 '유토피아의 언어'는 자의적인 것이어서, 엇비슷한 형태 언 어 속에서도 그것을 정당화하는 의미는 선택하는 바에 따라 다양하게 전개될 수 있다. 그러나 이보다 더욱 중요한 것은 비어 있는 추상 형태를 저쪽을 향한 의미만으로 채우는 것이 아니라, 이쪽(건축의 내부)에서 의미를 생산하는 메커니즘을 발견하는 일이다. 이쪽을 떠나 저쪽의 고요한 초월적인 상태를 겨냥하고 있다 하더라도, 그 겨냥이 이쪽에서 아무런 충돌을 일으키지 않는 이상, 그 노력은 금새 단조로워지고 형태의 차이보다 의미의 차이에서만 서로를 구별할 수 있을 뿐이다. 앞에서도 전제하였듯이, 근대와 현대건축의 제문제를 극복하기 위해서는 부단히 새로워지기 위한 자기 부정이 필요하다. 그러나 이 자기 부정은 테크놀로지와 그것에 의해 변동되는 사회에 대한 응시를 거친 부정이다. 이때 외부에 놓인 테크놀로지는 내부를 변동시키는 이데올로기로서, 내부의 구조를 확장하는 장력으로서 작용한다. 그럼에도 불구하고 이 전시회의 작품은 이 테크놀로지의 문제가 건축 내부의 구조를 동요시키는 요인으로 다루어지지 않고 있다. 반대로, 이들은 형태의 의미를 일종의 정신적인 초월점으로 상정함으로써, 복잡함에 대한 단순함, 현학적인 요설饒舌에 대한 억제라는 측측면에서 자기 부정을 하고 있고, 경우에 따라서는 그 초월점을 한국적, 역사적, 전통적인 외외연外延에 연결하고 있다. 그러나 나는 어떤 건축 이론이나 현학적인 내용을 작품에 도입한다 하더라도, 도시의 현실적인 내용과 무관하게 자신을 닫아 버리는 한, 아무런 의미를 생산할 수 없다고 생각한다. '도시'란 건축가의 싸움터이고 시련의 장소이며, 자신의 작품을 정정당화할 수 있는 유일한 거점이다. 작품의 외부에 도시적 이데올로기를 설정하는 것은 이 도시가 자신의 건축을 방어하기 위한 전략이 되기 때문이다. 과거에는 정원이 건축을 침범하여 구축적인 성질을 위협하고 폐허의 건축을 만들게 했다면, 오늘날은 제2의 자연인 도시가 번잡하고 황폐한 모습으로 건축의 구축성을 위협하고 있다. 그러나 건축은 그 속에서 부단히 자신을 갱신해 왔으며, 도시와의 대치를 통해 자신의 시스템을 개발해 왔다. 그렇기 때문에 우리가 도시를 생각하는 것은 단지 도시계획가나 도시설계가가 주목하는 현실적인 필요성이 아니라, 건축의 가능성을 신장시키고 자신의 사고를 촉발시키기 위한 구도를 '도시' 안에 설정한다는 뜻이 된다. 물론 이때 건축가의 이데올로기란 건축가 개인이 설정해야 할 과제일 뿐, 근대 초기의 장대한 해방과 사회적인 처방전과 같은 것이 될 수 없음은 자명하다. 그렇지만 '작은 내러티브'만을 찬양하고 반가치反價値에 자극된 차이만을 반복한다면, 그것은 결국 자신의 주변에만 머무는 단편의 집합에 불과한 것이 될 것이다. 그러므로 이데올로기란 비록 그것이 이상이며 실현불가능한 것이라 하더라도, 건축 내부에서 모순을 일으키며 그 내부를 외부로 이끄는 동인動因으로서 설정되는 것이다. 이러한 의미에서 건축의 이데올로기란 내부의 변동 없이 외부에만 설정된 초월적인 것을 말하는 것이 아니다.

될 뿐이다. 그러므로 우리 현실의 특수성을 들어, 모더니즘이니 포스트 모더니즘이니 하는 논쟁은 저쪽 나라 사람들의 이야기로 방치하고, 한국적이라는 형용사를 씌워 대담한 과제를 설정한 듯이 여겨도, 역사를 불연속의 역사로 인식하지 않는 이상, 그것은 문제를 회피하기 위한 노스탤지어에 불과한 것이 될 것이다. 그럼에도 불구하고 한국의 현대건축은 여전히 역사를 '장대한 내러티브'로 신뢰하고 있을 뿐만 아니라, 전통과 역사의 회복이 미로와도 같은 현대 건축의 한국적 돌파구가 된다고 믿고 있다. 그렇지만 이때 작가의 개성과 판단에 의해 선별된 역사란 공동의 이데올로기로서 연장되지 못하고, 대개는 건축가 개인이 창작이라는 폐쇄 회로 안에서 자신의 작품을 신화화하거나 발상을 위한 구실로 쓰인다.

4.

이 전시회는 "이 시대, 우리의 건축"을 묻고 있다. 아니 이들은 오히려 이 시대의 '폐쇄된 상황'을 묻고 있는 것이다. 그들이 주목하는 시대의 상황이란 논의가 없는 시대이며, 되묻기를 정지하고 단지 받아들이기만 하는 시대와 풍조를 이들은 되묻고 있는 것이다. 다시 말해 이들은 상황적이라고 보기에는 너무 지리하고, 전략적이라고 보기에는 너무나 건축을 떠나 있는 이 시대의 무력한 여러 모습에 대한 반감을 표현하고 있다. 그리고 이 전시회는 단편에의 호기심은 만연되어 있으나 단편에 열광하지도 않고, 상대적 가치관으로 치장되어 있으나 철저하게 상대적이지도 않으며,철저함을 떠나 비철저한 은신만을 반복해 오고 있는 이 시대의 건축과 스스로가 다르기를 희구하며 만들어진 자기 발견적 장場이다. 이 전시회는 해결된 문제를 보여 주기 위한 것이라기보다는, 문제 해결을 위한 단서를 발견하기 위한 것이다. 이들의 판단은 상황적이거나 전략적이라기보다, 전체적으로는 일종의 억제된 규범 속에서 일관된 원점을 지향하려 하고 있다. 심지어는 이들은 금욕적이라 할 정도로 정제되어 있고, 그 속에서 이상적인 감성의 세계를 파악하려 한다. 따라서 이들은 세칭 포스트 모더니스트도 아니며, 근대 그 자체에 뿌리를 두려는 제스처도 보여 주지 않는다. 이들은 혼돈의 반가치적 상황에 대해 반감은 가지고 있으나, 그들의 이상은 개인의 레벨에 국한되어 있고, 사회 전체의 이상적인 도식을 제공하고 있지는 않다. 지나치게 단순한 판단인지는 모르나, 이들의 건축 언어는 기본적으로 모더니스트의 순수 언어이다. 사고는 침잠되기를 원하고 있으며, 심지어는 절대적인 원점과 본연성, 비어 있음과 빈곤 등을 통해 모든 것을 왕복할 수 있는 장치를 발견하려 한다. 고고한 모뉴먼트와 '새로운 순수성의 기사騎士들'. 그리고 이들의 주제는 일원적인 것을 향하고 있으며, 현실을 비상하여 이성이 파악할 수 없는 모종의 세계를 지향하려 한다. 다시 말해 각종의 번잡함을 정리하여 하나로 수렴하려는 사고이다. 이와는 약간 방향을 달리하는 경우는, 복잡하면서도 친근한 시장의 골목길처럼 정서가 가득 찬 현실을 찾아 이를 영원의 기억으로 회귀시키거나, 서구의 이성주의와 대비되는 한국의 정신 세계를 의미의 한복판에 앉히고자 한다. 이들은 때로는 유기체적인 자유로움을 표상하기도 하고, 번번잡한 속俗의 세계를 떠나 시인의 직관을 통하여 그 어딘가에 있을 아득한 마음으로 되돌아가기를 바라며 비어 있는 집 속에서 영원한 모습을 추구하기도 한다. 그리고 이 작품들 속에는 도시에 반응하고자 하는 의지가 있다. 그러나 그 자세는 이중적이다. 결코 외면할 수 없는 난잡한 도시의 집단적 풍경에 대립하는 추상적 형태는 그 사이에 건축적인 길을 만들어 영역의 변화를 시도하지만, 그 변화는 격렬한 도시 그 자체의 풍경이 아니라, 하늘과 바람과 나뭇가지라는 순응하는 자연의 풍경으로 대체되어 있다. 또 떠날 수밖에 없는 도시의 상황에 대해 오히려 머묾으로써 도시를 탈출하려 하거나, 합리와 비합리, 침묵과 역동성 사이에서 생길 모순의 관계에 주목하기도 한다. 그러나 이 전시회에 제출된 14개의 모습은 다소의 예외가 있다 하더라도, 대체적으로는 '긴장된' 관조의 태도를 취한다. 이때 그 관조란 '조용히 얻는 것', '본연성', '절대와 초월', '고요함과 정점', '비상', '일원적', '영원의 기억', '자연연의 순리', '유기체', '투명한 날개', '하늘의 풍경' 등이다. 그것은 일견 현실에 모순되면서도 앞으로의 과정을 통해 얻어야 할 목표로 여기고 있다. 여기에서 이들이 제시하는 개념어들에 주목하는 것은 그것들을 단순히 분석해 보이기 위한 도구로 삼고 싶기 때문이 아니다. 이 개념어들은 그들이 추상적 형태에 담고 있는 의미들이며, 물리적인 형태를 만들어내기 위한 통사적인 개념어들이 아니다. 때문에 이들은 새로운 형태나 공간의 조직이라는 하드한

과 긴장의 대상을 찾지 못하는 이유가 되는 것일까? 그것은 건축을 외부의 결과로서만 이해한다든지, 또는 타율적인 간섭을 전혀 받지 않는 작가 자신의 영역에만 한정하는 것만으로는 오늘날의 건축 문제는 전혀 해결되지 않기 때문이다. 한국 건 축이 지니고 있는 가장 큰 오류 중의 하나는, 바로 이처럼 건축을 순수하게 외부의 산물로 여기거나, 아니면 작가의 내면적인 세계만으로 국한해 두려는 데 있다.

2.

이전에 주장했던 바를 되풀이 하여 단언해 두거니와, 현대건축에서의 새로움은 근대건축에 대한 의식의 방향성에 있다. 즉, 근대건축에 대한 의식적인 비판이 없이는 현대건축의 새로움은 성립되지 않는다는 말이다. 시대가 아무리 포스트 모던의 상황으로 변화되고 있다고 하더라도, 탈근대가 근대를 떠나 성립될 수 없고 탈구조가 구조를 떠나 생각할 수 없듯이, 근대건축에 대한 생산적인 독해가 없이는 현대 건축의 어떠한 것도 새로워질 수 없다. 만푸레도 타푸리는 근대의 이상을 자신의 문제로 간직하지 못한 채, 그 유산만을 빌려 쓰며 새로운 논의의 무대에 오르려 하는 오늘날의 건축가를 다음과 같이 통렬하게 지적한 바 있다. "'전쟁유품戰爭遺品'을 이용하는 것, 곧 아방가르드가 패배해 버린 저 싸움터에 버려진 것을 다시 쓰는 것말고는 건축의 가치를 지켜낼 방법이 없다고 보는 시각이 오늘날 가장 깊은 공감을 불러 일으키고 있는데, 그렇다고 놀랄 일은 못된다. 이렇게 해서 새로운 '순수성의 기사騎士들'은 유토피아의 단편을 깃발처럼 휘날리며 오늘날의 논의에 등장하고는 있지만, 그러나 그들은 스스로 그 유토피아에 정면으로 대치할 수가 없다."(〈규방閨房의 건축建築〉) 물론 이 말은 70년대의 현대 건축가에게 던진 말이었지만, 이것은 그대로 오늘날의 한국 건축가에게도 해당된다. 곧, 근대건축에 대해 별다른 옹호도 하지 않았으며, 또 시간이 지나 근대건축에 대해 비판이 이루어 지자, 우리는 그 비판에 별다른 논쟁 없이 편승해 버렸다. 그리고는 한국이라는 특수한 상황 속에서 스스로 새로운 건축의 '기사騎士'를 자칭해 왔다. 그러나 실은 그들이 사회에 대해 맹렬히 싸우다 패배해 버린 후, 더 이상 사회에 대하여 의미를 가질 수 없게 된 저 전쟁 유품을 모아 이 사회에 새로운 건축으로 선보여 왔다면, 우리는 과연 이 타푸리의 물음에 무엇으로 답할 수 있을 것인가? 한편으로는 많은 선배들이 이루어 온 결과를 긍정한다 하더라도, 이제는 냉정하게 자신을 비판하여야 할 때임에 분명하다. 더욱이 한국의 근,현대건축은 그 자체가 한계를 가진 건축임을 더 이상 덮어 두기가 이제는 어렵게 되었다. 왜냐하면 타푸리의 지적은 이미 20년 전의 일이며, 오늘날의 건축은 앞으로 더욱 수용하기 어려운 상황과 테마로 혼미해질 것이기 때문이다. 서구의 건축을 뼈저리게 소화하려고 하기는커녕, 그것을 경향이나 유행으로 지나쳐 버리고 그때마다 그들의 노력을 손쉽게 복제하려는 이제까지의 안이한 태도로는 이 땅에 현대건축의 옷은 입힐 수 있을지언정, 근대건축에 대치하며 그 가능성을 탐색해 나갈 수는 없다. 다시 말해 타푸리가 말하는 '규방의 건축'이란 바로 우리의 현대건축의 좌표를 가리키는 데 결코 예외가 될 수 없다. 이념을 설정하지도 못했고 이념을 향해 싸운 적도 없다면,패배도 승리도 있을 수 없기 때문이다.

3.

근대건축의 '근대'란 단순히 시기상의 용어가 아닌 과거와의 분리를 의미하는 말이며, 근본적으로 '고전'과 '역사'에 의문을 갖는 태도를 말한다. 동시에 근대는 부르즈와 문명의 실리적인 모던에 대립하기 위한 위기적 모습을 말하기도 한다. 즉, 모던은 끊임없이 새로움을 추구해야 하는 의식이기 때문에, 전통만이 아니라 자기 스스로가 만든 또 하나의 전통조차도 적대해야 하는 모순을 가진 개념인 것이다. 현대건축의 과제가 근대건축에 대한 비판적 이해에서 비롯되는 것이라면, 그것은 결국 '테크놀로지'와 '역사'에 관련된 것이 된다. 근대건축에 대하여 테크놀로지가 갖는 의미가 순수하게 건축의 기술적 문제에 있지 않았음은 주지의 사실이다. 그것은 건축에 대한 가치관의 변화를 일으키는 동인動因이었으며, 사회의 개혁과 건축가의 유토피아를 이끌어 주는 원동력이었다. 그러나 근대건축 초기의 테크놀로지는 건축의 복잡한 기능을 다 해결해 주지 못할 정도로, 건축은 테크놀로지 앞에 서 있었다. 근대 건축가가 추구한 테크놀로지란 현실의 기술이 아니라, 앞으로 개발될 유토피아로서의 기술이었고, 바로 그 때문에 근대 건축가들은 과감하게 자신의 사회적 이데올로기를 시대정신으로 설정함으로써 건축에 대한 텐션을 가질 수 있었다. 그러나 오늘날은 사정이 반대가 되었다. 오늘날에는 오히려 건축이 테크놀로지 전반에 비해 상대적으로 뒤떨어져 있으며, 그 테크놀로지가 생산하는 소비의 사이클은 건축조차도 소비의 한 부분으로서 침식해 들어가고 있다. 때문에 현대의 건축가는 과거와 같은 기술 결정론적 테크놀로지관이 아니라, 방향을 우회하여 인간의 생활을 의복처럼 감싸는 부드러운 테크놀로지를 건축화하려 하고 있다. 그리고 다시금 근대주의의 기술과 기계에 대한 가능성을 가속화하려 한다. 여기에서는 이 두 가지의 테크놀로지관이 각각 건축과 문화에 대하여 미치는 영향과 가치관에 대해 일일이 지적할 수는 없다. 그러나 단지 중요한 사실이 있다면, 그것은 건축의 외적인 현실인 테크놀로지는 동시에 건축의 내부를 연장시켜 준다는 점이다. 근대나 현대의 건축이 끊임없이 혁신하고, 심지어는 자기 자신의 전통마저도 파괴해 나가게 한 최대의 원동력은 바로 테크놀지가 미치는 문화적 가치관이었던 것이다. 따라서 아무리 현학적인 술어를 동원하여 자신의 건축을 변호한다 하더라도, 근본적으로 자신이 근대와 현대에 대치하려면, 이같은 테크놀로지에 대한 판단은 필연적인 경로이다. 그럼에도 불구하고 오늘날 한국 현대건축 속에서는 이같이 철저한 테크놀로지관에 입각하여 자신의 건축을 전개해 가는 예를 보기 힘들다. 아무튼 논의는 점차 다원주의의 찬미로 전개되어 가고 있다. 그리고 이 다원주의는 건축가의 창작 세계를 뒷받침 하는 배경이 되어 가고 있다. 그러나 이 극단적인 상대주의는 건축을 하나의 일관된 원리가 아니라, 상황적이며 전략적인 차원에서만 파악한다. 도시를 말하는 경우에도 구조주의로부터 포스트 구조주의에로의 이행에 따라, 카오스나 노이즈 이론이 도시의 상황을 설명하는 유력한 도구가 되어 가고 있다. 그러나 이때의 카오스나 노이즈는 가치가 아니라 오로지 반가치反價値로서만 성립하는 개념이다. 또한 공허한 의장 속에서 신기함과 과격함을 도발적으로 보일지라도, 그것은 단지 현상을 묘사해 줄 뿐이다. 한편, 근대의 합리주의 건축은 '역사'로부터 이탈하려 하였다. 이 때문에 근대건축의 비판자들은 역사를 도입하여 삭제된 근대건축에 의미를 재생시키려 하였다. 이와 관련된 여러 흐름들은 지역주의나 실존적 공간, 도시의 이미지로 이어져 왔으며, 포스트 모더니즘에 이르러서는 역사적 언어의 인용, 애매함과 메타퍼 그리고 폐허 취미 등을 통해 실현되어 왔다. 과거, 한국 현대건축에서 논의된 바 있었던 전통의 문제는 다분히 역사란 연속적이며, 그렇기 때문에 단절된 전통을 회복해야 한다는 신념에 근거한 것이었다. 그러나 과연 '역사'라는 것은 진정한 의미에서 오늘에 연속되고 있는 것일까? 포스트 모더니즘 이후 역사는 심각한 도전을 받아 왔다. 곧 그것은 역사란 어떤 뚜렷한 목적을 향해 가는 것이 아니라, 역사도 현실과 함께 인간에 의해 구성된 허구에 불과하다는 것이다. 그러나 이것은 근대 기계에 의해 이전의 역사로부터 이탈하며, 시대정신과 함께 또 다른 역사로 이행하려던 시도와는 전혀 다른 방향을 가진 것이다. 오브젝트의 풍경은 확대되어 새로운 것과 옛 것은 모두 등가이며, 그것이 의미를 가질 수 있다면 단지 공허한 역사에 대해서 만이다. 강인한 역사와의 단절을 기도한 모더니즘의 역사와, 역사의 불가능성을 주장하는 포스트 모던의 사고, 이 두 가지 역사의 개념 사이에는 윤리적인 색채를 띤 연속적인 의미의 '역사'란 개입될 여지가 없다. 오히려 죽은 과거의 역사가 오브젝트의 형태 속에만 있을 뿐이며, 단지 그 단편만이 기억과 유추를 통해 오늘에 전달

5.

일반적으로 건축에 대한 외부의 상황은 복잡하게 얽혀 가고 있다. 그런데도 한국의 현대건축은 그 내부의 논리마저도 견고하게 정체되어 있다. 문화로서의 건축이 가야 할 문제의 소지를 충분히 파악하고 있지 못하며, 또 철저하게 파악하려 들지도 않는다. 그러므로 우리에게 중요한 것은 미로와 같은 상황을 설명하거나 찬미하는 데 있지 않고, 그 미로에 대한 통로를 발견하는 일과, 견고한 내부의 각질을 스스로 파괴하는 일이다. 이런 의미에서 "이 시대, 우리의 건축"전은 이 미로를 명확하게 드러내고 자신을 발견하려 하며, 나아가 미로를 관통하는 새로운 길을 모색하려 하고 있다. 시대를 묻는다는 작업은 현실의 부정적인 모습을 고발하는 데 있는 것이 아니다. 오히려 그것은 은폐된 이 시대의 폐부를 주저없이 질타하고, 그것을 수정해 가기 위한 궤도에 부단히 서려는 것을 말한다. 이들은 이제 그 궤도 위에 서려 하고 있다. 이들은 적어도 현실의 절박한 상황을 직시하고 있으며, 비록 단편적이기는 하나 자기와 자신의 건축을 부정하기 위하여 이 시대를 묻고 있는 것이다. 다시 반복해서 말하거니와 이들은 문제를 해결한 작품을 전시한 것이 아니라, 다만 해결해야 할 문제를 찾기 위해 벗겨진 자신을 전시했을 뿐이다. 그런 의미에서 이 전시회는 훗날 한국의 건축가가 '규방閨房의 건축建築'에서 벗어나 '현대건축의 그 어떤 문제'를 독자적으로 해석하여, "이 시대, 우리의 건축"을 정립하게 해 준 중요한 기점으로서 기록될 것이다.

echoes of an era / volume #0

아트디렉터: 김교완
발행일: 1994년 10월 7일

건축가 당 8쪽으로 구성되어 있으며 쪽 번호가 없다.
4.3그룹 건축가 중 도각은 이 책에 참여하지 않았다.
김광현 교수의 글 부분만 게재한다.

표지

이책은 4.3 GROUP으로 모인 건축인들의 생각과
여러 차원의 상황에서 등장한 다양한 주제와 소제들을
COMMUNICATION 형식으로 엮은 것이며,
특히 동인의 사고들을 사유할 수 있는 기회와 시대적 발언의 기회가
요구됨으로 해서 특별히 기획한 것이다.
본서는 그 첫번째 시제에 해당하는 것이며
이 시대의 건축과 건축이 처한 현상들을
비판적 시각으로 조명하고 새로운 가능성과
현실의 필요한 극복에 대해서 부단한 관심을 갖고
이후, 지속시킬 것이다.

4.3 그룹을 곁에서 생각하며

김광현

저는 4.3 그룹의 정식 회원이 아닙니다.
단지 4.3그룹을 곁에서 지켜보는 사람일 뿐입니다.
그런데도 이처럼 귀한 지면에 아무 글이나 써 달라는 부탁을 받았습니다.
그러나 그 말 속에는 말이 아무 글이지 지면 값은 해야 한다는 뜻이
있었겠지요. 언젠가 농담으로 회원으로 끼워 달라고 한마디했더니 모두들
저보고 자격 미달이라며 웃음 속에서 거절당했습니다.
물론 저도 가입하고 싶은 생각이 있었던 것도 아니었고, 자격 미달이라는
것도 잘 알고 있었습니다. 그저 서로 의좋고 젊으신 분들께서 새로운
일을 하신다는 데 내심으로 부러운 구석이 꽤 많았던 모양입니다.
 조성룡 선생님과 다른 목적으로 우연히 비슷한 기간에 일본을 함께
여행하게 된 것이 4.3 그룹과 친해진 계기가 되었던 같습니다.
그 후, 두 번의 유럽 여행과 한 번의 인도 여행을 위해 그분들이 준비하는
한 가지 일정 중에 제가 강의한답시고 몇 차례 그분들 앞에 선 것과,
두 해 전에 있었던 '이 시대, 우리의 건축' 전 때 카탈로그에 서문을 쓰고
본의 아니게 승효상씨의 강권으로 3일 동안 연속 전시회 심포지움의 사회를
맡은 적이 있었습니다. 그래서인지 서울대로 자리를 옮긴 후 얼마안돼서
열린 건축전을 마감하는 축제 중 "김광현, 그것이 알고 싶다" 시간에
학생들이 제게 여러 가지를 물어보았는데, 그 두세번째 질문이 4.3그룹과
무슨 관계가 있느냐는 질문을 받을 정도였습니다.
내용인즉 그분들 전시회에 그렇게 열심이었는데, 도대체 그 그룹과 당신은
무슨 관계가 있느냐는 것이었습니다. 아마 여러 차례 이분들과 함께 하는
과정에서 꽤나 친하게 보였던 모양입니다.
그러고 나서 두 해가 지났습니다. 인도 여행을 마친 이후부터는 그 간
그분들과 별로 만나지 못했습니다. 전해 듣기로는 그분들도 그 이전처럼
자주 만나지 못한다고 합니다. 아마도 이렇게 작은 뉴스 레터 형식의 책을
만드는 것도 추측하기로는 자주 만나지 못하기 때문에 이를 보완하기 위해
별도로 만든 커뮤니케이션 장치를 두기 위해서 인것 같습니다.
그런데 참으로 이상한 것은 두 해 전에 있었던 '이 시대, 우리의 건축' 전
이후 14명의 의사는 모두가 서로 하나의 접점을 이루고 있지 못하다는
생각이 들었습니다. 이것은 그 건축전에서도 느낀 바이지만, 지금에 와서도
각자의 방향은 그때보다는 더욱 벌어져 있다는 느낌이 듭니다. 내용을
들여다보면 표면적으로는 사용하는 단어가 비슷하여 무언가 전체의 공통점이
있는 듯합니다. 그러나 실상은 묘하게도 몇 개의 단어로서만 얽혀 있습니다.
어떻게 보면 그 전시회 이후에도 각자의 생각이 서로 조율되어 있는 듯이
보이지만, 하나 하나 뜯어 보면 서로가 각자의 길을 가고 있거나,
몇몇 그룹으로 나뉘어 있음을 알게 됩니다. 물론 14명이 모두 같은 생각을
가질 필요는 없겠습니다만, 달리 생각해 보면 같지 않은 생각을 가진 분들이
왜 하나의 그룹 속에서 공존해야 하는지를 생각해 보면 좀 이상하다는
생각이 듭니다.

Alan에 의하면 사람들의 사고 유형에는 세 가지가 있다고 하는데, 아마도 4.3 그룹의 여러분들도 이 인간형과 부분적으로 일치하는 듯합니다.

그가 말하는 첫번째 유형은 선원입니다. 그는 칠흙같은 밤에 망망대해를 지나야 하는 운명을 지닌 사람입니다. 그러나 이때 그의 항해를 지탱해 주는 유일한 좌표는 밤하늘의 별자리뿐입니다. 그 별자리는 신화와 이야기로 꾸며져 있는데, 이 별자리란 사실은 우리가 감히 접근할 수 없는 원점과 사물의 구조를 말하는 것일 겝니다. 그렇다면 그는 아무도 증명할 수 없는 '원점'을 찾아 이에 끊임없이 접근하기를 원하는 사람이며, '로고스' 곧 절대적인 他者를 향해 움직이는 사람입니다.

두번째 사람은 상인입니다. 이 상인은 언제 나타날지도 모르는 거래자와 함께 할 때만 가치를 지니는 자를 말합니다. 그런데 이 거래는 말로만 성립됩니다. 왜냐하면 그는 물건의 가치란 그 물건 속에 있다고 믿지를 않는 상대주의자여서 오로지 다른 사람과의 거래로만 가치를 갖는다고 믿는 이이기 때문입니다. 이때 다른 사람이란 또 다른 의미의 他者입니다.

그러나 그는 어쩔수없이 이렇게 거래하러 온 사람을 자신의 언어로 설득하려 하지만, 결국은 자기와는 전혀 다른 목적을 가진 그의 언어로 바꾸어 생각하지 않을 수 없게 된 사람입니다. 자기 안에 있지 않은 他者의 언어를 늘 받아들이려는 인간형이라고 할 수 있겠지요.

마지막으로 세번째 유형의 사람은 농부라고 합니다.

우리나라는 옛부터 농업사회를 바탕으로 생긴 사회이어서 농부가 제일 괜찮은 사람이라고 여기기 쉽지만, Alan이 말하는 이 농부는 약간 부정적입니다. 농부는 선원처럼 하늘을 마냥 바라보는 사람이라기보다는 오히려 자연을 이용하는 자입니다. 모든 소득은 이렇게 자연을 이용함으로써 얻어진다고 봅니다. 그래서 이 농부는 자신이 속해 있는 공동체와는 무관한 다른 공동체와 서로 교통할 필요를 느끼지 않습니다. 상인처럼 저편으로 나가서 소출을 거래할 필요가 없기 때문입니다.

오로지 자신의 안녕을 위해 자기만의 풍족을 기원합니다.

그리고 이러한 풍요를 위해 공동체 내부에서나 가능한 신비한 힘으로 상인과는 반대로 자연을 지배하려고 합니다. 사마니즘이 농경사회에서 생기는 것도 다 이런 이유에서이겠지요. 이런 감정이입적인 태도는 자기만이 존재한다고 믿는 원인이 되어, 자신의 신비한 감성이 독주하게 만듭니다. 이 사람은 표면적으로는 상대주의자처럼 보이지만 실상은 獨我論者인 셈입니다.

이렇게 길게 알랑이 분류한 인간형을 말씀드린 것은 단지 4.3 그룹에 속한 모든 분들의 인간성을 이 세 가지 속에 집어넣어 비교하기 위함이 아닙니다.

다만 이 세 가지의 인간형들은 각각 이분들이 가진 건축적인 생각의 차이를 드러내기 위함입니다. 어떤 분은 선원처럼 강인한 자세로 '원점'에 서기를 원하는 분이 있습니다. 또 상인처럼 도시의 현실 속에서 자신의 건축을 도시의 여러 현상과 교류하기를 원하는 분도 있습니다.

그런가 하면 농부처럼 자신의 내면 세계를 유일한 가치로 여기고 건축을 시의 세계로 보는 분도 있습니다.

이상의 이야기를 통해 모든 분들의 생각을 보다 자세하게 들여다볼 필요는 없을 듯합니다. 말을 대충 나누어 보자면 위의 세 가지 유형에 속하는 분이 계시다는 것입니다. 또한 어느 유형에 속한다 할지라도 극에서 있다고는 보기가 어렵고, 이에 속하는지 아닌지를 판단하기 어려운 경우도 있기 때문입니다. 하기야 이러한 분류에 맞추어 각 사람의 생각을 분석하는 것이 제가 할 일이 아니기도 합니다.

이는 단지 4.3 그룹이 시작부터 이념의 집단이 아니었고, 시간이 지남에 따라 공동의 관념으로 서로의 관심이 수렴되지 못하고 있음을 지적하기 위함일 따름입니다. 그러니 반대로 4.3 그룹에 속한 분들께서 위에서 길게 열거한 인간형을 바탕으로 각자 어디에 속하는지 한번 참고해 보십시오.

4.3그룹이 각자의 의견을 교환하는 포럼의 이름도 아니고, 건축을 사랑하는 건축가들이 결성한 동호인의 모임이 되지 않으려면, 또는 각각의 의견을 발표하기 위한 장으로만 이용되기를 원하지 않으려면, 무언가의 입장 정리가 이 시기에 이루어져야 할 것이 아닌가 합니다.

뉴스 레터 형식의 이 커뮤니케이션 방식도 알고 보면 이러한 간격을 없애기 위한 노력으로 읽혀지기도 하지만, 잘 살펴보면 바로 이 뉴스 레터 형식의 의사교환 방법 자체가 이와 같은 간격을 보여주고 있는 것이 아닐까 합니다.

물론 이러한 간격을 없애 달라고 하는 것은 매우 어려운 작업이어서 뭐라고 주문한다 해도 그저 아웃사이더로서 편하게 하는 말이 되겠습니다만, 여기에 실린 하나 하나의 문장들은 각자의 주장을 나타내고 있을 뿐 이것을 묶는 이념과 사고는 아직은 형성되어 있지 않은 것 같습니다.

어렇게 보면 매우 죄송한 말씀입니다만, 각자 다른 잡지에 실려도 될 것들을 한데 모아 놓은 것 같습니다.

그러니 앞에서 말씀드린 대로 4.3그룹의 여러분들은 몇 가지 분류에 따라 다른 생각을 가지고 있으니, 이를 굳이 공동의 관념으로 묶으려 할 필요는 없지 않겠습니까? 다음에 나올 이와 같은 형식의 뉴스 레터에는 서로 토론하는 내용이 담겨졌으면 합니다. 그리고 서로 무언가의 관계로 얽혀 있음을 확인하기보다는 차라리 어떻게 다른 생각을 가지고 있는가를 발견하는 것이 중요하리라고 봅니다. 만일 비슷한 부분이 있다면 반대로 그 속에 들어 있는 서로 다른 부분을 찾아가는 것이 좋을 듯 싶습니다.

다시 말씀 드려서 어떻게 해서라도 묶으려 하지 말고, 반대로 다른 점들을 갈라 서로 확인하는 일이 있어야겠다는 말입니다.

그러고 나서도 비슷한 점이 있다면 그것이 4.3 그룹의 공동의 이상이 될 소지가 있는 부분이 되겠지요.

학생들의 의견을 들어보면 4.3 그룹을 표면적으로는 이념형의 집단으로 이해하는 것 같습니다. 그래서 그런지 그들은 4.3 그룹 속에서 무언가의 공통의 이념을 찾아보려고 합니다. 물론 남들이 이렇게 이해하는 데 대해 '우리는 그러기 위해 모인 것은 아니다'라고 답하면 그만일지 모르지만, 그렇다고 문제가 없어지는 것은 아닙니다. 그래서 드리는 말씀인데, 우선 서로의 '차이'를 발견하는 일을 서두르시는 것이 좋을 듯 합니다.

엽서

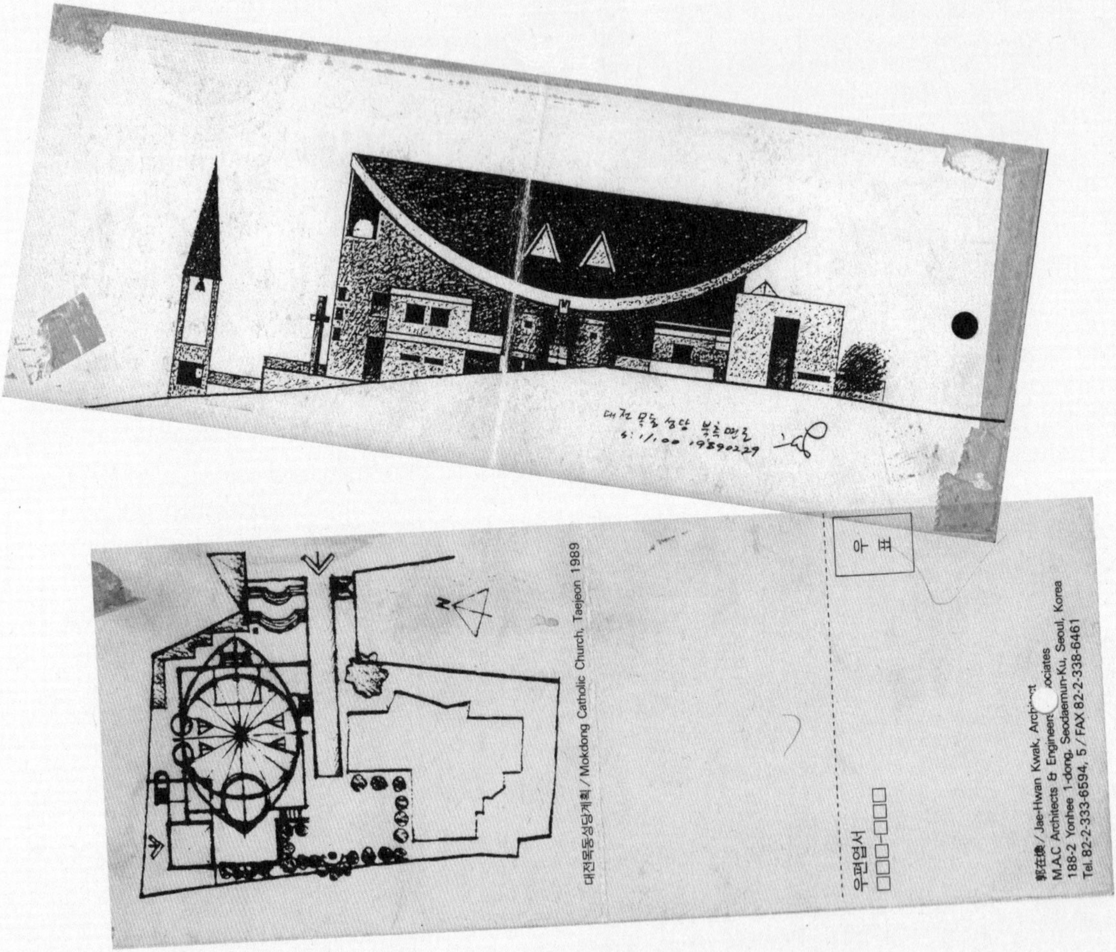
대전 목동 성당 북측면도
S: 1/100 19890229
대전목동성당계획 / Mokdong Catholic Church, Taejeon 1989
우표
우편엽서
188-2 Yonhee 1-dong, Seodaemun-Ku, Seoul, Korea
Tel. 82-2-333-6594, 5 / FAX 82-2-338-6461

곽재환

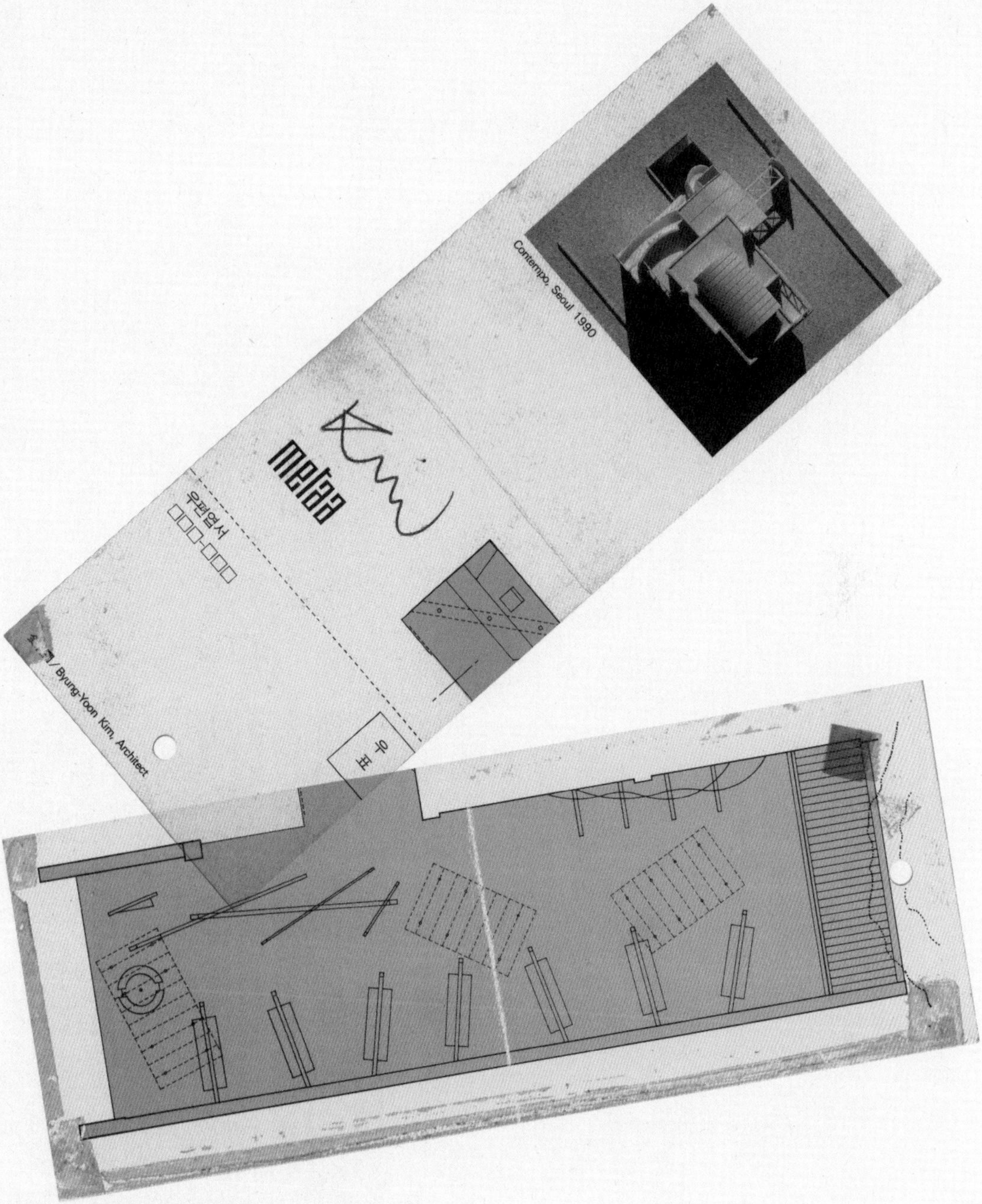

김병윤

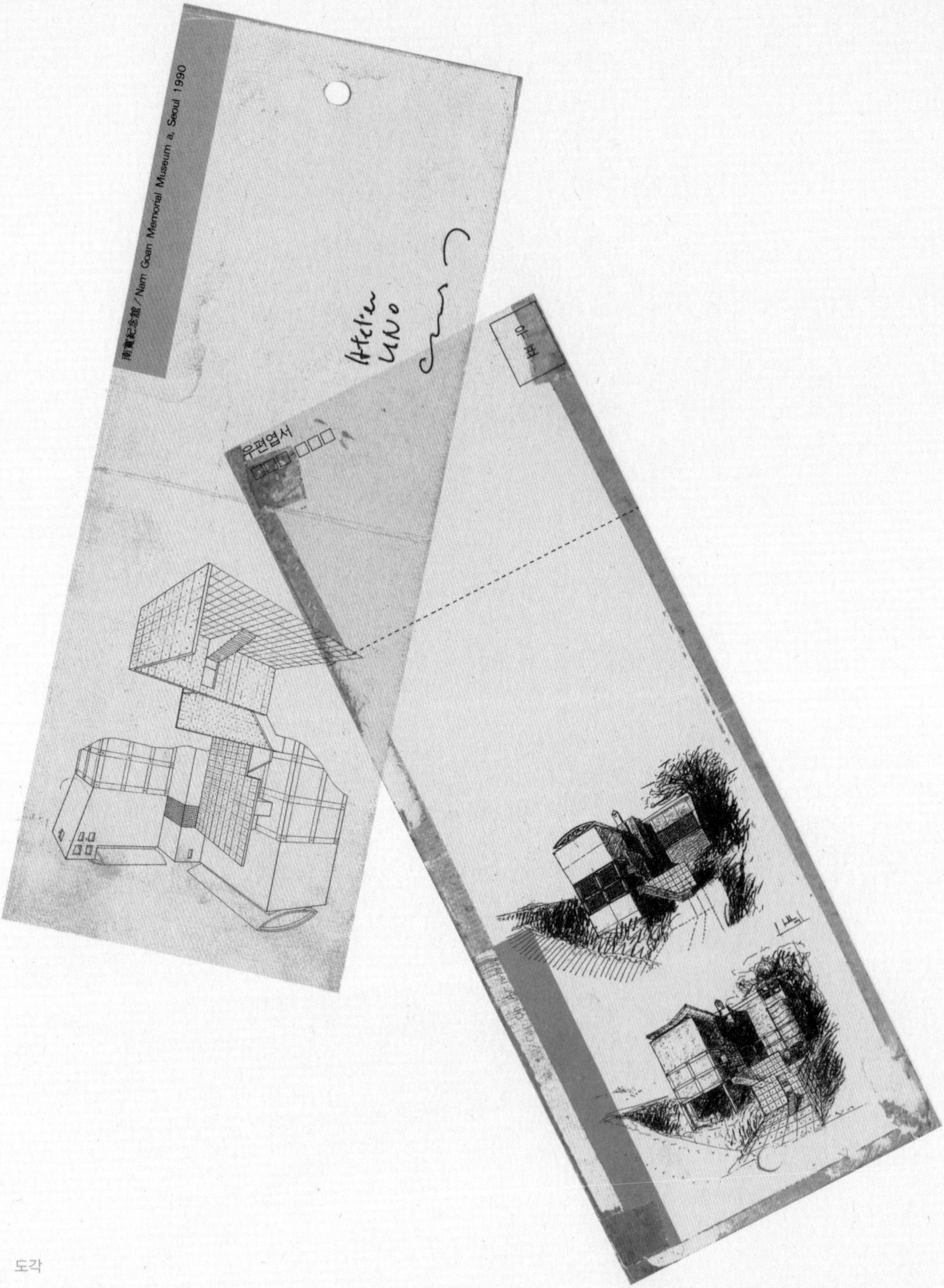

도각

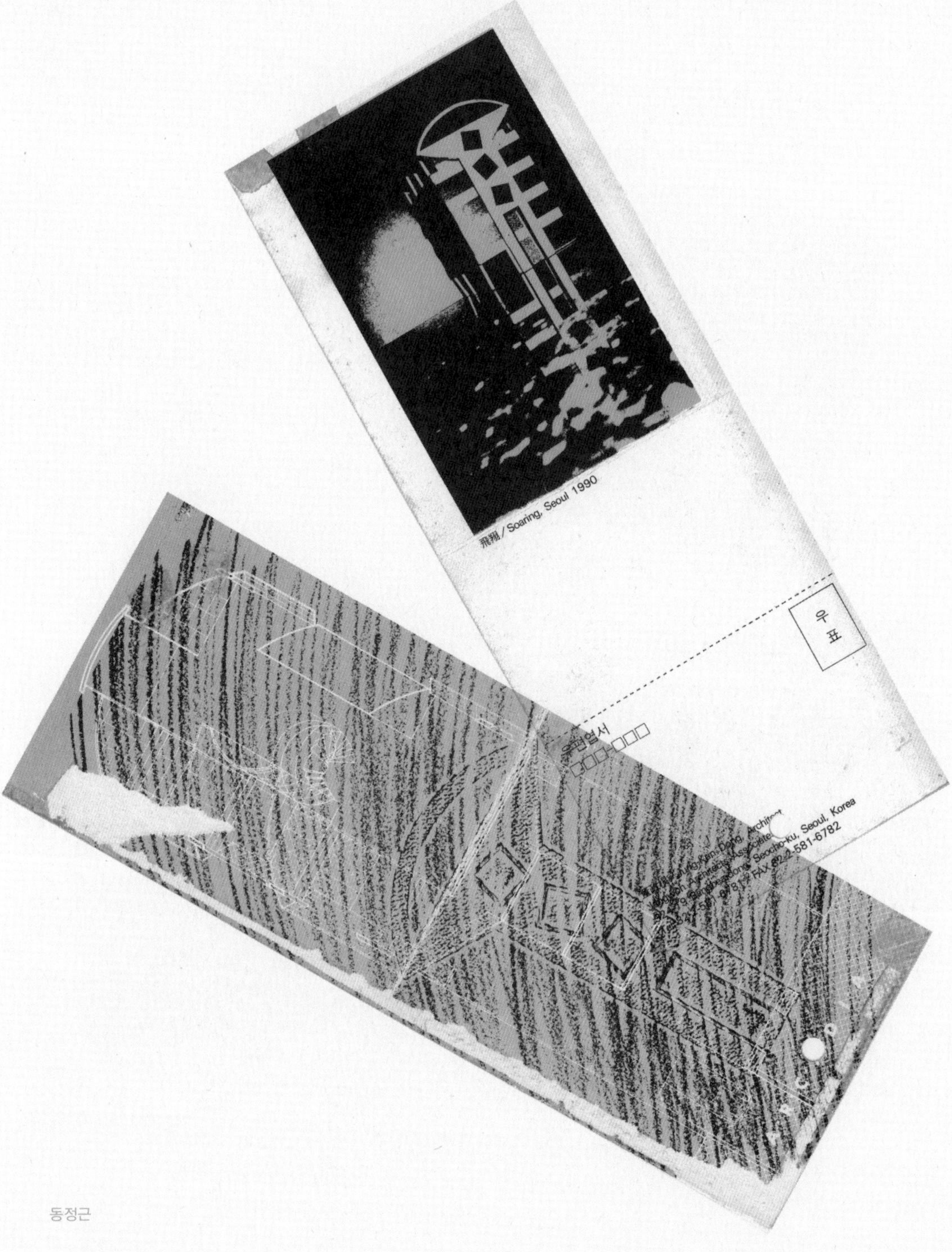

동정근

釜山女子大學校 / Pusan Women's University, 1990
방철린
우표
우편엽서
方喆麟 / Chul-Lin Bang, Architect
JUNGLIM Architects & Engineers
187-1 Yeongun-dong, Chongro-ku, Seoul, Korea
Tel. 82-2-762-9681 / FAX 82-2-743-3006

방철린

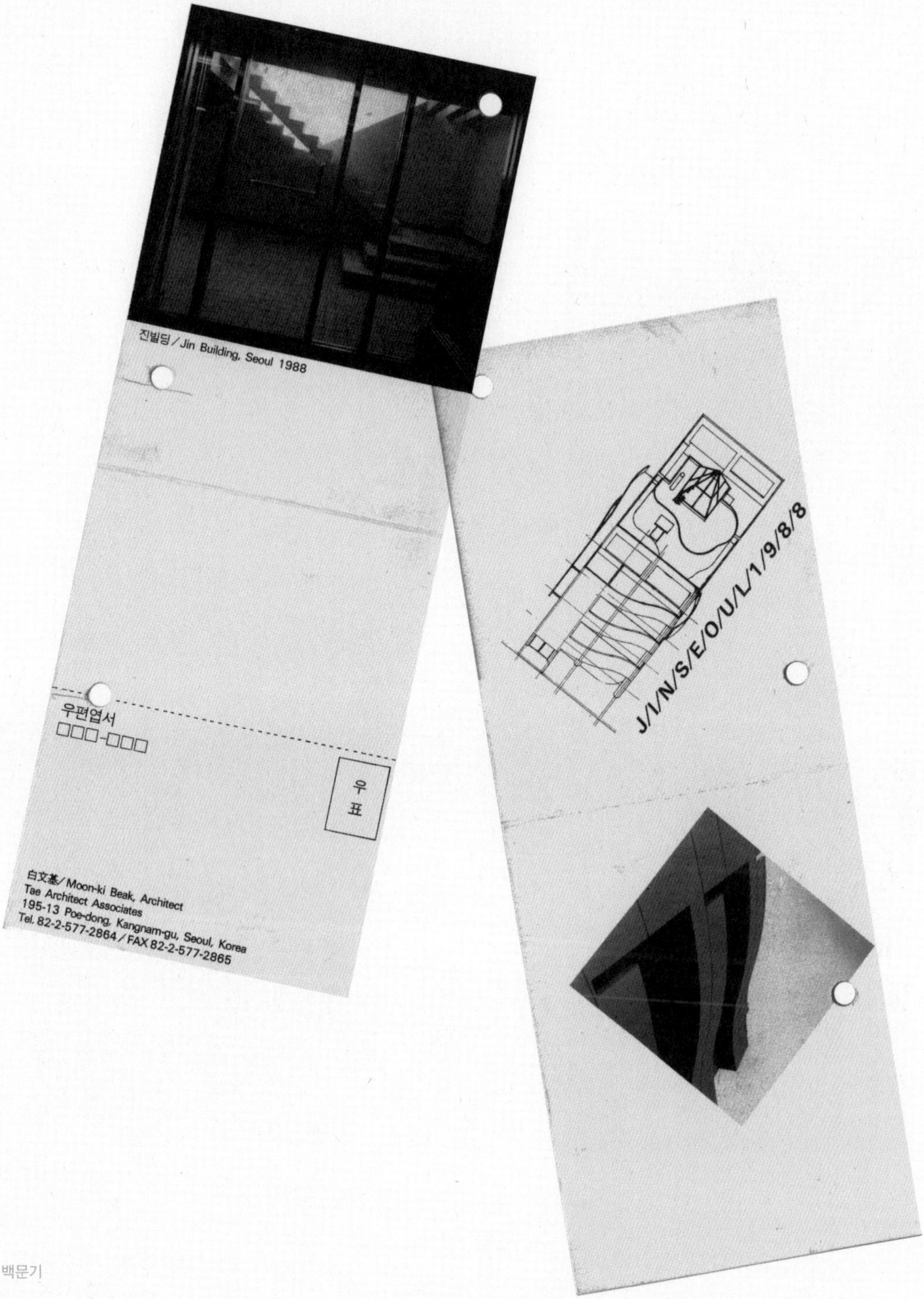
진빌딩／Jin Building, Seoul 1988
우편엽서
□□□-□□□
우
표
白文基／Moon-ki Beak, Architect
Tae Architect Associates
195-13 Poe-dong, Kangnam-gu, Seoul, Korea
Tel. 82-2-577-2864／FAX 82-2-577-2865
J/I/N/S/E/O/U/L/1/9/8/8

백문기

EXTROVERT
BALANCE

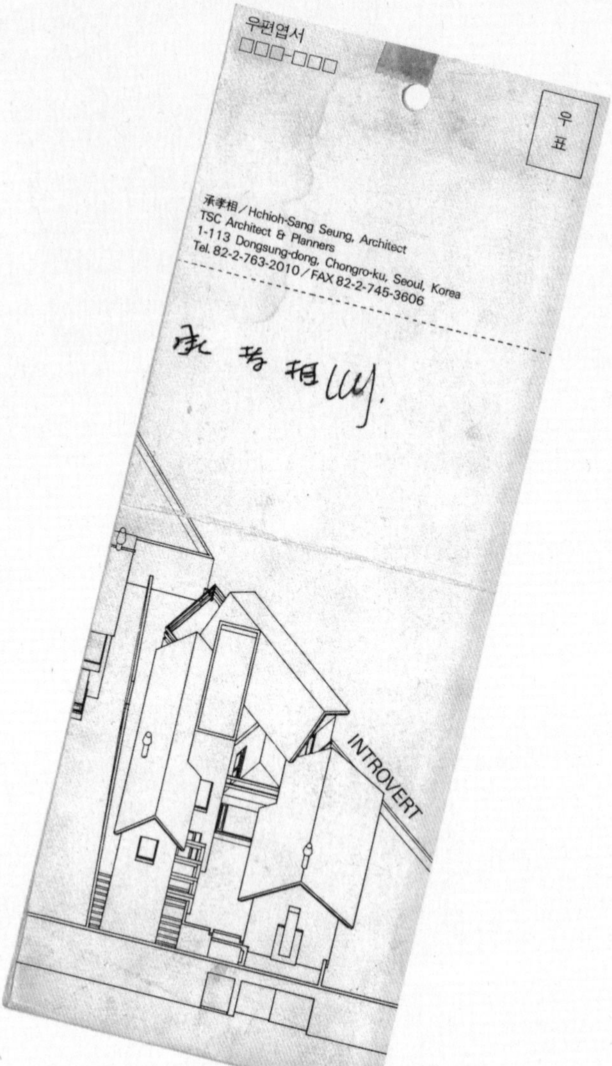
우편엽서
우표
承孝相／Hchioh-Sang Seung, Architect
TSC Architect & Planners
1-113 Dongsung-dong, Chongro-ku, Seoul, Korea
Tel. 82-2-763-2010／FAX 82-2-745-3606
INTROVERT

승효상

餘 軒
韻

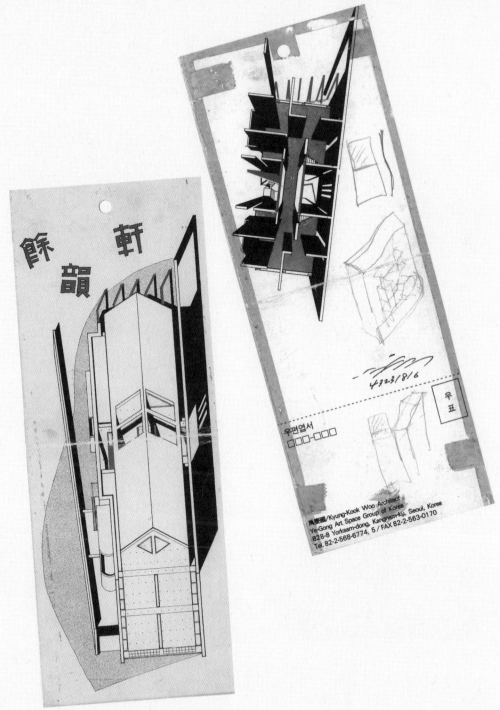

우편엽서
□□□-□□□
우표
/Kyung-Kook Woo Architect
Ye-Gong Art Space Group of Korea
828-8 Yorksam-dong, Kangnam-ku, Seoul, Korea
Tel. 82-2-568-6774, 5 / FAX 82-2-563-0170

우경국

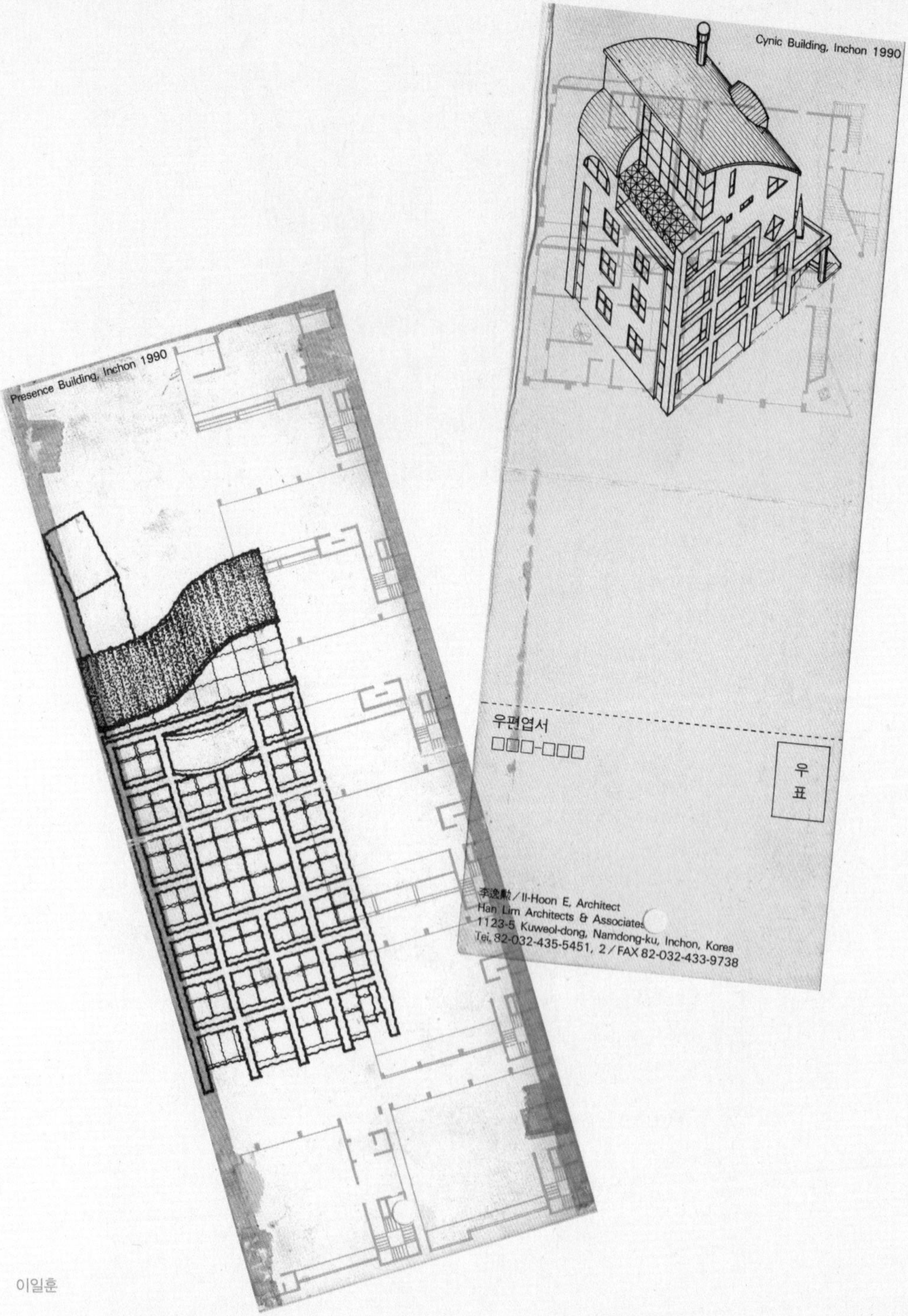
Presence Building, Inchon 1990
Cynic Building, Inchon 1990
우편엽서
우
표
李逸勳 / Il-Hoon E, Architect
Han Lim Architects & Associates
1123-5 Kuweol-dong, Namdong-ku, Inchon, Korea
Tel. 82-032-435-5451, 2 / FAX 82-032-433-9738

이일훈

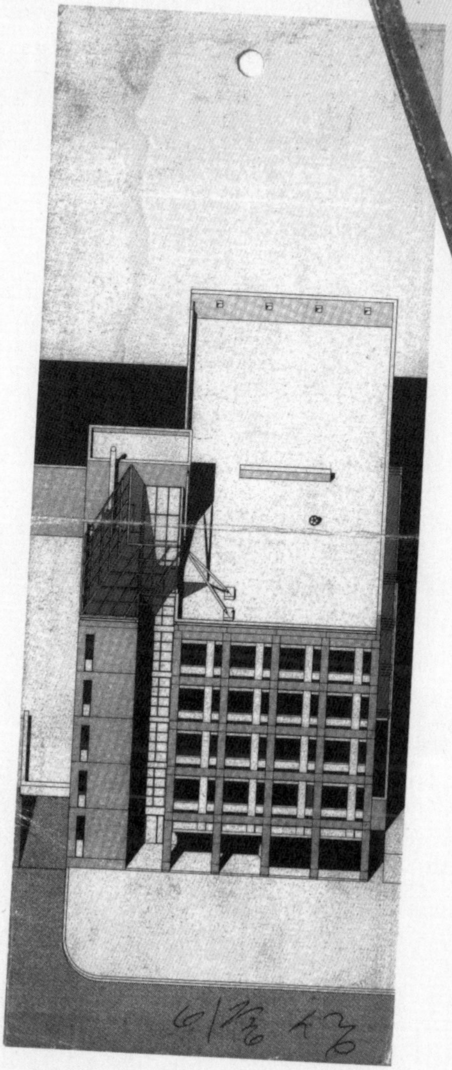

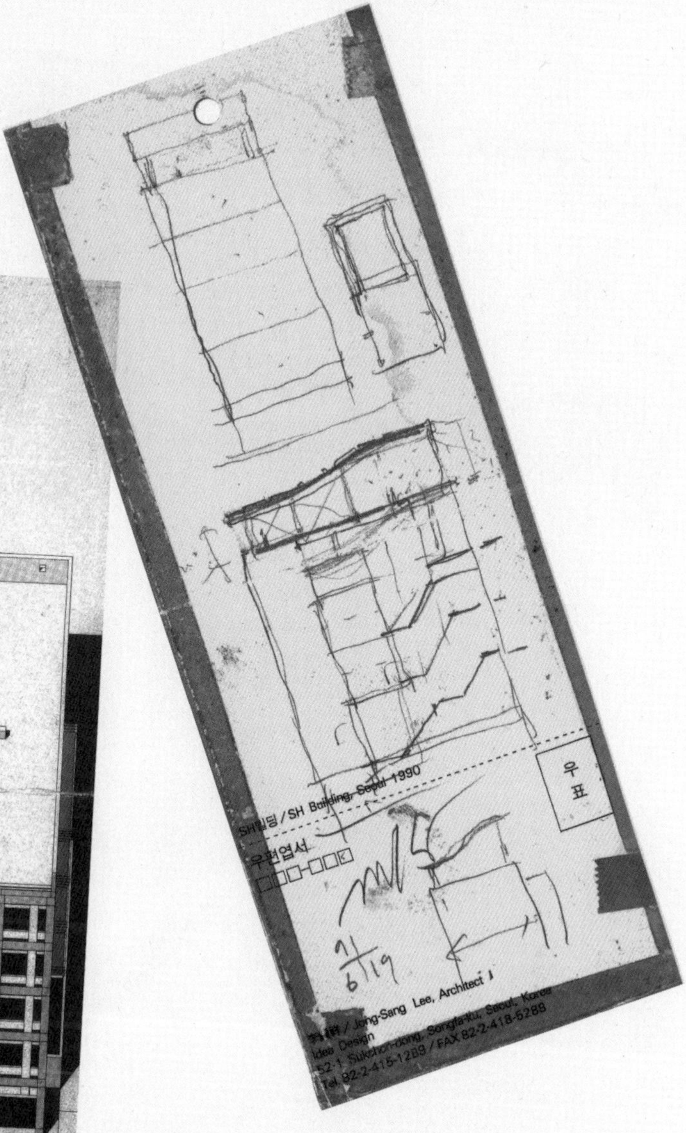
SH빌딩 / SH Building, Seoul 1990
우편엽서
우표
Jong-Sang Lee, Architect
Idea Design
Sukchon-dong, Songfa-ku, Seoul, Korea
Tel 82-2-415-1289 / FAX 82-2-418-5288

이종상

우편엽서
趙成龍 / Sung-Yong Joh, Architect
Joh, Sung-Yong Studio
628-8 Yoksam-dong, Kangnam-gu, Seoul, Korea
Tel. 82-2-555-5197 / FAX 82-2-552-0776
우표
天
地

조성룡